LUST AN DER GESCHICHTE:
Die Blütezeit der islamischen Welt

W0053187

SERIE PIPER
Band 1897

Zu diesem Buch

Zwischen dem 8. und dem 13. Jahrhundert erlebte die islamische Welt eine Blütezeit in Kunst, Kultur und Wissenschaft. Die Berichte aus jener Zeit lassen den Alltag der kleinen und großen Leute ebenso plastisch werden wie das Funktionieren des Staates und die Entwicklung der Wissenschaften: zum Beispiel jene Texte über die Mühen des Sultans, die »Diwan-Buchführung«, das Wunder des Korans, Freikauf muslimischer Gefangener, das »schlank-stramme Frauenideal«.

Gerhard Hoffmann, geboren 1941, Dr. phil., lehrte am Orientalischen Institut der Universität Leipzig.

LUST AN DER GESCHICHTE:
Die Blütezeit der islamischen Welt

Ein Lesebuch

Herausgegeben von
Gerhard Hoffmann

unter Mitwirkung von
Holger Preißler

Piper
München Zürich

In der Reihe »LUST AN DER GESCHICHTE« liegen in der Serie
Piper bereits vor:
Die Französische Revolution 1789–1799 (933)
Leben im Alten Rom (1005)
Leben im antiken Griechenland (1006)
Amerika (472)
Die Eroberung Perus (1318)
Leben im Mittelalter (1166)
Leben in Byzanz (1457)

Bearbeitung
Gerhard Hoffmann: Abschnitte I, II, III, VII, VIII, IX, X,
Glossar, Register
Holger Preißler: Abschnitte IV, V, VI

ISBN 3-492-11897-6
Originalausgabe
Juli 1994
© R. Piper GmbH & Co. KG, München 1994
Umschlag: Federico Luci
unter Verwendung einer arabischen Buchillustration
© Bibliothèque Nationale, Paris
Satz: FotoSatz Pfeifer, Gräfelfing
Druck und Bindung: Clausen & Bosse, Leck
Printed in Germany

Inhalt

Vorwort 11

I Vom islamischen Reich 13

Das Reich des Islams (S. 15) Wie der erste Kalif bestimmt wurde
(S. 18) Der Kalif: Befehlshaber der Gläubigen, nicht Stellvertreter Gottes (S. 21) Zehn Kriegsregeln (S. 22) Aufbruch gen Norden (S. 22) Aufforderung zur Kapitulation (S. 26) Kriegerstolz
und -klage (S. 26) Abu Muslim und der Sieg der Abbasiden
(S. 27) Ein geplagter Kalif und seine Ober-Emire (S. 31) Wider
den Aufruhr von Frommen (S. 33) Mekka und die Erweiterung
der Kaaba (S. 35) Konkurrentin Bagdads: al-Fustat/Kairo
(S. 38) Bagdad im 11. Jahrhundert (S. 41) Die Eroberung Bagdads durch die Mongolen (S. 44)

II Aus dem Leben der Mächtigen 46

Nur einer sollte Imam-Kalif sein (S. 47) Die Obliegenheiten eines
Sultans (S. 48) Ernennung eines Oberrichters (S. 50) Ein from-
mer Umaijade: der Kalif Umar Ibn Abd al-Aziz (S. 52) Wie
Harun ar-Raschid Kalif wurde (S. 54) Der »gute alte« Harun ar-
Raschid (S. 56) Ein schwarzer ehemaliger Sklave als Regent und
Herrscher (S. 58) Stammvater schi'itischer Kalifen (S. 61) Ein
»König der Könige« in Bagdad (S. 63) Ermahnung eines tatkräf-
tigen Wesirs (S. 67)

III Von Verwaltung, Wirtschaft und Recht 71

Die Einführung der Hidjra-Ära (S. 73) Der erste Diwan als Sold-
und Pensionsregister (S. 74) Wie es zur Einrichtung der Siegelbe-
hörde kam (S. 75) Wie die Diwan-Buchführung arabisch wurde
(S. 75) Wie es zu den ersten arabischen Dinaren kam (S. 77) Islamische Auffassungen von Erwerb und Lebensunterhalt
(S. 78) Eine Liste importierter Handelsgüter (S. 83) Kauf-
mannsglück durch Schnee (S. 85) Sinn und Unsinn eines Verbotes
des Handels auf dem Herrscher-Markt (S. 86) Kniffe zur Umgehung von Rechtsnormen (S. 87) Kniffe zur Umgehung des koranischen Zinsnahme-Verbotes (S. 89) Pflichten eines Marktaufsehers (S. 90) Sunnitische Muslime meiden Aufruhr und Neuerungen (S. 93) Steuereintreiber, Lehensleute und Untertanen
(S. 95) Sold und Lehen für das Militär (S. 96) Ein guter Nachrichtendienst ist notwendig (S. 98) »Auf seinem Posten bleibt,
wer bei der Wahrheit bleibt« (S. 99) Der Sekretär – die Spitze der
Prahlerei (S. 103) Rechtsgutachten islamischer Gelehrter
(S. 105)

IV Islamische Gelehrsamkeit 107

Die Einteilung der Wissenschaften (S. 109) Propheten und Offen-
barungsschriften (S. 110) Quellen der Rechtswissenschaft
(S. 110) Das Wunder des Korans (S. 113) Wie der Koran gesammelt wurde (S. 114) Quintessenz der Tradition (S. 116) Die Prüfung des Traditionsgelehrten (S. 117) Arabisch als heilige Sprache
des Islams (S. 118) Größe arabischer Dichtung (S. 119) Aufgaben der Geschichtsschreibung (S. 120) Muhammads Stammbaum
(S. 121) Die fremde Welt der Pyramiden (S. 122) Traumgespräch
mit Aristoteles (S. 123) Was ist Philosophie? (S. 124) Defini-
tionsversuche (S. 125) Der »Zweite Lehrer« (S. 127) Arzt und
Übersetzer (S. 130) Der große Mediziner (S. 134) Ärzteprüfung
in Bagdad (S. 138) Grenzen des Wachstums (S. 139) Kugelblitz
und Meteoriten (S. 140)

V Glauben und Handeln im Islam 142

Gebete (S. 144) Beten sollen die Reichen (S. 145) Regenbitte an
heiliger Stätte (S. 146) Der Festmonat Ramadan (S. 148) Fasten-
gebot und Beduinen (S. 150) Beschreibung der Kaaba
(S. 150) Normen für Mekkapilger (S. 152) Heilige Stätten der
Schi'iten (S. 154) Das Prophetenfest in Irbil (S. 156) Aufruf zum
Heiligen Krieg (S. 158) Bräuche des einfachen Volkes
(S. 161) Bekehrung durch Träume (S. 163) Predigt als Volks-
schauspiel (S. 166) Eine fromme Frau (S. 168) Was bedeutet
Sufitum? (S. 170) Liebe bei Sufis (S. 171) Wunder der Gottes-
freunde (S. 173) Der seltsame Halladj (S. 176) Die Perversion
des Sufitums (S. 179)

VI Vielfalt in der islamischen Gemeinschaft 180

Eine Gemeinde – viele Richtungen (S. 182) Wer ist Muslim?
(S. 183) Wer sind die Ketzer? (S. 186) Harte Strafe für Schmäh-
reden (S. 188) Ist Gott seinen Geschöpfen gleich? (S. 190) Die
frühen Theologen (S. 192) Was ist der Mensch? (S. 193) Verhör
und Bestrafung des Gesetzesstrengen (S. 195) Rationale Theologie und Überlieferung (S. 200) Ein großer Religionsgelehrter
(S. 201) Wer ist der rechte Imam? (S. 203) Glauben an die zwölf
Imame (S. 207) Unheimliche Gegner (S. 208) Sunniten und
Schi'iten (S. 213)

VII Begegnungen mit Nichtmuslimen 215

Die Leute der Schrift (S. 216) Muslime und ein christlicher Wesir
(S. 217) Vorschriften für Nichtmuslime (S. 218) Ein unfriedli-
cher Trauerzug (S. 219) Empfang eines byzantinischen Gesandt-
en in Bagdad (S. 220) Ein Kalif im Kloster (S. 221) Kreuzfahrer nehmen Jerusalem ein (S. 224) Widerhall der Kreuzzüge in
Bagdad (S. 225) Stolz und Scham muslimischer Ritter gegen
Franken (S. 226) Der Stand der Ritter bei den Franken (S. 227)
Freikauf muslimischer Gefangener der Franken (S. 228) Fränkisches Lob für muslimischen Fürsten (S. 230) Eine kühne Musli-
min gegen Franken (S. 230) Fränkisches Mahl rettet vor dem

Tod (S. 231)   Ungewöhnliche Betrachtung (S. 232)   Abzug der
Kreuzfahrer aus Jerusalem (S. 233)   Das einheitliche Menschen-
geschlecht (S. 235)   Bemerkenswertes aus Europa (S. 236)   Jü-
dische Herrscher am Unterlauf der Wolga (S. 239)   Die heiligen
Kühe in Indien (S. 241)   Seemannsgarn eines China-Lotsen
(S. 242)   Über Afrikaner (S. 243)

VIII Von vornehmen Sitten 249

Das Dilemma des Frommen beim Gang zum Herrscher
(S. 250)   Keine Umstände mit Gästen (S. 252)   Woran man feine
Leute erkennt (S. 253)   Versprechen sind zu halten, Geheimnisse
zu bewahren (S. 256)   Elegante Herrenmode (S. 256)   Die Farb-
palette feiner Damenkleidung (S. 257)   Schmucksitten feiner Herren und Damen (S. 258)   Feine Herren parfümieren sich mit Vorsicht (S. 259)   Schenken mit Bedacht (S. 260)   Von Speise- und
Tischsitten (S. 262)   Lust und Last des Weines (S. 264)   Wein,
Weib und Religion (S. 265)   Lob des Jagdfalken (S. 266)   Rezepte
für Kosmetik und Liebe (S. 267)

IX Von Minne und Eros 271

Ehe und Verführung – aus Rechtsgutachten (S. 272)   Eine Eheurkunde aus Ägypten (S. 273)   Eheregeln (S. 275)   Die
unübertrefflichen Wonnen der Liebe (S. 278)   Liebesleidenschaft ist mehr als Liebe und Begehren (S. 279)   Gesangssklavinnen – schöne Fallen des Teufels (S. 281)   Das schlank-stramme
Frauenideal (S. 284)   Was eine schöne Frau auszeichnet
(S. 285)   Eine schlagfertige Bagdader Schöne (S. 287)   Trunke-
nes Gebet (S. 288)   Lob der Knabenmädchen (S. 289)   Freuden
des Bades (S. 290)   Höfische Tändelei (S. 290)   Liebesgram ziert
den Gebildeten (S. 291)   Eine platonisch-udhritische Liebesle-
gende (S. 293)   Wohin sind die Zeiten wahrer Liebe?
(S. 295)   Listen der verschleierten Schönen (S. 296)   Bei Trennung hilft nur eine gleichartige Geliebte (S. 297)   Erfüllte Liebe
(S. 299)

X Von den Mühen des Alltags 300

Armut, Reichtum und Tadel des Erblassers (S. 301) Auch der
Allerärmste hat Gott zu danken (S. 302) Sarkasmus eines Hung-
rigen (S. 304) Hunger geht vor Gebet (S. 304) Der blinde Last-
träger (S. 305) Alltagsdokumente: Bitte an einen Apotheker,
Honigbestellung, Zahlungsaufforderung, Anweisung von Öl zum
Unterhalt, Lohnanweisung, Aussaatbericht (S. 306) Katastro-
phen in Bagdad (S. 308) Schnee in Bagdad (S. 309) Die Pest
(S. 310) In Erwartung der Sintflut (S. 312) Entschädigung für
Einnahmen aus Freudenhäusern (S. 313) Was aus Müll herauszu-
holen ist (S. 313) Aus dem Klagelied eines Hauseigentümers
(S. 315) Ein edler Räuber (S. 319) Überlistung eines Bauerntöl-
pels (S. 321) Landstreichertricks (S. 323) Sprichwörtliches
(S. 325)

Rechtenachweis 327

Glossar 331

Register 335

Vorwort

Papier war preiswert, Wirtschaft und Handel prosperierten, Wissensdurst und Bildung fanden islamische Aufgeschlossenheit und Förderung durch wohlsituierte Mäzene. Dies alles bildete eine wichtige Voraussetzung für jenes nahezu unüberschaubare literarische Schaffen aus der mittelalterlichen islamischen Welt des 8. bis 13. Jahrhunderts.

Die in den folgenden Abschnitten vorzustellenden Belege dieses Schaffens sollen einen vielseitigen Eindruck aus unterschiedlichsten Lebensbereichen geben. Wohl wissend, daß jeder Kenner der Materie einige seiner bevorzugten Texte vermissen wird, galt es, im gegebenen Rahmen Quellenausschnitte von allgemeinem Interesse zu erfassen, die einerseits verbreitetes Bildungs- und Gedankengut darstellen und andererseits ohne einen umfänglichen Apparat zusätzlicher Bemerkungen verständlich sind.

Das Anliegen, viele Autoren zu Wort kommen zu lassen, machte gelegentliche Kürzungen umfänglicher Texte durch ... notwendig, die für muslimische Gelehrte charakteristischen Namensketten von Überlieferern-Tradenten wurden auf ein bescheidenes Maß reduziert, häufige Stereotyp-Lobpreisungen für Muhammad und andere berühmte Muslime des öfteren ausgespart. Zum unmittelbaren Verständnis der Texte notwendige Ergänzungen stehen in Klammern.

Bei Verwendung älterer deutscher Übersetzungen wurden Orthographie und Grammatik dem heutigen Stand angepaßt, die Umschrift arabischer Namen und Begriffe durchgehend vereinheitlicht. Dabei stand der Gedanke im Vordergrund, einem interessierten, nichtspezialisierten Leserkreis Aussprache und Lesen zu erleichtern. So entspricht th dem englischen stimmlosen th, dh dem englischen stimmhaften th, h wird immer gesprochen und ist nie Dehnungszeichen, gh ist ein Zäpfchen-r, q steht für ein stimmloses k, ch meint ch wie in »ach«, z ist ein stimmhaftes s, und der Apostroph ' soll einen Stimmabsatz wie in »be'auftragen« markieren.

Zu vorliegendem Band hat der R. Piper Verlag ermutigt, dem für eine fruchtbare Zusammenarbeit zu danken ist. Herzlicher Dank gilt Prof. Gerhard Höpp (Berlin) für seine Unterstützung bei der Textauswahl sowie Ursula Hoffmann und Steffi Rüger für ihren engagierten Einsatz bei der umfangreichen Schreib- und Korrekturarbeit.

Möge dieser Band heute, wo europäische Sichten islamischen Lebens in der öffentlichen Meinung wieder einmal Gefahr laufen, auf negative Pauschalurteile reduziert zu werden, dazu beitragen, ein differenziertes Bild vom fortwirkenden, reichen islamischen Erbe zu vermitteln.

Leipzig, im März 1993   Gerhard Hoffmann

I Vom islamischen Reich

Das erste, mittelalterliche Reich des Islams hatte bereits im Jahre 732, also einhundert Jahre nach dem Tode des islamischen Propheten Muhammad, seine nahezu größte Ausdehnung erreicht. Von der Pyrenäenhalbinsel im Westen über Nordafrika, den Vorderen Orient, Kaukasusgebiete und Iran erstreckte es sich im Osten bis nach Mittelasien und in Regionen des heutigen Afghanistan und Pakistan.

Im ersten Drittel des 7. Jahrhunderts war der letzte Krieg einer mehr als hundertjährigen erschöpfenden Auseinandersetzung zwischen den Großmächten Byzanz und Iran zu Ende gegangen, begleitet von zunehmenden Unruhen nahöstlicher Untertanen. Die Gunst der Stunde nutzend, breiteten sich arabisch-islamische Expansion und Eroberung nach allen Himmelsrichtungen aus. Glaubenseifer und Beutedrang förderten den Vorstoß von der Keimzelle eines neuen islamischen Staatswesen auf der Arabischen Halbinsel um Medina und Mekka.

Die Quellen berichten von der Krise, in welche die junge islamische Gemeinschaft nach dem Tode ihres Propheten geraten war, und wie diese Krise durch angesehene Prophetengefährten mit der Etablierung eines Kalifen gemeistert wurde. Kriegsprinzipien des ersten Kalifen, Abu Bakr, zeigen eine für mittelalterliche Verhältnisse bemerkenswerte Toleranz, wie auch Berichte über Eroberung und Expansion ein vielseitiges Bild von militärischer Attacke, Kapitulation und friedlicher Übergabe vermitteln. Bei Anerkennung der Dominanz des islamischen Staates sollten die Friedensbedingungen den Nichtmuslimen Leben, Hab und Gut sowie die Ausübung ihrer Religion garantieren.

Den ersten vier »rechtgeleiteten« Kalifen folgten seit 661 mit Damaskus als Hauptstadt jene aus dem reichen mekkanischen Kaufmannsgeschlecht der Umaijaden. Diese wiederum wurden im Jahre 750 von den Abbasiden aus der Sippe Muhammads gestürzt.

Interpretationen aus der Abbasidenära sind zumeist bemüht, den Sieg der abbasidischen Revolution als Triumph des wahren Glaubens bei Wiederherstellung der Rechte des Prophetenhauses zu würdigen. Zweifelsohne gab dieser Triumph jener Blüte der Zivilisation in der islamischen Welt, die heute allgemein anerkannt ist, wichtige Impulse.

Im beträchtlich ausgedehnten Abbasidenreich mit seiner neuen Metropole Bagdad traten allerdings schon seit dem 9. Jahrhundert verschiedenste politische, religiöse und soziale Eruptionen sowie zentrifugale Tendenzen zutage. Die Kalifen selbst gerieten seit Beginn des 10. Jahrhunderts unter die Kontrolle militärischer, vorwiegend turkstämmiger Ober-Emire. Aus dieser Zeit stammt der Beleg zu Ohnmacht und opportunistischer Anpassung des Kalifen ar-Radi, der zugleich eine puritanisch-islamische Opposition in Bagdad gegen das Luxusleben aristokratischer Oberschichten niederzuhalten suchte.

In der Sicht der Gebildeten jener Epoche waren es vor allem die großen Städte als Zentren von Zivilisation und Religion, die das Reich der Kalifen und des Islams repräsentierten. Eindrücke aus Mekka, der heiligen Stadt des Islams, aus al-Fustat/Kairo, seit Ende des 10. Jahrhunderts glänzende Hauptstadt der schi'itischen Fatimidenkalifen, und aus Bagdad, das noch im 11. Jahrhundert weit mehr als Relikte einstiger Größe bewahrt hatte, zeigen Stolz und immer waches Interesse der Zeitgenossen.

Seit Mitte des 10. Jahrhunderts mußten die Abbasidenkalifen von Bagdad die politische Dominanz der iranischen schi'itischen Bujiden, seit Mitte des 11. Jahrhunderts eine solche der turkstämmigen sunnitischen Seldschuken akzeptieren. Indes vermochten die Kalifen, ihre religiöse Autorität über die sunnitischen Muslime zu behaupten und in den ausufernden Wirren der Zeit einiges politisches Gewicht wiederzugewinnen. Im Jahre 1258 fand schließlich nach ständig zunehmenden Instabilitäten in islamischen Regionen mit dem Vorstoß mongolischer Heerscharen nach Westen das Kalifat von Bagdad sein Ende. Dieser Zeitpunkt soll cum grano salis in vorliegendem Bande für das Ende mittelalterlicher Blütezeit der islamischen Welt stehen.

Das Reich des Islams

Preis sei Gott, dem Offenbarer der Wohltaten und Herrn des Preisens! Gott segne Muhammad und die Familie Muhammads! Alsdann: Ich erwähne in diesem meinem Buche die Gebiete der Erde nach Reichen und meine damit die Länder des Islams, mitsamt einer ausführlichen Behandlung ihrer Städte und der Aufgliederung der dazugehörigen Distrikte...

Ich habe nun die Länder des Islams in zwanzig Gebiete gegliedert. Beginnend mit den Wohnsitzen der Araber, habe ich diese als ein Gebiet behandelt, weil sich dort die Kaaba und Mekka, die Mutter der Städte und Mittlerin zwischen diesen Gebieten, befinden. Den Wohnsitzen der Araber habe ich das Meer von Faris[1] folgen lassen, weil es den größten Teil der Wohnsitze der Araber umgibt. Dann habe ich den Maghreb erwähnt, bis hin nach Ägypten, und auch davon habe ich berichtet. Es folgen Syrien, das Meer von Byzanz[2], Mesopotamien, der Irak, Chuzistan, Faris, Kirman, al-Mansura und was sich von Sind, Indien und den Ländern des Islams anschließt, dann Aserbaidschan und was sich daran anschließt, ferner die Distrikte von Djibal, Dailam, das Meer der Chazaren[3] und schließlich die Wüste zwischen Faris und Chorasan, Sidjistan und was sich daran anschließt, Chorasan und Transoxanien.

Das ist das Bild der Erde, ihrer kultivierten wie nichtkultivierten Teile; und sie ist in Reiche aufgeteilt. Die Stützen der Reiche der Erde sind vier. Das blühendste unter ihnen, welches das meiste Gute besitzt und die ordentlichste Verwaltung aufweist und wo es um Kultur und Zivilisation am besten bestellt ist, ist Iranschahr. Sein Zentrum ist das Gebiet von Babylon. Iranschahr ist Persien. In den Tagen der Nichtaraber war seine Grenze fest bestimmt. Als dann der Islam kam, nahm er von jedem Reich ein Stück. So nahm er vom Byzantinischen Reich Syrien, Ägypten, den Maghreb und al-Andalus; vom Indischen Reich nahm er das, was sich an das Gebiet von al-Mansura und Multan bis nach Kabul hin anschließt, und den oberen Teil von Tocharistan; vom

1 Persischer Golf und Indischer Ozean
2 Mittelmeer
3 Kaspisches Meer

Chinesischen Reich nahm er Transoxanien. Diese mächtigen Reiche wurden ihm hinzugefügt.

Zum Byzantinischen Reich gehören noch die Grenzgebiete der Slawen und derer, die ihnen von den Rus, Sarir, Alanen und Arman benachbart sind und sich zum Christentum bekennen; zum Chinesischen Reich gehören noch alle Länder der Türken, ein Teil von Tibet und diejenigen von ihnen, welche sich zur Religion der Götzenbildverehrer bekennen; zum Indischen Reich gehören noch Sind, Kaschmir, ein Teil von Tibet und die Bekenner ihrer Religion. Nicht erwähnt haben wir das Land der Schwarzen im Maghreb, Bidja, die Neger und die in jenen Breiten lebenden Völker, denn die Ordnung der Reiche beruht auf Religionen, guten Sitten, Weisheiten und darauf, daß Kultur und Zivilisation auf rechte Weise geleitet werden. Diese Menschen dort aber entbehren solcher Eigenschaften, und sie haben keinerlei Anteil an irgend etwas von jenen Dingen. Deshalb verdienen ihre Reiche getrennt von den übrigen erwähnt zu werden. Einige Schwarze jedoch, die den bekannten Reichen benachbart sind, wenden sich der Religion, der Verrichtung von Gebet und guten Taten und den Weisheiten zu und kommen so den Bewohnern solcher Reiche wie Nubien und Abessinien nahe, denn diese sind Christen, die den Glaubenslehren der Byzantiner folgen. Vor dem Islam hatten sie nachbarschaftliche Verbindungen mit dem Byzantinischen Reich, denn Nubien grenzt an das Meer von al-Qulzum[4], an Ägypten und an Abessinien. Zwischen ihnen und Ägypten liegt eine Wüste, in der sich ein Goldvorkommen befindet. Mit Ägypten und Syrien stehen sie auf dem Weg über das Meer von al-Qulzum in Verbindung. Dies sind die bekannten Reiche, und das Reich des Islams wurde größer durch die Gebiete jener Reiche, welche ihm zufielen …

Die größten Meere sind das Meer von Faris und das Meer von Byzanz. Sie sind zwei einander begegnende Ausbuchtungen, die vom Umfassungsmeer[5] ausgehen. Das größere von beiden nach Länge und Breite ist das Meer von Faris von der Grenze Chinas

---

4 Rotes Meer
5 das nach antiken Auffassungen den bewohnbaren Teil der Welt umschloß

bis nach al-Qulzum, wohin es reicht. Wenn man von al-Qulzum in gerader Linie nach China reist, so beträgt die Ausdehnung 200 Tagereisen, und zwar aus folgendem Grunde: Reist man von al-Qulzum auf dem Landweg nach dem Irak, so dauert es etwa einen Monat; vom Irak zum Oxus ungefähr zwei Monate; vom Oxus bis an die Grenze des Islams in Ferghana sind es einige 20 Tagereisen; von dort unter Durchquerung des ganzen Landes der Charluch bis zum Eintritt in das Gebiet der Tughuzghuz einige 30 Tagereisen; und von diesem Ort bis zum Meer im entferntesten Gebiet Chinas dauert es etwa zwei Monate. Wer die Entfernung von al-Qulzum nach China auf dem Meere zurücklegen will, dem wird sie wegen der vielen Wendungen und Wegbiegungen lang werden. Das Meer von Byzanz nimmt seinen Ausgang aus dem Umfassungsmeer in der zwischen dem Maghreb und al-Andalus liegenden Ausbuchtung und reicht bis an die syrischen Grenzbezirke. Seine Ausdehnung beträgt etwa sieben Monate. Es ist gerader und gleichmäßiger als das Meer von Faris, und zwar aus folgendem Grunde: Wenn man von der Öffnung dieser Ausbuchtung abfährt, wird man von einem einzigen Wind bis an das Ende dieses Meeres geführt. Zwischen dem Meer von al-Qulzum, das eine Zunge des Meeres von Faris ist, und dem Meer von Byzanz sind es in Richtung al-Farama vier Tagereisen. Das Meer von Byzanz reicht einige 20 Tagereisen weit über al-Farama hinaus bis àn die Grenzfestungen …

Die Länge des Islamreiches von der Grenze Ferghanas durch Chorasan, Djibal, Irak und die Wohnsitze der Araber bis an die Küste des Jemen beläuft sich auf etwa fünf Monate, seine Breite vom Lande Byzanz durch Syrien, Mesopotamien, Irak, Faris und Kirman bis zum Lande al-Mansura an der Küste des Meeres von Faris auf ungefähr vier Monate.

Dem Begründer der klassischen arabisch-islamischen geographischen Schule al-Balchi (gest. 934) nacheifernd und dessen heute verlorenes Werk nutzend, war der aus Istachr (Persepolis) gebürtige al-Istachri (schrieb um 950) einer der glänzendsten Vertreter der arabischen beschreibenden Geographie. Er konzentriert sich in dem auf ausgedehnten Reiseerfahrungen beruhenden Werk auf die islamische Welt. Deren Dimensionen und Regionen werden durch mehrere Karten und einen diese kommentierenden Text vorgestellt.

Altarabische Prosa, hrsg. v. M. Fleischhammer, Leipzig 1988, S. 158 ff.;
al-Iṣṭaḫrī, Kitāb al-masālik wa'l-mamālik, Ed. M. J. de Goeje, 2. Auflage Leiden 1927, S. 2–5, 6–7, 11.

Wie der erste Kalif bestimmt wurde

Als der Prophet, Gott segne ihn und schenke ihm Heil, starb, versammelten sich die Ansar unter dem Dach der Banu Sa'ida und
sagten: »Laßt uns diese Autorität nach Muhammad auf Sa'd Ibn
Ubada übertragen.« Sa'd, der krank war, wurde zu ihnen
gebracht, und als sie sich versammelten, sagte er zu seinem Sohn
oder einem seiner Neffen: »Wegen meiner Leiden können meine
Rede nicht alle Leute hören. Du aber empfange, was ich sage,
und laß sie es hören!«

Nachdem er Gott gepriesen und gelobt hatte, sagte er: »Oh Schar
der Ansar! Euch gebührt Vorrang in der Religion und Verdienst im
Islam, welche kein (anderer) arabischer Stamm hat. Muhammad
blieb mehr als zehn Jahre mitten unter seinen Leuten, forderte sie
auf, den Barmherzigen zu verehren und sich von falschen Göttern
und Idolen loszusagen … Ihr wart es, die am energischsten gegen
seinen Feind gekämpft haben, wart für seinen Feind schwerer als
irgendein anderer, bis die Araber dem Befehl Gottes wohl oder
übel gehorchten und (selbst) der weiter Entfernte Gehorsam leistete, kleinlaut und demütig… Behaltet deshalb diese Autorität für
euch allein, denn sie gehört euch ohne allen anderen.«

Da antworteten sie ihm alle: »Dein Urteil ist zutreffend, deine
Worte sind richtig. Wir werden von dem, was du geurteilt hast,
nicht weichen und diese Autorität dir übertragen. Du stellst uns
zufrieden und bist für den wahren Gläubigen Zufriedenheit.« …

Einige von ihnen (aber) meinten: »Was, wenn die Muhadjirun
der Quraisch dies ablehnen und sagen: ›Wir sind die Muhadjirun
und die ersten Gefährten des Gesandten Gottes, wir sind seine
Sippe und Freunde. Warum bestreitet ihr uns diese Autorität nach
ihm?‹« Eine Gruppe von ihnen sagte: »Dann würden wir antworten: ›Ein Emir von uns und ein Emir von euch! Und wir werden
niemals mit weniger als diesem zufrieden sein.‹« Als Sa'd Ibn
Ubada dies vernahm, sagte er: »Dies ist der Beginn der Schwä-

che.« Die Nachricht davon erreichte Umar, und er begab sich zum Hause des Propheten. Er sandte nach Abu Bakr, der dort mit Ali Ibn Abi Talib den (Körper des) Gesandten zum Begräbnis herrichtete. Er ließ Abu Bakr übermitteln zu ihm zu kommen, Abu Bakr ließ ihn jedoch wissen: »Ich bin beschäftigt.« Darauf ließ Umar ihm sagen: »Es ist etwas passiert, was deine Gegenwart notwendig macht.« Und er begab sich zu ihm und sagte: »Hast du nicht gehört, daß die Ansar sich unter dem Dach der Banu Sa'ida versammelt haben? Sie wollen diese Autorität dem Sa'd Ibn Ubada übertragen, und (noch) der Beste unter ihnen ist, der sagt: ›Ein Emir von uns und ein Emir von den Quraisch.‹« Da begaben sie sich beide eilig zu jenen und trafen den Abu Ubaida Ibn al-Djarrah. Zu dritt gingen sie weiter und trafen Asim Ibn Adi und Uwaim Ibn Sa'ida, die zu ihnen sagten: »Kehrt zurück, denn was ihr wollt, wird nicht eintreten.« Sie (aber) sagten: »Wir werden nicht umkehren«, und kamen zu ihrem (der Ansar) Treffen.

Umar Ibn al-Chattab erzählte: »Wir kamen zu ihrem Treffen, und ich hatte eine Rede vorbereitet, die ich ihnen halten wollte. Als ich sie erreichte und meine Rede beginnen wollte, sagte Abu Bakr zu mir: ›Gemach! Laß mich zuerst reden und dann sprich, was immer du wünschst.‹« Er redete. Umar äußerte: »Es gab keine Sache, welche ich sagen wollte, die er nicht erwähnte, und er ging (sogar) darüber hinaus.«

Abdallah Ibn Abd ar-Rahman überlieferte: Abu Bakr begann. Er pries und lobte Gott und fuhr fort: »Gott sandte Muhammad als Gesandten zu Seinen Kreaturen und als Zeugen zu Seiner Gemeinschaft, damit sie Gott und Gott allein verehren mögen, in einer Zeit, als sie verschiedene Götter neben ihm verehrten und glaubten, daß diese für sie bei Gott Fürsprache einlegten und ihnen Hilfe seien, obwohl sie nur aus behauenem Stein und geschnitztem Holz waren. Dann trug er ihnen vor: ›Und sie dienen neben Allah dem, was ihnen weder schaden noch nutzen kann‹; und sie sprechen: ›Dies sind unsere Fürsprecher bei Allah.‹ (Koran 10:19) Und sie sagten: ›Wir dienen ihnen nur, damit sie uns Allah nahebringen.‹ (Koran 39:4) Es war eine bedrückende Sache für die Araber, daß sie die Religion ihrer Väter verließen. Gott zeichnete die ersten Muhadjirun seines Volkes aus, indem er ihnen erlaubte, Seine Wahrheit zu erkennen, an Ihn zu glauben,

19

ihn (Muhammad) zu trösten und mit diesem unter der harten Verfolgung durch sein Volk auszuharren, als dieses sie der Lüge beschuldigte, alle gegen sie waren und sie verhöhnten. Sie hatten jedoch keine Furcht, (etwa) weil sie wenige waren und die Leute sie anstarrten und ihr Volk gegen sie einig war. Sie waren die ersten im Land, die Gott verehrten und die an Gott und den Gesandten glaubten. Sie sind seine Freunde und seine Sippe und die Berechtigtsten aller Menschen auf diese Autorität nach ihm. Nur ein Übeltäter würde darüber mit ihnen streiten. Und ihr, oh Schar der Ansar, euer Verdienst um den Glauben und euer großer Vorrang im Islam wird von keinem geleugnet. Gott hat es gefallen, euch zu Helfern für Seine Religion und Seinen Gesandten zu machen. Er hat diesen veranlaßt, zu euch auszuwandern. Und die Ehre, seinen Frauen und seinen Gefährten Zuflucht gewährt zu haben, bleibt eure, und nach den ersten Muhadjirun gibt es niemanden, den wir eurem Rang gleichsetzen. Wir sind die Emire, und ihr seid die Wesire. Wir werden nicht gegen euren Ratschlag handeln und keine Angelegenheiten ohne euch entscheiden.« ...

Abu Bakr sagte (weiter): »Hier ist Umar, und hier ist Abu Ubaida. Schwört Treue, wem vom beiden ihr wollt!« Die beiden sagten (jedoch): »Nein, bei Gott, wir werden diese Autorität über dich nicht annehmen, denn du bist der Würdigste der Muhadjirun und der zweite von den beiden, die in der Höhle waren[1] (Koran 9:40) und der Stellvertreter (Chalifa/Kalif) des Gesandten Gottes beim Gebet, und das Gebet ist der edelste Teil der Religion der Muslime. Wer sollte denn da geeignet sein, vor dir Vorrang zu haben oder diese Autorität über dich auszuüben. Strecke deine Hand aus, auf daß wir dir Treue schwören!«

Und als sie beide vortraten, um ihm Treue zu schwören, ging Baschir Ibn Sa'd (von den Aus) voran und schwor ihm Treue. Und als der Stamm der Aus sah, was Baschir Ibn Sa'd tat ..., kamen sie zu ihm (Abu Bakr) und schworen ihm Treue.

Der aus dem südkaspischen Amul in Tabaristan stammende unübertroffene Meister der frühen islamischen Geschichtsschreibung at-Tabari (839–923) sammelte in seinen »Annalen der Propheten und Könige« vielfältige

---

1 mit Muhammad bei dessen Auswanderung von Mekka nach Medina

Überlieferungen über die Geschichte des Islams bis zu seiner Zeit. Der Ausschnitt verdeutlicht, wie die angesehensten der ersten Muslime, die mit Muhammad aus Mekka ausgewandert waren (die Muhadjirun), ihre Gefährten in Medina, die Helfer (Ansar), bei der Bestimmung des ersten Nachfolger-Stellvertreters (Kalifen) des Propheten »überzeugten«.

aṭ-Ṭabarī, Tārīḫ ar-rusul wa'l-mulūk, Ed. M. J. de Goeje u. a., Leiden 1879–1897, Serie I, S. 1837–1843; Übersetzung G. Hoffmann;
vgl. die englische Übersetzung von Lewis, B., Islam from the Prophet Muhammad to the Capture of Constantinopel, Bd. I, New York u. a. 1974, S. 2–5.

Der Kalif: Befehlshaber der Gläubigen, nicht Stellvertreter Gottes

Abu Dja'far berichtet: Der erste, der Befehlshaber der Gläubigen (Amir al-Mu'minin) genannt wurde, war Umar Ibn al-Chattab, dann wurde daraus ein Brauch (Sunna), den die Kalifen bis heute anwenden …

(Es wird berichtet:) Als Umar die Autorität übernahm, sagten sie zu ihm: »Oh Nachfolger (Kalif) des Nachfolgers des Gesandten Gottes!« Da sagte Umar: »Das ist eine Sache, die lang werden wird. Wenn ein weiterer Kalif kommt, werden sie sagen: ›Oh Nachfolger des Nachfolgers des Nachfolgers des Gesandten Gottes!‹ Ihr seid aber die Gläubigen, und ich bin euer Befehlshaber.« So wurde er Befehlshaber der Gläubigen genannt…

(Es wird weiter berichtet:) Ein Mann sagte zu Umar Ibn al-Chattab: »Oh Stellvertreter Allahs!« Da sagte dieser: »Möge Gott sich dir widersetzen!« Darauf sagte der Mann: »Möge Gott mich zu deinem Lösegeld machen (ich meinte nichts Falsches)!« Umar sagte: »Dann wird Gott dich demütigen.«

Die Überlieferung berichtet vom erstmaligen Gebrauch des Titels »Amir al-Mu'minin« (Befehlshaber der Gläubigen) für die Kalifen und seine Begründung durch den zweiten Kalifen Umar Ibn al-Chattab (634–644). Bemerkenswert ist der Widerstand Umars gegen die Anrede als Stellvertreter Gottes, die in späterer Zeit üblich wurde.

aṭ-Ṭabarī, Tārīḫ ar-rusul wa'l-mulūk, Ed. M. J. de Goeje u. a., Leiden 1879–1897, Serie I, S. 2748–2749; Übersetzung G. Hoffmann.

Zehn Kriegsregeln

Dann sagte er (der Kalif Abu Bakr): »Oh Leute, steht auf! Ich beauftrage euch mit zehn (Grundsätzen), bewahrt sie von mir. Verratet nicht, bringt nicht fälschlich (irgendeinen Teil der Beute) ein, übt nicht Treulosigkeit und verstümmelt nicht. Tötet kein kleines Kind, keinen alten Mann und keine Frau. Köpft keine Palme und zündet sie nicht an, haut keinen fruchtbaren Baum ab. Schlachtet kein Schaf, keine Kuh und kein Kamel außer zur Nahrung. Ihr werdet an Leuten vorbeiziehen, die sich in Einsiedeleien zurückgezogen haben, laßt sie (in Ruhe), wofür sie sich zurückgezogen haben. Ihr werdet Leute antreffen, die euch Platten mit allen möglichen Speisen bringen. Wenn ihr davon eins nach dem anderen eßt, sprecht Gottes Namen darüber aus. Ihr werdet Leute treffen, welche die Mitte ihrer Häupter geschoren haben und (nur) ein Band (von Haar) darum gelassen haben. Schlagt sie mit dem Schwert. Zieht los in Gottes Namen. Gott möge euch vor (Lanzen-)Stoß und Pest schützen!«

Vom Beginn arabisch-islamischer Eroberung und Expansion überliefert at-Tabari diese Prinzipien der Kriegführung des ersten Kalifen Abu Bakr (632–634), die auch altarabische Ehrfurcht vor dem Leben reflektieren.

aṭ-Ṭabarī, Tārīḫ ar-rusul wa'l-mulūk, Ed. M. J. de Goeje u. a., Leiden 1879–1897, Serie I, S. 1850; Übersetzung G. Hoffmann; vgl. die englische Übersetzung von Lewis, B., Islam, Bd. I, S. 213.

Aufbruch gen Norden

Man berichtet, daß der Kalif Abu Bakr, als er der vom Islam Abtrünnigen[1] Herr geworden war, die Absendung von Heeren nach Syrien ins Auge faßte. So richtete er also mehrere Schreiben an die Einwohner von Mekka, at-Ta'if, dem Jemen und all die Araber im Nadjd und im Hidjaz, worin er sie zum Glaubenskrieg entbot, indem er ihnen zugleich eine reiche Beute von den

---

1 in militärischen Aktionen gegen Stämme der Arabischen Halbinsel 632 bis 634 n. Chr.

Byzantinern in Aussicht stellte. Auf dies hin machte sich eine Menge Leute auf die Beine, die, teils um sich das Jenseits zu verdienen, teils um Beute machen zu können, sich am Kriege beteiligen wollten, und strömten von allen Seiten Medina zu. Abu Bakr teilte nun die Armee in drei Heerbanner, die (d. h. deren Oberkommando) er drei Männern, nämlich Chalid Ibn Sa'id Ibn al-Asi Ibn Umaija, Schurahbil Ibn Hasana, einem Bundesgenossen der Banu Djumah ... und Amr Ibn al-Asi Ibn Wa'il as-Sahmi übergab. Diese Kommandoübertragung fand am Donnerstag zu Anfang des Safar im Jahre 13 (April 634) statt, nachdem die Heere den ganzen Monat Muharram hindurch in al-Djurf gelagert hatten, Abu Ubaida Ibn al-Djarrah aber war der (Haupt-) Imam im Heere. Auch ihm wollte Abu Bakr ein Oberkommando geben, doch bat dieser den Kalifen, davon abzusehen. Nach einer anderen Überlieferung, die allerdings wenig glaubwürdig ist, soll ihm jedoch Abu Bakr tatsächlich ein Kommando übertragen haben. Tatsache ist jedoch, daß Umar bei seinem Regierungsantritt ihn mit dem Waliposten von ganz Syrien betraute.

Es tradiert Abu Michnaf, daß Abu Bakr den Heeresanführern folgende Weisung einschärfte: Seid ihr übereinstimmend dafür, eine Schlacht zu liefern, so soll der Kommandierende Abu Ubaida Ibn al-Djarrah sein, seid ihr aber untereinander uneins, so fällt das Kommando dem Jazid Ibn Abi Sufjan zu. Nach einer (anderen) Version soll Amr Ibn al-Asi nur ein Hilfskorps, bestehend aus Leuten, die sich freiwillig unter seiner Fahne scharten, kommandiert haben ...

Als Abu Bakr dem Chalid Ibn Sa'id ein Kommando zuerteilte, zeigte sich Umar darüber unzufrieden und nahm deshalb mit Abu Bakr betreffs seiner Absetzung Rücksprache, indem er sagte, Chalid sei ein Prahler, der seine Sache auf das Recht des Stärkeren und auf Parteilichkeit (d. h. Stammespartikularismus) setze. Auf diese Einwände hin verfügte Abu Bakr seine Absetzung und sandte (zugleich) den Abu Arwa ad-Dausi zur Übernahme seiner Fahne. Dieser traf ihn nun in Dhu'l-Marwa, nahm ihm die Fahne ab und brachte sie Abu Bakr, der sie dann dem Jazid Ibn Abi Sufjan zustellte. Jazid rückte dann mit ihr ins Feld, und sein Bruder Mu'awija trug sie ihm voraus. Nach einer anderen Version dagegen soll ihm die Fahne in Dhu'l-Marwa (direkt) übergeben worden sein, worauf er Chalids Heer übernommen habe, während letzterer, um sich das Jenseits zu verdienen, in des Schurahbil Heeresabteilung eingetreten sei. Abu Bakr gab hierauf dem Amr Ibn al-Asi Befehl, den Weg nach Aila einzuschlagen mit Palästina als Ziel, indes er den Jazid und Schurahbil über Tabuk marschieren ließ. Zu Anfang belief sich die Stärke eines jeden Kontingents der einzelnen Heerführer auf 3000 Mann; Abu Bakr ließ jedoch so lange Nachschub hinterdrein schicken, bis jeder der drei Führer über 7500 Köpfe verfügte; zuletzt belief sich die Gesamtstärke auf 24 000 Mann.

Al-Waqidi berichtet, Abu Bakr habe dem Amr Palästina, dem Schurahbil den Jordanbezirk und dem Jazid Damaskus zugeteilt; außerdem habe er ihnen folgende Weisung gegeben: Sollte es zum Kampf mit dem Feinde kommen, so ist euer Anführer der, in dessen Gebiet sich der Zusammenstoß ereignet. Und weiter wird berichtet, er habe dem Amr mündlich den Befehl zukommen lassen, den Muslims vorzubeten, im Falle sie vereinigt lagerten; im anderen Falle jedoch solle ein jeder der Führer die Rolle des Imams übernehmen. Auch sollten die Truppenchefs einem jeden Stamm sein besonderes Banner geben, um das er sich zu scharen hatte. Als nun Amr Ibn al-Asi, wird berichtet, an die Grenze Palästinas kam, machte er Abu Bakr durch ein Schreiben Mitteilung von der Stärke des Gegners und seiner Ausrüstung sowie von der Größe seines Gebiets und dem Mut seiner Streiter. Auf diese Mitteilung hin richtete der Kalif an den damals im Irak weilenden Chalid Ibn al-Walid Ibn al-Mughira Ibn al-Machzumi die Aufforderung, nach Syrien zu ziehen; nach einigen soll er ihn sogar zum Oberkommandierenden im Kriege gemacht haben. Wieder ein anderer Bericht lautet, daß Chalid nur über die mit ihm ausgerückten Mannschaften das Kommando besessen habe, daß aber die Führer der Muslims, wenn sie sich entschlossen, eine Schlacht zu liefern, ihn wegen seiner Energie, Umsicht und seines Feldherrngenies zu ihrem Oberbefehlshaber zu wählen pflegten.

Das erste Treffen[2] zwischen den Muslimen und ihren Feinden fand, wie man berichtet, bei einem Dorf in der Nähe von Ghazza, namens Dathin, statt, das zwischen ihnen und dem griechischen

---

2 oder das zweite nach dem von al-Araba s. u.

Kommandanten von Ghazza lag. Es kam dann zu einem blutigen Ringen, das schließlich durch Gottes Hilfe mit einem Sieg der Muslime und der Niederwerfung und völligen Zersprengung ihrer Feinde endete. Das geschah noch vor Ankunft des Chalid Ibn al-Walid in Syrien.

Inzwischen wandte sich Jazid Ibn Abi Sufjan zur Verfolgung des (erwähnten) griechischen Heerführers; als er aber die Nachricht erhalten hatte, daß bei dem in Palästina gelegenen al-Araba sich griechische Streitkräfte angesammelt hätten, schickte er gegen dieselben den Abu Umama as-Sudaij Ibn Adjlan al-Bahili, der sie überfiel, das Gros derselben niedermachte und dann wieder weiterrückte. Nach dem Bericht des Abu Michnaf habe sich das Treffen bei al-Araba so abgespielt, daß sich sechs griechische Heerführer an der Spitze von 3000 Mann daselbst gelagert hatten, worauf dann Abu Umama mit einem dichtgedrängten Haufen von Muslimen gegen sie angerückt sei, die Griechen in die Flucht geschlagen und außerdem einen ihrer Heerführer niedergemacht habe. Dann verfolgte er sie bis gegen ad-Dubbija (ad-Dabija), wo die Muslime die Byzantiner abermals schlugen und eine reiche Beute machten …

All das zwischen dem Hidjaz und al-Araba von den Muslimen durchzogene Gebiet aber fiel durch friedliche Übergabe seitens seiner Bewohner in ihre Gewalt.

Unter Abu Bakr (632–634), dem ersten Kalifen, beginnt die arabisch-islamische Expansion auch in das byzantinische Syrien-Palästina. Der Bagdader Historiker persischer Abstammung al-Baladhuri (gest. 892) hält in seinem berühmten »Buch der Eroberungen« ältere, z.T. widersprüchliche schriftliche und mündliche Überlieferungen fest. Im vorliegenden Abschnitt verdienen besonderes Interesse die ambivalente Motivierung der Stammeskrieger, Diskrepanzen um Kommandoposten – verbunden mit der Leitung des Gebetes –, der Vormarsch von Stammestruppen unter eigenem Banner sowie der Hinweis auf die kampflose Übergabe von Ortschaften, wohl nicht zuletzt, weil deren Einwohner der byzantinischen Herrschaft überdrüssig waren.

El Belâdorî's »kitâb futûh el-buldân« (Buch der Eroberung der Länder) nach de Goejes Edition (Leyden 1866) ins Deutsche übersetzt von O. Rescher, Leipzig 1917–1923, S. 108–110; al-Balāḏurī, Kitāb futūḥ al-buldān, Ed. M. J. de Goeje, Leiden 1866, S. 107–109.

Aufforderung zur Kapitulation

Im Namen Gottes, des Erbarmers, des Barmherzigen. Von Chalid Ibn al-Walid an die Könige von Persien. Alsdann: Lob sei Gott, der eure Ordnung aufgelöst und eure List vereitelt hat, und der eure Machtstellung zerrissen hat. Hätte Er dies euch nicht angetan, wäre es für euch (noch) schlimmer gewesen. So tretet unter unseren Befehl, und wir lassen euch und euer Land (bestehen), und wir können mit euch gegen andere ziehen. Wenn dem nicht so ist, werdet ihr gegen euren Willen besiegt werden von Männern, die den Tod so lieben, wie ihr das Leben liebt.

Dieses Schreiben des berühmten Feldherren der Expansionszeit Chalid Ibn al-Walid von 633 ist charakteristisch für viele ähnliche Aufforderungen, die oft noch die Wahl Annahme des Islams oder Abschluß eines Schutzbündnisses bei Zahlung von Tribut beinhalten.

aṭ-Ṭabarī, Tārīḫ ar-rusul wa'l-mulūk, Ed. M. J. de Goeje u. a., Leiden 1879–1897, Serie I, S. 2053; Übersetzung G. Hoffmann; vgl. die englische Übersetzung von Lewis, B., Islam, Bd. I, S. 228.

Kriegerstolz und -klage

Ich führte die Pferde, die mit lauter voll gerüsteten, löwengleichen, hochragenden (Reitern beladen) den Grund stampften, von San'a
nach Wadi'l-Qura und den Wohnsitzen der Kalb und weiter an den Jarmuk und ins Land Syrien.
Nach einem Monat kamen sie (zum Kampf) markiert und an den hinteren Hufteilen blutend nach al-Qadisija.
Wir stießen dort auf die Schar des Kisra[1] und die edlen Söhne des persischen Landadels.
Als ich sah, daß die Pferde ausschwärmten, da strebte ich auf den Standort des heldenhaften Königs zu,
so daß ich ihm das Haupt abschlug. Da stürzte er zu Boden, niedergestreckt durch ein Schwert, weder schartig noch stumpf.

---

1 Chosrau, allgemein für Schah der Sassaniden

Dort hatte Gott (die Möglichkeit zu) einer guten Tat geschenkt,
und die gute Tat wächst bei Gott noch (in Hinsicht auf die spätere Belohnung).

In Marw asch-Schahidjan sehe ich, daß die Erde sich verkleidet
hat, da pulvriger Schnee ununterbrochen aufeinanderfolgt.
Dann siehst du keinen in ordentlichen Kleidern mehr, ohne dir
vorstellen zu können, wie er (trotzdem) friert.
Den ganzen Winter lang trennen sich seine Hände nicht von
seinem Gewand, als ob er ein Gefesselter wäre.
Oh Jammer über (die Ferne) des Landes und Stromes des Irak!
Dem Herzen kann man seine Trauer entschuldigen.

Im ersten Gedicht beschreibt der Militärführer Qais Ibn Makschuh
(7. Jh.) voller Stolz, wie er angeblich in der berühmten Schlacht gegen die
Perser bei al-Qadisija (wohl 636) den Reichsverweser Rustam tötete.
Dagegen deutet die Klage eines anonymen Kriegers im fernen chorasanischen Marw die Schattenseiten des Krieges, zumal in klimatisch unge-
wohnten Gebieten, an.

Wagner, E., Grundzüge der klassischen arabischen Dichtung, Bd. II,
Darmstadt 1988, S. 16, 15;
al-Balāḏurī, Kitāb futūḥ al-buldān, Ed. M. J. de Goeje, Leiden 1866,
S. 261;
Yāqūt, Kitāb muᶜgam al-buldān, Ed. F. Wüstenfeld, Leipzig 1869, Bd. IV,
S. 510–511.

Abu Muslim und der Sieg der Abbasiden

Während mehrerer Jahre rief Abu Muslim die Bevölkerung auf,
einem Mann aus der Familie des Haschim Gefolgschaft zu leisten. Er war in Chorasan und den angrenzenden Gebieten auf
eine Weise tätig, die bekannt ist und keiner weiteren Ausführun-
gen bedarf ...

Marwan Ibn Muhammad, der letzte Umaijadenkalif, bemühte
sich mit allen Mitteln, die Wahrheit über die Vorgänge zu erfahren und herauszufinden, für wen Abu Muslim predigte. Schließlich erfuhr er, Abu Muslim arbeite für Ibrahim, den Imam[1], der

---

1 aus der Familie des Abbas, Onkel von Muhammad

damals in al-Humaima wohnte... Daher ließ Marwan Ibrahim festnehmen und nach Harran bringen. Als Ibrahim, der seinem Bruder Abdallah as-Saffah aufgetragen hatte, seine Stellung einzunehmen, nach Harran kam, kerkerte Marwan ihn zunächst ein, dann ließ er ihn mit dem Kopf voran in einen mit Kalk gefüllten Sack stecken und diesen zubinden, so daß Ibrahim erstickte. Das geschah im Monat Safar des Jahres 132 (September–Oktober 749). Nach Aussage anderer wurde er nicht auf diese Weise umgebracht, jedoch ist das die verbreitetste Ansicht. Ibrahim war damals einundfünfzig Jahre alt; er wurde in Harran beerdigt.

Danach setzte Abu Muslim seine Predigertätigkeit im Namen von Abu'l-Abbas Abdallah Ibn Muhammad mit dem Beinamen as-Saffah fort... Al-Mada'ini beschreibt Abu Muslim folgendermaßen: Er war kleingewachsen, hatte eine gelblichbraune Hautfarbe, anziehende Gesichtszüge und ein angenehmes Verhalten. Er besaß reine Haut, dunkle Augen und eine hohe Stirn, einen ansehnlichen üppigen Bartwuchs, langes Haar, einen hohen Rücken, kurze Beine und eine leise Stimme. Er sprach Arabisch und Persisch und verstand sich in beiden Sprachen wohl auszudrücken und auch Verse zu verfassen. In politischen Angelegenheiten kannte er sich bestens aus. Man sah ihn nie lachen oder scherzen – außer zu passender Gelegenheit. Doch brachte ihn auch fast nichts dazu, sein Gesicht zu verfinstern. Selbst wenn man ihm die Mitteilung von den größten Eroberungen machte, zeigte er nicht einen Anflug von Freude, und wenn ihm von den allerschlimmsten Katastrophen berichtet wurde, sah man ihm keine Betrübnis an ...

Sein erstes Auftreten in Chorasan erfolgte in Marw am Freitag, dem 21., nach al-Chatib al-Baghdadi am 26. Ramadan des Jahres 129 (5./10. Juni 747). Nasr Ibn Saijar al-Laithi, der chorasanische Gouverneur für Marwan Ibn Muhammad, den letzten Umaijaden, schrieb damals an den Kalifen:

»Ich sehe ein Füllen, das einst erwachsen, sprengt alle Seile,
Drum mahn ich dich, noch eh es zahnt, zur Eile.«

Doch Marwan war anderweitig beschäftigt – mit Aufständen in Mesopotamien und anderswo, beispielsweise mit dem des Dahhak Ibn Qais al-Haruri; deshalb beantwortete er den Brief nicht einmal. Abu Muslims Anhängerschaft bestand damals erst aus fünfzig Mann. Daher schrieb der Gouverneur nochmals an den Kalifen …

Ibn Saijar wartete auf eine Antwort von Marwan, die schließlich mit folgendem Wortlaut eintraf: »Ich habe dich zum Gouverneur von Chorasan gemacht – wer den Ereignissen nahe ist, erkennt mehr als der Ferne. Schneide die Warze bei dir aus!« Als Nasr diese Antwort erhalten hatte, sagte er: »Er meint sicher, daß es keinen Sieg gibt.« Dann schrieb er nochmals, und die Antwort ließ lange auf sich warten. Inzwischen wurde Abu Muslim so mächtig, daß Nasr aus Chorasan floh und sich in Richtung Irak zurückzog, unterwegs aber, in der Nähe von Sawa, starb …

Am Dienstag, dem 28. Muharram des Jahres 132 (16. September 749), griff Abu Muslim (den) Ali Ibn Djudai Ibn Ali al-Kirmani in Nischapur an, nahm ihn gefangen und kerkerte ihn ein; schließlich tötete er ihn. Dann nahm er im Ratssaal Platz und ließ sich als Gouverneur begrüßen; danach leitete er den Gottesdienst und sprach Chutba und Gebet im Namen von as-Saffah Abu'l-Abbas Abdallah Ibn Muhammad, dem ersten Abbasidenkalifen. Daraufhin fiel ihm Chorasan zu, während die Herrschaft der Umaijaden dort zusammenbrach. Er entsandte seine Truppen auch zum Kampf gegen Marwan Ibn Muhammad, und in der Nacht zum Freitag, dem 13. Rabi II, nach Aussage anderer im Rabi I des Jahres 132 (29. November oder Oktober–November 749) huldigte man as-Saffah, bei seinem Auftreten in Kufa, als Kalifen. Nach Aussage anderer fand die Huldigung nicht zu diesem Zeitpunkt statt.

Danach zogen die chorasanischen und andere auf seiten as-Saffahs stehende Truppen unter dem Oberbefehl von as-Saffahs Onkel Abdallah Ibn Ali gegen Marwan Ibn Muhammad, der bis zum Zab, dem Fluß zwischen Mosul und Irbil, vorgerückt war. Die Schlacht fand bei Kuschaf, einem in jenem Gebiet gelegenen Dorf, statt. Marwans Heer wurde geschlagen, er selbst setzte sich nach Syrien ab. Doch Abdallahs Truppen verfolgten ihn, worauf er nach Ägypten floh. Abdallah blieb in Damaskus und sandte eine Truppe unter Asfar (nach Aussagen anderer soll er Musfar geheißen haben) und Amir Ibn Isma'il al-Djurdjani hinter Marwan her. Marwan erreichte schließlich Busir, ein Dorf im Faijum. Dort wurde er in der Nacht zum Sonntag, dem 26. Dhu'l-Hidjdja, nach anderen im Dhu'l-Qa'da des Jahres 132 (5. August oder Juni–Juli 750) von dem erwähnten Amir Ibn Isma'il getötet. Gott erbarme sich seiner. Man schlug ihm den Kopf ab und schickte diesen zu as-Saffah, der ihn an Abu Muslim weiterleitete und befahl, man solle ihn in Chorasan herumzeigen …

Einer der merkwürdigsten Berichte über Marwan Ibn Muhammad stammt von al-Mada'ini. Dieser erzählt: Als Marwan, nach einer Belagerung Palmyra erobert hatte, ließ er den dortigen Palast niederreißen, an den sich ein langes Gewölbe anschloß. Weder Marwan selbst, noch die anderen, die zugegen waren, zweifelten daran, daß darunter ein Schatz verborgen liege. Also gruben sie weiter – und stießen auf eine riesengroße Frau in Totentüchern und mit üppigem Geschmeide um den Hals, die auf einem steinernem Bett lag; sie war mit 70 Lagen golddurchwirkter Kleidung mit Gürteln bedeckt. Ihre Locken reichten vom Kopf bis zu den Füßen; sie hatte lange Beine – sie maßen sieben Ellen. Dann fand man neben ihrem Kopf eine Messingtafel, auf die etwas in himjaritischer Sprache geschrieben stand, und auf Marwans Befehl hin las jemand vor: »Ich bin Tadmor, die Tochter von Hassan Ibn Udhaina Ibn as-Sumaida Ibn Haram, dem Amalekiter[2]. Wer mich in meinem Haus aufsucht, meine Ruhe stört und mich sieht, den wird Gott Verachtung, Erniedrigung und Schande erfahren lassen.« Der Inhalt der Inschrift bedrückte Marwan; er bereute, was er getan hatte, wurde erfüllt von bösen Vorahnungen und zog sich zurück. Dann ließ er das Steingewölbe wieder zumauern und alles so herrichten, wie es zuvor gewesen war. Doch es dauerte nicht mehr lange, bis sein Heer geschlagen war, sein Reich verlorenging und er selbst vogelfrei wurde.

Als Biograph, Gelehrter und Kadi wirkend, schrieb Ibn Challikan (1211–1282) eine berühmte Sammlung von mehr als 850 Biographien. Der Ausschnitt zeigt, wie vom ostiranischen Chorasan aus ein persischer Freigelassener, Abu Muslim, die Oppositionsbewegung gegen den letzten Kalifen der Umaijaden-Dynastie (661–750) führte, die mit dem Sieg des neuen Kalifengeschlechtes der Abbasiden aus der Sippe Muhammads, so genannt nach dessen Onkel al-Abbas, endete. Die warnenden Verse des letzten umaijadischen Gouverneurs in Chorasan, Nasr Ibn Saijar, sind

---

2 und damit Enkelin der berühmten Zenobia von Palmyra (3. Jh. n. Chr.)

berühmt. Bereits der zweite Abbasidenkalif, al-Mansur, ließ 755 Abu Muslim ermorden.

Ibn Challikan, Die Söhne der Zeit. Auszug aus dem biographischen Lexikon »Die Großen, die dahingegangen«, aus dem Arabischen übertragen und bearbeitet von H. Fähndrich, Stuttgart 1984, S. 113–128; Ibn Ḥallikān, Kitāb wafayāt al-aᶜyān, Būlāq 1299 A.H., Bd. I. S. 352–356.

Ein geplagter Kalif und seine Ober-Emire

(Der Kalif) ar-Radi sagte zu uns: »Bei Gott, ich vermute, daß die Leute fragen: ›Ist dieser Kalif zufrieden (radi), daß ein türkischer Sklave seine Angelegenheiten führt, sogar die Finanzen kontrolliert und die alleinige Leitung innehat?‹ Sie wissen nicht, daß diese Autorität bereits vor meiner Zeit ruiniert war und (gewisse) Leute mich ohne meinen Wunsch in sie gesetzt haben. Ich wurde den Leib- und Palastgarden übergeben, die anmaßend mir gegenüber handelten, mehrere Male am Tag zur Audienz saßen und mich (sogar) des Nachts aufsuchten. Jeder von ihnen wollte, daß ich ihn gegenüber seinen Gefährten bevorzuge und er seine eigene Schatzkammer habe. Um mein Leben zu schützen, unterließ ich gegen sie (jeden) Trick, bis schließlich Gott mich vor ihnen schützte. Dann übte (der Ober-Emir) Ibn Ra'iq die Macht aus und handelte noch anmaßender als diejenigen in der Schatzkammer. In seinem Trinken und Vergnügen war er einzigartig. Wenn er oder seine Vorgänger informiert wurden, daß in (der Entfernung) einer Parasange von ihnen Reiter Besitztum plünderten und Leute vernichteten und sie aufgefordert wurden, eine Parasange weit zu ziehen, forderten sie wahrlich (zuerst) Geld und (Zahlungs-) Fälligkeit. Dann nahmen sie dies vielleicht und zogen (trotzdem) nicht los. Jeder einzelne von ihnen oder ihren Gefährten konnte gewalttätig gegen meine Untertanen oder selbst meine nächsten Freunde vorgehen, und wenn ich Schutz vor ihm befahl, wurde meinem Befehl nicht gehorcht, er nicht ausgeführt und in die Tat umgesetzt. Was meist geschah, war, daß einer dieser Hunde mich um etwas anging und ich nicht die Macht besaß, ihn zurückzuweisen. Denn wenn ich es verweigerte, wurden sie ärgerlich, sammelten sich und redeten (gegen mich).

Als nun dieser Sklave (Bedjkem) zur Macht gelangte, hatte ich in ihm einen, der nicht zu mir sagte: ›Ich habe dich gemacht‹, oder: ›Ich habe dich auf den Thron gesetzt‹, wie dies die anderen zu sagen pflegten. Im Gegenteil, ich hatte den Vorteil, ihn gemacht zu haben. Ich bemerkte, daß, wenn einer seiner Gefolgsleute ein Übel beging, er mit nichts weniger als dessen Exekution oder strengster Bestrafung zufrieden war. Wenn er hörte, daß ein Feind in einen Distrikt eingedrungen war, zog er sofort gegen diesen, ohne auf mich mit Forderungen nach Geld oder nach der Begleichung von Rückständen Zwang auszuüben. Natürlich war ich mit ihm zufrieden. Er diente mir besser und war mir lieber als jene, die ihm vorangingen. Das beste wäre (selbstverständlich) gewesen, alle Macht selbst zu haben, wie es bei meinen Vorgängern (Kalifen) war, aber der göttliche Ratschluß hatte dies mir nicht gewährt.«

Ar-Radi lud Bedjkem mehrmals ein, nicht ohne ihm mindestens 20 000 Dinar für Ehrengewänder und andere Geschenke zu überreichen, die er ihm zum Mitnehmen gab, dazu Tabletts mit Gold, Silber, Ambra, Räucherwerk, Moschus, Kampfer und Kristall. Er erfuhr, daß es Bedjkems Brauch in seinem Haus und unter seinem Gefolge war, niemals das Wasser, das ihm gereicht wurde, zu trinken, bevor es nicht der Überbringer in seiner Gegenwart probiert hatte, indem er etwas davon in ein Glas, das er hatte, goß, es trank und ihm dann servierte. Ar-Radi selbst folgte dieser Praxis ihm gegenüber. Wenn ein Gericht serviert wurde, wurde es zuerst vor ar-Radi gestellt, der etwas davon aß, und dann (erst) wurde es vor Bedjkem gestellt. Das gleiche geschah mit Wein und allem, das ihm serviert wurde. Bedjkem bat ihn, davon abzulassen, aber er ließ nicht davon ab …

Nach dem Tode von ar-Radi, als ich mit Bedjkem in Wasit war und er von einer Gruppe Dienern ar-Radis umgeben war, sagte er zu mir: »Diese erzählen mir, daß ar-Radi mich während einer seiner Einladungen arrestieren wollte. War dem so?« »Der Emir (Bedjkem) weiß«, antwortete ich, »daß es nunmehr von ar-Radi nichts mehr zu hoffen oder zu fürchten gibt. Wir haben, bei Gott, niemals eine solche Absicht bei ihm beobachtet, ob er nüchtern oder betrunken, ernst oder scherzhaft war. Er hat niemals etwas anderes als Liebe für den Emir empfunden und war froh über ihn.

(Andererseits) pflegte er zu heucheln beim Lob des Ibn Ra'iq, zur Zeit, als er ihn haßte, lobte und pries er ihn. Sein Innerstes ihm gegenüber blieb uns aber nicht verborgen, (selbst) bevor er uns enthüllte, was in seiner Seele gegen ihn war.« »Du sagst die Wahrheit, bei Gott«, sagte Bedjkem zu mir, »und diese Leute logen. Was wissen sie schon! Für mich war die Sache so, wie du sagst.« Dann erzählte ich ihm von den Bemerkungen ar-Radis, die ich oben erwähnt habe: »Ich weiß, daß die Leute sagen …« Da lachte er (Bedjkem) und sagte: »Ar-Radi war äußerst intelligent, verschlagen und schmeichlerisch« – Bedjkem wollte dies (sagen), obwohl er diese Formulierung nicht äußerte –, »ich aber tadele ihn, daß er sehr feige war. Er stellte sein Vergnügen und seine Begierde über seine Urteilskraft.« Bei Gott, ich bewunderte die Intelligenz von Bedjkem, der, bei Gott, ar-Radis zwei einzige Makel benannt hatte.

Diese Erzählung um den vor seinen Ober-Emiren ohnmächtigen Kalifen ar-Radi (934–940) stammt von einem Augenzeugen, dem Literaten aus altem Verwaltungssekretärsgeschlecht as-Suli (gest. 946–947), gleichzeitig Gefährte von Kalifen in geselliger Runde.

aṣ-Ṣūlī, Aḫbār ar-Rāḍī wa'l-Muttaqī billāh, Ed. J. H. Dunne, Kairo o. J., S. 41–43; Übersetzung G. Hoffmann; vgl. die englische Übersetzung von Lewis, B., Bd. I, S. 39–42.

Wider den Aufruhr von Frommen

In diesem Jahr (323/935) wuchs die Sache der Hanbaliten, und ihre Kraft stärkte sich. Sie begannen, die Häuser der Kommandanten und des gewöhnlichen Volkes zu überfallen, und wenn sie Wein fanden, schütteten sie ihn aus, und wenn sie eine Sängerin fanden, schlugen sie diese und zerbrachen die Musikinstrumente. Sie stellten sich Kauf und Verkauf in den Weg sowie Männern, die mit Frauen und Jungen unterwegs waren. Wenn sie solches sahen, fragten sie den Mann, wer seine Begleitung sei. Dann unterrichtete er sie, und wenn nicht (zufriedenstellend), schlugen sie ihn und brachten ihn zum Leiter der Polizei und zeugten gegen ihn wegen Liederlichkeit. So förderten sie Tumult in Bagdad.

Badr al-Charschani, der Polizeianführer war, ritt am 10. Djumada II (17. Mai) aus und verkündete eine Proklamation zu beiden Seiten Bagdads gegen die Hanbaliten-Gefährten von Abu Muhammad al-Barbahari (nämlich), daß sich nicht zwei von ihnen treffen sollten, daß sie nicht über ihre Lehre disputieren sollten, von ihnen kein Imam beten sollte, ohne mit der Formel »Im Namen Gottes, des Erbarmers, des Barmherzigen« bei den Morgen- und Abendgebeten zu beginnen. Das nützte in bezug auf sie nichts, und ihr Böses und ihr Aufruhr nahmen zu. Sie baten die Blinden, die Zuflucht in den Moscheen suchten, um Hilfe, und wenn ein Anhänger der schafi'itischen Lehre an ihnen vorbeiging, stachelten sie die Blinden an, diesen mit Stöcken zu schlagen, bis er fast starb.

Ein Edikt des Kalifen ar-Radi wurde herausgegeben, in welchem gegen die Hanbaliten verlesen wurde, daß ihre Aktivität zu verwerfen sei, und das sie beschuldigte, an Anthropomorphismus und andere (falsche) Lehren zu glauben. In diesem (hieß es) unter anderem: »Ihr beansprucht, daß eure häßlichen und widerwärtigen Gesichter nach dem Vorbild des Herrn der Weltenbewohner und daß eure verächtlichen Erscheinungen nach Seiner Gestalt seien; ihr erinnert (betreffs des Herrn) an die Hand, die Finger, die beiden Füße, die vergoldeten Schuhe, das lockige Haar, das Aufsteigen zum Himmel und das Herabkommen zur Erde – möge Gott weit erhaben darüber sein, was Übeltäter und Ungläubige über Ihn sagen. Ferner beschimpft ihr die besten der Imame und schreibt Unglauben und Irrtum der Gefolgschaft der Familie Muhammads zu. Dann fordert ihr mit offenkundigen Neuerungen und irrigen Lehren, welche nicht durch den Koran bezeugt sind, zur Religion auf, und ihr lehnt Besuche an den Gräbern der Imame ab und schmäht diejenigen, die sie besuchen, als Ketzer. Dennoch versammelt ihr euch selbst, um das Grab eines Mannes aus dem gewöhnlichen Volk zu besuchen[1], und beansprucht für ihn die Wunder der Propheten und Wundertaten der Göttergünstlinge. So möge Gott den Teufel verfluchen, der euch diesen Greuel vorgaukelt, und jenes, was ihn irreleitete. Der

---

1 des Begründers dieser puritanisch-islamischen Lehre Ahmad Ibn Hanbal (780–855)

Befehlshaber der Gläubigen schwört bei Gott einen mächtigen Eid, der erfüllt werden muß, daß, wenn ihr euch nicht abwendet vom Tadelnswerten eurer Lehre und der Abweichung eures Weges, er euch ganz sicher mit Schlagen, Vertreibung, Tod und Zerstreuung bestrafen wird, und daß er ganz sicher das Schwert gegen eure Nacken und Feuer gegen eure Häuser und Wohnorte anwenden wird.«

Der bedeutende Universalhistoriker Ibn al-Athir (gest. 1233), ein reicher Privatgelehrter aus Mosul, überarbeitete und kürzte das Werk von at-Tabari und setzte die Chronik bis 1231 fort. Der Ausschnitt zeigt, daß der Kalif ar-Radi sich nicht nur dem genannten Druck seiner allmächtigen Ober-Emire gegenübersah, sondern auch den puritanischen Anhängern Ibn Hanbals aus mittleren und unteren Volksschichten, die mit Aktionen gegen das »dolce vita« der Begüterten und gegen nichthanbalitische Muslime vor allem in Bagdad seit dem 9. Jahrhundert ständig für Unruhe sorgten.

Ibn al-Aṯīr, Kitāb al-kāmil fī't-tārīḫ, Ed. C. J. Tornberg, Bd. VIII, Leiden 1862, S. 229–231; Übersetzung G. Hoffmann; vgl. die englische Übersetzung von Lewis, B., Islam, Bd. II, S. 19–20.

Mekka und die Erweiterung der Kaaba

Mekka ist die Metropole des Gebietes. Es ist angelegt in der Schlucht eines Wadis rund um die Kaaba. Ich habe drei Städte gesehen, die Mekka ähnlich sind: Amman in Syrien, Istachr in Faris und Qarjat al-Hamra in Chorasan. Die Häuser der Stadt sind aus glatten schwarzen und auch weißen Steinen gebaut, ihre Oberteile aus gebrannten Ziegeln. Sie haben viele mit Fenstern versehene Vorbauten aus Teakholz, mehrere Stockwerke und sind geweißt und sauber. Im Sommer ist die Stadt heiß, doch in der Nacht ist es angenehm. Gott hat sie der Sorge um die Wärme enthoben und sie von den Mühen befreit, sich wärmen zu müssen. Alles, was sich unterhalb der heiligen Moschee befindet, nennen sie die Unterstadt, alles, was oberhalb von ihr liegt, die Oberstadt. Die Stadt ist so breit wie das Wadi. Die Moschee befindet sich in den zwei Dritteln der Stadt, die die Unterstadt ausmachen, und die Kaaba liegt in ihrer Mitte und auf einem weiten Platz. Die Tür der Kaaba liegt gen Osten und befindet sich etwa mannshoch über der Erde. Sie hat zwei Flügel, die mit vergoldeten Silberplatten belegt sind. Die Länge der Moschee beträgt 370 Ellen, die Breite 315 Ellen. Die Länge der Kaaba beträgt 24 Ellen und die Breite 23 Ellen und eine Spanne. Der Durchmesser des Hidjr-Rondells mißt 25 Ellen, der Rundlauf 107 Ellen. Die Höhe der Kaaba mißt 27 Ellen ...

Der Schwarze Stein befindet sich an der östlichen Ecke bei der Tür an der Zunge des Winkels. Er ist gleich dem Kopf eines Menschen. Wer ihn küssen will, muß sich leicht neigen.

Die Zamzam-Kuppel liegt gegenüber der Tür. Der Rundlauf führt zwischen beiden hindurch. Dahinter liegt die »Kuppel des Getränkes«; darin befindet sich ein Becken, in dem früher Trauben- und Dattelwein ausgeschenkt wurde.

Der Maqam[1] befindet sich direkt gegenüber dem Haus, in dem die Tür ist. Er steht näher am Hause als der Zamzam[2]. Während des Wallfahrtsfestes wird er in den Rundlauf einbezogen. Über ihn ist eine mächtige Kiste aus Eisen gestülpt, die fest in der Erde ruht, übermannshoch ist und eine Hülle trägt. Jedesmal zur Wallfahrt wird der Maqam zum Hause gebracht. Wenn er wieder zurückgebracht wird, dann wird eine Holzkiste über ihn getan, mit einer Tür, die zu den Gebetszeiten geöffnet wird. Wenn der Imam die Grußformel spricht, berührt er den Maqam, dann wird die Tür geschlossen. Auf dem Maqam ist ein Abdruck der Füße Abrahams – Heil über ihn –, und zwar in der Stellung zueinander vertauscht. Der Maqam ist schwarz und größer als der Schwarze Stein. Der Rundlauf ist mit Sand, der Moscheehof mit kleinen Steinen bedeckt. Der Hof ist von drei Bogengängen umgeben, die auf Marmorsäulen ruhen, welche (der Kalif) al-Mahdi von Alexandria über das Meer nach Djidda hatte transportieren lassen. Der Aufbau der Moschee stammt von ihm. Die Wände der Bogengänge sind außen mit Mosaik verkleidet. Dazu hat man Handwerker aus Syrien und Ägypten geholt. Ihre Namen sind ja noch auf den Wänden zu sehen! ...

Ich hörte einen von den Scheichen Qairawans sagen: (Der

---

1 Maqam Ibrahim, Stein, angeblich mit dem Fußabdruck Abrahams
2 Brunnen in Mekka

Kalif) al-Mansur machte die Pilgerfahrt. Da sah er, daß die Moschee sehr klein und unordentlich war, daß die Leute sehr wenig über ihre Heiligkeit wußten und daß ein Beduine den Rundlauf um das Haus auf seinem Kamel vollzog. Das mißfiel ihm, und er beschloß, die umliegenden Häuser zu kaufen, sie der Moschee hinzuzufügen und diese zu tünchen. Er holte die Hausbesitzer zusammen und erweckte in ihnen das Verlangen nach viel Geld. Doch sie weigerten sich, die Häuser zu verkaufen, und hielten hartnäckig an der Nachbarschaft des heiligen Gotteshauses fest. Das bekümmerte al-Mansur, doch er ließ nicht zu, ihnen die Häuser gewaltsam wegzunehmen, und erschien drei Tage nicht vor den Menschen. Da redeten die Leute darüber. Nun war in jenem Jahr Abu Hanifa als Pilger in der Stadt, noch ohne Ruf und ohne daß die Menschen seine Rechtslehre und treffende Meinung kannten. – Der Erzähler sagt: Da machte Abu Hanifa sich auf zu den Zelten al-Mansurs – sie befanden sich in al-Abtah – und fragte dort nach dem Fürsten der Gläubigen und danach, was der Grund für sein Verschwinden sei. Man erzählte ihm die Geschichte, und er sagte: »Dies ist ein einfaches Kapitel. Wäre ich ihm begegnet, so hätte ich es ihm auseinandergesetzt.« Das wurde al-Mansur zur Kenntnis gebracht, und er befahl, Abu Hanifa herbeizuholen. Nachdem al-Mansur ihn nach der Sache befragt hatte, antwortete Abu Hanifa: »Der Fürst der Gläubigen möge die Leute kommen lassen und sie fragen: ›Ist die Kaaba auf euch herabgekommen, oder seid ihr auf sie herabgekommen?‹ Wenn sie antworten: ›Sie ist auf uns herabgekommen‹, dann kann man sie der Lüge bezichtigen, denn von ihr aus ist die Erde verbreitet worden. Wenn sie antworten: ›Wir sind auf sie herabgekommen‹, dann sollten sie zur Antwort erhalten: ›Viele Menschen besuchen jetzt die Kaaba, und ihr Hof ist zu eng geworden. Sie ist sehr würdig, einen freien Platz zu haben. Schafft ihn für sie!‹« Als al-Mansur die Leute versammelt und gefragt hatte, antwortete ihr Sprecher, ein Haschimit: »Wir sind auf sie herabgekommen.« Al-Mansur sagte daraufhin: »Gebt ihr ihren Platz zurück; viele Menschen besuchen sie jetzt, und sie braucht ihn!« Da waren sie überrascht und mit dem Verkauf (ihrer Häuser) einverstanden.

Als Repräsentant der beschreibenden Geographie unternahm al-Muqaddasi (gest. nach 1000) aus Jerusalem weite Reisen und schilderte plastisch und objektiv das Leben in den besuchten Regionen. Der heiligen Stadt des Islam, Mekka, galt natürlich genaues Augenmerk, wie auch die Erzählung vom Rat des berühmten Rechtsgelehrten Abu Hanifa (699–767) aus Kufa für die Erweiterung der Kaaba verdeutlicht.

Altarabische Prosa, hrsg. v. M. Fleischhammer, Leipzig 1988, S. 180–184; al-Muqaddasī, Aḥsan at-taqāsīm fī maʿrifat al-aqālīm, Ed. M. J. de Goeje, 2. Auflage Leiden 1906, S. 71–75.

Konkurrentin Bagdads: al-Fustat/Kairo

Al-Fustat ist eine Metropole in jeder Hinsicht, denn in ihr befinden sich die Diwane, sie ist der Sitz des Fürsten der Gläubigen, sie liegt auf der Trennlinie zwischen dem Maghreb und den Wohnsitzen der Araber, ihr Gelände dehnt sich weit, sie hat viele Bewohner, ihr Gebiet ist blühend, ihr Name berühmt, ihr Ansehen gewaltig. So ist sie die Metropole Ägyptens, stellt Bagdad in den Schatten, ist der Stolz des Islams, der Handelsplatz der Menschen und prächtiger als die Stadt des Friedens (Bagdad). Sie ist die Schatzkammer des Maghreb und das Lagerhaus des Ostens und zur Festzeit glänzend. Es gibt keine Metropole, die volkreicher ist; in ihr leben viele große und angesehene Männer. Sie hat staunenswerte Waren und Spezialitäten, schöne Märkte und Läden, ganz zu schweigen von ihren Bädern. Ihre Kaufmannsherbergen haben Vornehmheit und Pracht. In den Ländern des Islams gibt es keinen größeren Raum als ihre Freitagsmoschee. Niemand putzt sich mehr als ihre Bewohner, und nirgends gibt es mehr Schiffe als an ihrem Ufer. Sie ist volkreicher als Nischapur, prächtiger als Basra und größer als Damaskus. In ihr gibt es feine Speisen, reine Zutaten und wohlfeile Süßigkeiten, viele Bananen und frische Datteln, reichlich Gemüse und Brennholz, leichtes Wasser und gesunde Luft. Sie ist der Ursprungsort der Gelehrten, der Winter ist angenehm, ihren Bewohnern geht es gut, und sie befinden sich wohl, viel Gutes wird getan und reichlich Almosen gegeben. Der Koranvortrag ist schön, das Verlangen nach dem Guten klar und die Trefflichkeit des Gottesdienstes überall bekannt. Die Menschen sind vom Schaden durch Regen befreit und sicher vor dem Tumult der Übeltäter.

Sie prüfen kritisch den Prediger und den Imam und geben nur einem guten den Vorzug, auch wenn sie viel Geld aufwenden müssen. Ihr Kadi ist stets ein angesehener Mann, der Marktaufseher ist wie der Emir, und sie stehen immer unter der Aufsicht des Herrschers und des Wesirs. Hätte die Stadt nicht so viele Fehler, so hätte sie nicht ihresgleichen in der Welt. Über zwei Drittel Parasangen hin besteht sie aus mehrstöckigen Häusern. Al-Fustat und Giseh waren zwei Seiten der Stadt. Alsdann ließ einer der Abbasidenkalifen um einen Teil davon einen Kanal anlegen. Dieses Stück wurde »die Insel« genannt, weil es zwischen dem Hauptstrom und dem Kanal liegt. Der Kanal wurde »Kanal des Fürsten der Gläubigen« genannt. Ihm entnehmen die Bewohner ihr Trinkwasser. Die Häuser haben vier und fünf Stockwerke wie die Minarette. Das Licht gelangt von innen her in sie hinein. Ich habe gehört, daß etwa 200 Personen ein einziges Haus bewohnen …

Ich hörte erzählen, daß am Freitag vor dem Imam ungefähr 10 000 Männer das Gebet verrichten. Ich hielt das für unglaubwürdig, bis ich gemeinsam mit anderen zum Vogel-Markt lief und dort sah, daß es annähernd so war, wie man gesagt hatte. Einmal verspätete ich mich auf dem Weg zum Freitagsgebet. Da fand ich die Reihen der Betenden auf den Märkten schon über mehr als 1000 Ellen vor der Freitagsmoschee und sah die Kaufmannsherbergen, Moscheen und Ladengeschäfte überall angefüllt mit Betenden. Diese Freitagsmoschee heißt »Unsere Freitagsmoschee« und ist ein Werk des Amr Ibn al-As. In ihr befindet sich eine schön gebaute Kanzel mit etwas Mosaik an den Wänden und auf Marmorsäulen ruhend. Sie ist größer als die Freitagsmoschee in Damaskus. Der Andrang in ihr ist stärker als in den sechs (anderen) Moscheen. Um sie liegen dichtgedrängt die Märkte, doch befinden sich zwischen ihnen und der Moschee in Richtung der Kibla noch das Uferhaus, die Schatzkammern und die Bekken für die Waschungen vor dem Gebet …

Trotz dieser vielen Menschen habe ich dort das aus feinstem Mehl gebackene Brot – und sie backen nur dieses – gekauft, 30 Ratl für einen Dirhem, und Eier, acht Stück für einen Daniq,

Bananen und frische Datteln sind wohlfeil. Ständig kommen die Früchte Syriens und des Maghreb in die Stadt, in Scharen reisen dorthin die Leute aus dem Irak und dem Osten, und den Weg zu ihr bahnen sich die Schiffe von der Arabischen Halbinsel und aus Byzanz …

Nirgendwo ist das Wasser süßer, sind die Menschen bescheidener, gibt es schönere Stoffe und einen gesegneteren Fluß als dort.

Doch sind die Absteigequartiere eng, es gibt viele Flöhe, die Häuser sind schmutzig und drangvoll eng, es gibt wenig Früchte, trübes Wasser, schmutzige Brunnen, unsaubere Wohnstätten, stinkende Wanzen, chronische Krätze, teures Fleisch, viele Hunde, gräßliche Flüche und wilde Sitten. Die Stadt lebt immer in der Furcht vor Dürre, vor dem Rückgang des Flusses, vor plötzlicher Vertreibung und überraschender Heimsuchung. Angesehene Männer enthalten sich nicht des Weintrinkens, die Frauen nicht der Lasterhaftigkeit. Eine Frau hat zwei Männer, man sieht alte Leute betrunken, im Rechtsritus gibt es zwei Parteien, und außerdem sind viele Menschen von brauner Hautfarbe, und ihre Sprache ist häßlich …

Kairo ist eine Stadt, die Djauhar al-Fatimi nach der Eroberung Ägyptens und dem Sieg über seine Bewohner erbauen ließ. Sie ist groß und schön und hat eine prächtige Freitagsmoschee. Das Schloß des Herrschers liegt in ihrer Mitte. Die Stadt ist befestigt und mit eisernen Toren versehen. Sie liegt an der Straße nach Syrien, und ein jeder, der nach al-Fustat will, muß sie passieren, weil beide Städte zwischen dem Berg und dem Fluß liegen. Der Festgebetsplatz liegt hinter der Stadt, und die Friedhöfe befinden sich zwischen ihr und dem Berg.

Al-Fustat (vom griech. fossaton – Wallanlage) trat 641 an die Stelle des ägyptischen Babylon, als dieses kapitulierte. Ursprünglich Militärlager, wuchs die Stadt rasch zur Metropole Ägyptens, an deren Seite 969 die Neugründung der schi'itisch-isma'ilitischen Kalifen-Dynastie der Fatimiden (909–1171), Kairo (al-Qahira), trat. Al-Fustat wurde als Altstadt in das aufblühende Kairo einbezogen, das mit mehreren Hunderttausenden von Einwohnern die politische, wirtschaftliche und religiöse Konkurrenz der Fatimiden gegenüber Bagdad und seinen sunnitischen Abbasidenkalifen symbolisierte. Al-Muqaddasi zeigt sich tief beeindruckt, bringt als sunnitischer Muslim aber auch moralische Kritik an.

Altarabische Prosa, hrsg. v. M. Fleischhammer, Leipzig 1988, S. 188–191; al-Muqaddasī, Aḥsan at-taqāsīm fī maᶜrifat al-aqālīm, Ed. M. J. de Goeje, 2. Auflage 1906, S. 197–200.

Bagdad im 11. Jahrhundert

Abu'l-Wafa Ibn Aqil sagte:
Ein angesehener Mann aus Tariq Chorasan fragte mich nach Bagdad und meinen Erinnerungen daran. Ich antwortete: Ich werde dir nichts erzählen, was du schwerlich glauben kannst. Ich werde einfach von meinem Viertel berichten, einem von insgesamt zehn, von denen jedes so groß wie eine syrische Stadt ist. Mein Viertel heißt Bab at-Taq (Hauptstraßen-Tor). Eine seiner Straßen führt am Tigris entlang. An einer Seite, dem Fluß zugewandt, stehen Paläste aufgereiht von der Brücke bis zum Anfang des Zahir-Gartens. Dieser aber gehört dem König (dem Sultan) und umfaßt 200 Djarib. An der anderen Straßenseite stehen die Moscheen der Palastbesitzer und die Häuser ihrer Sklavenkrieger. Dazwischen befinden sich die Ställe. Rechts von dieser Straße, an der Brücke und nahe dem Ufer, liegt der Jahja-Markt, der die Paläste der Wesire und Emire vereint. So den Palast von Schadi, von ar-Rabi, von Ibn al-Auhad und al-Wafi, dessen Reittiere täglich allein 1000 Futterbeutel verbrauchen. Am Ende dieses Marktes liegt der Faradj-Palast mit den Häusern der Frommen und ihrer Oberhäupter.

An der Westseite, ich meine des Jahja-Marktes, befinden sich große Ladengeschäfte und Gassen mit Mehlhändlern, Brotbäkkern und Süßigkeitenhändlern. Am Ende der Uferpaläste steht der Palast von Mu'izz ad-Daula mit einem Kai, der 100 Ziegel breit ist. Der Palast hat einen wunderbaren Balkon. So sieht das Viertel Bab at-Taq vom Ufer her aus. Im Inneren liegt am Anfang der große freie Raum, der Brückenplatz. Von dort gehen zwei große Straßen ab, von denen eine den Schuhmachern gehört. Dann kommt der Vogelmarkt, ein Markt, wo es alle wohlriechenden Pflanzen gibt. An seinen Seiten sind die eleganten Geldwechsler und die Händler mit Tailasan-Schals und prächtigen Gewändern. Dahinter befindet sich der Viktualienmarkt mit

Brotbäckern und Fleischern, weiterhin der Goldschmiedemarkt. Du kannst keinen schöneren Bau sehen, denn es sind hohe Gebäude mit Teakholzsäulen, auf denen sich Räume befinden, die auf die Straße hinausragen. Dann folgen die Buchhändler, die einen großen Markt haben, wo sich Gelehrte und Dichter treffen. Dahinter liegt der große und allumfassende Markt von ar-Rusafa. Dann kommen die Straße mit den Kalifengräbern, der Palast des (Kalifen) al-Mahdi, die Freitagsmoschee von ar-Rusafa, der Griechenweg, die Abd-as-Samad-Straße und die wundervollen Springbrunnen mit vielen Glöckchen auf dem Weg zur Moschee.

Ähnlich ist am Westufer (des Tigris) al-Karch. An seinem Ufer stehen wohlgeordnet Paläste mit Wasserrädern, Gärten und Balkonen, von denen man auf die Balkone am anderen Ufer schauen kann. Vor jedem Palast liegt ein Chaitija-Schiff, das für den Hausherrn getrimmt ist, schön geschmückt und wunderbar mit Holz verziert. Enten spielen an der Anlegestelle des Uferpalastes. Manchmal vermischen sich ihre Laute mit dem Knarren der Wasserräder, das Schnattern der Enten mit dem Lärmen der Sklavenkrieger und Diener. Der Tigris strömt zwischen den Uferpalästen dahin. Gar oft bin ich auf einem Sumairija-Schiff flußabwärts gefahren und habe dabei diesen Klängen gelauscht, und zwar von der Brücke in Bab at-Taq bis hinunter zum Bab al-Maratib (Stufentor). Die Uferpaläste haben zu den Straßen Tore, vor denen Reittiere aufgeschirrt stehen, die zum Reiten bereit sind, während unter den Balkonen Chaitija und Zabzab-Schiffe liegen, um auf dem Wasser zu fahren. Die Leute dort scheinen ständig zum Feiern bereit zu sein, sei es zur Beschneidung eines Knaben oder zur Verheiratung einer Frau. An den Samstagen treffen sich Rezitatoren auf hohen Sitzen, wo sie den Koran modulieren, finden Fecht- und Ringkämpfe statt und werden Bootsrennen durchgeführt.

Zu den schönsten Palästen gehörten der Fachri-Palast am Westufer und das königliche Palais (der Bujiden) am Ostufer. Der Izzi-Palast hatte nichts seinesgleichen. Dahinter steht der Ildarak-Palast und befindet sich der Tahir-Haremsbezirk mit seinen Uferhäusern, seiner Ummauerung und seinem eisernen Tor. Dort steht auch der Palast des Emirs Hasan Ibn Ishaq Ibn al-Muqtadir, dem das Kalifat angeboten wurde, ohne daß er es angenommen hat.

Hinter dem Haremsbezirk liegt die Straße des Raqiq-Palastes, ein großes Viertel mit vielen wunderbaren Häusern. Dann folgen die Sulaiman-Straße, das Hospital mit seinem wunderbaren Markt, dann der am Ufer gelegene große Palast des Vorstehers der Scherifen. Von alten Männern habe ich gehört, daß es auf dem Tigris 500 gelbgefärbte und geschmückte Schiffe gibt, auf denen nur elegante Kaufleute, Heerführer und Lehensträger fahren, wobei die Männer mit ihren Sklaven und die Schiffer schön gekleidet sind.

Dann folgt das Basra-Tor-Viertel mit langen Straßen.

Am Ostufer befindet sich az-Zahir, ein großer Park mit Dattelpalmen und Blumen. Dahinter liegen drei Viertel: der Waffenmarkt, al-Mucharrim und der Pferdemarkt. Die Gebäude erstrecken sich bis zum Mu'alla-Kanal. Dort steht der Kalifenpalast mit seinem wunderbaren Kronenpalais als eine Stadt für sich. Außerdem befinden sich dort das Viertel des Stufentors, das das Viertel der Großen und Amtsträger ist, das Viertel von Bab al-Azadj (des Gewölbetors) und al-Ma'munija.

An der Westseite stehen die Paläste von Isa, al-Ma'mun, at-Tutha und andere. Al-Karch vereint wunderbare, schön gebaute Häuser. Dort sind die Safran-Straße, wo prächtige Paläste stehen, die Straße der Winde, die Straße von Ibn Abi Auf und das Muhauwal-Tor. Innerhalb der Mauer der Süßigkeitenhändler gab es (früher) eine Bibliothek mit 120 000 Bänden.

Auf dem Markt von al-Karch und auch in Bab at-Taq vermischen sich Händler mit Wohlgerüchen und Verkäufer von Sachen, die übel riechen, Händler mit neuen Waren und Trödelhändler nicht. Die Angesehenen haben ihre Straßen. In der Safran-Straße in al-Karch wohnen keine Handwerker, sondern nur Stoff- und Parfümhändler, in der Sulaiman-Straße in ar-Rusafa nur Richter, beamtete Zeugen und Großkaufleute.

Die »Stadt des Friedens, Heils« (Madinat as-Salam), Bagdad, gebaut 762 bis 766 als Metropole der Abbasiden-Kalifen, war mit mehreren Hunderttausenden von Bewohnern glänzendes Zentrum von Wirtschaft, Verwaltung, Religion und Kultur. Trotz militärischer Auseinandersetzungen, Unruhen, Überflutungen und Feuersbrünsten war sie auch im 11. Jahrhundert noch attraktiv.

Ibn al-Ǧauzī (?), Manāqib Baġdād. Bagdad 1342/1923, S. 25–28; Übersetzung H. Preißler.

Die Eroberung Bagdads durch die Mongolen

Zu Beginn des Jahres (656/1258) zog der Tyrann Hulawu Ibn Tuli (Hülägü), der Mongolenchan, an der Spitze seiner Truppen von Georgiern und der Garnison von Mosul gegen Bagdad. Der Präfekt des Kalifenpalastes zog an der Spitze der Bagdader Garnison aus, um die Vorhut der Mongolen aufzuhalten, die von Ba'idju Nujan befehligt wurde. Da die Muslime zu wenige waren, wurden sie geschlagen. Dann rückte Ba'idju vor und griff Bagdad von der Westseite an, während Hulawu das gleiche von der Ostseite tat. Der Wesir (der Schi'it Ibn al-Alqami) sagte damals dem Kalifen al-Musta'sim billah: »Ich werde zum Großchan gehen und die Bedingungen für den Waffenstillstand aushandeln.« Dieser Hund verließ also Bagdad, erhielt für sich persönliche Garantien und kehrte zum Kalifen zurück, um ihm zu sagen: »Der Großchan will deinem Sohn seine Tochter geben und verlangt, daß wir seine Autorität so anerkennen, wie wir es vorher mit den Seldschuken gemacht haben. Dann wird er sich zurückziehen und nichts anderes von dir verlangen.«

Al-Musta'sim zog dann, umgeben von den Würdenträgern seines Hofes und großen Persönlichkeiten, die dem Abschluß des Vertrages beiwohnen sollten, aus der Stadt aus. Als sie außerhalb waren, kam es zu einem Massaker. Alle Köpfe fielen. Der Kalif selbst wurde zertreten, bis er starb.

Nachdem die Mongolen in Bagdad eingezogen waren, teilten sie sich die Stadt auf. Jeder Heerführer nahm sich ein Viertel. 34 Tage lang schlugen die Schwerter ohne Unterlaß zu. Die Überlebenden waren gering an Zahl. Die Zahl der Opfer übertraf 1 800 000. Danach verkündeten die Mongolen einen Vertrag, der den Entflohenen das Leben sicherte. Später befahl Hulawu, Ba'idju zu enthaupten, unter dem Vorwand, er habe einen Briefwechsel mit dem Kalifen geführt.

Hulawu schickte dann Gesandte zum Herrn der syrischen Lande, al-Malik an-Nasir Salah ad-Din Jusuf, um ihn zu verpflichten, die Mauern der befestigten Plätze seines Landes zu schleifen.

Schams ad-Din adh-Dhahabi (1274–1348) gehörte zu der in Syrien aktiven schafi'itischen Richtung, die im Sinne eines strengen Traditionalismus dem Hanbalitentum nahestand. Als Traditionswissenschaftler und Jurist verfaßte er u. a. ein »Buch der schweren Sünden«, in dem die Hauptvergehen im Islam aufgezählt werden. Als Historiograph schrieb er eine Weltgeschichte des Islams, »Die Dynastien des Islams«, die annalistisch wichtige Ereignisse und Todesdaten bis zum Jahre 1344 auflistet, darunter diesen legendären Bericht über das Ende der Abbasiden-Kalifen von Bagdad.

Aḏ-Ḏahabī, Kitāb duwal al-Islām, Haidarabad 1944, Bd. 2, S. 121; Übersetzung H. Preißler.

II Aus dem Leben der Mächtigen

Mächtig auf Erden und damit Garant des Islams konnte nach Ansicht von einfachen Muslimen wie von Gelehrten nur einer sein: der Imam-Kalif. Er hatte in Nachfolge des Propheten Muhammad die Gemeinschaft und ihr Staatswesen in religiösen wie in weltlichen Angelegenheiten zu führen. Als Vorbeter im gemeinsam-öffentlichen Freitagsgebet und als Staatshaupt, das Verwaltung, Militärbefehl und Gerichtsbarkeit an Beauftragte delegieren konnte, sollte er dem Beispiel Muhammads und den ersten, nach sunnitischer Auffassung »rechtgeleiteten«, Kalifen und Prophetengefährten folgen. Im Zuge der historischen Entwicklung zeichnete sich jedoch eine zunehmend deutliche Differenzierung in allen Sphären der Macht ab.

Wie die Ausschnitte zeigen, erwuchsen damit selbst dem Ideal des Imam-Kalifen erhebliche Gefahren. Denn im 10. bis 12. Jahrhundert standen sich zeitweilig drei miteinander rivalisierende Kalifenhäuser gegenüber. Und sogar die Abbasidenkalifen von Bagdad wurden von militärischen Ober-Emiren und nichtarabischen Fürstendynastien aus verschiedenen islamischen Strömungen bevormundet, was Mitte des 11. Jahrhunderts schließlich seinen symbolischen Ausdruck darin fand, daß der Kalif die Häupter der türkischen Seldschuken offiziell als Sultane anerkannte. Rechtsgelehrte sahen sich veranlaßt, die Pflichten eines Sultans abzustecken.

Aus den Reihen der Rechtsgelehrten kamen die Richter, Kadis, die weitgehend unabhängig agieren konnten, solange sie nicht in die politisch motivierte Entscheidungsgewalt der Machthaber eingriffen. Seit dem 9. Jahrhundert wurden diese Kadis in den Kernländern des Kalifates von einem Oberrichter eingesetzt, den seinerseits der Kalif bestellte.

Auszüge aus Biographien und Erzählungen vermitteln einen Eindruck vom Leben all dieser Mächtigen.

Bemerkenswerte Kalifenpersönlichkeiten werden erwähnt: der in späterer Zeit als einzig frommer der Umaijaden hochgewürdigte Umar Ibn Abd al-Aziz, der bekannte Abbaside Harun ar-Raschid und der Stammvater der schi'itischen Fatimidendynastie in Nordafrika, Ubaidallah.

Als ein Akteur, welcher über die Kalifen in Bagdad herrschte, tritt der schi'itische Bujide und »König der Könige« Adud ad-Daula in Erscheinung.

Auch die Wesire, vertraute Ratgeber der Kalifen in der Verwaltung, konzentrierten des öfteren beträchtliche Machtfülle in ihren Händen. Von dem berühmten Wesirgeschlecht, den Barmakiden, handelt der Bericht über die Rolle des Jahja Ibn Chalid bei der Inthronisierung Haruns. Einen Einblick in Autorität und Seelenleben des herausragenden Wesirs der Seldschukensultane Nizam al-Mulk gibt eine Mahnpredigt, die an diesen gerichtet ist.

Ständig wuchs das Gewicht, das Militärführer (Emire), getragen vor allem von den Waffen ihrer Truppen, in die politische Waagschale werfen konnten. Bereits bei den mittelalterlichen Autoren galt als klassisches Beispiel das Schicksal des schwarzen Eunuchen und ehemaligen Sklaven Abu'l-Misk Kafur in Ägypten.

Nur einer sollte Imam-Kalif sein

Was nun die Aufstellung von zwei oder drei Imamen zur gleichen Zeit und im gleichen Land anlangt, so ist eine solche laut dem Idjma nicht zulässig. Wenn eine solche jedoch in verschiedenen Ländern und weit auseinanderliegenden Städten vorgenommen wird, so ist diese – nach der Ansicht einer besonderen, von der Allgemeinheit abweichenden Gruppe – insofern zulässig, als es die Aufgabe des Imams ist, sich um die Angelegenheiten der Muslime zu kümmern, und jeder einzelne von ihnen eher in der Lage ist, in seinem Verwaltungsbezirk nach dem Rechten zu sehen ... Die Hauptmasse der Muslime jedoch vertritt die Ansicht, daß die gleichzeitige Designierung zweier Imame in der gleichen Zeit nach der Schari'a nicht zulässig sei. Das ergäbe sich aus der Tradition: »Wenn die Leute zwei Imamen die Huldigung leisten, dann tötet den einen der beiden!«

Al-Mawardi (gest. 1058), schafi'itischer Oberrichter in Bagdad, war in seinen staatstheoretischen und Bildungswerken bemüht, islamische Rechtsauffassungen mit den historischen Gegebenheiten in Übereinstimmung zu bringen. Im Falle des Imam-Kalifen spielte eine Rolle, daß seit 910 das Fatimidenkalifat in Nordafrika (bis 1171) und von 929 bis 1031 das Umaijadenkalifat in al-Andalus (Iberische Halbinsel) bestand.

Das kitâb »adab ed-dunjâ wa'ddîn« (über die richtige Lebensart in praktischen und moralischen Dingen) des Qâdî abû'l-Hasan el-Baçrî, genannt Mâwerdî (nach den Ausgaben Stambul 1299 und Cairo 1333 H. sowie mit Benutzung der Hs. ᶜAşir Efendi 740), aus dem Arabischen übersetzt v. O. Rescher, Teil II, Stuttgart 1933. S. 14–15;
al-Māwardī, Kitāb adab ad-dunyā wa'd-dīn, Ed. A. Ibrāhīm, Beirut 1979, S. 116.

Die Obliegenheiten eines Sultans

Was die Geschäfte des Sultans in Hinsicht auf das Volk anlangt, so teilen sich diese in sieben Kategorien, nämlich: 1. Die Bewahrung der Religion, d. h. ihre Wahrung vor Neuerungen, und den Ansporn zu ihrer praktischen Ausübung ohne eine Vernachlässigung. 2. Die Bewachung des Landes und die Verteidigung der muslimischen Gemeinde gegen die Feinde und alle solche, die sich am Gut und Blut der Muslime Ungerechtigkeiten erlauben. 3. Die Kultivierung der (ihm unterstellten) Gebiete durch die Inangriffnahme der dazu förderlichen Obliegenheiten und die Ausbesserung bzw. Sicherstellung der Routen. 4. Die Verfügung über die im Schatz befindlichen Gelder im Sinn der Religion und (mit genauer Kontrolle) der Entnahme und Abgabe der Gelder unter Vermeidung jeder Ungesetzlichkeit. 5. Die Erledigung der eingehenden Beschwerden und zu fällenden Urteile und ihre Behandlung in unparteiischer Weise ohne Ansehen der Person[1]. 6. Die Festsetzung der Strafen für die, welche das Gesetz übertreten, ohne eine Überschreitung der (dabei) zulässigen Grenzen

---

1 freie Wiedergabe

noch auch eine Vernachlässigung. 7. Bei der Auswahl der von ihnen anzustellenden Beamten dafür Sorge zu tragen, daß diese die ihnen übertragene Arbeit auszuführen verstehen und sie auch in ehrlicher Weise erledigen.

Wenn der Sultan, dem die Herrschaft über das Volk zugefallen, diese oben erwähnten sieben Obliegenheiten ausführt, dann erfüllt er die von Gott in dieser Hinsicht gegebenen Bestimmungen und gewinnt sich so ein Anrecht auf den Gehorsam und die lautere Gesinnung sowie die Zuneigung und Liebe seiner Untertanen. Führt er jedoch die Pflichten nicht aus und kommt er seinen Obliegenheiten nicht richtig nach, so zieht er sich damit die (künftige) Strafe von Gott zu. Außerdem kommt noch dazu, daß seine Untertanen im Herzen ihm Gefühle des Aufruhrs und Hasses entgegenbringen und nur auf eine Gelegenheit warten, diesen Gefühlen offen Ausdruck zu verleihen …

(Vom Propheten wird tradiert:) »Die besten eurer Imame sind die, die ihr liebt und die euch wiederum lieben. Die schlechtesten von ihnen aber sind die, welche ihr haßt und verflucht und die euch wiederum hassen und verfluchen.«

… Deshalb liegt in der Zuneigung der Untertanen (zu ihrem Sultan) ein Beweis von dessen Trefflichkeit und Gottesfurcht, in ihrer Abneigung gegen ihn jedoch ein Beweis seiner Schlechtigkeit und (moralischen) Gleichgültigkeit.

Mit dem seit dem 10. Jahrhundert gravierenden Problem konfrontiert, daß Fürsten aufgrund ihrer militärischen Stärke die Staatsgewalt zu usurpieren und die Kalifen auf ihre religiösen Aufgaben zu beschränken suchten, definiert hier al-Mawardi die Pflichten einer neuen staatlichen Autorität, des Sultans, welche die Staatsleitung im Interesse der muslimischen Gemeinschaft auszuüben hat.

Das kitâb »adab ed-dunyâ wa'ddîn« des … Mâwerdî, übers. v. O. Rescher, Teil II, Stuttgart 1933, S.15–16;
al-Māwardī, Kitāb adab ad-dunyā wa'd-dīn, Ed. A. Ibrāhīm, Beirut 1979, S. 116–117.

Ernennung eines Oberrichters

Zu den Ereignissen des Jahres 363 (973–974) gehört es, daß Abu 'l-Hasan Muhammad Ibn Salih, der Sohn von Umm Schaiban, al-Haschimi mit dem Amt des Oberrichters betraut und Abu Muhammad Ibn Ma'ruf abgelöst wurde.

Abu Muhammad war nämlich aufgefordert worden, den Palast von Abu Mansur asch-Scharabi an Abu Bakr al-Isbahani, den Kämmerer, zu verkaufen. Er hatte sich geweigert, worauf ihm gesagt wurde: »Der Bevollmächtigte, den (der Kalif) al-Muti eingesetzt hat, soll ihn verkaufen. Von dir wird doch nur verlangt, daß du die Zeugen anhörst und das registrierst!« Doch er weigerte sich weiterhin, schloß sein Haus zu und erbat die Ablösung vom Richteramt. Daraufhin wurde Abu 'l-Hasan Ibn Umm Schaiban aufgefordert. Auch er weigerte sich. Man drängte ihn so lange, bis er zusagte, aber sich unter anderem folgende Bedingung ausbat, nämlich daß er keine Löhnung für das Richten und keine Ehrengelder dafür erhalten sollte, nur gebieten sollte, was einem Urteil entsprach, und nicht gebeten werden sollte, ein Recht zu brechen und zu tun, was eine Gesetzesbestimmung nicht verlangte. Seinem Sekretär setzte er monatlich 300 Dirhem, seinem Kämmerer 150 Dirhem, seinem Türverwalter 100 Dirhem, dem Bewahrer des Gerichtshauses und den Gehilfen 600 Dirhem aus. Er ritt zum Palast von al-Muti, damit der ihm seine Bestallungsurkunde übergab. Am Tag darauf ritt er in die Große Moschee. Dort wurde seine Bestallungsurkunde verlesen. Ihre Abfassung hatte Abu Mansur Ahmad Ibn Abdallah asch-Schirazi übernommen, der damals Chef der Korrespondenzbehörde war. Ihre Kopie lautete:

Im Namen des allbarmherzigen Gottes!

Das ist, womit der Gottesknecht al-Fadl, der Imam al-Muti lillah, der Fürst der Gläubigen, den Muhammad Ibn Salih al-Haschimi beauftragt hat, als er ihn aufgefordert hat, zu übernehmen das Richteramt unter den Bewohnern der Mansur-Stadt, der Oststadt am Westufer, des Ostufers, der Heilstadt[1], von al-Kufa, an den beiden Ufern des Euphrat, von Wasit, von den beiden Wegen

---

1 Die Stadt des Heils, Friedens – Bagdad

entlang des Euphrat und Tigris und den Wegen von Chorasan, von Quirmisin und Hulwan, von Dijar Mudar, Dijar Rabi'a und Dijar Bakr, von Mosul, von den heiligen Städten (Mekka und Medina), von Damaskus, Homs, dem Heeresbezirk Qinnasrin und den Grenzgebieten, Ägypten und Alexandria, den beiden Heeresbezirken Jordanien und Palästina und den zugehörigen Bezirken, die gleichzeitige Beaufsichtigung bei der Wahl zum Vorstand der Abbasiden in al-Kufa, an beiden Ufern des Euphrat und den dazugehörigen Bezirken, das Oberrichteramt, die Ordnung der Angelegenheiten der Richter und die Beaufsichtigung der laufenden Gerichtsangelegenheiten in den übrigen Gebieten, Städten, Orten und Regionen, die das Reich umfaßt und wohin der Ruf gelangt, die Bestimmung eines Geschenkes für den, der lobt, und die Behandlung und Ersetzen dessen, der seinen Ruf und seinen Charakter tadelt, da er bei ihm ausreichende Befähigung sieht, in der Sorge um Elite und Volk und Mitleid mit der (islamischen) Schutzgemeinschaft, mit dem Wissen, daß er in seiner Familie und seinem Adel einen vorderen Platz einnimmt, in seiner Keuschheit und Enthaltsamkeit hervorragend ist, in seiner Religion und seiner Vertrauenswürdigkeit rein ist, durch seine Skrupelhaftigkeit und Lauterkeit bekannt ist, wegen seines Wissens und seiner Klugheit anerkannt ist, bei ihm Gebieten und Verbieten vereint sind, er fern jeder Unreinheit ist und im Gottvertrauen das schönste Gewand des Reinen trägt, der Busen ist, der sich über die Lauterkeit des (göttlichen) Geheimnisses freut, der ist, der das Volk dieser Welt kennt, und der ist, der weiß, was dem guten Ausgang nutzt.

Er befiehlt ihm Gottesfurcht, denn das ist der schützende Schild. Er soll Gottes Schrift in allem, was er tut, zu seiner Richtschnur machen und danach sein Urteilen und Richten ordnen als seinen Imam, bei dem er Zuflucht findet, und seine Stütze, auf die er sich verläßt. Er soll die Sunna des Gottesgesandten Muhammad zum Gegenstand des Wunsches, den er anstrebt, und zum Vorbild, dem er folgt, machen. Er soll den Konsens beachten. Er soll sich an das Vorbild der rechtgeleiteten Imame (Kalifen) halten. Er soll seine persönliche Entscheidung dort treffen, wo es weder Schrift noch Sunna oder Konsens gibt. Er soll zu seiner Gerichtsversammlung den bringen, dessen Wissen und

Meinung er zur Hilfe nehmen kann. Er soll mit Blicken und Worten zwischen den Parteien schlichten, wenn sie vor ihn treten, und jedem der beiden ihren Anteil an seiner Gerechtigkeit und Billigkeit zukommen lassen, damit der Schwache vor seiner Ungerechtigkeit sicher ist und der Starke an seiner Zuneigung verzweifelt.

Er befiehlt ihm, seine Gehilfen und Gefährten, seine Sekretäre und Mittel, auf die er sich stützt, so zu beaufsichtigen, daß er verhindert, daß sie sich verbotener Lebensweise zuwenden, und sie davon abhält, sich verbotene Einnahmen zu verschaffen.

Bei dieser Bestallung eines Oberrichters von den Malikiten, einer der vier sunnitischen Rechtsschulen, werden die Grundlagen des Kadi-Gerichtes im Sinne der Schari'a, des islamischen Gesetzes, deutlich: Koran, Sunna (Brauch) des Propheten und der ersten Kalifen, Konsens (Idjma) der Rechtsgelehrten und persönliche Entscheidung nur dann, wenn keine Analogie aus diesen Rechtsquellen möglich ist.

Der sunnitisch-hanbalitische Bagdader Gelehrte und Prediger Abu 'l-Faradj Ibn al-Djauzi (1116–1201) hat zahlreiche Arbeiten zu den meisten Gebieten islamischen Schrifttums hinterlassen, besonders zur Koranexegese, Tradition und zum Predigtwesen. Unter seinen historiographischen Büchern ragt das annalistisch-nekrologische Geschichtswerk »Al-Muntazam« (Das Wohlgeordnete) hervor, das die Zeit von der Weltschöpfung bis zum Jahr 1178 umfaßt und neben zahlreichen Zitaten aus älteren Chroniken auch manche unikale Nachricht aus der Geschichte des Kalifenreiches aus Bagdader Sicht enthält.

Ibn al-Ǧauzī, Kitāb al-Muntazam, Beirut 1412/1992, Teil 14, S. 221–223; Übersetzung H. Preißler.

Ein frommer Umaijade: Der Kalif Umar Ibn Abd al-Aziz

Ein alter Mann aus Syrien erzählte mir: »Als Umar Ibn Abd al-Aziz Kalif wurde, brachte er zwei Monate in Kummer und Trauer versunken über die Betrübnis zu, die ihn mit Erlangung der Autorität über die Angelegenheiten der Menschen befallen hatte. Dann begann er, sich um ihre Angelegenheiten zu kümmern und Ungerechtigkeiten zurückzuweisen, bis seine Besorgtheit um die Menschen größer als die Sorge um sich selbst war.

Und auf diesem Wege fuhr er fort, bis seine Zeit kam, möge Gott, der Allmächtige, Gnade über ihn walten lassen. Als er starb, kamen die Faqihe (Rechtsgelehrte) zu seiner Gattin, um ihr zu kondolieren, und sie erinnerten daran, wie groß das Unglück sei, das die Menschen des Islams durch seinen Tod befallen habe. Sie sagten zu ihr: ›Erzähle uns von ihm, denn es ist die Familie des Mannes, die ihn am besten kennt.‹ ... Sie antwortete: ›Bei Gott! Er war keiner von euch, die mehr als die anderen beteten und fasteten, aber, bei Gott, ich sah niemals einen von Gottes Dienern, die Gott stärker fürchteten als Umar. Er, möge Gott sich seiner erbarmen, erschöpfte seinen Körper und seine Seele für die Menschen und pflegte seinen Tag mit ihren Bedürfnissen zu verbringen, und wenn irgendetwas davon abends übrigblieb, pflegte er dies bis in die Nacht fortzusetzen. Eines Abends hatte er all ihre Angelegenheiten geregelt und verlangte eine Lampe, die er auf eigene Kosten unterhielt. Er betete zwei Rak'as, und dann kauerte er sich hin, mit der Hand unter dem Kinn, und Tränen liefen seine Wangen herunter. Und so blieb er bis zum Morgengrauen und fastete am nächsten Tag. Ich sagte zu ihm: ›Oh Befehlshaber der Gläubigen, wahrlich eine Sache diese Nacht, die ich noch nie bei dir gesehen habe.‹ Er antwortete: ›Tatsächlich. Ich habe die Autorität über diese Gemeinschaft, die Schwarzen wie die Roten unter ihnen; ich erinnerte mich des wandernden, bettelnden Fremden, des bedürftigen Armen, des bedrückten Gefangenen und ihresgleichen im ganzen Land, und da wußte ich, daß Gott, der Allmächtige, mich nach ihnen fragen würde, und daß Muhammad, möge Gott ihn segnen und schützen, betreffs ihrer über mich urteilen würde. Dann fürchtete ich mich, daß ich keine Entschuldigung vor Gott und kein Beweismittel für Muhammad haben würde, und fürchtete für meine Seele.‹ Bei Gott, wenn Umar in einer Situation war, in der eines Mannes Freude mit seiner Frau ihr Höchstes erreichte, und er an etwas von Gottes Befehl dachte, zitterte er wie ein Vogel, der ins Wasser gefallen ist, und sein Weinen steigerte sich so, daß ich die Bettdecke von mir und ihm abwarf aus lauter Mitleid mit ihm. Dann sagte sie: ›Bei Gott, ich wünschte, daß wir von dieser Autoritätsfunktion so weit entfernt gewesen wären, wie es der Osten vom Westen ist.‹«

(Aus Medina berichtete ein Scheich:) »Ich sah Umar Ibn Abd al-Aziz in Medina, und er war unter den Bestgekleideten der Männer, ihr Bestparfümierter, der Stolzeste im Gang. Dann sah ich ihn, nachdem er das Kalifat übernommen hatte, und er schritt wie ein Mönch einher.«... Wenn dir jemand erzählt, daß die Art zu gehen den Charakter (offenbart), dann glaube ihm nach Umar Ibn Abd al-Aziz nicht.

Umar (II.) Ibn ʿAbd al-Aziz (717–720) gilt in der islamischen Geschichtsüberlieferung z.T. bis heute als einziger der Umaijaden, dessen Politik als islamgerecht anerkannt wird. Mit Übernahme des Kalifates soll er luxuriösem Leben entsagt haben, was der von Harun ar-Raschid eingesetzte Kadi der Kadis (Oberrichter), Abu Yusuf (gest. 798), in der juristischen »Abhandlung über die Bodensteuer« seinem Gebieter nicht vorenthielt.

Abū Yūsuf, Yaʿqūb b. Ibrāhīm, Kitāb al-ḥarāǧ, 4. Auflage Kairo 1392 A. H., S. 17–18; Übersetzung G. Hoffmann; vgl. die englische Übersetzung von Lewis, B., Islam, Bd. I, S. 168–169.

Wie Harun ar-Raschid Kalif wurde

Ich las in einem Buch, daß der Kalif Musa al-Hadi seinen Bruder ar-Raschid bat, er möge auf die Nachfolge verzichten, damit sein Sohn sie nach seinem Hinscheiden antreten könne.

»Doch Harun vermied, davon zu sprechen, und wollte nicht darauf eingehen. Da ließ der Herrscher Jahja Ibn Chalid al-Barmaki zu sich kommen, erwies ihm und den Seinen Gunst, machte ihnen Versprechungen und Geschenke und bat ihn, bei Harun auf den Nachfolgeverzicht zu drängen. Doch Jahja ging nicht darauf ein und lehnte ab. Al-Hadi bedrohte ihn und machte ihm Vorstellungen. Es kam zwischen den beiden in jener Sache zu großen Schwierigkeiten, und Jahja gelangte bis an den Rand des Verderbens. Dennoch fuhr er fort, die Interessen seines Herrn zu verteidigen. Schließlich erkrankte al-Hadi an dem Übel, an dem er dann sterben sollte. Es verschlimmerte sich, und der Kalif ließ Jahja rufen und sagte zu ihm: ›Du bist mir in nichts behilflich gewesen, sondern hast meinen Bruder verdorben und ihn darin bestärkt, daß er das zurückwies, was ich begehrte. Bei Gott, ich werde dich sofort töten lassen!‹ Er rief nach einem Schwert und der Hinrichtungsmatte und befahl ihm niederzuknien, um ihm den Kopf abzuschlagen. Doch Ibrahim Ibn Dhaknan al-Harrani sagte zum Kalifen: ›Beherrscher der Gläubigen, ich habe gegenüber Jahja eine Verpflichtung, die ich bei ihm abtragen möchte; deshalb bitte ich dich, ihn mir für diese Nacht zum Geschenk zu machen. Morgen wirst du klarer sehen, was du mit ihm anfangen willst.‹ ›Und was soll ihm eine Nacht nützen?‹ ›Entweder, daß sein Herr die Gunst des Beherrschers der Gläubigen zurückgewinnt oder daß er dir die gewünschten Zusicherungen über sich selbst und deinen Sohn erteilt.‹ Der Kalif gewährte es ihm.«

Jahja erzählte: »Ich stand von der Hinrichtungsmatte auf und war meines Todes gewiß. Ich wußte, mir verblieb nur noch der Rest der Nacht. Ich konnte die Augen nicht schließen bis zum Morgen, als ich das Geräusch des Schlosses hörte, das geöffnet wurde, und nicht daran zweifelte, daß es al-Hadi war, der mich rufen ließ, um mich zu töten. Als Ibrahim, der Schreiber, fortgegangen war und die Nacht zu Ende ging, trat plötzlich ein Diener ein und sagte: ›Komm zur Herrin!‹ Ich fragte: ›Und was hab ich mit der Herrin zu tun?‹ ›Komm!‹ Ich stand auf und ging zu al-Chaizuran. Sie sprach zu mir: ›Der Beherrscher der Gläubigen ist gestorben. Wir sind nur Frauen; komm herein und regle seine Angelegenheiten! Sende auch nach Harun und bringe ihn her!‹ Ich trat näher und fand al-Hadi tot auf seinem Bett. Seine Mutter al-Aziza (Chaizuran) weinte zu seinen Häupten, drückte ihm die Augen zu und strich seinen Bart glatt. Ich lobte Gott für seine Güte und die Befreiung aus meiner Not, eilte zu Harun und fand ihn schlafend. Ich weckte ihn, und als er mich sah, staunte er. Er fragte: ›Weh dir, was ist los?‹ Ich sagte: ›Beherrscher der Gläubigen, komm in den Kalifenpalast!‹ ›Ist Musa al-Hadi gestorben?‹ ›Ja!‹ ›Gott sei gepriesen! Gebt mir meine Kleider!‹ Noch bevor er sich fertig angezogen hatte, kam jemand zu mir, der mir im geheimen mitteilte, daß Harun von der Maradjil ein Sohn geboren worden war. Er wußte die Nachricht noch nicht. Ich sagte zu ihm: ›Möge Gott dein Auge ergötzen, Beherrscher der Gläubigen, mit dem Sohn der Maradjil!‹ Er lobte Gott viele Male und nannte ihn Abdallah al-Ma'mun. Dann stieg er zu Pferde, und ich mit ihm, und ritt zum Kalifenpalast.«

Der Tod des jungen Kalifen al-Hadi (reg. 785–786) und die Inthronisierung des zögerlichen Harun ar-Raschid boten Anlaß zu widersprüchlichen Gerüchten. Ob al-Hadi an Magenkrebs starb oder seine Mutter Chaizuran im Bunde mit dem Barmakiden Jahja Ibn Chalid ihn vergiften ließ, um ihrem Lieblingssohn Harun das Kalifat zu sichern, bleibt offen. In der Erzählung des pensionierten Richters at-Tanuchi (939–994) erscheinen jedenfalls deutliche Argumente, warum Jahja Ibn Chalid dieser plötzliche Tod sehr willkommen war.

At-Tanukhi, Ende gut, alles gut. Das Buch der Erleuchtung nach der Bedrängnis, Auswahl und Übersetzung aus dem Arabischen von A. Hottinger, Zürich 1979, S. 217–219;
at-Tanūḫī, Kitāb al-faraǧ baʿda'š-šidda; Ed. I. ʿA. al-Azīz, Bd. 2, Kairo 1904, S. 70–71.

Der »gute alte« Harun ar-Raschid

Harun ar-Raschid, der Sohn von al-Mahdi, mit Beinamen Abu Dja'far, dessen Mutter al-Chaizuran war, welche auch al-Hadi zur Mutter hatte, empfing die Huldigung, als sein Bruder verschied. Er selbst ließ anfangs seinem Sohn Muhammad, dem Sohn von Zubaida, durch Vertrag als Nachfolger, dann Abdallah al-Ma'mun nach Muhammad huldigen. Er setzte ihn als Statthalter von ar-Raij, Chorasan und den dazugehörigen Gebieten ein. Für beide nahm er Treueverträge und Dokumente und fertigte für sie darüber zwei Schreiben aus, die er in der Kaaba aufhängen ließ. Dann ließ er seinem Sohn al-Qasim als Thronfolger nach al-Ma'mun huldigen und überließ al-Qasims Angelegenheiten dem Ma'mun. Wenn es soweit sei und er es für gut hielte, ihn abzusetzen, solle er es eben tun.

Ar-Raschid verschied in einem Dorf namens Sanabadh im Gebiet von Tus im Lande Chorasan am Samstag, dem 4. Djumada al-achira des Jahres 193 (25. März 809), mit 44 Jahren und vier Monaten. Seine Kalifenherrschaft währte 23 Jahre, zwei Monate und 16 Tage.

Er war von vollkommener Art, schön, hochgewachsen, hatte weiße Haut, war dick und von vielem grauem Haar gezeichnet. Wenn er die Pilgerfahrt nach Mekka unternahm, schnitt er es ab. Er hatte vollkommene Sitten, war großmütig, tapfer, unternahm viele Pilgerfahrten und kämpfte viel im Djihad. Er pilgerte während seines Kalifats achtmal nach Mekka und unternahm acht Feldzüge. Nach einer bestimmten Zeit war er achtsam in den Angelegenheiten. Er korrumpierte nämlich (anfangs) die Schützlinge und liebte es, Geld zu sammeln. Zu Wesiren machte er von den Barmakiden Jahja Ibn Chalid Ibn Barmak und dessen Söhne Dja'far und al-Fadl. Dann suchte er sie im Monat Safar des Jahres 187 (Februar 803) heim und tötete Dja'far im 17. Jahr seines Kalifats. Das Siegel des Kalifats übergab er, nachdem er mit ihnen abgerechnet hatte, Ali Ibn Jaqtin. Dann übernahmen es al-Fadl ar-Rabi und Isma'il Ibn Sabih, bis der letztere starb. Sabih, der Vater von Isma'il, war freigelassener Klient von Salim al-Aftas, der wiederum freigelassener Klient der Umaijaden war. Nach dem Sturz der Barmakiden kamen ar-Raschids Angelegenheiten in Unordnung. Den Leuten offenbarten sich seine häßliche Leitung und schlechte Führung.

Die Legende seines Siegelrings lautete: Auf Gott vertraue Harun.

Für ihn wirkten als Richter unter anderem Ali Ibn Harmala, Aun Ibn Abdallah al-Mas'udi, Hafs Ibn Ghijath, Scharik Ibn Abdallah Ibn Abi Scharik an-Nacha'i und Muhammad Ibn Sama'a al-Hanafi. Seine Kammerherrn waren Bischr Ibn Maimun, dann Muhammad Ibn Chalid Ibn Barmak, dann aber al-Fadl Ibn ar-Rabi.

In dieser knappen Skizze des universellen Kulturhistorikers und -geographen al-Mas'udi (gest. 956) klingt zumindest ein von den Erzählungen aus »Tausendundeiner Nacht« abweichendes Bild vom »guten alten« Harun ar-Raschid (reg. 786–809) an: Mit Ausschaltung seiner mächtigen Wesire und Freunde, der Barmakiden, stützte er sich zunehmend auf das Militär.

Al-Mas͏ᶜūdī, Kitāb at-tanbīh wa'l-išrāf, Ed. M. J. de Goeje. Leiden 1894, S. 345 f.; Übersetzung H. Preißler.

Ein schwarzer ehemaliger Sklave als Regent und Herrscher

Abu'l-Misk Kafur Ibn Abdallah al-Ichschidi … war Sklave verschiedener Ägypter. Im Jahre 312 (924–925) verkaufte ihn dann in Altkairo Mahmud Ibn Wahb Ibn Abbas an Abu Bakr Ibn Tughdj al-Ichschidi … Kafur stieg in al-Ichschidis Gunst soweit auf, daß dieser ihn schließlich zum Atabeg (Vormund) seiner beiden Söhne machte. Muhammad, der Stellvertreter Kafurs, berichtet: Anfangs betrug mein täglicher Lohn in seinen Diensten 13 (Dirhem?); als er starb, bekam ich jeden Tag 13 000 in die Hand. Als al-Ichschidi … starb, wurde seinem älteren Sohn, Abu'l-Qasim Onudjur – das heißt auf arabisch Mahmud, Gepriesener –, vom Kalifen ar-Radi die Regentschaft über Ägypten und Syrien übertragen, und Kafur führte die Regierungsgeschäfte aufs beste bis zum Tode Onudjurs am Samstag, dem 8. Dhu'l-Qa'da des Jahres 349 (31. Dezember 960), der nach Jerusalem überführt und in der Nähe seines Vaters begraben wurde … Nach seinem Tode übernahm sein Bruder Abu'l-Hasan Ali die Herrschaft. Während dessen Regierungszeit eroberten die Griechen (Byzantiner) das gesamte Gebiet um Aleppo, al-Massisa und Tarsus, einschließlich dieser Städte selbst. Kafur übte sein Amt als Stellvertreter und Vormund allzeit aufs beste aus, bis auch Ali am 11. Muharram des Jahres 355 (8. Januar 966), nach anderen 354, starb …

Danach war Kafur in seiner Machtausübung unabhängig, und als man ihm nahelegte, den Sohn des Abu'l-Hasan Ibn al-Ichschidi zum Herrscher auszurufen, erklärte er, dieser sei zu jung. Danach ritt er in Begleitung von Speerträgern aus; dabei trug er ein Ehrengewand zur Schau, das ihm aus dem Irak gesandt worden war; außerdem ein Schriftstück, in dem seine Titel bestätigt wurden … Kafur schätzte ehrenhafte Männer und behandelte sie mit Hochachtung. Er besaß eine tiefschwarze glänzende Haut. Al-Ichschidi soll ihn um 18 Dinare gekauft haben … Als Abu't-Taijib al-Mutanabbi sich von dem schon erwähnten Saif ad-Daula Ibn Hamdan im Zorn trennte, begab er sich nach Ägypten und verfaßte dort meisterhafte Preishymnen auf Kafur. Zu diesen gehört auch ein Gedicht …, in dem es im Anschluß an eine Pferdebeschreibung heißt:

Zu Kafur strebten sie und ließen die andern;
  Denn es verzichtet auf den Bach, wer sich sucht die Seen.
Sie trugen uns zum Träger des Auges seiner Zeit
  Und ließen Augenwinkel und Weißes hinter sich stehen.

… Am Tage vor seinem Aufbruch … trug er (aber) noch ein Gedicht vor, in welchem er Kafur verspottete und in welchem es am Schluß heißt:
Wer konnte den Negereunuchen edles Trachten lehren?
  Etwa seine weißen Herren? Seine Ahnen, die Tiere, die wilden?
So ist's, selbst weißen Helden fällt Gutes tun schwer,
  Wie könnt' man Edelmut im schwarzen Eunuchen bilden?

… In einem Sammelband fand ich die folgende Anekdote: Einmal hielt ich mich bei Kafur Ichschidi auf, als ein Mann hereinkam und einen Segenswunsch für ihn sprach, in dem es hieß: »Gott schenke unserm Herrn ein langes Leben«, wobei er aber bei »ein langes Leben« eine falsche Kasusendung verwendete. Einige Anwesende begannen, sich darüber zu unterhalten und den Mann deswegen zu tadeln. Da stand jedoch einer auf und improvisierte folgende Verse:
Was Wunder, daß strauchelt, wer unsern Herrn segnet,
  Daß er stottert verwirrt, daß um Atem er ringt.
Denn die Erfurcht, die er einflößt, ist gewaltig, sie begründet,
  Daß selbst von gelehrter Zunge ein Fehler erklingt.

Der dies vortrug, war der Historiker und Philologe Abu Ishaq Ibn Abdallah Ibn Muhammad Ibn Haschisch an-Nadjirmi, einer von Kafurs Verwaltungssekretären; derjenige, der den fehlerhaften Segenswunsch sprach, war Abu'l-Fadl Ibn Ijasch.
  Über Kafur gibt es zahlreiche Anekdoten.
  Als Ägypten während Kafurs Regentschaft viele Erdbeben erlebte, verfaßte Muhammad Ibn Asim ein Gedicht, in dem es unter anderem heißt:
Nicht ein Übel darinnen brachte Ägypten zum Beben.
  Nein, aus Beglückung ob des Herrschers sie zu tanzen anheben.
  Kafur ließ ihm 1000 Dinar geben, und man behauptet, diese Belohnung sei es gewesen, die al-Mutanabbi nach Ägypten zu kommen veranlaßt habe.

Einmal erschien ein Sklave vor Kafur, worauf ihn dieser nach seinem Namen fragte. »Kafur«, erwiderte der Sklave, worauf Kafur ausrief: »Wie großartig wäre es doch, wäre auch jeder Muhammad ein Prophet!«

... Kafur war nach Ereignissen, deren Darstellung zu weit führen würde, unabhängiger Herrscher geworden und blieb es bis zu seinem Tode in Altkairo am Dienstag, dem 20. Djumada I des Jahres 356 (3. Mai 967) ... Er wurde im kleineren Friedhof von al-Qarafa beerdigt; sein Grabmal dort ist wohlbekannt. Seine Zeit als selbständiger Herrscher, also vom Tod des Ali Ibn al-Ichschidi bis zu seinem eigenen, war nicht lang.

Zu seinem Herrschaftsgebiet gehörte neben Ägypten auch Syrien. Sein Name wurde genannt auf den Kanzeln in Mekka, im gesamten Hidjaz, in Ägypten, in den syrischen Städten Damaskus, Aleppo, Antakija, Tarsus, al-Massisa und anderswo. Er soll nach Darstellung in al-Farghanis Geschichtswerk etwa 65 Jahre alt geworden sein. Doch Gott weiß es am besten. Seine Regentschaft war gerecht und milde. Nach seinem Tode erhob sich ein Streit um seine Nachfolge, wobei man sich schließlich unter Zustimmung aller auf den Sohn von Abu'l-Hasan Ali Ibn al-Ichschid einigte. Kafurs Herrschaft währte zwei Jahre und drei Monate weniger sieben Tage.

Weiße freigelassene Sklaven (Mamluken) als Militärführer, Gouverneure und de facto unabhängige Herrscher waren in der islamischen Welt seit dem 9. Jahrhundert nichts Seltenes. Daß aber ein schwarzer Sklaven-Eunuch, der »Vater des Moschus-Kampfers« (Abu'l-Misk Kafur), bei den turkstämmigen Ichschididen von Ägypten (935–969) zu Rang und Würden aufsteigen konnte und unter komplizierten Bedingungen mit staatsmännischer Weisheit regierte, traf auf einiges Erstaunen. Die ambivalente Haltung spiegelt sich in den Gedichtszeilen des bis heute höchstgeschätzten Dichters al-Mutannabi (915–965) wider.

Ibn Challikan, Die Söhne der Zeit, aus dem Arabischen von H. Fähndrich, Stuttgart 1984, S. 149–158;
Ibn Ḥallikān, Kitāb wafayāt al-aᶜyān, Bd. I, Būlāq 1299; S. 545–547.

Stammvater schi'itischer Kalifen

Abu Muhammad Ubaidallah mit dem Beinamen »der Mahdi«.

Im Zusammenhang mit seiner Abstammung bin ich auf viele Meinungsverschiedenheiten gestoßen. So nennt ihn der Autor der »Geschichte Qairuans« Ubaidallah Ibn al-Hasan Ibn Ali Ibn Muhammad Ibn Ali Ibn Musa Ibn Dja'far Ibn Muhammad Ibn Ali Ibn al-Husain Ibn Ali Ibn Abi Talib. Ein anderer nennt ihn Ubaidallah Ibn Muhammad Ibn Isma'il Ibn Dja'far, dann weiter wie oben. Wieder andere behaupten, Ubaidallahs Großvater sei der Sohn des Ali Ibn al-Husain Ibn Ahmad Ibn Abdallah Ibn al-Hasan Ibn Muhammad Ibn Ali Ibn al-Husain Ibn Ali Ibn Abi Talib gewesen. Noch andere sagen, er heiße Ubaidallah Ibn at-Taqi Ibn al-Wafi Ibn ar-Radi. Diese drei werden als »die in der Wesenheit Gottes Verborgenen« bezeichnet. Ar-Radi ist der Sohn des Muhammad Ibn Isma'il Ibn Dja'far, dann weiter wie oben. At-Taqis richtiger Name ist al-Husain, derjenige al-Wafis Ahmad, derjenige ar-Radis Abdallah. Aus Furcht um ihr Leben hielten sie sich verborgen. Sie wurden nämlich von den Abbasidenkalifen gesucht, denen man hinterbracht hatte, einer von ihnen strebe, wie schon andere Nachkommen Alis, nach dem Kalifat. Die Ereignisse und Vorgänge um sie sind wohlbekannt. Der Mahdi nannte sich Ubaidallah, um seine wahre Identität geheimzuhalten. Das sind die genealogischen Darstellungen derer, die Ubaidallah für einen Nachkommen Alis halten; und schon hier gibt es Meinungsverschiedenheiten. Andererseits weisen auch hochgelehrte Genealogen Ubaidallahs Anspruch zurück, alidischer Abstammung zu sein. Über die Begegnung mit dem Scherifen Abdallah Ibn Tabataba und dem schi'itischen Fatimidenkalifen al-Mu'izz bei des letzteren Ankunft in Ägypten habe ich schon berichtet. Die Antwort des Mu'izz auf Ibn Tabatabas Frage weist auf die Zweifelhaftigkeit dieses Anspruchs. Denn wenn er der alidischen Abstimmung sicher gewesen wäre, hätte er das klar äußern können und das erwähnte Treffen wäre unnötig gewesen.

Manche behaupten auch: Sein richtiger Name war Sa'id, Ubaidallah dagegen sein Beiname. Seine Mutter war die Frau des Husain Ibn Ahmad Ibn Muhammad Ibn Abdallah Ibn Maimun,

den man al-Qaddah (der Bohrer) nannte; er sei nämlich Augen-
arzt gewesen und habe seinen Patienten die Augen angebohrt,
wenn sich darin Flüssigkeit angesammelt hatte. Man berichtet:
Als der Mahdi nach Sidjilmasa gekommen war, teilte man dem
dortigen Herrscher al-Jasa, dem letzten Sproß der Midrar-Dyna-
stie, mit: »Das ist der, für dessen Herrschaftsanspruch der
Schi'ite Abu Abdallah in Nordafrika predigt.« ... Daraufhin ließ
ihn al-Jasa festnehmen und einkerkern. Als davon der Schi'ite
Abu Abdallah erfuhr, sammelte er aus dem Stamm der Kitama
und anderen ein großes Heer und zog mit diesem gegen Sidjilmasa, um Ubaidallah zu befreien. Al-Jasa, der von Abu Abdallahs Herannahen erfuhr, ließ den Mahdi im Gefängnis ermorden
und floh dann, als das fremde Heer sich näherte, aus der Stadt.
Abu Abdallah betrat das Gefängnis und fand den Mahdi ermordet vor; einer seiner Diener und Anhänger saß neben ihm. Da
Abu Abdallah nun befürchtete, alles, was er bislang erreicht
hatte, könnte zugrunde gehen, wenn das Heer den Tod des Mahdi
erführe, nahm er diesen Mann, brachte ihn hinaus und rief: »Hier
ist der Mahdi!« Diese ganze Geschichte ist wohlbekannt ...

Ubaidallah hat die Herrschaft seines Hauses etabliert und in
Nordafrika Anspruch auf das Kalifat erhoben. Als Missionar
wirkte für ihn der schon erwähnte Schi'ite Abu Abdallah. Als er
dann seine Machtstellung gefestigt hatte, tötete er Abu Abdallah
und seinen Bruder, wie in dessen Biographie vermerkt. Er errichtete die Stadt al-Mahdija in Nordafrika; der Bau wurde im Monat
Schawwal des Jahres 308 (Februar–März 921) fertiggestellt, nachdem man im Dhu'l-Qa'da des Jahres 303 (Mai–Juni 916) damit
begonnen hatte. Er versah außerdem Tunis mit einer starken
Mauer und erneuerte einige Gebäude in der Stadt ...

Die von Ubaidallah gegründete Dynastie bestand, bis sie durch
die Hand von Sultan Salah ad-Din (Saladin), Gott erbarme sich
seiner, ausgelöscht wurde ...

Ubaidallah wurde im Jahr 259 (872–873), nach anderen im
Jahr 260, nach wieder anderen im Jahr 266 in Salamija, nach
anderen in Kufa geboren. Am Freitag, dem 20. Rabi II des Jahres 297 (6. Januar 910), nannte man seinen Namen von den Kanzeln in Raqqada und in Qairuan zum ersten Mal als den des Kalifen im Gebet. Das war nach seiner Rückkehr aus Sidjilmasa, wo

sich die bekannten Ereignisse abgespielt hatten. Dort war er zum ersten Mal am Sonntag, dem 7. Dhu'l-Hidjdja des Jahres 296 (27. August 909), aufgetreten, und damals sagte sich die Provinz Maghreb von der Herrschaft der Abbasiden los. Ubaidallah starb in der Nacht auf Dienstag, den 15. Rabi I des Jahres 322 (5. März 934), in al-Mahdija. Gott erbarme sich seiner.

Salamija ist eine Ortschaft in Syrien, im Verwaltungsbezirk Hims.

Raqqada ist eine Ortschaft in Nordafrika ... Es wurde von ... Ibrahim Ibn Ahmad Ibn Muhammad Ibn al-Aghlab, dem Großvater des Ziyadatallah Ibn Aghlab, erbaut, der diese Stadt im Jahre 263 (876–877) geplant hatte. Nach ihrer Fertigstellung im Jahre 264 (877–878) siedelte ihr Erbauer dorthin über.

Die angeführte verwirrende Diskussion um die Abstammung des ersten Kalifen der Fatimidendynastie (909–1171, in Ägypten seit 969), Ubaidallah al-Mahdi (der Rechtgeleitete, Messias), hat zum Hintergrund, daß sowohl andere Isma'iliten-Schi'iten wie die übrigen Schi'iten und erst recht die Sunniten seine Herkunft vom Imam Muhammad Ibn Isma'il (gest. vor 809) anfochten. Sein Werber Abu Abdallah führte im Namen des Mahdi den Aufstand von Kutama-Berbern gegen die sunnitischen Aghlabiden (800–809) in Nordafrika zum Erfolg. Ubaidallah, aus Syrien nach Nordafrika geflohen, übernahm zunächst die Herrschaft über Ifriqiya (Tunesien).

Ibn Challikan, Die Söhne der Zeit, aus dem Arabischen v. H. Fähndrich, Stuttgart 1984, S. 109–112;
Ibn Ḥallikān, Kitāb wafayāt al-aᶜyān, Bd. I, Būlāq 1299, S. 341–342.

Ein »König der Könige« in Bagdad

(Sein Name ist) Fannachusru Ibn al-Hasan Ibn Buwaih, Sohn des Fannachusru Ibn Tammam Ibn Kuhi Ibn Schirzil Abu Schudja mit dem Beinamen Adud ad-Daula (Stütze der Dynastie). So hat es der Emir Abu Nasr Ibn Makula erwähnt. Er führt seine Abstammung auf Sabur Ibn Ardaschir zurück. Sein Vater trug die Kunja Abu Ali und den Beinamen Rukn ad-Daula (Säule der Dynastie). Als erster wurde er im Islam als König und Schahanschah (König der Könige) angeredet. Im Rabi al-auwal des Jahres 367 (Oktober 977) kam er nach Bagdad, und (der Kalif) at-Tai'i zog hinaus, um ihn zu empfangen, wie er es bei niemand außer ihm getan hat. Er zog bei at-Tai'i ein. Dieser legte ihm ein Halsband und ein Armband an und übertrug ihm persönlich die Herrschaft. Er befahl, für ihn die Predigt auf den Kanzeln Bagdads zu sprechen. Diese Sitte gab es bei keinem anderen Kalifen. Er gestattete ihm, zu den Zeiten der drei Gebete die Trommel an seiner Tür zu schlagen.

Als Adud ad-Daula in Bagdad einzog, hatte sich in der Stadt und im fruchtbaren Umland des Sawad Verödung breitgemacht, denn die Flußdämme waren gebrochen. Er kam über die Leute und griff sich 800 Mann unter ihnen. Dann ließ er den Damm von Sahlija und den Judendamm schließen. Den Reichen befahl er, ihre Kaimauern wiederaufzubauen und an jeder verödeten Stelle, die keinen Besitzer mehr hatte, Pflanzen anzubauen. Er selbst pflanzte den Zahir-Garten an, wo vorher der Palast von Abu Ali Ibn Muqla gestanden hatte, der aber zu einem Ruinenhügel geworden war. Ebenso pflanzte er at-Tadji bei Qatrabull an und ummauerte 1700 Djarib. Er befahl, die Kanäle wieder auszuheben, die verschüttet waren, und errichtete daran Wassermühlen. Aus der Steppe holte er Nomaden und siedelte sie zwischen Fars und Kirman an. Dort legten sie Felder an und machten die Steppe fruchtbar. In seine Lande brachte er Dinge, die vordem nicht dort gewesen waren. So brachte er Indigo nach Kirman. In den Schutzmaßnahmen erreichte er die äußere Grenze. Die Eintreibung der Grundsteuer verschob er auf das adudische Neujahrsfest[1] und hob die Steuer für die Pilger nach Mekka auf. Dafür errichtete er für sie Wasserschöpfräder auf dem Pilgerweg und ließ Zisternen und Brunnen ausheben. Den Bewohnern der beiden heiligen Städte verteilte er Geschenke und stellte ihre alten Bestimmungen wieder her. Die Stadt unseres Herrn, des Gottesgesandten, umgab er mit einer Mauer. Er bekleidete die Moscheen und überschüttete die Gebetsrufer und Koranrezitatoren mit reichlichen Belohnungen. Manchmal spendete er 30 000, einmal gar 300 000 Dirhem. Er baute die Tigris-Brücke und den

---

1 Nach den Steuerreformen Adud ad-Daulas war das iranische Neujahrsfest der Haupttermin.

alten und neuen Damm am Sarat-Kanal. Der neue wurde erst nach seinem Tode fertig.

(Der Ober-Emir) Bedjkem hatte ein Hospital errichten lassen und mit dem Bau begonnen. Da er es nicht vollendete, tat das Adud ad-Daula und brachte alles, was jegliche Kunstfertigkeit brauchte, dorthin. Davor erbaute er einen Markt für die Stoffhändler. Für das Hospital bestimmte er viele fromme Stiftungen und errichtete dafür Mühlen in az-Zubaidija am Isa-Kanal als Stiftungen. Er forschte nach den edlen Königen und erkundete ihre Geheimnisse. So erreichten ihn die Nachrichten aus aller Welt, wenn jemand in Ägypten redete, wurde es ihm übermittelt. Wenn so jemand ihn mit nur einem Wort in Ägypten erwähnte, suchte er nach allen möglichen Schlichen, damit er zu ihm gebracht wurde, er ihn tadeln und dann zurückschicken konnte. So waren die Leute in ihren Reden und Taten, die ihre Frauen und Sklaven betrafen, sehr zurückhaltend. Er kannte seltsame Schliche, um schwierige Angelegenheiten zu entdecken …

Seine Herrschaft war gar gewaltig. Wenn jemand einen anderen ohrfeigte, machte er ihm die schlimmsten Vorhaltungen. So wurde Unrecht von den Leuten ferngehalten. Er besaß reichen Verstand, war sehr wachsam, tugendreich und sehr umsichtig. Er liebte die Tugenden und vermied die Übeltaten.

Am frühen Morgen besuchte er gewöhnlich das Bad. Wenn er dort fertig war, verrichtete er das Morgengebet. Dann kamen seine Begleiter zu ihm. Wenn er tagsüber unterwegs war, fragte er nach eintreffenden Nachrichten. Wenn sie verspätet eintrafen, empörte er sich und fragte nach der Ursache der Verzögerung. Wenn es dafür keinen Grund gab, brachte er Unheil über die Zuständigen, so daß es sogar geschehen konnte, daß jemand, der sich nur wegen des Frühstücks verspätet hatte, geschlagen wurde. Die Nachrichten kamen von Schiraz nach Bagdad in sieben Tagen. Mit den Boten wurden frische Früchte mitgebracht. Dann nahm er in Gegenwart des Arztes das Frühstück ein, wobei er ihn nach den nützlichen und schädlichen Auswirkungen der Speisen fragte. Danach schlief er. Wenn er aufwachte, verrichtete er das Mittagsgebet. Dann ging er, um die Tischgenossen zu treffen, Ruhe zu finden und Gesang zu hören. So tat er es, bis ein Teil der Nacht vergangen war. Dann suchte er sein Lager heim.

Wenn ein Festtag war, zeigte er sich den Heiligen und begegnete ihnen mit froher Botschaft, die aber mit Furcht vermischt war. Er pflegte zu töten und umzubringen, da er meinte, das sei politische Führung.

Durch solches Tun verließ er dann die Forderungen des göttlichen Gesetzes. Das ging so weit, daß eine Sklavin sein Herz durch die Neigung zu ihr von der Leitung des Reiches abhielt und er daraufhin befahl, sie zu ertränken, oder daß ein Sklave Melonen von einem Mann stahl und er ihn daraufhin mit dem Schwert in zwei Stücke schlug.

Adud ad-Daula liebte die Wissenschaft und die Gelehrten. Er bestimmte den Rechtsgelehrten, den Literaten und Koranrezitatoren Zuwendungen. Er bat die Leute um Wissen und beschäftigte sich selbst damit. So wurde ein Schreiben von ihm gefunden, in dem stand: »Wenn wir mit der Lösung des ganzen Euklid fertig sind, spende ich 20 000 Dirhem. Wenn wir mit dem Buch von Abu Ali dem Grammatiker fertig sind, spende ich 50 000 Dirhem. Für jeden Sohn, der uns geboren wird, wie wir es wünschen, spende ich 10 000 Dirhem. Wenn er von einer Frau mit Namen ist, sollen es 50 000 Dirhem sein. Wenn es eine Tochter ist, sollen es 5000 sein. Wenn sie aber von einer Frau mit Namen ist, sollen es 30 000 Dirhem sein.«

Er liebte Gedichte und wurde viel gepriesen. Er liebte auch das Zusammensein mit Gebildeten mehr als die Gesellschaft der Emire. Er selbst verfaßte viele Gedichte... Doch war seine Dichtung nicht hervorragend ...

Einmal hat er die Abrechnung seiner Einkünfte in einem Jahr verlangt. Es waren 300 020 000 Dirhem. Dazu meinte er: »Ich will 360 Millionen erreichen, damit ich täglich eine Million an Einnahmen habe.« In einer anderen Überlieferung heißt es, daß er jährlich 320 020 000 Dinar einnahm. Ihm gehörten Kirman, Fars, Oman, Chuzistan, Irak, Mosul, Dijar Bakr, Harran und Manbidj. Trotz seiner Almosengaben und Geschenke achtete er auf den Dinar und stritt auch um den Bruchteil eines Dirhem. Er richtete ungesetzliche Steuern ein und verbot Musik mit Instrumenten. So blieben Zeichen von Unrecht.

Als er dem Tode nahe war, rezitierte er die Worte von al-Qasim Ibn Ubaidallah:

»Die großen Helden habe ich erschlagen, keinen Feind habe ich
   gelassen,
niemand blieb lang, hatte ich ihn in Verdacht.
Aus den Palästen der Herrscher habe ich alle Bewohner geräumt,
sie nach Osten verjagt und nach Westen vertrieben.
Als ich die Sterne in Größe und Höhe erreichte und
alle Menschen mir noch Sklaven waren,
traf mich der Pfeil des Verderbens und löschte meine Glut.
Da liege ich nun in der Grube nutzlos und verlassen.
Meine Welt habe ich verloren, und meine Religion ist schwach.
Wer ist elender als ich im Sterben?«

Dann trug er vor: »Nichts frommte mir mein Gut. Vernichtet ist
mir meine Macht!« (Koran 69:28–29) Er wiederholte diese
Verse, bis er am letzten Montag des Schauwal in diesem Jahr
(16. April 983) mit 47 Jahren, elf Monaten und drei Tagen verschied. Nach anderen war er 48 Jahre, sechs Monate und 15 Tage
alt. Die Todesnachricht wurde verheimlicht, und er wurde im
Königspalast beerdigt, bis das Jahr zuende war und die Grund-
sätze, die ihn betrafen, im folgenden Jahr festlagen. Als er ver-
storben war, erreichte die Kunde davon doch eine Zahl von
Gelehrten, darunter einige große Männer des Wissens. Sie erinnerten sich der Worte, die die Weisen bei Alexanders Tod gesagt
hatten.

Bei Adud ad-Daula, dem bedeutendsten der iranischen schiʾitischen Buyi-
den, die von 945 bis 1055 die Abbasidenkalifen kontrollierten, fand eine
persische Rückbesinnung mit Annahme des Titels Schahanschah symbolischen Ausdruck.

Ibn al-Ġauzī, Kitāb al-Muntaẓam, Beirut 1412/1992, Teil 14, S. 290–295;
Übersetzung H. Preißler.

Ermahnung eines tatkräftigen Wesirs

Als Nizam al-Mulk, der Wesir des Sultans Malikschah, nach Bagdad kam, verrichtete er das Freitagsgebet in der großen Moschee
des Kalifen al-Mahdi. (Der Prediger) Abu Saʾd Ibn Abi Amama
stand auf und sprach:

Lob sei Gott, der gütig ist! Gottes Gebet dem, der den Propheten ein Siegel ist, seiner Familie, die die Leuchte in der Dunkelheit ist, und seiner Gefährtenschaft, die edel und großmütig ist! Heil dem Anführer des Islams und dem Wohlgefallen des Imams, den Gott mit Furcht geschmückt hat, dessen Tun Er mit gutem Ausgang besiegelt und bei dem Er zwischen dem Guten von dieser wie von jener Welt das Rechte gesammelt hat!

Oh Anführer des Islams! Einzelne Angesehene aus der Herde der Untertanen sind unter denen, die da kommen und streben, auserwählt. Wenn sie wollen, erreichen sie ihn, wenn sie wollen, meiden sie ihn. Doch wer mit seinem Amt geschmückt ist und mit seinem Licht überzogen ist, ist unter denen, die da kommen und streben, nicht erwählt, denn wer in der Tat ein Dienstherr ist, ist in der Tat auch ein Bediensteter. Er hat sich selbst verkauft und dessen Preis genommen. Von seinem Tage bleibt ihm nichts, worüber er nach freier Wahl entscheiden könnte. Er kann kein zusätzliches Gebet verrichten und sich nicht zu frommen Übungen in die Moschee begeben, ohne die Anleitung der Menschen und die Beachtung ihrer Angelegenheiten zu vernachlässigen, denn das eine ist Zusatz, das andere zwingende Pflicht.

Du, oh Anführer des Islams, bist, selbst wenn du der Wesir der herrschenden Familie bist, doch der Bedienstete dieser Gemeinde. Djalal ad-Daula (Malikschah) hat dich für reichen Lohn gemietet, damit du die Dynastie in dieser und in jener Welt vertrittst, in dieser Welt zum Wohle der Muslime und in jener Welt zu Rede und Antwort vor dem Herrn der Menschen aller Welt. Denn Gott wird ihn (Malikschah) vor sich hinstellen und ihm sagen: »Ich habe dir die Herrschaft über die Länder gegeben und dir die Zügel der Gottesknechte anvertraut. Was hast du getan, um reichlich zu geben und Gerechtigkeit zu verbreiten?« Vielleicht wird er dann sagen: »Oh Herr! Du hast aus meiner Familie einen tapferen, vernünftigen und entschlossenen Mann ausgewählt und ihm die Namen Stütze der Religion und Ordnung der Herrschaft (Nizam al-Mulk) gegeben. Da steht er unter den Machthabern. Ich habe Knute, Schwert und Schreibrohr in seine Hand gelegt und ihm Dinare aus Gold und Dirhems aus Silber gegeben. Frage ihn, oh Herr, was er mit deinen Knechten und

Ländern gemacht hat!« Kannst du Ja als Antwort sagen? Ja, ich habe die Angelegenheiten der Gottesknechte fest in der Hand und die Zügel der Gottesknechte fest im Griff. Ich habe Geschenke verteilt und Gunst vergeben, damit, wenn ich mich der Begegnung mit Dir nähere und dem Treffen mit Dir nahe bin, die Tore und Wachen, die Kammerherrn und Schleier es übernehmen, die, die da kommen, von mir abzuhalten, und die, die da herantreten, von mir fernzuhalten.

Baue dein Grab, wie du dein Schloß gebaut hast! Nutze die Gelegenheit, solange die Zeit deine Sache trägt! Entschuldige dich nicht! Später gibt es auch niemand, der dich entschuldigt.

Da ist der König der Inder, ein Götzenanbeter, der sein Gehör verlor. Die Bewohner seines Reiches kamen zu ihm, um ihm ihr Mitleid über diesen Verlust auszusprechen. Doch er antwortete: »Nicht weil ich diesen Teil meines Körpers verloren habe, bin ich traurig. Doch wie soll ich nun die Stimme dessen hören, der da Unrecht leidet, und ihm Hilfe geben?« Später sagte er: »Wenn ich schon mein Gehör verloren habe, so habe ich doch mein Augenlicht behalten. Jedem, dem Unrecht getan worden ist, sei befohlen, ein rotes Kleid zu tragen, damit ich ihn erkenne, wenn ich ihn sehe, und ihn gerecht behandle.«

Da ist Anuschirwan (der König der Perser). Der Gesandte des Griechenkönigs sprach zu ihm: »Dein Feind hat Macht über dich gewinnen können, weil es so leicht war, dich zu erreichen.« Doch der Perser antwortete: »Ich führe diese Versammlung durch, um Unrecht zu entdecken und Bedürfnisse zu befriedigen.«

Du, oh Anführer des Islams, bist dieser Tat besonders wert, dieser Gerechtigkeit vor allem würdig und zuerst bereit, auf die Bitte eine Antwort zu geben. Vor Gott, vor dem sich die Himmel geradezu öffnen, ist er nur in einer Stellung wie ein Demütiger, Gehorsamer oder unterwürfig Bittender, der im Innersten zerbrochen ist und über den der Herr sein Urteil spricht. Er macht die Bedrängnis groß, macht grau den Jungen und setzte König wie Wesir ab. »Dann läßt sich der Mensch ermahnen. Doch was soll ihm die Ermahnung dann?« (Koran 89:23) »Am Tag, da jeder Mensch vorgebracht finden wird, was er an Gutem getan oder an Bösem getan hat, möchte er, daß dieser Tag in weiter Ferne läge.« (Koran 3:30).

Ich habe dir das Bittgebet hergesagt und den Lobpreis dauernd gesprochen, obwohl ich selbst frei von Beschuldigung bin. Ich habe auf Erden weder ein Gut noch ein Dorf. Zwischen mir und einem anderen steht keine Macht. Ich lebe Gott sei Dank weder in Armut noch Überfluß.

Als Nizam al-Mulk diese Mahnpredigt hörte, weinte er lange und befahl, Abu Sa'd 100 Golddinar zu geben. Doch der nahm sie nicht an. Er meinte nämlich: »Ich bin der Gast des Fürsten der Gläubigen. Wer aber seine Gastfreundschaft genießt, darf das Geschenk eines anderen nicht nehmen.« Darauf sagte Nizam al-Mulk: »Verteile das Geld unter den Armen!« Der Prediger antwortete: »Vor deiner Tür stehen mehr Arme als vor meiner.« Und er nahm nichts.

Nizam al-Mulk (»die Ordnung des Reiches«), der persische Wesir der Seldschukensultane Alp Arslan und Malikschah, war glühender und eifriger Verfechter einer zentralstaatlichen Sultansmacht. Mit der Gründung theologischer Hochschulen (Singular Madrasa, Medrese) förderte er die Ausbildung staatstragender Beamter und Rechtsgelehrter. Die Reaktion auf das Bittgebet zeigt ihn als frommen sunnitischen Muslim. Er wurde 1092 von einem Angehörigen der schi'itisch-neoisma'ilitischen Sekte der Nizariten/Assassinen ermordet.

Ibn al-Ǧauzī, Kitāb al-Muntaẓam, Beirut 1412/1992, Teil 17, S.130–132; Übersetzung H. Preißler.

III Von Verwaltung, Wirtschaft und Recht

Im Ergebnis der ausgedehnten Expansion sahen sich die Kalifen und ihr junger islamischer Staat einer Fülle von Problemen gegenüber, die aus der Einbeziehung der neuen Regionen mit ihren unterschiedlichen wirtschaftlichen, sozialen und religiösen Verhältnissen erwuchsen.

Die Quellen zeigen, wie bereits der zweite Kalif, Umar, eine neue islamische Zeitrechnung, ausgehend vom Jahr der Auswanderung (Hidjra) Muhammads von Mekka nach Medina, begründete. Ferner richtete er ein Diwan-Register für einkommende Beute, Tribute und Abgaben ein, deren größter Teil als Pensionen und Löhnung an die Muslime umverteilt wurde.

Unter den Umaijadenkalifen war nicht nur die Etablierung einer Siegel-Behörde bemerkenswert, sondern vor allem die »Verwaltungsreform« des Kalifen Abd al-Malik, mit welcher die Umstellung der Buchführung vom Griechischen und Mittelpersischen ins Arabische begann und die islamische Münzprägung ihren Anfang nahm.

Aus der abbasidischen Gesellschaft in ihrer Blüte stammen frühe Zeugnisse zu islamischen Wirtschaftsauffassungen und zur Palette von Importgütern, die ein vielfarbiges Bild von Wirtschaftskraft und Handelsverbindungen der Epoche zeichnen. Seit Muhammads Zeiten standen Handel und Kaufleute allgemein in hohem Ansehen, ihr Vermögen mehrten diese nicht zuletzt durch geschickte Nutzung von Angebot und Nachfrage.

Einige Theologen empfahlen zwar frommen Muslimen Vorsicht bei Geschäften mit den als ungerecht betrachteten Herrschern, erkannten aber gleichzeitig wirtschaftliche Notwendigkeiten an. Dieses Anliegen findet sich auch in der verbreiteten »Trick-« (Hijal-)Literatur, in der angesehene Rechtsgelehrte Verfahren zur Umgehung des koranischen (Wucher-)Zinsverbotes bei Krediten sowie verschiedene Kniffe bei der Einbettung persönlicher Ambi-

tionen in andere islamische Rechtsnormen erläuterten. Solche Tricks lagen außerhalb der Wirkungssphäre des Marktaufsehers, der für die Einhaltung von Geschäftsgebaren und islamischen Moralprinzipien in der Öffentlichkeit zu sorgen hatte.

Ein vieldiskutiertes Thema auch unter den Theologen und Juristen war die Rechtmäßigkeit des Widerstandes gegenüber tyrannischen Herrschern. Furcht vor Aufruhr, Bürgerkrieg und Spaltung der muslimischen Gemeinschaft ließen nicht wenige, vor allem sunnitische Gelehrte ihren Religionsgefährten eine pietistische Haltung empfehlen.

Die Hauptquelle der Einnahmen für die Staats- und Kalifenkasse entsprang aus der Bodensteuer und anderen Abgaben der bäuerlichen Bevölkerung. Nicht zuletzt deshalb sind Empfehlungen an Steuereintreiber und Lehensinhaber von Interesse, welche Milde beim Steuereinzug fordern und damit zahlreiche ungerechte, aber übliche Praktiken anklingen lassen. Denn es galt vorrangig, den Moloch immer gierigerer Militärs zu befriedigen, wobei seit dem 10. Jahrhundert in zunehmendem Maße Dörfer und ganze Landstriche an Militärführer als Soldersatz übertragen wurden. Auch solche Umstände waren es, die energische Staatsdiener des öfteren bewegten, ihr Augenmerk einem effektiven Nachrichtendienst zu widmen.

Rückgrat der breitgefächerten und immer mehr aufgeblähten Verwaltung blieben zu allen Zeiten kenntnisreiche Sekretäre. Ihre Obliegenheiten konnten sich vom Abschreiben einfacher Belege bis zur Umsetzung wichtiger administrativ-politischer Aufgaben erstrecken. Zahllose Traktate der unterhaltenden Bildungsliteratur zielten vor allem auf die Sekretäre und reichten, wie die Ausschnitte zeigen, von euphorischer Wertschätzung bis zur subtilen Kritik.

Ein hohes Maß an Intelligenz wurde gleichermaßen von muslimischen Kadis erwartet, die sich in erster Linie zivil- und strafrechtlicher Fälle anzunehmen hatten. Plastisch wird in juristischen Gutachten sichtbar, welch bemerkenswertes Niveau die Rechtsgelehrsamkeit erreicht hatte.

Die Einführung der Hidjra-Ära

Umar war der erste, welcher die Datierung nach der Hidjra fest-legte: Als Abu Musa an ihn schrieb: »Wir erhalten Briefe von dir, die kein Datum haben« – die Araber datierten für gewöhnlich mit dem Jahr des Elefanten[1] –, berief Umar eine Ratsversammlung ein; die einen schlugen vor: »Datiere mit der Berufung des Pro-pheten«, die anderen: »mit seiner Auswanderung«. »Nein (nicht mit der Berufung)«, entgegnete Umar, »sondern mit der Auswan-derung des Gesandten Gottes. Denn seine Auswanderung bedeutet die Trennung zwischen Wahrheit und Lüge.« So gesche-hen im Jahr 17 oder 18 nach der Hidjra (638–639). Als alle dies angenommen hatten, erhob sich die Frage: »Mit welchem Monat sollen wir beginnen?« Einige schlugen vor: »Mit dem Monat Ramadan?« Umar aber entgegnete: »Nicht doch, mit dem Muharram! Denn er ist der Monat, in welchem die Gläubigen von ihrer Pilgerreise zurückkehren, ein heiliger Monat!« Da einigten sie sich auf den Muharram.

In einer vereinzelten Überlieferung heißt es: Als der Gesandte Gottes auf der Flucht von Mekka am Montag, dem 12. Rabi I des Jahres 14 nach seiner Berufung, in Medina ankam, ordnete er die Datierung an; jedoch ist die erste Tradition zuverlässiger und richtiger.

Das Jahr 1 des islamischen Kalenders begann nach dieser Festlegung am 15./16. Juli 622. Das islamische Jahr ist ein »Mondjahr«, die Monate jeweils mit Neumond beginnend. Dadurch ist es etwa 11 Tage kürzer als das Sonnenjahr, und die islamischen Monate durchlaufen die verschiede-nen Jahreszeiten. 33 Mondjahre entsprechen etwa 32 Sonnenjahren. Der Tag des islamischen Kalenders beginnt mit Sonnenuntergang.

Latz, J., Das Buch der Wezire und Staatssekretäre von Ibn ᶜAbdūs Al-Ğahšiyārī, Walldorf-Hessen 1958. S. 70;
al-Ğahšiyārī, Muḥammad b. ᶜAbdūs, Kitāb al-wuzarā' wa'l-kuttāb, Ed. M. Lasqā, I. al-Abyārī, ᶜA. Šiblī, Kairo 1357/1938, S. 20.

---

1 »Jaum al-Fil«, um 570, als der abessinische Gouverneur vom Jemen mit Elefanten gegen Mekka zog; mögliches Geburtsjahr Muhammads

Der erste Diwan als Sold- und Pensionsregister

(Der Kalif) Umar war der erste Araber in islamischer Zeit, welcher Diwane einrichtete; dazu kam es wie folgt: Abu Huraira führte aus al-Bahrain Gelder an Umar ab, der ihn fragte: »Was bringst du da?« »500 000 Dirhem!« »Weißt du überhaupt, was du sagst?« »Natürlich, 100 000 Dirhem und 100 000 Dirhem und 100 000 Dirhem und 100 000 Dirhem und 100 000 Dirhem.« »Ist das rechtmäßig erworben?« »Ich weiß nicht (anders).« Da bestieg Umar die Kanzel, pries und lobte Gott und sprach darauf: »Oh ihr Leute, ein großes Vermögen ward uns zuteil; wir messen es nach Scheffeln oder zählen es nach Zahlen, wie ihr wollt!« Jemand trat an ihn heran und sprach: »Oh Fürst der Gläubigen, ich habe jene Perser beobachtet, wie sie sich einen Diwan einrichteten.« Umar sprach: »Richtet Diwane ein!«

Als Umar den Fairuzan[1] zum Befehlshaber ernannte und in seinem Beisein Truppen aussandte, sprach Fairuzan zu ihm: »Du hast bereits den Angehörigen dieses Aufgebotes die Gelder zukommen lassen; wenn nun einer zurückbleibt und desertiert, so kann es dein Gefährte (Fairuzan) nicht erfahren« – und brachte dann die Rede auf den Diwan und erklärte und erläuterte ihm diesen. Umar richtete daraufhin den Diwan ein.

Beide Überlieferungen beziehen sich auf die Namensliste (Diwan), die Umar wohl um 643 zur Verteilung der in Medina eingehenden Beute, Abgaben und Steuern eingerichtet hat. Verdienste um den Islam, verwandtschaftliche Nähe zu Muhammad und Beteiligung an den Eroberungen galten als Kriterien der stark differenzierten Aufteilung der Einkünfte. Dieses wichtigste Instrument der Verwaltung in frühislamischer Zeit erfuhr später in verschiedenen »Diwanen« als Behörden der Administration eine beträchtliche Erweiterung und Neuprofilierung.

Latz, J., Das Buch der Wezire und Staatssekretäre von Ibn ᶜAbdūs Al-Ǧahšiyārī, Walldorf-Hessen, S. 67;
al-Ǧahšiyārī, Muḥammad b. ᶜAbdūs, Kitāb al-wuzarā' wa'l-kuttāb, Ed. M. Laqsā, I. al-Abyārī, ᶜA. Šiblī, Kairo 1357/1938, S. 16–17.

---

1 vielleicht Umars persischer Berater Humurzan

Wie es zur Einrichtung der Siegelbehörde kam

(Der Kalif) Mu'awija errichtete das Siegelamt (Diwan al-Chatam). Die Ursache dazu war folgende: Einst hatte er dem Amr Ibn az-Zubair eine Anweisung auf 100 000 Dirhem für Zijad, seinen irakischen Statthalter, ausgestellt; Amr erbrach das Schreiben und fälschte die Zahl auf 200 000 Dirhem. Als nun Zijad seine Abrechnung einreichte, dachte Mu'awija bei sich: »Ich habe ihm doch nur eine Anweisung auf 100 000 Dirhem ausgestellt.« Er ließ an Zijad eine schriftliche Order ergehen, dem Amr die 100 000 Dirhem abzunehmen, und verhaftete letzteren. Mu'awija errichtete daraufhin das Siegelamt und unterstellte es dem Abdallah Ibn Muhammad al-Himjari, der Kadi war.

Latz, J., Das Buch der Wezire und Staatssekretäre von Ibn ᶜAbdūs Al-Ǧahšiyārī, Walldorf-Hessen, S. 73–74;
al-Ǧahšiyārī Muḥammad b. ᶜAbdus, Kitāb al-wuzarā' wa'l-kuttāb, Ed. M. Laqsā, I. al-Abyārī, ᶜA. Šiblī, Kairo 1357/1938, S. 24–25.

Wie die Diwan-Buchführung arabisch wurde

Man berichtet, daß die Kanzleien in Syrien griechisch weitergeführt wurden bis zum Regierungsantritt von Abd al-Malik Ibn Marwan, der im Jahre 81 (700–701) ihre Umwandlung anordnete. Der Grund dafür war, daß einer der griechischen Kanzlisten etwas schreiben wollte, aber kein Wasser zur Hand hatte und deshalb in das Tintenfaß urinierte. Auf die Mitteilung davon ließ Abd al-Malik den Mann bestrafen und gab Sulaiman Ibn Sa'd Befehl, die Kanzlei umzuändern. Dieser erbat dafür als Unterstützung den (Ertrag der) Bodensteuer des Jordanbezirkes für ein Jahr, was der Kalif ihm auch bewilligte, indem er ihm den Wali-Posten für diesen Bezirk übertrug. Und das Jahr war noch nicht abgelaufen, als die Umwandlung bereits zu Ende geführt war und Sulaiman Muster der neuen Register dem Abd al-Malik überbrachte. Letzterer ließ nun seinen Sekretär Sardjun (Sergius) rufen und legte ihm diese Stücke vor, so daß dieser sorgenvoll ward und bekümmert von ihm ging. Als er dann einigen griechischen Kanzlisten begegnete, rief er ihnen zu: Sucht euch ein anderes Handwerk zum Lebensunterhalt, denn Gott hat euch den alten unmöglich gemacht. Die Steuerauflage des Jordanbezirkes, die der Kalif (dem Sulaiman) zuwies, betrug 180 000 Dinare ...

Damals bestanden in Kufa und Basra noch zwei Diwane: der eine – nämlich der von Umar eingerichtete –, in arabischer Sprache, zählte die Untertanen und regelte ihre Belehnungen; der andere, in persischer Sprache, verwaltete alle Finanzen. In Syrien lag der Fall ähnlich, nur daß der eine Diwan in griechischer und der andere in arabischer Sprache bestand. So verhielt es sich weiterhin bis zur Regierungszeit des Abd al-Malik Ibn Marwan. Als damals al-Hadjdjadj die Statthalterschaft des Irak erhielt, schrieb für ihn Salih Ibn Abd ar-Rahman mit der Kunja Abu'l-Walid. Zur gleichen Zeit war Vorsteher der persischen Diwane Zadhanfarruch, dessen Nachfolger im Amte Salih Ibn Abd ar-Rahman wurde. Salih genoß die Gunst des al-Hadjdjadj und erfreute sich seiner besonderen Auszeichnung. (Eines Tages) sagte er zu Zadhanfarruch: »Ich habe zwar al-Hadjdjadj auf meiner Seite, aber ich weiß doch nicht so recht, ob ich dich, weil er mich bevorzugt, deines Amtes entheben soll, wo du mein Vorgesetzter bist.« Zadhanfarruch entgegnete: »Lieber nicht! Denn er braucht mich nötiger als ich ihn.« »Wieso?« »Er findet keinen geeigneten Mann für die Buchführung.« »Wenn ich wollte, könnte ich die Buchführung ins Arabische übersetzen.« »So übersetze doch einmal eine Zeile!« Als aber Salih tatsächlich einen bedeutenden Teil übersetzte, riet Zadhanfarruch seinen (persischen) Kollegen: »Sucht euch ein anderes Unterkommen.« Al-Hadjdjadj beauftragte Salih mit der arabischen Übersetzung der Diwane im Jahre 78 (697–698).

Diese Geschichten aus der »Verwaltungsreform« des Umaijadenkalifen Abd al-Malik (685–705) reflektieren die Tatsache, daß mit der beginnenden Einführung des Arabischen als allgemeine Verwaltungssprache die Arbeit der zumeist noch nichtmuslimischen Beamten kontrollierbarer und die Administration weiter vereinheitlicht wurde.

El-Belâdorî's »kitâb futûḥ el-buldân«, übersetzt v. O. Rescher, Leipzig 1917, S.214;
Latz, J., Das Buch der Wezire und Staatssekretäre von Ibn ᶜAbdūs Al-Ǧahšiyārī, Walldorf-Hessen, S. 85–86;

al-Balāḏurī, Kitāb futūḥ al-buldān, Ed. M. J. de Goeje, Leiden 1866, S. 193;
al-Ǧahšiyārī, Muhammad b. ʿAbdūs, Kitāb al-wuzarāʾ waʾl-kuttāb, Ed. M. Lasqā, I. al-Abyārī, ʿA. Šiblī, Kairo 1357/1938. S. 38.

Wie es zu den ersten arabischen Dinaren kam

Man berichtet: Die Papyrusrollen kamen den Griechen aus Ägypten zu, während die Dinare (Goldmünzen) den Arabern von den Griechen aus zugingen. Abd al-Malik Ibn Marwan war der erste, der die auf dem Kopf der Papyrusrollen üblichen Aufschriften, wie z. B.: »Sprich! Er, Gott, ist Einer!«, und andere ähnliche Erwähnungen Gottes einführte. Daraufhin richtete der byzantinische Kaiser an den Kalifen ein Schreiben folgenden Inhalts: »Ihr habt auf euren Papyrusrollen Aufschriften eingeführt, die uns unangenehm sind; laßt ihr sie in Zukunft weg, (dann gut). Wenn aber nicht, so werden euch auf den Dinaren Erwähnungen eines Propheten zugehen, die auch euch ärgern werden.« Das war Abd al-Malik zuviel, zumal er nicht geneigt war, eine lobenswerte Maßregel (Sunna), die er eingeführt hatte, wieder aufzuheben. Darauf ließ er nach Chalid Ibn Jazid Ibn Mu'awija schicken, zu dem er dann sagte: »Oh Abu Haschim, ein Unheil (ist das)!«, worauf er ihn von dem Vorgefallenen in Kenntnis setzte. Darauf erwiderte Chalid: »Oh Emir der Gläubigen, beruhigt euch! Erklärt einfach (den Umlauf) der griechischen Dinare für verboten, so daß man sie nicht mehr in Gebrauch nimmt, und laßt dann für die Leute Münzen prägen und tut diesen Ungläubigen nicht ihren Willen in bezug auf die ihnen verhaßten Aufschriften der Papyrusrollen.« »Du hast meine Sorgen zerstreut«, entgegnete ihm Abd al-Malik, »möge Gott die deinigen zerstreuen!« Daraufhin ließ nun der Kalif besondere Münzen prägen. Es berichtet Awana Ibn al-Hakam: Die Kopten pflegten als Aufschrift auf ihre Papyrusrollen des Namens des Messias Erwähnung zu tun, indem sie ihm Gottschaft zuschrieben – möge Gott weit erhaben darüber sein! – und anstelle von: »Im Namen Gottes, des Barmherzigen, des Allerbarmers!«, das Kreuz(eszeichen) zu machen. Deshalb nun kam der Kaiser der Griechen in großen Zorn und ärgerte sich sehr über die durch Abd al-Malik eingeführte Änderung. Es berichtet al-Mada'ini von Maslama Ibn Muharib, es habe Chalid Ibn Jazid dem Abd al-Malik den Rat gegeben, den Umlauf der griechischen Dinare für verboten zu erklären und ihre Benutzung zu verhindern, wie auch die Ausfuhr von Papyrusrollen nach griechischem Gebiet, die dann auch geraume Zeit hindurch unterblieb.

Ob die Vereinheitlichung, Islamisierung und Arabisierung der Münzen im Kalifat unter Abd al-Malik (685–705) mit dem hier geschilderten Zwist um den Papyrusexport nach Byzanz in Verbindung stand, ist fraglich. Tatsache aber blieb, daß nunmehr der islamische Gold-Dinar und der Silber-Dirhem sich im ganzen Reich durchsetzten und der Dinar die Rolle einer unangefochtenen Leitwährung erreichte.

El-Belâdorî's »kitâb futûḥ el-buldân« übersetzt v. O. Rescher, Leipzig 1917, S. 274–275;
al-Balāḏurī, Kitāb futūḥ al-buldân, Ed. M. J. de Goeje, Leiden 1866, S. 240.

Islamische Auffassungen von Erwerb und Lebensunterhalt

Alsdann garantierte Er, der Erhabene, die Deckung der menschlichen Bedürfnisse und die Erlangung des ihnen Nützlichen auf zwei Arten; nämlich durch die Materie selbst und durch den Gewinn. Was nun die Materie anlangt, so resultiert diese aus der Kultivierung zweier, sich selbst vermehrender Objekte, d. h. aus dem Pflanzenbau und der Tierzucht ...

Was jedoch den Gewinn betrifft, so kommt dieser durch eine Tätigkeit, die zur Befriedigung des Bedürfnisses führt, zustande. Und dies kann auf zwei Arten geschehen, nämlich durch eine Betätigung im Handel bzw. durch Ausübung eines Gewerbes. Und diese beiden Betätigungen sind ein Anhängsel zu den (genannten) beiden Arten der Rohmaterialgewinnung.

Auf diese Art kommen die gebräuchlichen Gewinnmöglichkeiten der Rohmaterialien und die verschiedenen Arten des Verdienstes auf viererlei Weise zustande, nämlich durch das natürliche Wachstum des Anbaus, die Viehzucht, den kaufmännischen

Gewinn und den durch die Ausübung eines Gewerbes sich ergebenden Verdienst. Und diesbezüglich erzählt al-Hasan Ibn Radja folgenden Ausspruch des Kalifen Ma'mun, den er von diesem selbst gehört hatte: »Der Lebensunterhalt der Leute kann aus vier Quellen herrühren, nämlich der Landwirtschaft, dem Handwerk, dem Handel bzw. der Beamtenstellung. Wer aber außerhalb dieser Kategorien lebt, der ist den anderen nur eine Last.« ...

1. Die Landwirtschaft. Diese ist das Betätigungsfeld für die Seßhaften und Bewohner von Ortschaften. Da der aus ihr zu ziehende Gewinn der allerausgedehnteste ist ..., so prägte auch Gott damit ein Gleichnis, indem Er sagte (Koran 2:263): »Die da ihr Gut ausgeben in Allahs Weg, gleichen einem Korn, das in sieben Ähren schießt, wobei in jeder Ähre 100 Körner sind. Und Allah gibt doppelt, wem Er will.« ...

Es tradiert Hischam Ibn Urwa von A'ischa den Ausspruch des Propheten: »Sucht euren Lebensunterhalt in den Tiefen der Erde«, d. h. in der Landwirtschaft ...

Die Leute sind betreffs der Frage, ob dem Anbau der Feldfrucht oder der Kultivierung der Obstbäume der Vorzug zu erteilen sei, uneins ... Nur soviel sei hier erwähnt, daß der Vorzug der Landwirtschaft darin erblickt werden könne, daß diese schnelleren und reichlicheren Nutzen gewährt; daß aber die Kultivierung von Obstbäumen deshalb den Vorzug verdiene, weil diese von selbst weiter dauerten und ununterbrochen Jahr für Jahr Früchte lieferten.

Um auf die zweite Betätigung, nämlich die Tierzucht, zu kommen, so ist diese die Angelegenheit der Wüstenbewohner und der in Zelten wohnenden Nomaden. Denn da diese keinen festen Aufenthalt und Wohnsitz haben ..., so sind sie auf einen mit ihnen gleichzeitig den Ort wechselnden Besitz angewiesen, dessen Wachstum mit der Änderung des Domizils nicht zum Stillstand kommt. Und deshalb kamen sie dazu, sich die Tiere zu halten, die sich bei Wanderungen von selbst versetzen, deren Fütterung sich durch das Weiden erübrigt und die außerdem als Reit- bzw. als Milchtiere zu verwerten sind ... Und vom Propheten wird (diesbezüglich) folgender Ausspruch berichtet: »Der beste Besitz ist eine (Kamel-)Stute mit reichlicher Nachkommenschaft und eine befruchtete Reihe von Palmenbäumen.« ...

Was nun die dritte Art der Betätigung, d. h. den Handel, anlangt, so ist dieser ein Anhängsel zu den oben genannten zwei Gewerben, nämlich der Landwirtschaft und der Viehzucht. Und in dieser Hinsicht wird vom Propheten der Ausspruch überliefert: »Neun Zehntel des Lebensunterhaltes liegen im Handel, das restliche (Zehntel) aber in der Viehzucht.« Was den Handel anbetrifft, so besteht dieser aus zwei Arten, nämlich erstens der kaufmännischen Betätigung in der Stadt, ohne Reisen und Ortsveränderungen ... Die andere Art jedoch besteht aus dem Warenumsatz und -transport von einem Land ins andere. Und diese Weise des kaufmännischen Betriebs ist mehr denen angemessen, welche über Muruwwa (Mannhaftigkeit) verfügen, insofern sie einen größeren Gewinn abwirft, wenn sie auch freilich mit größerem Risiko und erheblicherer Gefahr verbunden ist. Und in dieser Hinsicht wird vom Gesandten Gottes der Ausspruch berichtet: »Der Reisende und sein Besitz sind der Gefahr ausgesetzt, außer soweit Gott ihnen Seinen Schutz angedeihen läßt.« Und in der Thora steht: »Oh Adams Sohn! Bereite dich auf die (Geschäfts-) Reise vor, so will Ich dir einen Lebensunterhalt verschaffen.«

Was endlich die vierte Art der Betätigung anlangt, so ist diese die Ausübung einer geistigen oder körperlichen Arbeit. Auch diese ist ein Anhängsel zu den oben genannten drei Betätigungen und läßt sich in drei Unterarten scheiden, nämlich eine geistige, eine körperlich und eine gemischte Betätigung. Und insofern die Menschen Werkzeuge der (gewählten) Betätigungen sind, so streben die Edelsten unter ihnen nach den edelsten und die Niedrigsten nach den niedrigsten Gewerben, weil ja das Naturell zu der ihm zusagenden Beschäftigung treibt ...

Die nobelste der Betätigungen ist die geistige, während die rein praktische die niedrigste ist, weil diese letztere (bloß) das Ergebnis des Intellekts darstellt. Die geistige Betätigung ihrerseits zerfällt wiederum in zwei Arten. Die eine davon geht auf die Maßnahmen zurück, die aus den Ergebnissen richtiger Ansichten resultieren, wie z. B. die politische Leitung und Länderverwaltung ... Die andere Art aber ist die, welche zu den (aus geistigen Überlegungen herrührenden) Kenntnissen führt ...

Was die praktische Betätigung anlangt, so teilt auch diese sich in zwei Zweige, nämlich die handwerkliche und die niedrige (manuelle). Von diesen beiden ist die erste höherstehend, insofern sie erst einer gewissen (geistigen) Anstrengung bei ihrer Aneignung bedarf, weshalb sie auch in dieser Hinsicht als ein Ergebnis gedanklicher Kenntnisse betrachtet werden kann. Was aber die andere Betätigung anlangt, so ist diese eine ebenso mühselige wie entwürdigende, mit der sich nur gemeines und niedriges Volk befaßt ...

Was aber die Betätigung anlangt, welche zwischen geistiger und physischer steht, so läßt sich auch diese in zwei Arten teilen. Nämlich in die eine, bei der die geistige Arbeit vorherrschend ist, die physische dagegen nur sekundär in Betracht kommt, wie z. B. das Schreiben. Und in die zweite, in der die körperliche Arbeit in erster Linie in Frage kommt, während die geistige Betätigung nur eine untergeordnete Rolle spielt, wie z. B. das Bauen ...

Das also sind die verschiedenen Arten des Naturells, womit Gott die Menschen bei ihrem Bemühen, sich das zum Leben Notwendige zu verschaffen ... und nach Verdienstmöglichkeiten Umschau zu halten ..., ausgestattet und in ihrer Betätigung differenziert hat. Und zwar in der Absicht, sie durch diese Differenzierung der Eintracht entgegenzuführen. Und gepriesen sei Der, welcher gerade uns die unvergleichliche Gnade Seiner Weisheit zukommen ließ ... (Dies berücksichtigend, befindet sich der Mensch in verschiedenen Situationen), nämlich erstens, daß er das zum Leben Notwendige sich in zureichendem Maße zu verschaffen sucht, ohne die Grenze nach oben oder nach unten zu überschreiten ... (Es) tradiert Humaid von Mu'awija Ibn Haida: »Ich fragte den Gesandten Gottes, was mir wohl von der Welt genügen könne, worauf er mir entgegnete: ›Was deinen Hunger stillt und deine Blöße bedeckt. Und kommt dazu noch ein Haus und ein Esel, dann ausgezeichnet. Ein Laib Brot und ein Krug Wasser: was aber über einen Izar (Lendenschurz) hinausgeht, dafür hast du Rechenschaft abzulegen.‹« ...

Es wird von Ibn Mu'tamir as-Sulami (bzw. von Abdullah Ibn Mubarak) tradiert: »Die Leute bestehen aus drei Klassen, nämlich den Reichen, den Armen und der Mittelklasse. Nun, die Armen sind tot, außer denen, die Gott durch die Ehre der Genügsamkeit reich gemacht hat; die Reichen aber sind trunken, außer denen, die Gott durch die Erwartung der Wechselfälle des

Schicksals bewahrt hat. Das meiste Gute aber liegt in der Mittelklasse, wie das meiste Schlechte in der oberen und unteren Klasse
liegt, und zwar darum, weil die Armut abstumpft und der Reichtum übermütig macht.«

Die zweite Lage ist die, daß der Betreffende sich um den Erwerb
seines Lebensunterhaltes nur in ungenügendem Maße oder überhaupt nicht kümmert. Dieser Mangel kann aus drei Gründen resultieren, und zwar entweder aus Trägheit oder aus (blindem) Gottvertrauen oder aber aus religiösem Verzicht und Genügsamkeit.
Im ersteren Fall bleibt der Betreffende des frohen Gefühls, es zu
etwas gebracht zu haben, beraubt und wird den anderen zur Last
fallen, wenn nicht gar ein Lump[1] ...

Ist jedoch die mangelnde Betätigung des Betreffenden in
seinem (blinden) Gottvertrauen begründet, so ist das ein (Zeichen der) Unfähigkeit, mit der er sich zu entschuldigen sucht, und
der Entschlußlosigkeit, die er in »Gottvertrauen« umbenannt
hat ... Und diesbezüglich tradiert Ma'mar von ... Abu Qilaba:
»Man tat eines Tages in Gegenwart des Gesandten Gottes eines
Mannes Erwähnung, den man mit folgenden Worten lobte: ›Er
ging mit uns auf die Pilgerfahrt, und wenn wir irgendwo Halt
machten, dann hörte er nicht auf zu beten, bis wir weiterzogen.
Und während unserer Reise hörte er nicht auf, Gottes zu gedenken, bis wir wieder Halt machten.‹ ›Und wer‹, fragte da der
Gesandte Gottes, ›kümmerte sich da um die Fütterung seiner
Kamelin und wer bereitete ihm sein Essen zu?‹ ›Wir alle zusammen, oh Gesandter Gottes‹, gab man ihm da zur Antwort. ›In diesem Falle‹, bemerkte er, ›seid ihr alle miteinander besser als er.‹«

Die hohe Stellung, die al-Mawardi in dieser originellen Darstellung islamischen Wirtschaftslebens des 11. Jahrhunderts Ackerbau und Viehzucht
beimißt, ist ebenso bemerkenswert wie die Vernachlässigung von Militär
und Hofhaltung, welche seit dem 9. Jahrhundert Unsummen der Staats-
einkünfte verschlangen.

Das kitâb »adab ed-dunjâ wa'ddîn« des ... Mâwerdî, übersetzt v. O.
Rescher, Teil II, Stuttgart 1933, S. 155–167;
al-Māwardī, Kitāb adab ad-dunyā wa'd-dīn, Ed. A. Ibrāhīm, Beirut 1979,
S. 187–193.

---

1 freie Wiedergabe

Eine Liste importierter Handelsgüter

Man importiert aus Indien: Tiger, Leoparden, Elefanten, Leopardenfelle, rote Rubine, weißes Sandelholz, Elfenbein und Kokosnüsse;

aus China: Duftstoffe, Seide, Porzellan, Papier, Tinte, Pfauen, feurige Pferde, Sättel, Filze, Zimt und ungemischten griechischen Rhabarber;

aus dem Land der Byzantiner: Silber- und Goldgefäße, reine kaiserliche Gold-Dinare, Tuche, Brokate, feurige Pferde, Sklavenmädchen, seltene Artikel aus rotem Kupfer, starke Schlösser, Lyren, Wasseringenieure, Spezialisten in Pflügen und Kultivierung, Marmorarbeiter und Eunuchen;

und aus dem Land der Araber: arabische Pferde, Strauße, Vollblut-Kamelstuten, Qan-Holz und gegerbte Häute;

aus der Berberei und den Regionen des Maghreb: Leoparden, Akazien, Filze und schwarze Falken;

aus dem Jemen: Mäntel, gegerbte Häute, Giraffen, Brustplatten, Karneole, Weihrauch, Indigo und Kurkuma (Gelbwurz);

aus Ägypten: Esel im Paßgang, feine Gewebe, Papyrus, Balsamöl und aus seinen Bergwerken Topas von hoher Güte;

von den Chazaren: Sklaven und Sklavinnen, Panzer, Helme und Wehrkappen;

aus dem Lande Choresmien: Moschus, Hermelin, Zobel, Eichhörnchen, Nerz und feines Zuckerrohr;

aus Samarkand: Papier;

aus Balch und seiner Region: süße Weintrauben und Pilze;

aus Buschandj: konservierte Kapern;

aus Marw: vorzügliche Leier-Schläger, Teppiche und Marw-Stoffe;

aus Djurdjan: Brustbeeren, Fasane, feine Granatapfelsämereien, weiche Wollmäntel und feine Stoffe;

aus Amid: bestickte Stoffe, Tücher, feine Vorhänge und wollene Kopf-Schaltücher;

aus Dabawand: Pfeilspitzen;

aus Raij: Pflaumen, Quecksilber, weiche Wollmäntel, Waffen, feine Tuche, Kämme, königliche Kopfbedeckungen, Qass-Leinen und Granatäpfel;

aus Isfahan: Honigwaben, reinen Honig, Quitten, chinesische Birnen, Äpfel, Salz, Safran, Pottasche, weißes Blei, Antimon, gestapelte Bettgestelle, feine Stoffe und Fruchtgetränke;

aus Qumis: Äxte, Satteldecken, Schirme und wollene Kopf-Schaltücher;

aus Kirman: Indigo und Kreuzkümmel;

aus Gor: Latwerge und Psyllium;

aus Bardha'a: schnelle Maulesel;

aus Nisibin: Blei;

aus Fars: Tawwazi- und Sabiri-Leinenstoffe, Rosenwasser, See-lilienöl, Jasminöl und Getränke;

aus Fasa: Pistazien, verschiedene Arten getrockneter Früchte, seltene Früchte und Glaswaren;

aus Oman und der Seeküste: Perlen;

aus Maisan: Wolldecken und Polster;

aus Ahwaz und seiner Region: Zucker und Seidenbrokate ...[1], Kastagnettenspieler und Tanzmädchen ..., verschiedene Arten von Datteln, Weinbeerenmelasse und Kandiszucker;

aus Sus: Zitronen, Veilchenöl, Basilienkraut, Pferdedecken und Packsättel;

aus Mosul: Vorhänge, dicken Filz, Feldhühner und Wachteln;

aus Hulwan: Granatäpfel, Feigen und Essigfrüchte;

aus Armenien und Aserbaidschan: Filze ..., Packsättel, Teppiche, feine Matten, Gürtel und Wolle.

Der Auszug aus dem lange Zeit fälschlich al-Djahiz zugeschriebenen »Nachdenken über den Handel« – vielleicht hat er das Werk eines Persers redigiert – vermittelt ein Bild von den Warenströmen im Kalifat, die notwendige gewerbliche Rohstoffe ebenso einschlossen wie Sklaven und kostspielige Luxusgüter.

(Pseudo-)al-Ğāḥiẓ, Kitāb at-tabaṣṣur bi't-tiğāra, Ed. H. H. ʿAbd al-Wahāb, Beirut 1966, S. 32–43; Übersetzung G. Hoffmann;
vgl. die französische Übersetzung von Pellat, Ch., Le kitāb al-tabuṣṣur bil-tiğāra attribué à Ğāḥiẓ, in: Arabica I (1954), S. 159–160.

---

1 Lücken im Original

Kaufmannsglück durch Schnee

Uns erzählte Abu Ahmad al-Fadl Ibn Abd ar-Rahman Ibn Dja'far asch-Schirazi, der Schreiber, folgendes: Mir erzählte der Sohn Sulaimans des Schneehändlers folgendes: Mein Vater sagte mir: Die Wurzel meines Reichtums war der Preis für fünf Ratl Schnee. In einem Jahr war der Schnee in Bagdad teuer, und es gab nur wenig. Ich hatte etwas davon verkauft, und fünf Ratl waren übriggeblieben. Da erkrankte Schadji, die Sklavin von Ubaidallah Ibn Abdallah Ibn Tahir, der damals Emir von Bagdad war. Sie verlangte von ihm Schnee, aber nur bei mir wurde welcher gefunden. Man kam zu mir, und ich sagte: »Ich habe nur noch ein Ratl. Ich verkaufe es nur für 5000 Silberdirhem.« Ich hatte ja die Geschichte erfahren. Der Vogt wagte nicht, ihn für diesen Preis zu kaufen. Also kehrte er zu Ubaidallah zurück, um ihn um Erlaubnis zu fragen. Schadji aber war wie ihr eigener Geist, vor Schmerz krümmte sie sich und wollte unbedingt Schnee. Ubaidallah beschimpfte den Vogt und sagte: »Geh und kauf für jeden Preis und frage nicht zurück!«

Der Vogt kam zu mir und sprach: »Nimm 5000 Dirhem und gib das Ratl!« »Ich verkaufe es nur für 10 000 Dirhem«, antwortete ich. Doch er wagte nicht, erneut wegen einer Erlaubnis zu fragen. Also gab er mir die 10 000 Dirhem und nahm das Ratl.

Die Kranke bekam davon zu trinken und erholte sich. »Ich will noch ein Ratl.« Der Vogt kam nun mit 10 000 Dirhem und sprach: »Gib mir ein zweites Ratl, wenn du es hast!« Ich verkaufte es ihm. Nachdem die Kranke es getrunken hatte, erhob sie sich und setzte sich hin. Dann verlangte sie noch mehr. Man kam deswegen zu mir. »Ich habe nur noch ein Ratl«, sagte ich. »Ich verkaufe es aber nur für einen höheren Preis.« Doch er schmeichelte mir, gab mir 10 000 Dirhem und nahm ein Ratl.

Da kam mir der Wunsch, selbst etwas Schnee zu trinken, um sagen zu können, ich habe Schnee für 10 000 Dirhem das Ratl getrunken. Also trank ich ein Ratl davon.

Vor Tagesanbruch kam der Vogt wieder zu mir und sprach: »Gott, oh Gott! Die Kranke ist bei Gott wieder hergestellt. Wenn sie aber noch einen Trank zu sich nimmt, ist sie gesund. Wenn du noch etwas hast, bestimme den Preis!« »Bei Gott, ich habe nur noch ein Ratl«, antwortete ich. »Ich verkaufe es aber nur für 30 000.« »Nimm das Geld!« meinte er. Ich schämte mich vor Gott, weil ich ein Ratl Schnee für 30 000 verkaufen wollte. Deshalb sagte ich: »Gib 20 000 und wisse, wenn du noch einmal kommst und die ganze Erde mit Gold füllen willst, du bei mir nichts mehr findest! Der Schnee ist nämlich alle!« Er gab mir 20 000 und nahm das Ratl.

Als Schadji es getrunken hatte, erholte sie sich und ließ Essen kommen. Sie aß, und Ubaidallah spendete Geld als Almosen. Am nächsten Tag rief er mich und sprach: »Du hast nach Gott meinem Leben das Leben meiner Sklavin zurückgegeben!« »Ich bin der Diener und Knecht des Emirs«, antwortete ich. Dann nahm er mich für seinen Schnee und seine Getränke und vieles von den Angelegenheiten seines Palastes in Dienste. Diese Dirhem, die ich auf einmal erhalten hatte, waren die Wurzel meines Reichtums. Er wuchs durch den Erwerb bei Ubaidallah während langer Tage bei ihm.

At-Tanūḫī, Niśwār al-muḥāḍara wa-aḫbār al-muḏākara, Ed. ᶜA. aš-Šāliǧī, Beirut 1391/1971, Bd. 1, S. 125–127; Übersetzung H. Preißler.

Sinn und Unsinn eines Verbotes des Handels auf dem Herrscher-Markt

Was die Plätze betrifft, die die Herrscher mit ungerechtem Gut angelegt haben, so ist es verboten, dort Handel zu treiben, und auch das Wohnen ist dort nicht erlaubt. Wenn jedoch ein Kaufmann sich dort niederläßt und auf gesetzmäßige Weise Geschäfte macht, so ist sein Erwerb nicht unerlaubt, er versündigt sich aber dadurch, daß er dort wohnt. Auch dürfen die Leute dort Einkäufe machen; wenn sie aber andere Märkte finden, so ist es besser, an diesen zu kaufen; denn das Kaufen ist eine Förderung der Bewohnung des Marktes und steigert den Mietpreis der dortigen Läden. So ist es auch vorzuziehen, auf einem Markt Geschäfte zu treiben, von dem die Fürsten keine Steuern erheben, anstatt auf einem solchen, wo sie Steuern erheben. Einige sind darin soweit gegangen, daß sie es vermieden, Handel zu treiben mit Bauern und Besitzern von Ländereien, von denen die Herrscher Grundsteuer erheben, weil sie vielleicht das, was sie erhalten, als Steuer verwenden könnten, so daß daraus eine Beihilfe für die Herrscher entstünde. Das heißt jedoch, in der Religion übertreiben und den Muslimen Unerträgliches zumuten; denn die Grundsteuer lastet auf allen Ländereien, die Menschen können aber den Ertrag des Bodens nicht entbehren, es hat also auch keinen Sinn, ihnen denselben verwehren zu wollen. Wäre dies erlaubt, so dürfte auch der Eigentümer sein Feld nicht mehr bestellen, damit von ihm keine Grundsteuer gefordert werde, ja man müßte noch weiter gehen und käme schließlich zur Aufhebung der Lebensmöglichkeit überhaupt.

Hier verweist al-Ghazali auf die absurden Folgen der Einstellung jeglicher wirtschaftlicher Betätigung, aus welcher der ungerechte Herrscher Nutzen ziehen kann.

Erlaubtes und verbotenes Gut. Das 14. Buch von al-Ġazālī's Hauptwerk der Religionswissenschaften, übersetzt und erläutert v. H. Bauer, Halle 1922, S. 193–194;
al-Ġazālī, Kitāb iḥyā' ᶜulūm ad-dīn, Ed. Kairo 1303 A. H., S. 129.

Kniffe zur Umgehung von Rechtsnormen

Gesetzt, ein Tag oder noch weniger fehlt daran, daß jemand sein Vermögen ein Jahr lang zu Eigentum gehabt hat, so daß er dann zur Zahlung der Zakat verpflichtet wäre; nun wendet der Eigentümer einen Kniff an und schenkt es seinem kleinen Sohn, fordert es dann aber zurück: dann braucht er die Zakat nicht zu zahlen, und ebenso steht es, wenn er es seinem erwachsenen Sohn schenkt, sei es, daß er das zum ersten Mal tut oder ebenso nach jedem Jahr verfährt ...

Gesetzt, es wird vor dem Richter bewiesen, daß jemand einem anderen Geld schuldig ist, und ich will ihn schwören lassen, daß er kein Geld habe; wenn er in diesem Falle sein Geld seinem kleinen Sohn schenkt, während ich ihn schwören lassen will, und dann schwört, daß er kein Geld habe, schwört er keinen Meineid, wenn er es auch danach zurückfordert; und ebenso steht es, wenn er es zur Bezahlung einer Schuld seiner Frau ausgibt und dann schwört ...

Für den entliehenen Gegenstand ist der Entleiher haftbar; der Kniff, um zu erreichen, daß er nicht haftbar sei, ist folgender: wenn er den Gegenstand für etwas ganz Geringes mietet und benutzt, ist er, wenn jener zugrunde geht, nicht haftbar und hat nur die festgesetzte Miete für die Zeit der Benutzung zu entrichten; denn er hat ihn auf Grund eines Mietvertrages in Besitz genommen, und für derartiges ist er nicht haftbar ...

Eine Bestechung anzunehmen, ist nicht erlaubt; aber gesetzt, ein Richter oder Mufti möchte eine Unterstützung haben und sagt: »Ich bin dir gegenüber nur verpflichtet, vor zwei Zeugen auszusagen: ›Ich entscheide hiermit zu deinen Gunsten gegen N. N.‹, und ich bin nicht verpflichtet, dir gegenüber eine Urkunde auszustellen; miete mich also, damit ich sie dir ausstelle und den Lohn für ihre Ausstellung erhalte«, so ist es ihm nicht verboten ...

Falls jemand einen anderen am Kopf an zwei Stellen verwundet, die miteinander nicht zusammenhängen, so muß er zehn Kamele zahlen; gesetzt aber, er geht hin und beseitigt die trennende Stelle durch eine neue Verwundung, so vermindert sich der Betrag auf fünf Kamele ...

Gesetzt, zwei Diebe wollen einbrechen und in ein Haus eindringen; wenn sie in diesem Fall zusammen einbrechen und zusammen eindringen und zusammen einen Gegenstand nehmen, dessen Wert einen halben Dinar beträgt, muß beiden die Hand abgehauen werden; wenn aber einer einbricht und der zweite den Gegenstand nimmt, ohne daß jemand im Haus ist, kann keinem die Hand abgehauen werden; und ebenso ist es in folgendem Falle: wenn einer über das Dach in das Haus steigt, hinuntersteigt und die Tür öffnet, dann der zweite hineingeht und das Geld nimmt, kann keinem die Hand abgehauen werden.

Gesetzt, in einem Fasse ist Wein, nun wird der Wein zu Essig; dann ist dieser rein und nicht verboten, und auch das Faß ist rein, soweit es vom Essig berührt wird, soweit es aber über den Essig hinausragt, bleibt es unrein, weil es mit dem Wein in Berührung gekommen ist; falls man nun einen Krug hineintaucht, um den Essig zu schöpfen, wird aller Essig unrein, weil er mit dem unreinen Teil des Fasses in Berührung kommt; falls man aber einen Kniff anwendet und das Faß unten an einer Stelle, durch die man den Essig auslaufen lassen kann, ohne daß er mit dem unreinen

Teil in Berührung kommt, durchbohrt, wird der Essig nicht unrein, sondern bleibt rein.

Gesetzt, zwei Leute beanspruchen ein Findelkind für sich, indem jeder von ihnen behauptet, es sei sein Sohn, und es sind auch keine Spürer zur Stelle, oder sie sind da, zweifeln aber, und man wartet dann, bis das Findelkind volljährig wird und seine Abstammung selbst bestimmt; gesetzt, es stirbt nun einer von den beiden Männern, und der andere bleibt am Leben: wenn der Knabe in diesem Falle einen Kniff anwendet und sagt. »Der Gestorbene ist mein Vater«, erbt er sein Vermögen; wenn er aber sagt: »Der andere ist es«, erbt er nichts.

Seit dem 9. Jahrhundert widmeten sich angesehene Rechtsgelehrte auch den »Rechtskniffen« (Hijal), mit denen Konflikte zwischen dem islamischen Gesetz, der Schari'a, und den Bedürfnissen der Gesellschaft umgangen werden konnten. Die Beispiele sind einer Sammlung solcher Kniffe aus der Feder des schafi'itischen Juristen al-Qazwini (gest. 1048) entnommen.

Das Kitāb al-hijal fīl-fiqh (Buch der Rechtskniffe) des abū Ḥātim Maḥmūd ibn al-Ḥasan al-Qazwīnī mit Übersetzung und Anmerkungen hrsg. v. J. Schacht, Hannover 1924, S. 13, 20, 31, 33, 37, 42, 50 f. (arabischer Text: S. 5, 14, 26 f., 29, 33, 38 f., 49).

Kniffe zur Umgehung des koranischen Zinsnahme-Verbotes

Gesetzt, B geht mit A ein Geschäft ein und verkauft ihm Ware, zahlbar an einem Termin; ist es für B zulässig, sie für weniger zu kaufen, als wofür er sie dem A verkauft hat, bevor B den Preis für sie in Besitz nimmt? Er sagte: nein.

Ich sagte: Was ist der Kniff, um das zu erreichen? Er sagte: Wenn der Käufer A an einem zu dieser Ware gehörenden Gewand eine Veränderung vornimmt, die einen Mangel an ihm und eine Verringerung seines Wertes bedeutet, ist es zulässig, daß B das für weniger kauft, als wofür er es verkauft hat.

Ich sagte: Gibt es, um das zu erreichen, noch etwas anderes? Er sagte: Ja, wenn der Käufer A ein zu dieser Ware gehörendes

Gewand wegnimmt und dann den Rest für weniger verkauft, als wofür er es gekauft hat, ist nichts dagegen einzuwenden.

Ich sagte: Wenn aber das, was der Händler B dem A verkauft hat, in Sklaven oder Vieh oder einem Edelstein besteht, wovon A nichts zurückbehalten kann? Er sagte: Der Händler B verkaufe dem A zusammen mit diesem ein Gewand oder einen Wertgegenstand oder etwas anderes; dann nehme A dieses Gewand oder den Wertgegenstand weg und verkaufe den Rest dem Händler B für weniger als den Preis, für den er (A) es gekauft hat.

Ich sagte: Gibt es hierbei noch etwas anderes? Er sagte: Ja, wenn der Käufer A das, was er von dem Händler B gekauft hat, seinem (des A) Kinde oder sonst einem, zu dem er Vertrauen hat, schenkt und der Beschenkte es in Besitz nimmt und es dann dem Händler B für geringen Preis verkauft, ist nichts dagegen einzuwenden.

Er sagte: Und wenn B dem A einen Edelstein für 1000 Dinar, zahlbar in einem Jahr, verkauft, ist es zulässig, daß der Händler B ihn von A für 800 Dinar und ein Gewand oder sonst einen Gegenstand kauft.

Besonderes Augenmerk widmeten Finanziers, Kaufleute und Rechtsgelehrte den Möglichkeiten, das in Koran und Schari'a fixierte Verbot der (Wucher-)Zinsnahme, Riba, zu umgehen. Wie die Beispiele aus der Schrift eines frühen hanafitischen Rechtsgelehrten, asch-Schaibani (gest. 874), zeigen, suchte man Kreditgewährung mit Zinsnahme, unabdingbarer Bestandteil des blühenden Wirtschaftslebens, durch Scheinverkäufe zu legalisieren.

Das Kitāb al-hijal wal-maḥāriǧ des Abū Bakr Aḥmad ibn ᶜUmar ibn Muhair aš-Šaibānī al-Ḥaṣṣāf, hrsg. v. J. Schacht, Hannover 1923, S. 47 f., (arabischer Text S. 7–8).

Pflichten eines Marktaufsehers

Die Märkte sollen in Höhe und Breite so sein, wie sie die Griechen in alter Zeit gemacht haben. Zu beiden Seiten des Marktes sollen Steige sein, auf denen die Leute im Winter gehen können, wenn der Markt selbst nicht gepflastert ist.

Keinem der Marktleute ist es erlaubt, die Bank seines Ladens aus dem Bereich der Dachpfeiler auf den eigentlichen Weg hinauszubauen, weil das ein Hindernis für die Passanten ist. Der Marktaufseher (Muhtasib) muß das beseitigen und solches Tun verhindern, da dadurch den Leuten Schaden entstehen kann. Er soll für die Vertreter eines jeden Handwerks einen bestimmten Markt, und zwar für sie allein, festlegen, wo auch ihr Handwerk bekannt ist. Denn das ist für Kunden angenehmer und für Handwerker einnahmeträchtiger. Die Läden der Handwerker, welche Feuerstellen brauchen, wie die Brotbäcker, Köche und Schmiede, soll der Marktaufseher abseits der Parfüm- und Stoffhändler einrichten, damit sie sich nicht vermischen und sich nicht gegenseitig schaden.

Da der Marktaufseher nicht alles Tun der Marktleute kennen kann, ist es ihm erlaubt, für jedes Handwerk einen Vorsteher einzusetzen, der aus seinen rechtschaffenen Vertretern genommen wird, ihr Handwerk gut kennen soll, um ihre Betrügereien und Schwindeleien weiß und als vertrauenswürdig und zuverlässig bekannt ist. Er soll ihre Angelegenheiten beaufsichtigen und sich informieren, was sie treiben, welche Waren auf ihren Markt gebracht werden und welche Preise dafür festgelegt werden, und anderes mehr, was der Marktaufseher wissen muß. Denn es ist überliefert worden, daß der Prophet gesagt hat: »Nehmt euch für jedes Handwerk einen seiner rechtschaffenen Vertreter zu Hilfe!«

Der Marktaufseher darf die Preise nicht für die Warenbesitzer festlegen und sie nicht zwingen, ihre Waren für einen bestimmten Preis zu verkaufen. Denn als der Preis zur Zeit des Gottesgesandten einmal in die Höhe ging, bat man diesen: »Leg uns den Preis fest!« Er aber antwortete: »Gott ist es, der den Preis festlegt. Ich möchte Gott begegnen. Niemand soll mich auffordern, einem Menschen oder Gott unrecht zu tun!«

Wenn der Marktaufseher bemerkt, daß jemand Nahrungsmittel für sich aufkauft, indem er sie in Zeiten des Überflusses kauft und dann auf die Teuerung wartet, damit ihr Preis steigt, soll er diesen zwingen, sie zu verkaufen. Denn das Aufkaufen ist verboten, und das Verhindern verbotenen Tuns ist eine Pflicht. Denn der Gottesgesandte hat gesagt: »Wer etwas herbeischafft, wird belohnt, wer aber etwas aufkauft, ist verflucht.«

Karawanenleuten darf man nicht entgegenziehen. Wenn eine Karawane kommt, könnte (sonst) jemand ihr außerhalb des Ortes entgegengehen und ihr mitteilen, daß die Waren, die sie bei sich führt, unverkäuflich sind, um sie dann billig zu erwerben. Denn der Prophet hat es verboten, Karawanenleuten entgegenzugehen und Waren zu verkaufen, bevor sie auf den Markt gelangt sind. Wenn der Marktaufseher jemand findet, der das tun will, soll er ihn davon abhalten, nachdem er ihn zurechtgewiesen hat.

Er soll verhindern, daß Holzladungen, Strohbündel, Wasserschläuche, Abfallsäcke, Asche und ähnliches auf die Märkte gelangen, denn dadurch kann der Kleidung der Leute Schaden zugefügt werden, wenn sie auf den Plätzen Halt machen, befehlen, die Lasten von den Tieren abzuladen, weil diese, wenn sie beim Stehen beladen sind, Schaden erleiden können und sie dadurch gequält werden. Denn der Gottesgesandte hat es verboten, Tiere zu quälen, indem man sie nicht füttert.

Der Aufseher soll den Marktleuten befehlen, die Märkte zu fegen und von angesammeltem Dreck und Abfall und anderem, was den Leuten schaden kann, zu reinigen. Denn der Prophet hat gesagt: »Weder Schaden noch Schädigung!«

Was die Straßen und Gassen der Viertel betrifft, so ist es niemandem gestattet, die Mauer seines Hauses oder des darin befindlichen Ladens auf den üblichen Weg vorzuschieben oder ähnliches zu tun, was den Passanten schaden kann, wie beispielsweise Dachrinnen, die im Winter über die Mauern hinausragen, oder Abfallrinnen, die im Sommer aus den Häusern auf die Straßenmitte hinausführen. Der Marktaufseher soll vielmehr den Dachrinnenbesitzern befehlen, an ihrer Statt einen in die Mauer eingebauten und gekalkten Abfluß, in dem das Wasser abfließen kann, anzulegen. Jeden, der in seinem Haus eine Abfallrinne zur Straße hat, soll er beauftragen, sie im Sommer zu verschließen und dafür im Haus eine Grube anzulegen, in der Abfall gesammelt wird.

Es ist nicht erlaubt, von Dächern und aus Fenstern auf die Nachbarn zu schauen. Männer dürfen nicht ohne Not auf den gewöhnlichen Wegen der Frauen sitzen, und Frauen dürfen nicht an den Türen ihrer Häuser auf den gewöhnlichen Wegen der Män-

ner sitzen. Den, der so etwas tut, soll der Marktaufseher zurecht-
weisen, besonders dann, wenn er sieht, daß ein fremder Mann
sich mit einer fremden Frau an einem einsamen Ort unterhält.
Denn das muß zu schlimmster Verdächtigung der Frau führen.
Gott aber weiß es am besten!

In einem der zahlreichen Traktate über die Marktaufsicht (Hisba)
beschreibt hier ein Rechtsgelehrter aus Syrien, asch-Schaizari (gest.
1193), plastisch die Aufgaben des Marktinspektors (Muhtasib). In dieser
Funktion wurden die Traditionen des byzantinischen Agoranomos fortge-
führt und mit der Übertragung zusätzlicher religiös-moralischer Kontroll-
pflichten islamisiert.

Aš-Šaizarī, Kitāb Nihāyat ar-rutba fī ṭalab al-ḥisba, Kairo 1946, S. 11–14;
Übersetzung H. Preißler.

Sunnitische Muslime meiden Aufruhr und Neuerungen

Weiterhin soll man vom Bürgerkrieg Abstand nehmen und sich
seiner enthalten und nicht mit dem Schwert gegen die Imame
(Staatsoberhäupter) aufstehen, auch wenn sie ungerecht sind.
(Der Kalif) Umar Ibn al-Chattab sprach nämlich: »Wenn man dich
bedrückt, habe Geduld! Wenn man dich (eines Rechts) beraubt,
habe Geduld!« Und der Prophet sagte zu Abu Dharr: »Habe
Geduld, selbst wenn (der Führer) ein abessinischer Sklave ist!«
    Alle Gelehrten – Spezialisten des Rechts wie der Tradition,
Gottergebene, Gottdienende und Asketen – sind vom Beginn
dieser Gemeinde bis in diese unsere Zeit der einheitlichen Meinung, daß das Gebet am Freitag und an den beiden Festen[1], in
Mina und Arafat[2], bei Kriegszügen, bei der großen Pilgerfahrt
und beim Opfern mit allen Fürsten, frommen wie frevelhaften, zu
verrichten ist. Es ist erlaubt, diesen die Grundsteuer, die Almosen und Zehnten zu entrichten. Es ist erlaubt, in die großen

---

1 das Fastenbrechen nach dem Ende des Ramadan und das Schlachtopfer
    während der großen Pilgerfahrt
2 Orte bei Mekka und Stationen der großen Pilgerfahrt

Moscheen, die sie erbaut haben, und über die Dämme und Brük-
ken, die sie errichtet haben, zu gehen. Kauf und Verkauf, Handel, Landwirtschaft und alle Handwerke sind jederzeit mit jedem
Fürsten entsprechend der Schrift und der Sunna erlaubt. Wer
seine Religion beachtet und an der Sunna seines Propheten fest-
hält, darf nicht Schaden erleiden durch das Unrecht eines Ungerechten und die Unterdrückung eines Unterdrückers, wenn das,
was er bringt, den Vorschriften der Schrift und der Sunna entspricht. Wenn man zur Zeit des gerechten Imams einen Handel in
Kauf oder Verkauf tätigt, der der Schrift und der Sunna widerspricht, nützt die Gerechtigkeit dieses Imams nichts. Es ist
erlaubt, sich wegen der Rechtsprechung an ihre Richter zu wenden, die Anwendung der Kapitalstrafen und der Vergeltung zu
verlangen, von Unrechttuern Rechte durch ihre Emire und Polizei zu fordern und dem Gehorsam zu leisten, dem sie ein Amt
geben, selbst wenn es ein abessinischer Sklave ist. Wenn es aber
zum Ungehorsam gegenüber Gott dem Allmächtigen kommt,
darf kein Geschöpf gehorsam sein.

Als religiösen Akt soll man den Imamen wie der ganzen Umma
(Gemeinschaft) in der Religion wie in weltlichen Dingen guten
Rat geben. Man soll für alle Muslime das Gute wollen, ihnen
wünschen, was man sich selbst wünscht, und ihnen nicht wünschen, was man sich selbst nicht wünscht.

Berate dich nicht mit einem, der Neuerungen in die Religion
einführt! Mache diesen nicht zu deinem Reisebegleiter. Und
wenn du es kannst, meide seine Nachbarschaft! Zur Sunna gehört
es, jeden zu meiden, der etwas von dem glaubt, was wir (als
falsch) erwähnt haben, ihn zu fliehen und zu verabscheuen, sich
von dem, der ihm nahesteht, ihm Hilfe leistet und ihn oder seinen
Gefährten verteidigt, fernzuhalten, auch wenn der, der das tut,
nach außen Sunna-treu ist.

Ibn Batta al-Ukbari (gest. 997), ein hanbalitischer Gelehrter im Irak, ver-
faßte ein Glaubensbekenntnis, eine Aqida, in dem er die Hauptlehren der
Sunniten behandelte. Auf politischem Gebiet vertraten diese eine loyale
Haltung gegenüber der etablierten staatlichen Macht und lehnten jede
bewaffnete Erhebung gegen sie ab, forderten aber, sie zum islamgemäßen
Verhalten aufzurufen.

H. Laoust, La profession de foi d'Ibn Baṭṭa, Damaskus 1958, S. 67 f. (arab.); Übersetzung H. Preißler (kommentierte französische Übersetzung: ebd. S. 126–130).

Steuereintreiber, Lehensleute und Untertanen

Alle zur Leitung einer Verwaltungsbehörde Ausersehenen sind anzuweisen, mit den Geschöpfen des erhabenen und mächtigen Gottes gütig zu verfahren, außer den gesetzmäßig zu beanspruchenden Vermögenswerten nichts wegzunehmen; sie sollen auch diese Abgaben nur mit Milde und Güte einfordern. Solange die Beamten zur Erhebung der Bodenertragssteuer nicht ermächtigt sind, sollen sie diese nicht von den Untertanen erheben. Denn wenn sie diese vor der (angemessenen) Zeit verlangen, so kommen die Untertanen in Bedrängnis und verkaufen, um ja der Abgabe zu genügen, notgedrungen um den halben Preis. Sie werden dadurch entwurzelt und landflüchtig. Wenn ein Untertan wirtschaftlich zurückgeblieben ist und Vieh und Saatgut braucht, soll man ihm Geld vorschießen und ihn unbelastet lassen, damit er auf seiner Scholle bleibe und nicht aus seiner Heimat weg in die Fremde wandere ...

Leute, die Lehen innehaben, sollen wissen, daß auf Grund des Lehensbriefes ihnen gegen die Untertanen nur der ihnen übertragene Vermögensanspruch zusteht; und diesen sollen sie auf gütliche Weise erheben. Nach erfolgter Erhebung sind die Untertanen mit Gut und Blut, mit Weib und Kind sicher; desgleichen ihre fahrende und liegende Habe. Die Lehensträger können über ihre Leute nicht weiter verfügen. Wenn die Untertanen zwecks Darlegung ihrer Verhältnisse an den Hof kommen wollen, dürfen sie von den Lehensträgern nicht daran gehindert werden. Jeder Lehensträger, der dem zuwiderhandelt, ist durch Entziehung des Lehens und Bestrafung zu demütigen, auf daß andere es sich zur Warnung nehmen. Die Lehensträger sollen wissen, daß das Reich mitsamt den Untertanen dem Sultan gehört. Die Lehensträger und ganz ebenso die Statthalter sind nur Schirmherren über die Untertanen, so wie auch der Herrscher die anderen beschirmt, damit die Untertanen zufrieden seien, der Herrscher aber vor Strafe und Qual im Jenseits sicher sei ...

Wird aus einem Distrikt die Verelendung der Untertanen und ihre Entwurzelung berichtet und steigt dabei der Verdacht auf, daß mit solchen Behauptungen Hintergedanken verfolgt werden, so soll einer aus dem engeren Gefolge namentlich bestimmt und unter einem Vorwande derart dorthin gesandt werden, daß niemand auf den Zweck seiner Sendung komme. Bis zu einem Monat soll er sich in jenem Distrikt bewegen, die Lage in Stadt und Land auf Blüte und Verfall beobachten, überall herumhören, was über Lehensträger und Verwaltungsobere gesagt wird, und wahrheitsgemäß Bericht erstatten. Die Beamten werden mit der Ausrede kommen: »Man ist uns feind.« Darauf darf man nicht hören, denn sonst würden sie dreist werden und alles tun, was sie nur wollen, während jene, die solches berichteten, und ebenso die Vertrauensleute ihre Aufklärung zurückhalten würden, damit dem Herrscher und dem Lehensträger nicht die Meinung komme, sie seien Leute mit Hintergedanken. Dadurch würde die Welt verelenden und die Untertanen bettelarm werden, indem ihr Vermögen widerrechtlich weggenommen würde.

In einem persisch abgefaßten Buch über die Regierungskunst (Siyasatnama) legte der berühmte Wesir seldschukischer Sultane, Nizam al-Mulk (ermordet 1092), Leitlinien für eine gerechte, zentralisierte Staatsverwaltung dar. Seine Aussagen und Beispiele reflektieren zugleich Gegebenheiten der tatsächlichen Praxis, die oft weit vom islamischen Ideal entfernt waren.

Niẓāmulmulk, Siyāsatnāma. Gedanken und Geschichten, zum ersten Male aus dem Persischen ins Deutsche übertragen von K. E. Schabinger, Freiburg-München 1960, S. 116, 127, 230;
Niẓām al-Mulk, Siyāsatnāma, Ed. Ch. Schefer, Paris 1891, S. 18, 28, 119.

Sold und Lehen für das Militär

Den Sold für das Heer muß man klarstellen. Die Lehensträger müssen ein einwandfreies und genau umschriebenes Lehen innehaben. Soweit es sich aber um Kriegsleute handelt, denen kein Lehen zukommt, ist ihnen der Sold bar auszuzahlen. Nach Ermittlung des dem Heere zustehenden Betrages muß dieser vorbereitet und den Kriegsleuten zu seiner Zeit ausgegeben werden, jedoch nicht etwa auf dem Wege einer Anweisung an den Staatsschatz oder so, daß sie, ohne den Herrscher gesehen zu haben, daraus gelöhnt werden. Sondern es ist besser, daß der Herrscher eigenhändig in ihre Hand oder in ihren Rocksaum löhne. Denn dadurch gewinnen die Kriegsleute Liebe und Zuneigung zum Herrscher und werden in der Stunde des Dienstes und Kampfes noch viel mehr Gehorsam und Standhaftigkeit zeigen.

Die alten (persischen) Könige hielten es so, daß sie keine Lehen erteilten, sondern einem jeden Krieger jährlich viermal die entsprechenden Bezüge aus dem Staatsschatze zahlten, wobei die Krieger noch verpflegt und unterhalten wurden. Die Verwaltungsoberen sammelten das Geld ein und führten es an den Staatsschatz ab. Von da erfolgte die Zahlung in der angegebenen Weise, und zwar alle drei Monate, was man bistagani (Gehalt) nannte. Diese Übung herrscht noch im Hause Mahmuds[1]. Den Lehensinhabern sage man, daß sie den Abgang eines Reiters durch Tod oder aus einem anderen Grunde sofort melden und nicht verheimlichen. Den Reiteroberst weise man an, die Gesamtstärke seiner Leute so, wie sie ihr Geld erhalten, auch zu jedwedem wichtigen Unternehmen bereitzuhalten. Sollte einer einen Entschuldigungsgrund haben, so ist dieser sofort zu melden, auf daß die oberherrlichen Befehle beachtet werden. Wer zuwiderhandelt, ist zu züchtigen und mit Geldstrafe zu belegen.

Nizam al-Mulk strebte dienstgebundene und staatlich kontrollierte Militärlehen (Iqta'at) an, wenn schon die Staatskasse nicht mehr in der Lage war, den Sold direkt zu bezahlen. Denn tatsächlich erreichten Lehensinhaber mehr und mehr Eigentumsrechte und entzogen sich zunehmend den Dienstverpflichtungen und dem Sultan.

Nizāmulmulk, Siyāsatnāma, übertragen v. K. E. Schabinger, Freiburg-München 1960, S. 199–200;
Niẓām al-Mulk, Siyāsatnāma, Ed. Ch. Schefer, Paris 1891, S. 91–92.

---

1 Mahmud v. Ghazna (reg. 998–1030), bedeutendster Ghaznawide und Vorbild für Nizam al-Mulk

Ein guter Nachrichtendienst ist notwendig

Der Herrscher muß sich über die Lage von Heer und Volk, über das ihm Nahe und Ferne unterrichten und die bedeutenden wie unbedeutenden Gegebenheiten kennen. Es ist eine Schande, wenn er nicht so verfährt. Man wird es ihm als Nachlässigkeit oder Willkür auslegen und sagen: Entweder weiß der Herrscher um die im Reiche bestehende Verderbtheit und Willkürherrschaft, oder er weiß es nicht. Weiß er darum, schafft aber keine Abhilfe und hindert es nicht, dann, weil er ebenso ein Gewalttäter und mit der Gewaltherrschaft einverstanden ist. Wenn er aber nichts davon weiß, dann ist er gar sehr nachlässig und mangelhaft unterrichtet. Beide Auslegungen sind nicht vorteilhaft. Ein Leiter des Nachrichtendienstes ist durchaus notwendig. Alle Herrscher in der Zeit der »Unwissenheit«[1] und in der Zeit des Islam haben durch einen Leiter des Nachrichtendienstes Neuigkeiten erhalten. Auf diese Weise waren sie über gute und schlimme Ereignisse unterrichtet, und zwar derart, daß der Herrscher Kenntnis bekam und Bestrafung anordnen konnte, wenn 500 Meilen von seinem Aufenthaltsort einem ein Sack Stroh oder ein Huhn rechtswidrig weggenommen wurde. So wußten die anderen, daß der Herrscher wacht. Allerorts hatte man aufmerksame Leute eingesetzt und die Gewalttäter gezügelt. Die Leute sind sicher und gehen im Schatten der Gerechtigkeit ihrem Broterwerb und der Erschließung des Landes nach. Allein, die Tätigkeit der Nachrichtenübermittlung ist heikel und mit Nachteilen verbunden. Sie darf nur durch Zunge, Hand und Schreibrohr von solchen Leuten ausgeführt werden, die keineswegs verdächtig sind und die damit keinen Eigennutz verfolgen. Denn Heil und Verderb des Reiches sind mit ihnen verbunden. Sie sollen unmittelbar dem Herrscher unterstehen und sonst niemandem. Ihre Entlohnung und monatliche Vergütung muß ihnen regelmäßig aus dem Staatsschatz zugehen, damit sie sorgenfrei berichten. Auf diese Weise wird der Herrscher jedes neue Ereignis erfahren und die notwendigen Maßnahmen ergreifen, indem er sofort bestraft oder belohnt und auszeichnet. Wenn der Herrscher so

---

1 der vorislamischen Djahilija

verfährt, werden die Untertanen in Gehorsam verharren und sich vor der Züchtigung durch den Herrscher fürchten. Niemand wird mehr die Kühnheit haben können, sich gegen den Herrscher aufzulehnen oder auch nur Schlechtes auszusinnen. Die Einsetzung von Berichterstattern und Leitern des Nachrichtendienstes erfolgt durch des Herrschers Gerechtigkeit, Wachsamkeit und Geistestärke, um das Reich zur Blüte zu bringen.

Die Forderung nach einem effektiven Nachrichtendienst war untrennbarer Teil von Nizam al-Mulks Auffassung einer starken zentralstaatlichen Kontrolle und Verwaltung.

Niẓāmulmulk, Siyāsatnāma, übertragen v. K. E. Schabinger, Freiburg-München 1960, S. 161–162;
Niẓām al-Mulk, Siyāsatnāma, Ed. Ch. Schefer, Paris 1891, S. 57–58.

»Auf seinem Posten bleibt, wer bei der Wahrheit bleibt«

Gott behüte und beschütze euch, ihr Jünger dieser (Sekretärs- und Schreib-)Kunst, und gebe euch Erfolg und rechte Unterweisung: Gott, der Allmächtige, hat die Menschen den Propheten und Gesandten und die Untertanen den ehrwürdigen Königen untergeordnet; er hat ihnen freie Hand gelassen in der Wahl der verschiedenen Gewerbe, durch die er ihren Lebensunterhalt gesichert hat. Euch aber, ihr Sekretäre, hat er den vornehmsten Stand gegeben, euch zu Hütern der Bildung und Tugend, der Klugheit und Umsicht bestellt, zu Menschen mit hohen erhabenen Zielen, mit großer Macht, zu schenken und zu spenden. Durch euch ist die Herrschaft wohlgeordnet und den Herrschern der Ablauf ihrer Staatsgeschäfte garantiert; durch euer Walten und kluges Schalten fördert Gott ihre Macht und häufen sich die Steuern und blühen die Provinzen. Der König in seinem gewaltigen Reich, der Statthalter in einer bedeutenden wie unbedeutenden Provinz kann euch nicht entbehren; keiner kann ohne euch auskommen; keiner existiert, der ihnen genügen könnte, außer unter euch. Für sie bedeutet ihr die Ohren, mit denen sie hören, die Augen, mit denen sie sehen, und die Hände, mit denen sie greifen …

Denn der Sekretär – ebenso wie sein Fürst, der sich in wichtigen Staatsgeschäften auf ihn verläßt – muß klug sein, wo Klugheit am Platz, rechtskundig, wo Gericht am Platz, mutig, wo Mut am Platz, ängstlich, wo Angst am Platz, weich, wo Weichheit am Platz, hart, wo Härte am Platz, tugend-, ehr- und rechtliebend, Geheimnisse verschweigend, im Unglück treu, wohl wissend, was zu tun und zu lassen, und alles besorgend an seinem Platz. Er muß sich mit jedem Wissenszweig befaßt haben und ihn beherrschen oder sich doch in genügendem Maße aneignen, um mit gesundem Verstand, guter Lehre und reicher Erfahrung die Ereignisse, bevor sie ihn überraschen, und ihre Folgen, bevor sie eintreten, fast genau voraussehen und gegen alles gewappnet und für alles gerüstet sein zu können. So wetteifert denn, ihr Sekretäre, auf allen Gebieten des Wissens und der Bildung; studiert Theologie; zuerst die Wissenschaft vom Buche Gottes und die Pflichtlehre, sodann die arabische Sprache: sie ist das Instrument eurer Zungen, und befleißigt euch einer schönen Schrift: sie ist das Glanzstück eurer Schreiben; lernet Gedichte und versteht ihre seltenen Ausdrücke sowie die Kampftage, Chroniken und Biographien der Araber und Perser: das fördert den Höhenflug eurer Gedanken; und dann erlahme nicht euer Eifer in Rechnungssachen: sie bilden die Grundlage der Steuersekretäre unter euch; hütet euch vor hohen wie niederen Ambitionen, vor schlechten und gemeinen Dingen: sie sind eine Schmach für die Edlen und eine Schande für die Sekretäre; haltet euer Amt rein, dünkt euch erhaben über Klatsch und Verleumdung und über die Machenschaften des Pöbels; hütet euch aber vor Hochmut und Stolz: daraus entsteht nur Feindschaft und Haß; waltet um Gottes, des Allmächtigen, willen eures Amtes in Liebe und Treue: das ist die Art eurer guten und tüchtigen Vorgänger.

Wenn die Zeit einem von euch übel mitspielt, so bemitleidet und tröstet ihn, bis das Glück ihm wieder hold ist; wenn hohes Alter einen von euch aus seinem Dienst und aus dem Kreis seiner Kollegen in den Ruhestand nötigt, so besuchet und ehret ihn, konsultiert ihn und bittet ihn um den Beistand seiner vorzüglichen Meinung und Erfahrung aus seiner langen Praxis ... Der Sekretär überlasse seine Erfolge seinem Herrn, seine Mißerfolge nehme er auf sich selbst ... Die Schande ereilt euch, ihr

Sekretäre, schneller als die Frauen, sie ist für euch schlimmer als für sie ...

Wenn einer von euch Befehlsgewalt erhält und den Fall eines Geschöpfes und Dieners Gottes zu entscheiden hat, so soll er bei dieser Entscheidung Gott fürchten und den Gehorsam gegen ihn vorziehen, gegen den Schwachen gütig und gegen den Unterdrückten gerecht sein; denn die Menschen sind Diener Gottes und der liebste von ihnen ist ihm der, welcher der gütigste gegen seine Diener ist ...

Wenn jemand von euch bei einem (Herrn als Sekretär) Dienst tut, so soll er seinen Charakter durchleuchten, wie man einen Stoff gegen das Licht hält, den man kaufen will. Wenn er dann die schönen und häßlichen Seiten kennt, soll er ihn zu den schicklichen, schönen anhalten, und von den unschicklichen, häßlichen abzuhalten trachten in besonders kluger, zuvorkommender und freundlicher Weise ... Allerdings muß der Sekretär mit seinem guten Rat und erlauchten Amt, seinem vorsichtigen und klugen Umgang mit dem Partner seiner Konversation und Disputation, den er verstehen will und dessen Macht er fürchtet, noch gefälliger, zuvorkommender und hilfsbereiter gegen seinen Herrn sein als der Dresseur eines unvernünftigen Tieres, das weder zu antworten noch das Richtige vom Falschen zu unterscheiden weiß oder doch nur in dem Maße, das ihm sein Dresseur oder Herr und Reiter bestimmt ...

Keiner von euch soll in der Art seines Auftretens, seiner Kleidung, seines Ausreitens, seiner Tafelfreuden, seiner Einrichtung und Dienerschaft und anderer Aufwendungen über seinem Stande leben ... Hütet euch vor der Gewohnheit der Verschwendung und vor den üblen Folgen des Luxus; denn beides hat Armut zur Folge, erniedrigt die Menschen und stellt die eignen Anhänger bloß, vor allem die Sekretäre ...

Entsprechend soll man bei Amtshandlungen in der Wahl seiner Worte genügsam und im Ausdruck mäßig sein, kurz und bündig beginnen und die Zusammenfassung aller Argumente zu seinem Argument machen: denn das spricht für den Vorzug des Verstandes und für den hohen Grad der Intelligenz und ist außerdem ein Mittel, den Sekretär vor Weitschweifigkeit zu bewahren; wird aber die Weitschweifigkeit nicht zur Angewohnheit, sondern findet ihren Platz gegebenenfalls in der Einleitung einer Anfrage oder Antwort, so ist dagegen nichts einzuwenden.

Auch sollte man sich nicht als Sekretär, wenn Gott einen fördert und zu Erfolgen führt, dadurch zu Hochmut und Stolz verleiten lassen, was nur von Schaden wäre für Frömmigkeit, Geist und Bildung; wenn einer von euch denken oder sagen sollte, jene Förderung entspringe seiner eigenen besonderen Klugheit und Fähigkeit zum festen Entschluß und richtigen Handeln, so läuft er Gefahr, daß Gott ihn sich selbst überläßt und es dann kein gutes Ende mit ihm nimmt.

Auch behaupte keiner von euch, gebildeter, verständiger und fähiger zu sein, oder die Bürde der Entscheidung und Ausführung leichter zu tragen als sein Kollege; denn der Klügere ist nach maßgeblicher Meinung derjenige, welcher den anderen als den Klügeren bezeichnet, der Dümmere aber derjenige, welcher sich selbst für den Klügeren hält, weil der eine eingebildet ist, während der andere die Einbildung als größte Schwäche seines Verstandes verschmäht ... Man soll Gott danken und ihn preisen im Gefühl der eigenen Kleinheit angesichts der Größe Gottes.

Am Ende dieser meiner Epistel möchte ich noch das Motto »Auf seinem Posten bleibt, wer bei der Wahrheit bleibt!« anführen als wesentlichen Inhalt dieser Epistel und als ihre schönsten Worte nächst denen, die von Gott, dem Allmächtigen, handeln.

Mit dem Sekretär der letzten Umaijaden-Kalifen, Abd al-Hamid (gest. 750), begann die hohe Schule blühender Schreibkunst und eleganter Phraseologie, persischen Einfluß aufnehmend. Der Ausschnitt aus seiner berühmten Epistel an die Sekretäre verrät den Stolz auf diesen Stand, dessen die Herrscher in allen Angelegenheiten der Staatsverwaltung bedurften.

Latz, J., Das Buch der Wezire und Staatssekretäre von Ibn ᶜAbdūs Al-Ǧahšiyarī, Walldorf-Hessen, S. 121–127;
al-Ǧahšiyārī, Muḥammad b. ᶜAbdūs, Kitāb al-wuzarā' wa'l-kuttāb, Ed. M. Laqšā, I. al-Abyārī, ᶜA. Šiblī, Kairo 1357/1938, S. 73–79.

Der Sekretär – die Spitze der Prahlerei

Jeder Sekretär ist zur Loyalität verurteilt, und man verlangt von ihm, daß er Mühseligkeiten auf sich nimmt; dies sind die verschiedenen Bedingungen, die ihm auferlegt sind, und die vollkommene Prüfung, die ihn erwartet. Der Sekretär darf sich aber seinerseits nichts dergleichen ausbedingen, vielmehr beschuldigt man ihn beim ersten Versehen der Säumigkeit, obgleich er sich abhetzt, und selbst wenn er noch nicht geübt ist, erreicht ihn beim ersten Fehler der Tadel. Der Sklave hat wenigstens das Recht, durch Beschwerde bei seinem Herrn mehr zu verlangen, und, wenn er es wünscht, um Wechsel des Besitzers zu bitten, während der Sekretär weder die Ausbezahlung seines ausstehenden Gehalts fordern noch seinem Herrn davonlaufen kann, wenn die Beziehungen schwierig werden. Seine Rechtsstellung ist die eines Sklaven, und sein Platz unter der Dienerschaft ist der von Dummköpfen. Trotz alledem steht er an der äußersten Spitze der Prahlerei, auf dem höchsten Gipfel des Stolzes und auf dem Meer, das von Hochmut und Maßlosigkeit überfließt. Manch einer von ihnen bildet sich ein, wenn er sein weitärmeliges Gewand verbreitere, seine Schleppe verlängere, seine Schläfenlocke über seine Wange flechte und auf seiner Stirn von seinem Haar zwei Winkel abschneide, sei er einer, dem Gefolgschaft geleistet wird, und kein Untergebener und ein Lehensherr über dem Lehensmann. Sobald ein Anfänger den Platz der Führung betreten und sich im Rat des Kalifats eingerichtet hat, eine Korbwand ihn abschließt und das Tintenfaß vor ihm steht, sobald er aus der Rhetorik die brillantesten Redensarten und aus der Wissenschaft die geistvollsten Geschichten auswendig weiß, die Sprichwörter des Buzurgmihr, das Vermächtnis des Ardaschir, die Sendschreiben des Abd al-Hamid und den Adab des Ibn al-Muqaffa erzählen kann und sobald er das Buch des Mazdak zur Fundgrube seines Wissens und die Sammlung Kalila wa-Dimna zum Schatz seiner Weisheit gemacht hat, hält er sich für den großen Faruq[1] in Sachen der Verwaltung ...

---

1 der die Wahrheit von der Lüge unterscheidet, Beiname des Kalifen Umar

Das erste, womit er anfängt, ist, die Anordnung des Korans anzufechten und über ihn wegen der darin enthaltenen Widersprüche das Urteil zu fällen. Dann legt er seinen Scharfsinn an den Tag, indem er Überlieferungen für falsch erklärt und diejenigen, welche die Traditionen übermitteln, herabsetzt. Wenn jemand den Prophetengefährten den Vorzug gibt, verzieht er dabei die Mundwinkel und kehrt ihm, wenn von ihren trefflichen Eigenschaften die Rede ist, den Rücken. Wenn man Schuraih zitiert, hält er ihn für unzuverlässig, und lobt man vor ihm al-Hasan, so findet er ihn unausstehlich; wenn man in seiner Gegenwart asch-Scha'bi lobt, hält er ihn für dumm, wenn man zu ihm von Ibn Djubair spricht, erklärt er ihn für unwissend, und gibt man ihm gegenüber an-Nacha'i den Vorrang, so erachtet er ihn für unbedeutend. Daraufhin bricht er auf der Stelle die Debatte ab und erzählt von der Politik des Ardaschir Babkan, von der Verwaltung des Anuschirwan und von der Ordnung, die im Lande unter den Sassaniden herrschte.

Muß er vor Spitzeln auf der Hut sein und unterziehen ihn Muslime einer Prüfung, so führt er zwar Überlieferungen vom Propheten an, geht aber dann zu rationalen Wissenschaften über, zitiert wohl »feste« Koranverse, wendet sich darauf jedoch den »aufgehobenen« zu. Er verwirft alles, was nicht durch den Augenschein wahrnehmbar ist, und gleicht das Unsichtbare dem Sichtbaren an. Von den Büchern heißt er nur die Logik (des Aristoteles) gut, lobt nur den, der keinen Anklang findet, und hält nur den für ausgezeichnet, der keinen Zulauf hat …

Ein Beweis dafür ist die Tatsache, daß man niemals einen Sekretär gesehen hat, der den Koran zu seinem Lieblingsbuch, die Auslegung des heiligen Buches zur Grundlage seines Wissens, den Kenntniserwerb in der Religion zu seiner Losung und die Bewahrung der Traditionen und Überlieferungen zum Eckpfeiler seiner Bildung gemacht hatte. Und findet man einen, der etwas aus dem Koran und der Tradition anführt, so zeigen seine Kinnbacken dabei keine Gelöstheit, und seinem Speichel fehlt die Süße. Wenn es einer von ihnen vorzieht, sich um das Studium des Hadith zu bemühen, und es sich angelegen sein läßt, die Bücher der Rechtsgelehrten zu zitieren, so finden ihn seine Genossen unleidlich und seine Kollegen anrüchig; sie rechnen es ihm als

Entgleisung in seiner Lebensweise und als Abweichen in seinem Beruf an, da er etwas erstrebt, was nicht in seinem Wesen liege, und etwas sucht, was nicht von seiner Art sei.

Im Kontrast zum vorhergehenden Lob der Sekretäre durch Abd al-Hamid geißelt der scharfsinnig-ironische al-Djahiz (um 777–869) aus Basra die Sekretäre seiner Zeit, des 9. Jahrhunderts. Dem wahren Schöpfer der arabischen Prosa und vielseitigsten Schriftsteller der arabischen Literatur, Enkel eines Schwarzen und »glotzäugig«, schienen vor allem ihre Halbbildung, ihre Bewunderung vorislamischer-persischer Verwaltung und ihr Hochmut gegenüber islamischer Tradition suspekt zu sein.

Pellat, Ch., Arabische Geisteswelt. Ausgewählte und übersetzte Texte von al-Ǧāḥiẓ (777–869). Unter Zugrundelegung der arabischen Originaltexte aus dem Französischen übertragen von W. M. Müller, Zürich-Stuttgart 1967, S. 438, 440;
al-Ǧāḥiẓ, Ḏamm aḫlāq al-kuttāb, in: Rasā'il al-Ǧāḥiẓ, Ed. ᶜA. M. Hārūn, Teil 2, Kairo 1384/1965, S. 191–194.

Rechtsgutachten islamischer Gelehrter

Ist das Essen von Brot, Gekochtem und anderem in der Moschee erlaubt oder verboten?

Antwort: Es ist erlaubt und nicht verboten. Doch soll man etwas darunter ausbreiten, soll die Moschee schützen und sich davor hüten, daß Reste vom Obst oder dergleichen in die Moschee fallen. Das betrifft aber nicht das, was einen schlechten Geruch hat, wie Knoblauch, Zwiebeln und Lauch, und Gekochtes, in dem Geruch von etwas davon oder dergleichen ist. Es ist zu vermeiden, das in der Moschee zu essen, und wer es gegessen hat, darf erst in die Moschee kommen, wenn der Geruch verflogen ist. Wenn er trotzdem in die Moschee kommt, soll er nach der richtigen und bekannten Überlieferung davon wieder entfernt werden. Das alles ist zu beachten, solange der Geruch besteht. Wenn er durch Kochen verschwindet, ist es nicht verboten, es in der Moschee zu essen und ist das Essen in der Moschee erlaubt. Gott aber weiß es am besten!

Wenn eine Frau in der Schwangerschaft stirbt, ist sie dann eine Märtyrerin?

Antwort: Wenn sie stirbt, nachdem sich die Leibesfrucht gebildet hat, ist sie eine Märtyrerin mit Lohn im Jenseits. Sie soll aber gewaschen und über ihr soll gebetet werden, wie bei einem, der ertrunken, unter Trümmern, darmkrank, bei der Pest gestorben oder ohne Rücksicht auf Religion und Geld getötet worden ist oder ähnliches. Sie alle sind Märtyrer mit Lohn im Jenseits. Sie werden gewaschen, und über ihnen wird gebetet.

Wenn man Olivenöl mit Sesamöl oder Weizenmehl mit Gerstenmehl oder Rinderfett mit Schaffett oder dergleichen mischt und es mit der Behauptung verkauft, es sei von guter Qualität, ist das verboten?

Antwort: Alles, was Betrug ist, ist verboten.

Gläubige Menschen waren immer darauf bedacht, ihre ganze Welt im Denken wie Handeln den islamischen Normen gemäß zu sehen und einzurichten. Mit diesem Ziel wandten sie sich in allen möglichen Fragen, rituellen, rechtlichen, aber auch exegetischen, an angesehene Rechtsgelehrte, die ihnen dann Gutachten, Fatwas, ausstellten. Diese konkreten Stellungnahmen trugen empfehlenden Charakter und spiegelten in vieler Hinsicht Besonderheiten des Lebens und Möglichkeiten, sie aus islamischer Sicht zu betrachten, wider. Dadurch zählen Fatwas auch zu wichtigen kultur- und religionshistorischen Dokumenten. Zu den verbreiteten Sammlungen solcher Fatwas gehört die des schafi'itischen Juristen und Sufis in Damaskus, an-Nawawi (1233–1278).

Fatāwā al-Imām an-Nawawī, (bekannt auch als:) al-Manṯūrāt wa-ᶜuyūn al-masāʾil al-muhimmāt, Beirut 1408/1988[2], S. 42, 49, 86; Übersetzung H. Preißler. Vgl. den folgenden Text:

Am Sonntag, dem 25. Djumada al-achira 573 (19. Dezember 1177), erreichte mich eine Anfrage wegen eines Rechtsgutachtens über einen Sklaven und eine Sklavin, die einem Mann gehört hatten. Der hatte sie freigelassen und den Mann mit der Frau verheiratet. Die Frau blieb so 20 Jahre bei ihm und gebar ihm vier Kinder. Dann wurde jedoch offenbar, daß sie durch ihren Vater und ihre Mutter seine Schwester war. Ich wunderte mich darüber und ließ die beiden wissen, daß das, was gewesen war, keine Sünde sei, sie aber die Enthaltungszeit (nach der Scheidung) einhalten müsse und es ihr erlaubt sei, ihn wie eine Schwester zu sehen, nachdem er sich von ihr getrennt hatte. Doch er fürchtete um seine Seele und hielt sich künftig von ihr fern.

Ibn al-Ǧauzī, Kitāb al-Muntaẓam, Beirut 1412/1992, Teil 18, S. 237 f.; Übersetzung H. Preißler.

IV Islamische Gelehrsamkeit

Das Reich des Kalifen umfaßte zwischen Mittelasien und der Iberischen Halbinsel viele alte Kulturzentren mit unterschiedlicher Geschichte. Im Osten hatten islamische Heere die persische Großmacht der Sassaniden vernichtet, aber nicht ihre Kultur, die seit Jahrhunderten auch für Einflüsse aus Süd- und Ostasien aufgeschlossen gewesen war und Antikes aus dem Westen aufgenommen hatte. Um das Mittelmeer herum waren byzantinische Provinzen und ehemalige Teile des Römischen Imperiums nunmehr unter islamischer Herrschaft. Ihre Völker waren bei der arabischen Expansion zwar schon weitgehend christianisiert, hatten aber einen guten Teil des antiken Erbes bewahrt. Denkmäler wie die Pyramiden in Ägypten zeugten von einer noch älteren Zeit. In diese Gebiete kamen aus der Arabischen Halbinsel arabische Muslime mit ihrer arabischen Sprache und Wortkultur und ihrer neuen islamischen Religion. Was sie mitgebracht hatten, entwickelte sich unter neuartigen Bedingungen und bildete die Grundlagen der neuen arabisch-islamischen Zivilisation, an der nicht nur Araber und Muslime, sondern auch Anhänger anderer Religionen und Vertreter anderer Völker ihren Anteil hatten. Seit Ende des 7. Jahrhunderts wurde das Arabische zur vorherrschenden Sprache im islamischen Gebiet, ohne daß vorhandene Sprachen dadurch ausstarben, und danach prägte die islamische Religion zunehmend die gesamte Kultur, so daß sich auch Andersgläubige damit auseinandersetzten. Der Islam und das Arabische wurden zum einenden Band dieses Gebiets und blieben es, auch als das Kalifenreich zerfiel.

An der Wurzel islamischer Gelehrsamkeit stand die Beschäftigung mit dem Koran und der Tradition, die die islamische Weltauffassung bestimmte. Unzählige Gelehrte studierten und kommentierten den Text der heiligen Schrift und sammelten die Überlieferungen aus der frühislamischen Zeit, die dann allein dem Prophe-

ten Muhammad und seiner Umgebung und bei den Schi'iten zudem den Imamen, Ali und seinen Nachkommen, zugeschrieben wurden. Die Verehrung des Korans und des islamischen Propheten wuchs zunehmend. Der Koran galt als unnachahmliches Werk, und Muhammad wurde zum Ideal des Muslims, dem es nachzufolgen galt. Das intensive Studium der heiligen Texte förderte sowohl die Sprachwissenschaft als auch die Geschichtswissenschaft. Grammatik und Lexikographie entstanden ebenso wie die Historiographie. Nach islamischer Geschichtsauffassung bildete das Auftreten Muhammads und die Entstehung des Islams den Höhepunkt der Geschichte der Welt nach ihrer Erschaffung durch Gott. Exakt bewahrte man die historischen Ereignisse seit Muhammads Zeit, blickte aber gleichzeitig auf das erwartete Ende der Welt mit dem Jüngsten Gericht. Dabei übernahm man auch Grundkenntnisse aus der Geschichte des islamischen Gebiets vor dem 7. Jahrhundert, obwohl sie immer mehr mit Legenden von Propheten und heiligen Männern aus biblischer Zeit erfüllt wurde.

Dieser kräftige arabisch-islamische Strom floß mit einem mächtigen Fluß aus Orient und Antike zusammen. Das vorgefundene geistige Erbe wurde gesichtet, das Nützliche bewahrt und ins Arabische gebracht. Kalifen wie al-Ma'mun förderten eine einmalige Übersetzungsbewegung, an der bedeutende Gelehrte wie der Arzt Hunain Ibn Ishaq (809–873) und viele andere beteiligt waren. Die gleichzeitige schnelle Verbreitung des Papiers als preiswertem Schreibstoff förderte die Fixierung und Popularisierung neuer Kenntnisse. Die Übersetzer, oft Christen, machten aus der Sprache des Korans und der arabischen Überlieferung und Literatur ein geschmeidiges Instrument für den gelehrten Ausdruck. Wissenschaftler im islamischen Gebiet waren gelehrige Schüler und eifrige Lehrer des Übernommenen, das sie mit eigenen Erkenntnissen und Erfindungen, Theorien und Praktiken bereicherten. Antike Geistesgrößen wie die Philosophen Platon und Aristoteles oder der Arzt-Philosoph Galen waren der gebildeten Welt ebenso bekannt wie die großen Herrscher der Perser und natürlich die Gestalten der islamischen Geschichte oder biblischen Legenden. Die bedeutendsten Repräsentanten der neuen Zivilisation zeichneten sich durch enzyklopädisches Wissen aus, waren aber gleichzeitig darauf bedacht, das islamische Element zu berücksichtigen, um nicht in *den Ruf von Ketzern zu geraten. Die antike Tradition, Medizin und Philosophieren zu kombinieren, setzten Männer wie Abu Zakarija ar-Razi (gest. um 925) und der im lateinischen Westen als Avicenna bekannte Ibn Sina (980–1037) fort. Von einmaliger Interessenvielfalt und Vorurteilslosigkeit war al-Biruni (973–1048), der den Höhepunkt dieses Enzyklopädismus darstellte.*

Die Einteilung der Wissenschaften

Ich habe dieses Buch »Die Schlüssel der Wissenschaften« genannt, da es ein Zugang zu diesen und ein Schlüssel für die meisten von ihnen ist. Wer das Buch liest, behält, was darin enthalten ist, und wer die Bücher der Weisheit studiert, erwirbt die Wissenschaften schnell und erlangt Wissen von ihnen, auch wenn er sich nicht ständig mit ihnen befaßt und mit ihren Vertretern verkehrt. Ich habe dieses Buch in zwei Abhandlungen unterteilt: die eine für die Wissenschaften des Religionsgesetzes und die damit verbundenen arabischen Wissenschaften, die zweite für die Wissenschaften der Fremden, der Griechen und der anderen Nationen ...

Inhaltsverzeichnis der Kapitel und Abschnitte des Buches:
Die erste Abhandlung mit sechs Kapiteln und 52 Abschnitten:
1. Kapitel über die Rechtswissenschaft, 2. Kapitel über die dogmatische Theologie, 3. Kapitel über die Grammatik, 4. Kapitel über die Sekretärskunst, 5. Kapitel über die Dichtung und die Prosodie, 6. Kapitel über die Geschichte.

Die zweite Abhandlung mit neun Kapiteln und 41 Abschnitten:
1. Kapitel über die Philosophie, 2. Kapitel über die Logik, 3. Kapitel über die Medizin, 4. Kapitel über die Arithmetik, 5. Kapitel über die Geometrie, 6. Kapitel über die Astronomie, 7. Kapitel über die Musik, 8. Kapitel über die Mechanik, 9. Kapitel über die Alchemie.

So umfassen die beiden Abhandlungen insgesamt 15 Kapitel mit 93 Abschnitten.

Mit seinem Buch »Die Schlüssel der Wissenschaften« wollte der persische Gelehrte Abu Abdallah Muhammad al-Chwarizmi (gest. um 976) den Verwaltungsangestellten des Kalifenreiches ein Kompendium in die Hand geben, in dem sie sich schnell über Themen und Termini der Wissenschaften informieren konnten.

Abû Abdallah Mohammed ibn Ahmed ibn Jûsuf al-Kâtib al-Khowarezmi, Liber Mafâtih al-olûm, Ed. G. Van Vloten, Leiden 1895, S. 5 f.; Übersetzung H. Preißler.

Propheten und Offenbarungsschriften

Wahb (Ibn Munabbih) erzählte nach Ibn Abbas folgendes:
Der erste Gesandte (Gottes) war Adam, der letzte war Muhammad – Gottes Gebet und Heil über sie alle. Es gab 124 000 Propheten und unter ihnen 315 Gesandte, nach anderen waren es dreizehn. Dazu gehören fünf Hebräer: Adam, Schith (Seth), Idris (Henoch), Nuh (Noah) und Ibrahim (Abraham), fünf Araber: Hud, Salih, Isma'il, Schu'aib und Muhammad. Der erste Prophet der Banu Isra'il war Musa (Mose), der letzte war Isa (Jesus). Wahb sagte außerdem: Den Propheten sind 104 (Offenbarungs-)Schriften herabgesandt worden: Schith 50 Blattsammlungen, Idris 30 und Ibrahim 20, Musa die Taurat (die Thora), Dawud (David) der Zabbur (der Psalter), Isa der Indjil (das Evangelium) und Muhammad der Furqan (der Koran).

Ibn Qutaiba (828–889) zählt hier nach Ibn Abbas (gest. 687) und Wahb Ibn Munabbih (gest. 728) die Propheten und heiligen Schriften auf, auf die sich der Islam bezog und deren Namen im Koran vorkommen.

Ibn Qutaiba, Al-Ma^cārif, 3. Aufl. Kairo 1969, S. 56; Übersetzung H. Preißler.

Quellen der Rechtswissenschaft

Die Prinzipien der Rechtswissenschaft sind nach einstimmiger Meinung drei: das Buch Gottes des Allmächtigen, die Sunna des hochgebenedeiten Gottesgesandten und der Konsens der Gemeinde, und drei, bei denen es unterschiedliche Meinungen gibt: der Analogieschluß, die Entscheidung nach Gutdünken und die Beachtung der (menschlichen) Wohlfahrt.

Was das Buch Gottes des Gepriesenen betrifft, so muß der Rechtsgelehrte seine Deutung und seine verschiedenen Redeformen, das Besondere und das Allgemeine, das Abrogierende und das Abrogierte[1], das Gebieten und Verbieten, das Erlauben und das Verweigern und dergleichen, wie es in den Kommentaren und Büchern über die Prinzipien der Religion erklärt wird, kennen. Was die Sunna des Gesandten betrifft, so umfaßt sie dreierlei: erstens das Reden, zweitens das Tun und drittens das Bestätigen. Das Reden ist, was der Gesandte nach der Überlieferung gesagt hat. Das Tun ist, was der Gesandte nach der Überlieferung getan hat. Das Bestätigen ist, was nach der Überlieferung der Gesandte seinem Volk (vom Befolgten) bestätigt und nicht verboten hat. Was die Traditionen betrifft, so gibt es die Tradition der ununterbrochenen Aufeinanderfolge. Das ist das, was eine Anzahl von Prophetengefährten überliefert hat und von den Rechtsgelehrten im allgemeinen übereinstimmend akzeptiert wird. Dann gibt es die Tradition des Einzelnen. Das ist das, was einerseits der Prophetengefährte überliefert hat und von den meisten Rechtsgelehrten unter Bedingungen, deren Erläuterung lange dauern würde, als akzeptabel angesehen wird. Was die Überlieferung betrifft, so gibt es die ununterbrochene. Das ist die, deren Tradentenkette[2] ohne Unterbrechung von einem zum anderen bis auf den Propheten zurückreicht. Dann gibt es die unvollständige und unterbrochene. Das ist die, die einer aus der nachfolgenden Generation, die den Propheten nicht mehr gesehen hat, überliefert hat, wie al-Hasan al-Basri, Ibn Sirin und Sa'id Ibn al-Musaijab. Da sagt der Überlieferer: »Der Prophet hat gesagt«, ohne daß er erwähnt, nach wem er es überliefert hat. Viele Gelehrte haben sie akzeptiert, andere aber als falsch erklärt.

Was den Konsens betrifft, so ist es die Übereinstimmung der Auswanderer (aus Mekka) und der Helfer (aus Medina) unter

---

1 Nach der Koranwissenschaft werden ältere Teile des Korans durch jüngere aufgehoben, abrogiert.
2 Nach den Regeln der islamischen Traditionswissenschaft Kette von Überlieferern, die vor dem eigentlichen Text steht.

den Prophetengefährten ebenso wie die Übereinstimmung der Gelehrten in den großen Städten in jedem Zeitalter, ohne das einfache Volk zu berücksichtigen.

Was den Analogieschluß betrifft, so vertreten ihn die Gelehrten im allgemeinen mit Ausnahme von Dawud Ibn Ali al-Isbahani und seinen Anhängern. Der Analogieschluß umfaßt zwei Arten: die Analogie des (gleichen) Grundes und die Analogie der Ähnlichkeit.

Bei der Analogie des Grundes ist das zu Vergleichende mit dem, was zum Vergleich herangezogen wird, durch den gleichen Grund verbunden. Bei der Analogie der Ähnlichkeit ist das zu Vergleichende mit dem, was zum Vergleich herangezogen wird, nicht durch den gleichen Grund verbunden, sondern die Analogie wird durch die Vergleichung hergestellt. Viele Rechtsgelehrte machen zwischen beiden keinen Unterschied ...

Was die Entscheidung nach Gutdünken betrifft, so wird sie nur von Abu Hanifa und seinen Anhängern vertreten. Deshalb werden sie auch Vertreter der eigenen Ansicht genannt. Ein Beispiel dafür ist, daß das Betreten eines Bades erlaubt wird, auch wenn die Menge des Lehms und des Wassers, die darin verwendet werden, unbekannt ist. Man sagt auch, diese Entscheidung nach Gutdünken sei ein Analogieschluß, allerdings ein verborgener, kein offenbarer.

Was die Beachtung der Wohlfahrt betrifft, so wird sie nur von Malik Ibn Anas und seinen Anhängern vertreten. Ein Beispiel dafür ist, daß er erlaubt, mit Geldwechslern mit Gold gegen Gold und mit Silber gegen Silber in Zunahme wie Abnahme Geschäfte abzuschließen, auch wenn das anderen als ihnen verboten ist, weil das nämlich zum Wohl der Allgemeinheit ist.

Das sind die Prinzipien der Rechtswissenschaft, auf die sie sich stützt und um die sie sich dreht.

Abû Abdallah Mohammed ibn Ahmed ibn Jûsof al-Kâtib al-Khowarezmi, Liber Mafâtih, S. 7–9; Übersetzung H. Preißler.

Das Wunder des Korans

Eines der Zeichen des Propheten ist der Koran. Er ist ein (Wun-der-)Zeichen dank (vieler) Gedanken, die ich keinen derer, die über diesen Gegenstand Bücher schreiben, darlegen sehen habe, ohne dieses Unterfangen und seinen Anspruch (es durchzufüh-ren) aufzugeben. Solange ich noch Christ war, pflegte ich in Über-einstimmung mit einem meiner Onkel von Vaterseite, der einer der gelehrten und beredten Männer unter den Christen war, zu sagen, daß rhetorische Feinheiten nicht zu den Zeichen des Pro-phetentums zu zählen seien, da solche allen Nationen gemeinsam sind. Doch als ich mich vom Nachbeten des Vertrauten lossagte, mich trennte von den Annehmlichkeiten von Gewohnheit und Erziehung und mich in die Gedankenwelt des Koran versenkte, da begriff ich, daß sich die Sache so verhielt wie die Muslime es behaupteten. Niemals bin ich einem Buch begegnet, ob von einem Araber oder einem Perser, einem Inder oder einem Grie-chen verfaßt, das gleich dem Koran Einheit, Lob und Glorie des Allerhöchsten enthielt; Glaube an seine Gesandten und Prophe-ten; Ansporn zu guten Taten (von) bleibender (Wirkung); Mah-nung, das Rechte, und Verbot, das Böse zu tun; Erweckung des Wunsches nach dem Paradies und Verleidung (des Weges) zur Hölle. Wer hat, seit die Welt steht, jemals ein Buch hervorge-bracht von solchem Ursprung und solchen Vorzügen, von sol-chem Einfluß auf das Herz, majestätisch und süß, und dazu noch sieghaft, glückhaft und überwältigend? Dabei war der, dem es offenbart wurde, ungelehrt, des Schreibens unkundig und ohne jede Kenntnis der Beredsamkeit. All dies ist ohne Zweifel und Disput eines der Zeichen des Prophetentum.

Voller Begeisterung spricht der zum Islam bekehrte Christ Ali Ibn Rabban at-Tabari in der Mitte des 9. Jahrhunderts von der Einmaligkeit des Korans, der im islamischen Bereich als unnachahmliches Wunder des Pro-pheten Muhammad und damit als Beweis seines Prophetentums gilt.

G. E. von Grunebaum, Der Islam im Mittelalter, Zürich und Stuttgart 1963, S. 126 f.;
ᶜAlī Ibn Rabban aṭ-Ṭabarī, Kitāb ad-Dīn wa-'d-daula, Ed. A. Mingana, Manchester u. a. 1923, S. 44 f.

Wie der Koran gesammelt wurde

Nach Charidja Ibn Zaid Ibn Thabit nach seinem Vater Zaid, der sagte: Als die Gefährten des Gottesgesandten in der Jamama[1] fielen, kam Umar Ibn al-Chattab zum (Kalifen) Abu Bakr und sprach: »Die Gefährten des Gottesgesandten drängen sich in der Jamama wie die Motten zum Feuer. Ich fürchte, sie werden keine andere Stätte mehr sehen. Wenn sie so weitermachen, wird man alle Bewahrer des Korans töten. Der Koran wird verlorengehen und vergessen werden, wenn du ihn nicht sammelst und aufschreibst.« Doch Abu Bakr war dem abgeneigt: »Soll ich etwas tun, was der Gottesgesandte selbst nicht getan hat?« Beide besprachen sich deswegen. Dann schickte Abu Bakr nach Zaid Ibn Thabit.

Zaid erzählte weiter:

Ich kam zu Abu Bakr, während Umar im Panzerhemd dabei stand. Abu Bakr teilte mir mit: »Der da hat mich zu einer Sache aufgefordert, die ich nicht möchte. Du bist doch der Schreiber der Offenbarung. Wenn du mit ihm einer Meinung bist, werde ich euch beiden folgen. Wenn du aber mir zustimmst, werde ich es nicht tun.« Dann erzählte Abu Bakr, was Umar gesagt hatte. Umar selbst schwieg dazu. Ich war dem abgeneigt und meinte: »Will er denn etwas tun, was auch der Gottesgesandte nicht getan hat?« Bis sich dann Umar selbst äußerte: »Euch beide trifft doch nichts, wenn ihr es tut!« Wir trennten uns dann, um zu überlegen. Wir sagten: »Bei Gott, uns trifft dabei gar nichts!«

Dann befahl mir Abu Bakr, und ich schrieb den Koran auf Stücke von Leder, Schulterblattknochen und Palmzweige. Nachdem Abu Bakr gestorben war, schrieb er das auf eine Blattsammlung, die bei ihm blieb. Als Umar starb, gelangte diese Sammlung an (seine Tochter) Hafsa, die Frau des Gottesgesandten.

Dann kam Hudhaifa Ibn al-Jaman von einem Feldzug, den er zur Eroberung Armeniens geführt hatte. Er ging nicht nach Hause, bevor er (den Kalifen) Uthman Ibn Affan aufgesucht hatte. Er sagte zu ihm »Fürst der Gläubigen! Der Tod hat die

---

1 im Zentrum der Arabischen Halbinsel, wo 633 in blutigen Kämpfen die Gegner des islamischen Staates geschlagen wurden

Leute ereilt!«»Und was bedeutet das?«fragte Uthman.»Ich habe zur Eroberung Armeniens Krieg geführt. Leute aus dem Irak und aus Syrien waren dabei. Nun trugen die Syrer den Koran in der Lesart von Ubaij Ibn Ka'b vor und führten dabei Dinge an, die die Iraker noch nie gehört hatten. Da haben die Iraker sie als Ungläubige bezeichnet. Andererseits trugen die Iraker den Koran in der Lesart von Ibn Mas'ud vor und führten Dinge an, die die Syrer noch nie gehört hatten. Da haben die Syrer sie als Ungläubige bezeichnet.«

Da befahl mir, erzählte Zaid, Uthman Ibn Affan, einen vollständigen Koran zu schreiben:»Ich werde mit dir einen einsichtigen, sprachreinen Mann einsetzen. Schreibt beide! Wenn ihr unterschiedlicher Meinung seid, legt es mir vor!«Er setzte dann Aban Ibn Sa'id Ibn al-As[2] ein. Als wir die Stelle »Das Zeichen seiner Herrschaft ist, daß die Lade zu ihm kommt«(Koran 2:248) erreicht hatten, sagte Zaid:»Lade heißt at-tabuh«, während Aban Ibn Sa'id behauptete, es hieße at-tabut. Wir legten die Stelle Uthman vor und er schrieb »at-tabut«. Als ich dann fertig war, legte ich ihm das ganze Buch vor. Er aber fand darin nicht den Vers:»Unter den Gläubigen waren Männer, die wahrmachten, was sie Gott gelobt hatten. Einige von ihnen erfüllten ihr Versprechen und andere warten noch darauf und wandelten sich nicht«(33:23). Ich fragte die Auswanderer[3] nach ihr, doch fand ich die Stelle bei keinem von ihnen. Dann fragte ich die Helfer[4] nach ihr, doch fand ich sie bei keinem von ihnen außer bei Chuzaima, das ist der Sohn von Thabit. Ich schrieb sie also auf und prüfte den Text noch einmal.

(Zaid sucht dann weitere Stellen durch Befragung.)

Dann prüfte ich den Text noch einmal und fand daran nichts mehr auszusetzen. Ich schickte Uthman zu Hafsa und bat sie, ihm die Blattsammlung zu geben. Er schwor ihr, sie ihr zurückzuge-

---

2 Da Aban Ibn Sa'id bereits 634 gestorben ist, muß hier eine Verwechslung, vielleicht in Sinne der Umaijaden, vorliegen.

3 Muhadjirun: Mekkaner, die als Muhammads Anhänger nach Medina auswanderten

4 Ansar: Einwohner der Oase von Medina, die Muhammad und die mekkanischen Auswanderer unterstützten

ben. Hafsa gab sie ihm, und er überprüfte den Korantext an ihr. Er unterschied sich nirgends von ihr. Er gab ihr die Sammlung zurück und freute sich. Dann befahl er den Leuten, vollständige Korane zu schreiben. Als Hafsa dann starb, schickte er zu Abdallah Ibn Umar wegen der Blattsammlung mit einer Gruppe von Männern. Abdallah gab ihnen den Text, und er wurde abgewaschen[5].

Als Muhammad 632 starb, waren die als göttliche Offenbarungen verbreiteten Teile des Korans weder alle gesammelt noch aufgeschrieben, sondern wurden wie andere Traditionen mündlich weitergegeben. Dabei entstanden auch verschiedene Lesarten. Um 653 befahl dann der dritte Kalif, Uthman, eine einheitliche Fassung des Korantextes herzustellen und sie überall zu verbreiten. Andere Fassungen sollten vernichtet werden. Dieser sogenannte Uthman-Koran ist bis heute der Einheitstext für alle Muslime.

Aṭ-Ṭabarī, Tafsīr al-Qur'ān, Kairo 1321/1903, Bd. 1, S. 19 f.; Übersetzung H. Preißler.

Quintessenz der Tradition

Abu Bakr Ibn Dasa sprach: Ich hörte Abu Dawud (as-Sidjistani) sagen: Ich habe 500 000 Überlieferungen vom Gottesgesandten aufgeschrieben, von denen ich eine Anzahl ausgewählt habe, die in diesem Buch – er meinte das »Buch der Sunnas« – aufgeführt sind. Ich habe darin 4800 Überlieferungen gesammelt. Ich habe diejenigen genannt, die gesund sind und die diesen ähnlich oder nahe sind. Doch dem Menschen reichen für seine Religion vier davon aus: erstens seine Worte: »Die Handlungen (sind) nach den Absichten (zu beurteilen)«, zweitens seine Worte: »Zum guten Islam eines Mannes gehört es, daß er unterläßt, was ihn nichts angeht«, drittens seine Worte: »Der Gläubige ist nicht gläubig, wenn er seinem Bruder nicht wünscht, was er sich selbst wünscht«, und viertens seine Worte: »Das Erlaubte ist klar und das Verbotene ist klar. Dazwischen aber gibt es Unklarheiten.«

---

5 d. h. durch Abwaschen vernichtet

Beim Studium der mündlich überlieferten Traditionen prüften Generationen von Gelehrten immer wieder die Echtheit der Hadithe vor allem auf der Grundlage der Tradenten. Da aber selbst die als gesund und kanonisch betrachtete Menge an Traditionen noch sehr groß war, entstand bald das Bedürfnis, nicht zuletzt für praktische Zwecke die Quintessenz dieser Überlieferungen zu suchen. As-Sidjistani (817–888) nennt hier vier, der schafi'itische Gelehrte an-Nawawi (1233–1278) stellte 40 zusammen, die sich dann großer Beliebtheit erfreuten. Die oben genannten vier gingen ebenfalls in diese Sammlung ein.

Al-Ḫaṭīb al-Baġdādī, Taʾrīḫ Baġdād, Kairo 1349/1931, Bd. 9, S. 57; Übersetzung H. Preißler.

Die Prüfung des Traditionsgelehrten

Als Muhammad Ibn Isma'il (al-Buchari) nach Bagdad kam, hörten die Traditionsspezialisten von ihm und versammelten sich. Sie nahmen hundert Traditionen und brachten deren Inhalte und Tradentenketten durcheinander. Sie gaben dem Text, der zu einer bestimmten Tradentenkette gehörte, eine andere Überliefererkette und der Tradentenkette, die zu einem bestimmten Text gehörte, einen anderen Text. Dann übergaben sie zehn Männern je zehn Überlieferungen, mit dem Gebot, diese dem Buchari vorzulegen, wenn die Sitzung mit ihm stattfände. Dann legten sie einen Termin dafür fest. An der Veranstaltung nahmen zahlreiche Traditionsspezialisten, Fremde aus Chorasan und anderen Gegenden, wie Bagdader, teil.

Nachdem sich die Versammelten beruhigt hatten, erhielt einer der zehn seinen Auftrag und fragte al-Buchari nach einer der (verdrehten) Überlieferungen. Al-Buchari antwortete nur, er kenne sie nicht. Der Mann fragte ihn nach einer anderen. Wieder antwortete er: »Ich kenne sie nicht.« Er legte al-Buchari eine Überlieferung nach der anderen vor, bis er mit seinen zehn fertig war. Al-Buchari meinte immer nur, er kenne sie nicht. Die anwesenden Gelehrten sprachen zueinander: »Der Mann hat Verstand!« Andere aber, die gegen ihn waren, behaupteten, al-Buchari sei unfähig und habe nur wenig Wissen und Verstand.

Dann wurde ein anderer von den zehn beauftragt. Er verfuhr

wie der erste und die Antwort al-Bucharis blieb immer die gleiche. Derart kamen alle an die Reihe.

Nachdem al-Buchari erkannt hatte, daß sie fertig waren, wendete er sich dem ersten zu und sprach: »Was die erste Überlieferung betrifft, die du mir vorgelegt hast, so lautet sie exakt so. Die zweite, die dritte, die vierte lautet so und so.« So beantwortete er alle zehn. Er gab jedem Text die richtige Tradentenkette und jeder Überliefererkette den richtigen Text. Da bestätigten ihm die Leute Gedächtnisstärke und gestanden ihm den Vorzug zu.

Muhammad Ibn Isma'il al-Buchari (810–870) sammelte als bedeutender Gelehrter in vielen islamischen Ländern des Orients eine große Zahl von Überlieferungen aus frühislamischer Zeit, dem damaligen Gebrauch entsprechend die Ketten der Überlieferer, die bis auf Muhammad zurückgehen mußten, und die meist kurzen, eigentlichen Texte.

Al-Ḫaṭīb al-Baġdādī, Ta'rīḫ Baġdād, Kairo 1349/1931, Bd. 2, S. 20 f.; Übersetzung H. Preißler. (In der Übersetzung wurden die ausführlichen Wiederholungen zusammengefaßt.)

Arabisch als heilige Sprache des Islams

Ich glaube, daß Muhammad der beste Gesandte, der Islam die beste Gemeinschaft, die Araber die beste Nation und das Arabische die beste Sprache und Zunge ist und die Hinwendung zu ihrem Verstehen zur Religion gehört, denn sie ist das Instrument des Wissens und der Schlüssel zur Beschäftigung mit der Religion und das Mittel zur rechten Ordnung des diesseitigen und künftigen Lebens. Gleich einem Quell für das Wasser und einem Zündstein für das Feuer dient sie dem Erwerben der Vorzüge, dem Erfassen der Mannestugend und der übrigen verschiedenen hervorragenden Eigenschaften. Gäbe es beim Begreifen ihrer Eigenarten, beim Erfassen ihrer Ableitungen und beim Eintauchen in ihre bedeutenden und subtilen Seiten nur die Fähigkeit zum sicheren Erkennen der Unnachahmlichkeit des Korans und zunehmende Einsicht beim Nachweis des Prophetentums, das die Stütze des Glaubens ist, genügte beides als ein Vorzug, dessen Spuren schön und dessen Früchte in beiden Welten köstlich sind.

Wie reich hat doch Gott der Allmächtige ihr lobenswerte Seiten bestimmt, die die Schreibrohre der Sekretäre erschöpfen und die Finger der Rechner ermüden. Da Gott – allmächtig ist sein Name – sie hoch und groß gemacht, ihre Bedeutung und ihren Adel erhoben, in ihr dem besten seiner Geschöpfe die Offenbarung gegeben und sie zur Sprache dessen, der seine Offenbarung getreulich bewahrt, und zum Weg seiner Nachfolger auf seiner Erde gemacht und gewollt hat, daß sie bleibt und dauert, damit sie im Diesseits dem Wohle seiner Knechte und im Jenseits den Bewohnern des Hauses der Vergeltung dient, hat er für sie unter edlen Menschen, angesehenen Vorzüglichen und Sternen dieser Welt Bewahrer und Schatzmeister bestimmt.

Mit diesem religiösen Lobpreis des Arabischen leitete der Literat Abu Mansur ath-Tha'alibi (961–1038) sein lexikographisches Werk über die »Kenntnis der Sprache und die Geheimnisse des Arabischen« ein, das vom Sprachinteresse unter den Gebildeten seiner Zeit zeugt.

Abū Manṣūr ᶜAbd al-Malik b. Muhammad aṭ-Ṯaᶜālibī, Fiqh al-luġa wa-asrār al-ᶜarabīya, Kairo 1357/1938, S. 2 f.; Übersetzung H. Preißler.

Größe arabischer Dichtung

Die Dichtung beschreibe ich folgendermaßen:

Die Dichtung ist den Arabern die Mine ihres Wissens und das Buch ihrer Weisheit, die Sammlung ihrer Geschichten und das Lager ihrer Kampfesberichte, die Mauer, die um ihre Ruhmestaten errichtet ist, und der Graben, der ihre Heldentaten schützt, der gerechte Zeuge am Tage des Aufbruchs und der schlagende Beweis im Streit. Wer bei ihnen nicht versteht, wie hoch ihr Rang ist und welche ehrenvolle Taten sie seinen Vorfahren zuschreibt – lobenswertes Tun ist ein Vers davon –, dessen Bestrebungen vergehen, auch wenn sie bekannt sind, und verschwinden mit den Tagen, auch wenn sie gewaltig sind. Wer diese Taten aber mit den Reimen der Gedichte fesselt, an ihre Metren bindet und sie mit seltenen Versen, mit Redewendungen und geistvollen Sinns verkündet, macht sie dauerhaft und befreit sie von Neid, hebt den Hin-

terhalt des Feindes bei ihnen auf und wendet den Blick des Nei-
ders ab.

Ibn Qutaiba, ᶜUyūn al-aḫbār, Kairo 1963, Bd. 2, S. 185; Übersetzung H.
Preißler.

Aufgaben der Geschichtsschreibung

Die Wissenschaft von der Geschichte umfaßt die Erwähnung von
berühmten Ereignissen in vergangenen Zeiten, das heißt solcher,
die über lange Zeiträume stattfinden, wie eine zerstörerische
Flut, ein vernichtendes Erdbeben oder Nationen ausrottende
Epidemien und Trockenheiten. Sie kann auf die Namen der
Könige nicht verzichten, die in den Zonen mit ihrer Zahl, ihren
Lebensdaten, der Dauer ihrer Herrschaft und dem Wechsel ihrer
Dynastien erwähnt werden. (Dazu gehört) das Wissen vom
Beginn und der Wiederholung der Schöpfung und den Verhältnissen voriger Generationen hinsichtlich ihrer Körper und Vernunft.
Doch wird es durch die Ferne dieser Zeit verfälscht, während spä-
teres nicht so verfälscht wird. Derjenige, der sich mit der Verbrei-
tung dieser Nachrichten befaßt, kann sie nicht (alle) bewahren,
denn »ist nicht Kunde von denen, die vor ihnen waren, zu ihnen
gekommen, ... (die) nur Gott allein kennt« (Koran 14:9). (Dazu
gehören) die Nachrichten von der Geburt des Propheten, seiner
Sendung, seinen Zügen und Verhältnissen bis zur Zeit seines
Todes. Sie werden für die Politik und die Bekriegung der Feinde
verwendet. (Dazu gehört) die Kenntnis der Lebensläufe der
quraischitischen Kalifen, ihre Eroberungen, Führungen und der
Bürgerkriege, die zwischen den Rivalen um die Führungsstellen,
wie den Charidjiten, stattgefunden haben, und zwar vom Wechsel
der Umaijadendynastie zur Abbasidendynastie, damit es den
Wechsel der Zeiten zeigt. (Dazu gehören) die Kenntnis der
Kampftage und Kämpfe der Araber (in vorislamischer Zeit) wie
der Kämpfe zwischen den Abs und Dhubjan, den Banu Baghid,
zwischen den Bakr und Taghlib, den Banu Wa'il, und den Aus und
Khazradj, den Banu Qaila, und die Kenntnis der Stammbäume
der Massen ihrer Stämme und Familien, worin beredte Aus-

drücke und Gedichte zu finden sind. (Dazu gehört) die Kenntnis von den Büchern der Perser und ihren Lebenläufen wie der Vertrag von Ardaschir Babakan, die Reden von Anuschirwan und das Karnameh. Es wird genutzt für die Politik, die Fragen der Herrschaft und die Schaffung des Rechts für die Untertanen. (Dazu gehört) die Kenntnis von den wichtigsten Nachrichten wie der aufgeschriebenen Geschichten von den Königen zu jeder Zeit und die Erwähnung ihrer Verhältnisse und Taten, (wie der Nachrichten) von Leuten adliger Abstammung, Gelehrten, Sekretären, Sprachreinen, Dichtern, Großmütigen, Freigebigen, Einsichtigen, Keuschen und Treuen.

Der Gelehrte Ibn Farighun beschrieb Mitte des 10. Jahrhunderts in einem Handbuch über das für Gebildete nötige Wissen auch die Inhalte und Nutzbarkeit der Weltgeschichte, die mit der Weltschöpfung begann, die vorislamischen Zeiten der Araber wie der Perser umfaßte, die Zeit Muhammads besonders betonte, bis in die Gegenwart reichte und auch Gelehrte, Fromme und andere hervorragende Persönlichkeiten berücksichtigte.

Ibn Farīġūn, Ǧawāmiᶜ al-ᶜulūm, in: F. Rosenthal, A History of Muslim Historiography, Leiden 1952, S. 459 f. (resümierende englische Übersetzung S. 33); Übersetzung H. Preißler.

Muhammads Stammbaum

Abu Muhammad Abd al-Malik Ibn Hischam der Grammatiker sagte:

Das ist das Buch von der Biographie des Gottesgesandten. Muhammad war der Sohn von Abdallah Ibn al-Muttalib (dessen Name Schaiba war) Ibn Haschim (dessen Name Amr war) Ibn Abd Manaf (dessen Name al-Mughira war) Ibn Qusaij (dessen Name Zaid war) Ibn Kilab Ibn Murra Ibn Ka'b Ibn Lu'aij Ibn Ghalib Ibn Fihr Ibn Malik Ibn an-Nadr Ibn Kinana Ibn Chuzaima Ibn Mudrika (dessen Name Amir war) Ibn Iljas Ibn Mudar Ibn Nizar Ibn Ma'add Adnan Ibn Udd (oder Udad) Ibn Muqauwam Ibn Nahur Ibn Tairah Ibn Ya'rub Ibn Yaschdjub Ibn Nabit Ibn Isma'il Ibn Ibrahim, des Freundes des Barmherzigen, Ibn Tarih (der Azar ist) Ibn Nahur Ibn Sarugh Ibn Ra'u Ibn Falach Ibn Aibar Ibn Chalach Ibn Arfachschad Ibn Sam Ibn Nuh Ibn Lamk Ibn Mattuschalach Ibn Achnuch (der, wie man meint, der Prophet Idris ist, – Gott aber weiß es am besten –, der der erste der Söhne Adams war, dem Prophetentum und Schreiben mit dem Schreibrohr gegeben wurden) Ibn Yard Ibn Mahlil Ibn Qainan Ibn Janisch Ibn Schith Ibn Adam.

Mit dieser Genealogie Muhammads, die über den arabischen und biblischen Stammbaum bis Adam zurückgeführt wird, beginnt die bekannte Redaktion der Muhammad-Biographie von Ibn Ishaq (gest. 768) aus der Feder von Ibn Hischam (gest. 833).

Das Leben Muhammad's nach Muhammad Ibn Ishâk bearbeitet von Abd el-Malik Ibn Hischâm, hrsg. v. F. Wüstenfeld, Göttingen 1858, Bd. 1, S. 3 f.; Übersetzung H. Preißler.

Die fremde Welt der Pyramiden

Die Pyramiden gehören zu den Weltwundern. Es gibt auf Erden weder im Osten noch im Westen einen Bau, der wunderbarer, größer und höher ist. Die großen (Pyramiden) sind zwei bei al-Giza, zwei bei einem Dorf namens Dahschur (bei Saqqara) und eine bei einem Dorf namens Maidum. Die Äußerungen der Leute über sie, über die, die sie gebaut haben, und über das, was mit ihnen bezweckt worden ist, sind verschieden. Einige sagten, es seien Königsgräber. Andere meinten, man habe sie aus Furcht vor der Sintflut errichtet. Sie sind viereckig wie in dieser Figur und jede Seite der Pyramide hat diese Gestalt.[1] Die Fläche einer jeden Seite beträgt am Boden über 400 Ellen und die Höhe beträgt fast 400 große Ellen. Die Spitze der Pyramide ist bis acht Ellen hoch.

Es heißt, (der Kalif) al-Ma'mun habe eine der beiden Pyramiden bei al-Giza geöffnet. Man fand im Innern einen viereckigen Brunnen, der an jeder Seite Öffnungen hatte, wobei jede Öff-

---

1 Verweis auf eine Figur im Manuskript

nung in eine Kammer führte, in der Tote in ihren Tüchern lagen. Es heißt, man sei hineingegangen und habe an der Spitze dieser Pyramide eine Kammer mit einem Becken aus Felsgestein in Form eines Grabens gefunden. Darin war ein Götzenbild aus Malachit, das einem Menschen glich. In der Mitte wiederum war ein Mensch mit einem Panzer aus Gold, der mit Edelsteinen besetzt war, und mit einem Schwert auf der Brust, dessen Wert nicht zu messen ist. Am Kopf war ein Rubin so groß wie ein Ei mit feuergleichem Leuchten.

Der Verfasser dieses Buches sagt: Ich habe diese Pyramide betreten und bin hinaufgestiegen. Dieses Becken habe ich gesehen. Von dem, was man darüber gesagt hat, ist ganz richtig, daß man die Pyramiden aus Furcht vor der Sintflut gebaut hat. Dann haben sie dort ihre Schätze verborgen und ihr Wissen eingeschrieben. Doch das nutzte ihnen nichts. Ihre Spuren sind vergangen, ihre Schätze sind verloren, und ihre Nachrichten sind vergessen. Die Inschriften, die dort sind, sind in Vogelschrift geschrieben. Keiner auf der Welt kennt sie. Ebenso kann auch die Tempelschrift in Oberägypten niemand entziffern.

Der Reisende Abu 'l-Hasan al-Harawi (gest. 1215), der der im syrischen Halab herrschenden Aijubidenfamilie nahestand, verfaßte einen Pilgerführer des islamischen Gebiets, in dem er nicht nur islamische Gedenkstätten, sondern auch Monumente aus älterer Zeit beschrieb. Seinen Plan, ein Buch über Wunder und dergleichen zu schreiben, den er oben andeutet, scheint er nicht mehr ausgeführt zu haben.

Al-Harawi, Guide des lieux de pélerinage, Damas 1953, S. 39 f. (die kommentierte französische Übersetzung ebd. 94–96); Übersetzung H. Preißler.

Traumgespräch mit Aristoteles

Al-Ma'mun träumte, daß er einen Mann von rötlich-weißer Hautfarbe, mit hoher Stirn, buschigen Brauen, kahlem Kopfe, dunkelblauen Augen und schönen Zügen auf einem Katheder sitzen sah. Al-Ma'mun hat den folgenden Bericht über seinen Traum gegeben. Ich hatte den Eindruck, daß ich ehrfurchtsvoll vor ihm stände, und ich fragte, wer er sei. Er erwiderte: »Ich bin

Aristoteles.« Ich freute mich mit ihm und bat ihn, eine Frage an ihn richten zu dürfen. Er gab mir die Erlaubnis, und ich sagte: »Was ist das Gute?« Er erwiderte: »Das, was dem Verstand nach gut ist.«

Ich fragte: »Und was dann?« Er erwiderte: »Das, was dem Religionsgesetz nach gut ist.« Ich fragte: »Und was dann?« Und er erwiderte: »Nichts weiter.« ...

Dieser Traum ist von der weitreichendsten Bedeutung für die Übersetzungstätigkeit gewesen. Zwischen al-Ma'mun und dem oströmischen (byzantinischen) Kaiser, den er gerade besiegt hatte, fand ein wiederholter Briefwechsel statt, und er bat ihn schriftlich um Erlaubnis, Leute schicken zu dürfen, um Exemplare von den in den Bibliotheken des Oströmerlandes aufbewahrten Büchern über die antiken Wissenschaften auszusuchen. Er wollte es erst nicht zulassen, aber gab dann doch seine Erlaubnis. Daraufhin sandte al-Ma'mun Gelehrte, darunter al-Hadjdjadj, Ibn al-Bitriq und Salm, den Präsidenten der Akademie, und sie trafen unter dem Material, das sie vorfanden, ihre Wahl und nahmen es mit sich zu al-Ma'mun, der ihnen befahl, es zu übersetzen, was dann auch geschah.

F. Rosenthal, Das Fortleben der Antike im Islam, Zürich und Stuttgart 1965, S. 72; Fihrist Ibn an-Nadīm, Kairo o. J., S. 339.

Was ist Philosophie?

Falsafa (Philosophie) ist von einem griechischen Wort abgeleitet, nämlich philosophia. Seine Erklärung ist »Liebe zur Weisheit«. Als die Philosophie ins Arabische übertragen wurde, wurde zuerst Failasuf (Philosoph) gesagt. Davon wurde dann das Wort Falsafa abgeleitet. Philosophie ist die Wissenschaft von den wahren Dingen und das Handeln nach dem, was am passendsten ist.

Die Philosophie wird in zwei Teile unterteilt: einerseits den theoretischen, andererseits den praktischen Teil. Einige machten die Logik zu einem besonderen, dritten Teil, andere zu einem Instrument der Wissenschaft, andere zu einem Teil davon und einem Instrument dafür.

Der theoretische Teil wird dreifach unterteilt: die Untersuchung der Dinge, die Form und Materie besitzen, sie wird natürliche Wissenschaft (Physik) genannt; die Untersuchung dessen, was außerhalb von Form und Materie ist, sie wird Wissenschaft von den göttlichen Dingen genannt, im Griechischen Theologie; und die Untersuchung von Dingen, die in der Materie vorhanden sind, wie Maße, Formen, Bewegungen und dergleichen, sie wird Mathematik genannt. Sie steht gleichsam zwischen der höheren, der göttlichen, und der niederen, der physischen Wissenschaft.

Die Logik aber ist eine Wissenschaft mit vielen Teilen, die ich in dem entsprechenden Kapitel erwähne.

Die praktische Philosophie ist dreigeteilt: erstens die Lenkung des Menschen von sich selbst und einem Einzelnen, die Ethik genannt wird, zweitens die Führung des Privaten, die Ökonomie genannt wird, und drittens die Lenkung des Allgemeinen, das heißt die Lenkung der Stadt, der Gemeinschaft und des Königtums (die Politik).

Abû Abdallah Mohammed ibn Ahmed ibn Jûsuf al-Kâtib al-Khowarezmi, Liber Mafâtih al-olûm, Ed. G. van Vloten, Leiden 1895, S. 131 f.; Übersetzung H. Preißler.

Definitionsversuche

Die erste Ursache ist schöpferisch, handelnd, gibt dem Ganzen Vollendung und ist unbeweglich.

Die Vernunft ist eine einfache Substanz, die die Dinge in ihrer Wirklichkeit (oder Wahrheit – d. Übers.) erfaßt.

Die Natur ist das Prinzip von Bewegung und Ruhe nach Bewegung, die erste Kraft der Seele.

Die Seele ist die Vollendung eines natürlichen Körpers mit Instrumenten, die durch Kraft zum Leben fähig ist. Nach anderen ist es eine erste Vollendung eines natürlichen Körpers, der durch Kraft Leben hat. Nach anderen auch die Substanz einer Vernunft, die sich selbst in einem zusammengesetzten Körper bewegt.

Der Körper ist das, was drei Dimensionen hat.

Die Schöpfung ist das Hervortretenlassen von etwas aus dem Nichts.

Die Materie ist eine Kraft, die eingerichtet ist, die Formen zu tragen, und passiv ist.

Die Form ist das, wodurch das Ding das ist, was es ist. Das Element ist der Stoff jeden Stoffes.

Die Handlung ist die Beeinflussung eines Gegenstands, der beeinflußbar ist. Nach anderen ist es die Bewegung, die im Bewegten selbst ist.

Das Handeln ist Handlung mit Denken.

Die Substanz ist das, was durch sich selbst besteht. Sie trägt die Akzidenzien, ohne ihr Wesen zu verändern, wird beschrieben, ohne selbst zu beschreiben.

Die freie Wahl ist ein Wille, dem Erwägen mit Unterscheiden vorausgehen kann.

Die Quantität ist das, was Gleichheit und Ungleichheit umfaßt.

Die Qualität ist das, was ähnlich und unähnlich ist …

Die Bewegung ist die Veränderung des Zustands des Wesens.

Die Zeit ist eine Ausdehnung, die die Bewegung zählt, ohne feste Teile.

Der Raum sind die Grenzen des Körpers …

Die Liebe ist das, was die Seele sucht, was die Kraft vollendet, die die Ursache für die Vereinigung der Dinge ist. Nach anderen ist es der Zustand der Seele, der zwischen ihr und etwas ist, was sie zu sich zieht.

Die Liebesleidenschaft ist die Übertreibung der Liebe.

Die Begierde ist das, was die Liebeskraft sucht und die letzte Ursache ihrer Vervollkommnung … Sie ist ein Wille, der auf die sinnlich wahrnehmbaren Dinge ausgerichtet ist …

Der Zorn ist das Aufwallen des Herzblutes mit dem Willen zum Rächen.

Der Haß ist Zorn, der auf immer in der Seele bleibt …

Das Lachen ist die Ausgewogenheit des Herzblutes in Reinheit, das Sichausdehnen der Seele, bis ihre Freude erscheint. Doch seine Ursache liegt in natürlicher Handlung …

Die Weisheit ist die Tugend der rationalen Kraft, das Wissen von den Universalien in ihrer Wirklichkeit (oder Wahrheit – d. Übers.) und der Gebrauch der Wahrheiten, die zu gebrauchen sind.

Der Mut ist die Tugend der herrschenden Kraft, die Geringschätzung des Todes, wenn gepackt wird, was zu packen ist, und verdrängt wird, was zu verdrängen ist.

Die Mäßigung ist das Erfassen der zu erfassenden Dinge, um ihre Körper zu bilden und zu bewahren, nachdem sie Vollkommenheit erreicht haben und die, die sie einsetzen, zu Rate gezogen worden sind, sowie Enthaltsamkeit von anderem ...

Die Menschlichkeit ist Leben, Verstand und Tod.

Die Engel sind Leben und Verstand.

Die Animalität ist Leben und Tod.

Als erster Philosoph arabischer Herkunft bemühte sich Abu Jusuf Ja'qub al-Kindi (um 796–873) um Aufnahme antiken Gedankenguts in der arabisch-islamischen Umwelt. In seinem Sendschreiben über die Definitionen und Beschreibungen erfaßte er die für ihn wichtigsten Begriffe seines Philosophierens in sachlicher Ordnung. Dabei trug er auch zur Schaffung einer philosophische Terminologie in arabischer Sprache bei.

M. Allard, L'épître de Kindī sur les définitions, in: Bulletin d'Études Orientales, 25, Damaskus 1972, S. 57–75; Übersetzung (in Auszügen) H. Preißler.

Der »Zweite Lehrer«

Muhammad Ibn Muhammad Ibn Tarchan Abu Nasr al-Farabi, der Philosoph aus Farab, einer Stadt der Türken in Transoxanien, der unbestrittene Philosoph der Muslime. Er kam in den Irak, ließ sich in Bagdad nieder und studierte dort die philosophische Wissenschaft bei Juhanna Ibn Hailan, der in den Tagen al-Muqtadirs in der Stadt des Friedens starb. Er übertraf darin seinesgleichen und leistete mehr als sie bei der Verifizierung und Kommentierung der logischen Schriften. Er verdeutlichte, was schwer verständlich in ihnen ist, enthüllte ihr Geheimnis, brachte das dort Behandelte dem Verständnis näher und faßte, was man daran brauchte, zusammen in Büchern von korrekter Diktion, mit artigen Anspielungen und Hinweisen auf das, was al-Kindi und andere von der Kunst der Analyse und den Methoden der Unterweisung vernachlässigt hatten. In diesen Büchern legte er die fünf Methoden der Logik dar, machte bekannt, wie man aus ihnen Nutzen zieht, teilte Art und Weise ihrer Anwendung mit und ebenso, wie die Form des Analogieschlusses auf jeden beliebigen

Gegenstand anwendbar sei. In alledem waren so seine Bücher von äußerster Eignung und Vortrefflichkeit. – Über dies hinaus stammt von ihm ein berühmtes Buch über die Aufzählung der Wissenschaften und die Bestimmung ihrer Gegenstände und Zwecke, das keinen Vorgänger hatte, dessen Methode bis dahin noch niemand befolgt hatte und nach dem sich die Studenten aller Wissenschaften richten und mit dem sie sich vornehmlich befassen müssen. – Er schrieb auch ein Buch über die Ziele und Zwecke der Philosophie Platons und Aristoteles', das die Tüchtigkeit seines Verfassers in der Kunst der Philosophie bezeugte und ebenso seine Ernsthaftigkeit auf den Gebieten der Weisheit. Das Werk war der wichtigste Helfer für das Studium der Methode der philosophischen Spekulation und bei der Bekanntschaft mit der Art und Weise des Studiums. Darin richtet der Verfasser den Blick auf die Geheimnisse und Ergebnisse jeder einzelnen Wissenschaft und erläutert, wie das allmähliche Fortschreiten von einer zur anderen vor sich geht. Dann beginnt er mit der Philosophie Platons, indem er mitteilt, welche Absicht der Philosoph damit verfolgt, und nennt seine diesbezüglichen Werke. Danach läßt er die Philosophie des Aristoteles folgen. Er schickt ihr eine großartige Einleitung voraus, in der er dartut, wie er allmählich zu seiner Philosophie fortgeschritten ist. Alsdann beginnt er damit, die Gegenstände und Ziele des Aristoteles in seinen Werken zur Logik und zur Physik Buch für Buch zu beschreiben; und schließlich kommt er in dem vorliegenden Exemplar des Buches auf den Anfang der Theologie zu sprechen und auch darauf, daß man aus der Physik Schlüsse auf sie ziehen kann. Ich kenne kein Buch, das nützlicher für das Studium der Philosophie ist als dieses, denn es erklärt die allen Wissenschaften gemeinsamen Begriffe wie auch die speziellen Begriffe einer durch diese von anderen unterscheidbaren Einzelwissenschaft. Einen Zugang zum Verständnis der Kategorienbegriffe und dazu, wie sie die Grundlage für alle Wissenschaften bilden, gibt es nur durch dieses Buch! – Außerdem hat er noch zwei Bücher über die Theologie und die Politik geschrieben, die nicht ihresgleichen haben. Das eine ist bekannt als ›Die Politik‹, das andere als ›Die vortreffliche Lebensweise‹. In beiden Büchern erläutert er die großartigen Zusammenfassungen aus der Theologie nach der Lehre des Aristoteles, die sechs geistigen Prinzipien und wie aus ihnen heraus die körperlichen Wesenheiten gemäß der ihnen immanenten Ordnung und fortdauernden Weisheit existieren. Er erläutert in den beiden Büchern ferner die Rangstufen und die seelischen Kräfte des Menschen, unterscheidet zwischen Offenbarung und Philosophie und beschreibt die verschiedenen Arten von vortrefflichen und schlechten Staaten, die Notwendigkeit ziviler Lebensweise für die städtische Kultur und die prophetischen Satzungen. Abu Nasr al-Farabi war ein Zeitgenosse des Abu Bischr Matta Ibn Junus, doch jünger als er, ihm aber in der Wissenschaft überlegen. Auf die Bücher des Matta Ibn Junus zur Logik stützen sich die Gelehrten in Bagdad und anderswo in den Metropolen der Muslime im Osten, weil sie greifbar und häufig kommentiert sind. Abu Bischr starb in Bagdad unter dem Kalifat ar-Radis. – Abu Nasr al-Farabi kam zu Saif ad-Daula Abu'l-Hasan Ali Ibn Abi'l-Haidja Abdallah Ibn Hamdan nach Aleppo und lebte dort unter seinem Schatten eine Zeitlang nach Art und Weise der Mystiker. Saif ad-Daula förderte ihn und behandelte ihn ehrenvoll. Er kannte seinen Platz in der Wissenschaft und seine tiefe Einsicht. In seiner Begleitung reiste Saif ad-Daula nach Damaskus. Dort ereilte al-Farabi im Jahre 339 (950) der Tod.

Der Philosoph, Musiktheoretiker und Musiker al-Farabi (nach 870–950), der aus dem türkisch besiedelten Mittelasien stammte, in Mesopotamien bei christlichen Logikern studierte und sich dann am Hofe des schiʼitischen Fürsten von Halab, Saif ad-Daula, aufhielt, behandelte in verständlicher arabischer Sprache umfassend das antike philosophische Erbe. In seinen Auffassungen vermischten sich platonische, aristotelische und neoplatonische Ideen mit nahöstlich-islamischen Elementen. Arbeiten zur Metaphysik, Kosmologie, Psychologie und Gnoseologie wurden durch Gedanken zur Politik vervollkommnet, in denen er einen idealen Staat unter einem Philosophen-Herrscher als Ziel darstellte. Nach Aristoteles, der in der islamischen Kultur als »Erster Lehrer« gut bekannt war, galt er der Nachwelt als der »Zweite Lehrer« nach ihm.

Altarabische Prosa, hrsg. v. M. Fleischhammer, Leipzig 1988, S. 132–134; Al-Qifṭī, Taʼrīḫ al-ḥukamāʼ, Ed. J. Lippert, Leipzig 1903, S. 277–280.

Arzt und Übersetzer

Hunain Ibn Ishaq, der christliche Arzt, Abu Zaid al-Ibadi war ein Schüler von Juhanna Ibn Masawaih. Er war Arzt, der sich gut mit dem Verfassen von Büchern und der Behandlung von Kranken befaßte, sowie in der Augenheilkunde erfahren war. Mit anderen Übersetzern saß er über den Büchern der Weisheit und übertrug sie ins Syrisch-Aramäische und ins Arabische. Er beherrschte die griechische und die arabische Sprache, war ein hervorragender Dichter und sprachreiner Redner. Von Bagdad begab er sich in das Land Persien und kam nach Basra. Er hielt sich bei al-Chalil Ibn Ahmad so lange auf, bis er in der arabischen Sprache glänzte. Das »Kitab al-Ain« (von al-Chalil) führte er in Bagdad ein. Er wurde zum Übersetzen ausgewählt und wurde damit betraut. (Der Kalif) al-Mutawakkil ala'llah wählte ihn für sich aus und setzte für ihn im Übersetzen erfahrene und gelehrte Schreiber ein. Sie übersetzten, und er prüfte, was sie übersetzt hatten. Zu ihnen gehörten Istifan Ibn Basil, Musa Ibn Chalid at-Tardjumani und Jahja Ibn Harun. Hunain diente al-Mutawakkil als Arzt. Er selbst trug den Christengürtel. Er hatte die griechische Sprache genau gelernt und war hervorragend im Übersetzen daraus. Er erklärte den Sinn der Schriften von Hippokrates und Galenos, faßte sie aufs beste zusammen und machte deutlich, was verborgen war. Er selbst verfaßte hervorragende, nützliche und ordentliche Werke. Er richtete sich nach den Schriften Galens, folgte der Art der Alexandriner und baute seine Bücher nach Fragen und Antworten auf. Darin war er gut ...

Ishaq, der Vater von Hunain, war Apotheker, gehörte zu den Bewohnern von al-Hira und stammte von den Ibad ab, die allesamt Christen waren. Nachdem Hunain groß geworden war, liebte er die Wissenschaft. Er ging nach Bagdad und nahm an der Sitzungsrunde von Juhanna Ibn Masawaih teil, diente ihm und hörte bei ihm. Hunain stellte meist die Fragen und machte es Juhanna schwer. Eines Tages stellte er ihm eine Frage, um Verständnis zu erlangen. Da wurde Juhanna wütend: »Was haben bloß die Leute von Hira mit der Medizin zu tun? Verkauf doch lieber Münzen unterwegs!« Auf seinen Befehl wurde Hunain aus seinem Haus vertrieben. Hunain ging weinend fort.

Das machte Juhanna, weil diese Leute aus Djundisabur der Meinung waren, sie allein verträten diese Wissenschaft und dürften sie nicht über sich, ihre Kinder und ihre Sippe hinaus verbreiten. Hunain war einige Jahre abwesend. Dann erzählte Jusuf der Arzt, daß er eines Tages bei Ishaq Ibn al-Husain war, als er einen Mann mit wallendem Haar sah, das ihn umhüllte und selbst einen Teil seines Gesichts verdeckte. Er lief umher und trug Gedichte auf Griechisch von dem Dichter Homer vor. Jusuf der Arzt fuhr fort: Ich verglich seine Stimme mit der eines Knaben, den ich kannte. Ich rief ihn, und er antwortete. Er sagte: »Juhanna der Hurensohn hat erklärt, es sei unmöglich, daß ein Mann von den Ibad die Medizin erlernt. Ich bin frei von der Religion des Christentums. Wenn du möchtest, daß ich die Medizin studiere, bis ich die griechische Sprache gut kenne, dann bitte ich dich, meine Geschichte zu verheimlichen!« Dann habe ich ihn drei Jahre lang nicht gesehen. Schließlich besuchte ich Djibra'il Ibn Bachtischu. Bei ihm traf ich Hunain an. Er hatte ihm einige Teile übersetzt, die ein Grieche in einem der Bücher Galens über die Anatomie bestimmt hatte. Djibra'il redete ihn ehrenvoll an. Ich fand das, was ich da sah, ganz groß. Djibra'il erklärte es mir: »Verlange keine großen Worte von mir über diesen jungen Mann. Bei Gott! Wenn er lange lebt, wird er Serdjis beschämen!« Sergios von Resch'aina übertrug nämlich die Wissenschaften der Griechen ins Syrische. Hunain ging von Djibra'il weg. Dann ging auch ich. Da stand Hunain da und erwartete mich. Er sagte mir: »Ich hatte dich gebeten, meine Geschichte zu verheimlichen. Jetzt aber bitte ich dich, öffentlich darzustellen, was du von Abu Isa Djibra'il gehört hast!« Ich antwortete: »Ich werde Juhanna mitteilen, welches Lob ich über dich gehört habe.« Er holte aus seinem Ärmel eine Kopie und sagte mir: »Gib es Juhanna! Wenn du siehst, daß er sich sehr darüber wundert, teile ihm mit, daß es eine Arbeit von mir ist.« Am selben Tag tat ich es noch. Als Juhanna diese Abschnitte las, die »Die Sammlungen« genannt werden, wunderte er sich sehr und sprach: »Glaubst du, Gott der Erhabene sendet in unserer Zeit einem eine Offenbarung?« »Wie das?« fragte ich. Er antwortete: »Das kann nur das Werk eines Mannes sein, der vom Heiligen Geist Unterstützung findet.« Ich erwiderte: »Das ist das Werk von Hunain Ibn Ishaq, den du aus deiner Runde vertrieben hast und dem du befohlen hast, Münzen zu verkaufen.« Ich habe ihm dann erzählt, was ich von Djibra'il gehört hatte. Er schämte sich und bat mich, freundlich bei der Wiederherstellung eines guten Verhältnisses zwischen ihnen beiden zu wirken. Ich tat es. Juhanna gab dann Hunain den Vorzug und behandelte ihn gut.

Seine Sache wurde noch stärker, sein Wissen nahm zu, und seine wundersamen Geschichten zeigten sich im Übersetzen und Kommentieren, bis er zum Quell der Wissenschaften und zur Goldmine der Tugenden wurde. Als sich sein Ruf unter den Ärzten verbreitete, erreichte die Kunde von ihm auch den Kalifen. Er befahl, ihn zu holen. Als er bei ihm war, setzte er ihm ein großes Lehen fest und bestimmte ihm ein gutes Gehalt. Der Kalif hörte sein Wissen und nahm nach seinen Worten kein Medikament, das er verschrieb, ohne einen anderen zu Rate zu ziehen. Er liebte es, ihn zu prüfen, bis ein Verdacht, den er hegte, verschwand. Er meinte nämlich, der König der Griechen habe irgendeine List ausgedacht. Also ließ der Kalif Hunain rufen und befahl, ihm ein Ehrenkleid zu geben, und erließ eine Urkunde über ein Lehen, das 50 000 Dirham umfaßte. Hunain bedankte sich für diese Tat. Dann sagte er: »Nach einigen Sachen, die geschehen sind, will ich, daß du mir ein Medikament verschreibst, das einen Feind töten kann, den wir umbringen wollen, ohne daß das offenkundig wird, denn wir wollen es insgeheim tun.« Hunain antwortete dazu: »Ich kenne nur nützliche Medikamente. Ich habe nicht gewußt, daß der Fürst der Gläubigen etwas anderes von mir verlangt. Wenn er will, daß ich gehe und noch mehr lerne, tue ich es.« Der Kalif sagte: »Das dauert zu lange!« Und er bedrohte ihn und machte ihm Furcht, doch Hunain sagte nichts mehr, bis der Kalif befahl, ihn in einer Festung einzukerkern, und jemand damit beauftragte, von Zeit zu Zeit Nachrichten von ihm zu ihm zu bringen. Ein Jahr blieb Hunain eingekerkert. Währenddessen übersetzte, kommentierte und schrieb er Bücher, ohne sich um seine Lage zu kümmern. Nach einem Jahr befahl der Kalif, ihn und die Güter, derentwegen er ihn verfolgt hatte, Schwert, Leder und alle Instrumente für Strafen zu bringen. Als Hunain anwesend war, sagte er: »Das ist eine lange Geschichte. Ich muß es erzählen. Wenn du zusagst, bekommst du dieses Geld. Ich habe das Mehrfache davon für dich. Wenn du dich aber verwehrst, bestrafe ich dich und töte dich.« Hunain erwiderte: »Ich habe dem Fürsten der Gläubigen gesagt, daß ich nur Nützliches verstehe und nichts anderes gelernt habe.« »Ich werde dich töten!« sagte der Kalif. »Ich habe einen Herrn, der morgen an höchster Stelle nimmt, was mir zukommt. Wenn der Fürst der Gläubigen sich selbst ungerecht behandeln will, soll er es tun.« Der Kalif lächelte und sagte zu ihm: »Hunain! Sei ruhig und vertrau uns! Dieses unser Tun sollte dich prüfen, weil wir vor einer List der Könige sicher sein mußten. Wir wollten deiner sicher sein und dir vertrauen, um von deinem Wissen Nutzen zu ziehen.« Da küßte Hunain den Boden und dankte ihm. Der Kalif sprach: »Was hat dich daran gehindert, mir nachzugeben, obwohl du doch unseren aufrichtigen Sinn in beiden Fällen gesehen hast?« »Zweierlei ist es, Fürst der Gläubigen!« »Was denn?« »Religion und Kunstfertigkeit!« »Wie?« »Die Religion gebietet uns, gut und schön mit unseren Feinden zu verfahren, wie du es mit Freunden hältst. Die Kunst hindert uns, den Kindern des Menschengeschlechts Böses zuzufügen, weil sie eingeführt worden ist, um ihnen zu nutzen, und sich darauf beschränkt, sie zu behandeln. Außerdem ist den Ärzten ein durch einen großen Eid bekräftigtes Versprechen auferlegt worden, daß sie kein tödliches Medikament ausgeben. Ich meinte, diesen beiden edlen Dingen nicht widersprechen zu können, und hatte mich schon auf den Tod eingestellt. Denn Gott hat mir meine Selbstaufopferung in Gehorsam ihm gegenüber nicht vergessen.« Der Kalif meinte: »Das sind zwei gewaltige Gesetze!« Dann befahl er, ihm Ehrenkleider zu geben. Sie wurden ihm reichlich gespendet, und gleichzeitig wurde Geld gebracht. Als Bester und Angesehenster unter den Menschen ging er fort. Da siehst du die Frucht von Religion und Wissenschaft. Was ist schöner und besser anzusehen!

Al-Qifṭī Taʾrīḫ al-Ḥukamāʾ, Leipzig 1903, S. 171–177; Übersetzung H. Preißler.

Der große Mediziner

Abu Bakr Muhammad Ibn Zakarija ar-Razi wurde in ar-Raij geboren und wuchs dort auf. Er reiste nach Bagdad und blieb dort eine Zeitlang. Als er nach Bagdad kam, war er über dreißig Jahre alt. Seit seiner Kindheit war er auf die rationalen Wissenschaften bedacht und befaßte sich mit ihnen und der Wissenschaft des Adab. Auch Gedichte machte er. Die Heilkunst studierte er erst, als er schon alt war. Sein Lehrer darin war Ali Ibn Rabban at-Tabari.

Abu Sa'id, der Asket der Gelehrten, sagte in seinem Buch über die Hospitäler, daß der Grund, weshalb Abu Bakr Ibn Zakarija ar-Razi die Heilkunst studierte, gewesen sei, daß er, als er nach Bagdad kam, das Adudi-Hospital besuchte, um es in Augenschein zu nehmen. Es traf sich, daß er einem alten Mann, dem Apotheker des Hospitals, begegnete und er ihn nach den Medikamenten und danach, wer sie eingeführt hatte, fragte. Er antwortete ihm, zuerst habe man das »Lebendige der Welt« gekannt. Der Grund war Apollon, der Abkömmling des Asklepios. Dieser Apollon hatte ein heißes Geschwür an seinem Unterarm, das ganz heftig schmerzte. Da er nicht geheilt wurde, wollte er sich etwas erholen, indem er zum Ufer eines Flusses ging. Auf seinen Befehl hin trugen ihn seine Sklaven zum Ufer eines Flusses, an dem diese Pflanze stand. Er legte den Arm auf sie, um ihn zu kühlen. Dadurch linderte er seine Schmerzen. Er tat es lange und wiederholte es am nächsten Morgen. So wurde er gesund. Als die Leute sahen, wie schnell er gesund geworden war, und sie erfuhren, daß es durch dieses Heilmittel geschehen war, nannten sie sie »Leben der Welt«. Man wiederholte es und machte daraus das »Lebendige der Welt«. Als ar-Razi das hörte, wunderte er sich.

Als er ein andermal in dieses Hospital kam, sah er einen Knaben, der mit zwei Gesichtern und einem Kopf geboren worden war. Er fragte die Ärzte nach dem Grund. Man teilte es ihm mit, und er wunderte sich über das, was er da hörte. So fragte er immer wieder, bis er der Galenos der Araber genannt wurde. So hat es Abu Sa'id erzählt.

Ein anderer sagte, ar-Razi habe zu denen gehört, die sich beim Bau des Adudi-Hospitals versammelten. Adud ad-Daula befragte ihn wegen der Stelle, an der das Hospital errichtet werden mußte. Ar-Razi befahl einem Sklaven, in jedem Gebiet an den beiden Seiten von Bagdad ein Stück Fleisch aufzuhängen. Dann beachtete er das, das sich nicht verändert hatte und nicht schnell verdorben war, und riet, daß dort gebaut werden sollte. Das ist die Stelle, an der das Hospital errichtet wurde.

Kamal as-Din Abu 'l-Qasim Ibn Abi Turab al-Baghdadi der Schreiber erzählte mir, daß Adud ad-Daula nach der Errichtung des Adudi-Hospital wollte, daß sich dort eine Anzahl der besten und angesehensten Ärzte einfände. Er befahl also, ihm eine Liste der berühmten Bagdader Ärzte und ihrer Arbeiten zu bringen. Es waren über hundert. Etwa fünfzig von ihnen wählte er entsprechend dem aus, was er von ihren guten Verhältnissen und ihren Kenntnissen in der Heilkunde wußte. Ar-Razi gehörte zu diesen. Dann wurden auch diese noch auf zehn begrenzt. Ar-Razi gehörte wieder zu ihnen. Dann wählte er unter den zehn drei aus. Ar-Razi war einer von ihnen. Dann prüfte er sie, und es zeigte sich, daß ar-Razi der beste von ihnen war. Er machte ihn zum Direktor des Adudi-Hospitals.

Ich halte es aber für richtig, daß ar-Razi länger als Adud ad-Daula Ibn Buwaih in Bagdad war und er das Hospital besuchte, bevor es Adud ad-Daula erneuerte. Von ar-Razi stammt ein Buch über die Merkmale der Hospitäler und über die Verhältnisse der Patienten, wie er sie vorfand, als sie dort behandelt wurden …

Der Richter Sa'id sagte im Buch »Die Bekanntmachung mit den Klassen der Nationen«, daß ar-Razi nicht in die theologische Wissenschaft eingedrungen war und ihre ganze Weite nicht verstanden hat. Deshalb war seine Meinung verwirrt, folgte er einfältigen Ansichten und widerlichen Wegen. Er tadelte Leute, die er nicht verstand, und folgte nicht ihrem rechten Weg.

Muhammad Ibn Ishaq an-Nadim, der als Abu 'l-Faradj Ibn Ja'qub bekannt ist, sagte in seinem Buch »al-Fihrist« (Der Katalog), daß ar-Razi durch die Länder reiste und mit Mansur Ibn Isma'il befreundet war und für ihn das Mansuri-Buch verfaßte. Er sagte weiterhin: Mir teilte Muhammad Ibn al-Husain al-Warraq folgendes mit: Ein alter Mann aus ar-Raij erzählte mir, als ich ihn nach ar-Razi fragte: Es war ein alter Mann mit einem Kopf, der so groß war. Wenn er seine Sitzungen abhielt, saßen bei ihm seine Schüler, hinter diesen deren Schüler und dahinter die Schüler der letzteren. Wenn dann ein Patient kam, mußte der erste, auf den er traf, die Diagnose stellen. Wenn der nicht die rechte Antwort gab, kam der nächste an die Reihe. Wenn dann einer recht hatte, sprach ar-Razi selbst nichts. Er war großzügig, freundlich und gütig zu den Menschen, voller Mitleid mit den Bedürftigen und Kranken, so daß er ihnen großzügige Rationen gab und sie behandelte. Dabei trennte er sich nicht von Papieren und Kopien. Wann immer ich ihn besuchte, sah ich, wie er ins Unreine oder ins Reine etwas schrieb. Seine Augen waren feucht, weil er viele Bohnen aß. Doch am Ende seines Lebens erblindete er ...

(Einige Büchertitel ar-Razis)

Das Buch al-Hawi (Das Umfassende). Es ist sein größtes und bedeutendstes Buch über die Heilkunst. Er sammelte darin alles über die Krankheiten und ihre Bedeutungen, was er in anderen medizinischen Werken von Älteren wie Späteren bis in seine Zeit verstreut fand, und gab bei allem, was er fand, die Quelle an. Doch verschied er und hatte nicht genügend Zeit, dieses Buch zu redigieren ...

Das Buch al-Mansuri, das er für den Emir Mansur Ibn Ishaq Ibn Isma'il Ibn Ahmad, den Herrn von Chorasan, verfaßte. Darin suchte er Kürze und Zusammenfassung, gleichzeitig sammelte er Aussprüche und Summen, Geschichten und Quellen aus der Heilkunst, ihrem Wissen wie Handeln. Es besteht aus zehn Traktaten: 1. über die Einführung in die Medizin und über die Gestalt und Form der Glieder, 2. über die Temperamentmischung und Gestaltung der Körper, die sie beherrschenden Verbindungen und knappe Schlußfolgerungen aus der Physiognomie, 3. über die Kräfte der Speisen und Medikamente, 4. über die Bewahrung der Gesundheit. 5. über den Schmuck, 6. über die Lenkung der Reisenden, 7. Gedanken und Summen über die Kunst des Einrenkens, der Eingriffe und der Wundbehandlung, 8. über die Gifte und Giftiges, 9. über die vom Scheitel bis zum Fuß auftretenden Krankheiten, 10. über Fieber und was man davon kennen muß, um es zu behandeln. Außerdem fügte er einen Traktat zu dem Mansuri-Buch hinzu, das die physischen Dinge behandelt ...

Eine Abhandlung über die Pocken und Masern in 14 Kapiteln, eine Abhandlung über Nieren- und Blasensteine, eine Abhandlung darüber, daß unwissende Ärzte aus Unwissenheit und auf das Geratewohl den Kranken streng ihre Begierden untersagen, auch wenn sie nicht sehr krank sind, eine Schrift an den, der keinen Arzt besuchen kann, mit dem Ziel, die Krankheiten ausführlich nach ihren Ursachen darzustellen, damit es möglich wird, sie mit vorhandenen Heilmitteln zu behandeln. Es ist auch als das Buch von der Heilkunde der Armen bekannt. Ein Buch über die Heilmittel, die überall vorhanden sind, worin er Heilmittel erwähnt, bei denen der erfahrene Arzt keine anderen braucht, wenn er ihnen nur das zusetzt, was sowieso in Küchen und Häusern zu finden ist ...

Eine Sendschrift darüber, daß der Spezialist, der durch seine Kunstfertigkeit bekannt ist, in den meisten Künsten, nicht nur in der Medizin, vermißt wird, und über den Grund, weshalb unwissende Ärzte, Leute aus dem Volk und Frauen in Städten einige Krankheiten mit mehr Erfolg als die meisten Gelehrten behandeln, und die Entschuldigung, die der Arzt dafür anführt ...

Ein Buch über die Gestalt der Erde, in dem er darlegte, daß die Erde rund und in der Mitte des Himmels ist, zwei Pole hat, um die sie sich dreht, und daß die Sonne größer als die Erde und der Mond kleiner als sie ist ...

Ein Buch über den Grund dafür, daß die Erde inmitten des Himmels steht, obwohl sie sich doch dreht.

Abu Bakr ar-Razi (gest. um 925) gilt als bedeutendster praktischer Arzt des Mittelalters. Er leitete nicht nur ein Hospital in Bagdad, sondern lieferte auch genaue Beschreibungen von Krankheiten, z. B. der Pocken. Als unabhängiger und umstrittener Geist befaßte er sich ebenso mit philosophischen und naturwissenschaftlichen Problemen, wie die erhaltenen Werke und das umfangreiche Schriftenverzeichnis zeigen. Seine monumentale Enzyklopädie »al-Hawi« wurde im 13. Jahrhundert auf Sizilien unter dem Titel Liber continens ins Lateinische übersetzt und war dann in Westeuropa verbreitet.

Ibn Abi Usaibi'a (nach 1194–1270) wirkte unter den Aijubidenfürsten als Arzt in Damaskus und Kairo. Sein Werk »Nachrichtenquellen der Ärzteklassen« ist mit seinen 380 Biographien eine unschätzbare Sammlung von Nachrichten über die arabischsprachige Wissenschaft von ihren Anfängen bis in seine Zeit.

Ibn Abī Uṣaibī'a, Kitāb ᶜUyūn al-anbā' fī ṭabaqāt al-aṭibbā', Kairo 1299/ 1882, Bd. 1, S. 309–319 (in Auszügen); Übersetzung H. Preißler.

Ärzteprüfung in Bagdad

Thabit Ibn Sinan sagte:

Im Jahre 319 (931) kam es (dem Kalifen) al-Muqtadir zu Ohren, daß ein Arzt einen Fehler bei einem Mann aus dem Volke gemacht hatte, so daß dieser starb. (Der Marktaufseher von Bagdad) Ibrahim Ibn Muhammad Ibn Batiha befahl daraufhin, die übrigen Ärzte am Praktizieren zu hindern, wenn sie nicht von meinem Vater Sinan Ibn Thabit geprüft worden waren und dieser ihnen eigenhändig ein Schriftstück ausgestellt hatte, wie es um die Kunst des Prüflings bestellt sei. So kamen sie zu meinem Vater, und er prüfte sie. Jedem von ihnen gab er Bescheid, welche Eignung er hatte, um zu praktizieren.

Ihre Zahl erreichte in beiden Hälften Bagdads über 860 Mann, abgesehen von denen, die von seiner Prüfung befreit waren, weil sie durch ihre hohe Stellung in ihrer Kunst berühmt waren, und außer denen, die im Dienste des Herrschers standen.

Ibn Abī Uṣaibī'a, Kitāb ᶜUyūn al-anbā' fī ṭabaqāt al-aṭibbā', Kairo 1299/ 1882, Bd. 1, S. 322; Übersetzung H. Preißler.

Bei der Ärzteprüfung geschah unter anderem folgendes:

Zu Sinan wurde ein Mann, schön gekleidet und äußerlich hübsch, ansehnlich und würdig, gebracht. Sinan behandelte ihn entsprechend seinem Aussehen großzügig und gab ihm einen Ehrenplatz. Als er sich dann bei einer Sache nach ihm umdrehte, saß er noch immer dort. Er blieb sitzen, bis Sinan sein Tagwerk vollbracht hatte. Dann wendete sich Sinan ihm zu und sagte: »Ich möchte von dem Scheich gern etwas hören, was ich mir von ihm merken kann, damit sein Name in der Heilkunst in Erinnerung bleibt.« Dann holte der Alte aus seinem Ärmel ein Papier mit guten Goldstücken hervor, legte diese vor Sinan hin und sagte: »Ich kann weder schreiben noch lesen. Ich habe überhaupt nichts gelesen. Doch habe ich eine Familie und muß ein Haus unterhalten. Ich bitte dich, mir das nicht wegzunehmen.« Sinan meinte lachend: »Aber nur unter der Bedingung, daß du keinen Kranken durch etwas schwächst, was du nicht kennst, und ihm einen Aderlaß oder ein starkes Abführmittel nur dann verschreibst, wenn es die Krankheit erfordert.« Der Scheich erwiderte: »Genau das ist meine Art. Seit ich praktiziere, habe ich nur Sauerhonig und Rosenwasser verschrieben.« Dann ging er. Am nächsten Tag wurde zu Sinan ein junger, klug aussehender und hübscher Mann in schönen Kleidern gebracht. Sinan blickte ihn an und fragte ihn: »Bei wem hast du gehört?« »Bei meinem Vater!« »Und wer ist dein Vater?« »Der Scheich, der gestern bei dir gewesen ist!« »Wie gut ist der Scheich! Du folgst seinem Weg?« »Ja!« »Dann überschreite ihn nicht!« Der junge Mann ging dann mit Grüßen und Wünschen davon.

Al-Qifṭī Ta'rīḫ al-Hukamā', Ed. J. Lippert, Leipzig 1903, S. 191 f.; Übersetzung H. Preißler.

Grenzen des Wachstums

Die Welt gedeiht durch den Ackerbau und die Fortpflanzung, und beides nimmt im Verlauf der Zeit immer mehr zu. Diese Zunahme ist also unbegrenzt, aber die Welt ist begrenzt. Immer dann, wenn einer bestimmten Art von Pflanzen oder Tieren die Möglichkeit gelassen wird, sich auf diese Weise zu vermehren, besetzt sie so viel Raum auf der Erde, wie sie nur immer zu ihrer Ausbreitung und Entfaltung findet. Denn jedes Individuum von ihr entsteht nicht und vergeht dann gleich wieder, sondern es erzeugt zuvor etwas, das ihm gleich ist, ja sogar mehrere solcher gleichen Individuen.

Der Bauer jätet sein Feld, er läßt darauf, was er braucht, und reißt das übrige heraus. So läßt auch der Gärtner die Zweige, die er als fruchtbringend erkannt hat, und beschneidet die anderen. Sogar die Bienen töten in ihrem Stock die Artgenossen, die nur fressen und nicht arbeiten. Ebenso verfährt die Natur, nur tut sie das ohne Unterscheidung, denn ihre Wirksamkeit ist immer ein und dieselbe. So vernichtet sie an den Bäumen die Blätter und die Früchte, sie hindert sie an der Funktion, die für sie vorgesehen ist, und beseitigt sei. So geschieht es auch mit dieser unserer Welt, wenn sie durch die Vermehrung dem Ruin geweiht oder nahe daran ist. Sie hat einen Lenker, und seine Fürsorge um das Ganze ist in jedem seiner Teile gegenwärtig. Denn er sendet ihr einen, der die Überzahl vermindert und dem Bösen den Nährboden entzieht.

Al-Biruni (973–1048) war einer der bedeutendsten Universalgelehrten im islamischen Bereich. Mit scharfer Beobachtungsgabe, beachtlicher Vorurteilslosigkeit und nie nachlassendem Interesse an allen Erscheinungen des Lebens widmete er sich in seinen zahlreichen Werken sowohl der Geschichte und Chronologie als auch der Mathematik, der Astronomie und anderen Naturwissenschaften.

Al-Bīrūnī, In den Gärten der Wissenschaft, übersetzt und erläutert von G. Strohmaier, Leipzig 1988, S. 226;
Al-Bīrūnī, Fī taḥqīq mā li-'l-Hind, Ed. E. Sachau, London 1997, S. 200.

Kugelblitz und Meteoriten

In einigen Büchern wird behauptet, daß beim Einschlagen eines Blitzes etwas, das dabei frei wird, aufsteigt. Was von der Luft verbrennt, es handelt sich um zerteilte Partikel, falle zur Erde. Abu Dja'far al-Chazin berichtet, daß ein Blitz auf einen Stein im Hof eines seiner Bekannten fiel. Er war wie eine feurige Kugel und rollte über den Erdboden und verschwand im Abflußloch. Das Rollen auf der Erde hängt mit der Schwere zusammen, während es doch heißt, daß der Blitz dünner als die Luft und als die Flammen des Feuers sei, wie wir es erzeugen können. Ein Hinweis darauf ist der Umstand, daß er etwas Lockeres durchdringt, ohne es zu beschädigen, und daß er Schmelzbares, das sich verfestigt hat, zum Schmelzen bringt. Nun tritt im Zusammenhang mit dem Donner und der Leuchterscheinung und dem Einschlagen nur noch ein Wind auf, und er ist die Ursache, daß Metallstücke von anderen Orten herangetragen werden, sei es von der Oberfläche der Erde weg, sei es, daß sie durch Schlammfontänen aus ihrem Innern herausgeschleudert werden. Ein Zeugnis dafür ist das Eisen, das vor Jahren in Djuzdjan herabfiel, denn es war ein Schiffsanker. Nach der Beobachtung eines der Männer, die es untersucht haben, war es einem solchen ähnlich, abgesehen von der Deformierung durch eine Schlammkruste bei der Wucht des

Geschleudertwerdens. Die Qualität der Substanz war nicht gut, denn für Anker wählt man nicht das beste Eisen, denn der alleinige Zweck liegt in dem Gewicht. Ebenso verhält es sich mit den Metallstücken, die an einem wolkenlosen Tag aus heiterem Himmel auf das Dorf Ta'un im Gebiet von Buschandj regneten. Sie glichen minderwertigem Messing, waren wie Eisenschlacke, mit Pockennarben übersät und so heiß, daß daraufgegossenes Wasser zischte. Das Gewicht betrug zwischen einem Mann[1] und zwei Mann.

Al-Bīrūnī, In den Gärten der Wissenschaft, übersetzt und erläutert von G. Strohmaier, Leipzig 1988, S. 220 f.;
Al-Bīrūnī, Kitāb al-ǧamāhīr fī maᶜrifat al-ǧawāhīr, Ed. F. Krenkow, Hyderabad 1355/1936, S. 251.

---

1 wenigstens 812,5 Gramm, wahrscheinlich aber ein Mehrfaches davon

V Glauben und Handeln im Islam

Mit der Schaffung des Kalifenreichs im 7. Jahrhundert wurde der Islam auf einem riesigen Territorium zur Religion des Herrschenden, während die meisten dort lebenden Völker ihre bisherigen religiösen Bindungen an Christentum, Judentum, iranische Religionen wie den Mazdaismus, dessen Anhänger in arabischen Quellen Magier genannt wurden, oder lokale Gemeinschaften wie die der Sabier in der mesopotamischen Stadt Harran bewahrten. Allerdings setzte damals ein Islamisierungsprozeß ein, nicht zuerst unter politischem Zwang, sondern als Folge sozialer, ökonomischer und kultureller Verhältnisse, die den Islam bevorzugten. Bis ins 12. Jahrhundert war die Mehrheit der Untertanen islamischer Herrscher zu Muslimen geworden. Die Anlässe zur Bekehrung waren vielfältig. Diesem Zweck dienten Predigten, die in den Metropolen wie große Schauspiele inszeniert wurden, an denen Zehntausende Menschen teilnahmen und die Muslime zu Buße und Umkehr aufriefen. Daneben wirkten persönliche Vorbilder und Erlebnisse, auch Träume, die sehr wohl praktische Entscheidungen beeinflussen konnten und als real betrachtet wurden.

Die islamische Religion durchdrang fast alle Bereiche öffentlichen wie privaten Lebens und setzte durch ihre allgemeinen Vorschriften Fest- und Höhepunkte im Lauf der Zeit. Doch bedeutete diese Allgegenwart des Religiösen nicht, daß alle Menschen unterschiedslos von frommen Übungen und Gedanken erfaßt wurden, wie es die religiösen Fachleute, Gesetzes- und Schriftgelehrte, Theologen und Prediger, Asketen und Mystiker, immer wieder forderten. Täglich fünfmal wurden von den Moscheen zum rituellen Gebet gerufen, und jeden Freitagmittag versammelte man sich zum großen Gebetsgottesdienst mit Kanzelpredigt. In kritischen Situationen richtete man sich mit Bitte und Dank an Gott, so wenn lebenswichtige Regenfälle ausgeblieben waren. Im Ablauf des islamischen Jahres waren der neunte und zwölfte Monat Perioden intensivierter religiöser Praktiken. Den ganzen Monat Ramadan fastete man tagsüber und feierte des Nachts. Im letzten Monat, dem Dhu'l-Hidjdja, reisten Pilger aus allen Teilen des islamischen Gebiets durch die Öden der Arabischen Halbinsel auf beschwerlichen Wegen nach Mekka, um in dieser Stadt und ihrer Umgebung die Große Pilgerfahrt zu vollziehen. In diesen Tagen traf sich dort die islamische Welt. Andere heilige Stätten waren besonderen Gruppierungen wie den Schi'iten vorbehalten oder besaßen nur lokale Bedeutung.

Der Islam konnte auch Kriege mit andersgläubigen Feinden motivieren. Wer dabei fiel, erwartete die Aufnahme im Paradies, von dessen Frieden und unbeschwertem Leben viele Geschichten handelten und von dem man gern träumte.

Für die Massen der Muslime war der Islam keineswegs nur ein strenges und wohlgefügtes Gebäude von Pflichten und Regeln, wie es besonders die Gesetzesgelehrten immer weiter ausbauten. Er bildete den Rahmen eines Lebens, für das Asketen nach dem Ideal des Propheten Muhammad und seiner Gefährten Normen setzten. Sie zogen sich im allgemeinen nicht aus ihrer städtischen oder ländlichen Umgebung zurück, sondern verbanden Handel und Handwerk mit religiösem Tun und Denken. Aus frühislamischen gesetzesstrengen Auffassungen entstand die breitenwirksame islamische Mystik, der Sufismus, der neben fromme Lebensführung bald auch religiöse Spekulation stellte, die gelegentlich anerkannte Grenzen überschreiten und auch in Scharlatanerie ausarten konnte. Im Mittelpunkt des älteren Sufismus stand die seltsame, schillernde Persönlichkeit von al-Halladj, der 922 grausam in Bagdad hingerichtet wurde, dessen Schicksal noch Generationen nach ihm die islamischen Gelehrten bewegte und dessen Ideen bei den Sufis fortlebten. Sufische Auffassungen wurden zum Gemeingut islamischen Lebens und fanden in der Gestalt des großen Gelehrten al-Ghazali (1058–1111) die bleibende Harmonisierung mit dem Festhalten an der Überlieferung und dem Gesetz des Islams. Das Volk aber bewunderte die Sufis wegen ihrer Eigenart und schrieb ihnen gern alle möglichen Wunder zu, ohne an deren Realität zu zweifeln. Sufis wurden in vieler Hinsicht zu den hauptsächlichen Lehrern des Volkes im Islam.

Gebete

Nach Asim Ibn Hamid heißt es: Ich fragte A'ischa, womit der Gottesgesandte gewöhnlich sein Gebet beim Aufstehen zur Nacht begonnen habe. Sie antwortete: »Er sagte zehnmal ›Gott ist groß‹, zehnmal ›Lob ist Gott‹, zehnmal ›Lobpreis ist Gott‹, bat Gott zehnmal um Vergebung und sagte dann: ›Oh Gott! Vergib mir! Führe mich den rechten Weg! Gib Nahrung mir und bewahre mich!‹ Dann bat er ihn um Schutz vor der Enge am Tage der Auferstehung.«

Nach Abu Abd al-Malik heißt es: Ich hörte Umar Ibn Abd al-Aziz am Abend des Tages von Arafa[1] sagen: »Oh Gott! Mehre dem, der Gutes tut, die Güte! Führe den, der Böses tut, zur Umkehr! Hüte alle anderen voll Erbarmen!«

… Ich hörte den Gottesgesandten sagen: »Wenn die Menschen Gold und Silber horten, dann sollt ihr die folgenden Worte bewahren: Oh Gott! Ich bitte dich um Standfestigkeit in der Sache und Entschiedenheit in der Rechtleitung. Ich bitte dich um Dank für deine Güte. Ich bitte dich um deine gute Verehrung. Ich bitte dich um ein gesundes Herz und eine ehrliche Zunge. Ich bitte dich um das Beste von dem, was du weißt, suche Zuflucht bei dir vor dem Schlimmsten, das du kennst, und bitte dich um Vergebung für das, was du weißt. Denn alle Geheimnisse kennst du.«

Ein Beduine sprach an der Kaaba-Mauer: »Oh Gott! Du hast Rechte mir gegenüber. Gib sie mir als Almosen! Die Menschen haben Forderungen an mich. Nimm sie von mir! Jedem Gast hast du Gastfreundschaft bestimmt. Ich bin dein Gast. Mach mir meine Gastfreundschaft des Nachts zum Paradies!«

Ein anderer sprach: »Oh Gott! Zu dir bin ich gekommen und suche, was du hast. Beraube mich nicht des Guten, das du hast, wegen des Bösen, das ich habe. Oh Gott! Wenn du dich auch meiner Mühsal nicht erbarmt hast, beraube mich doch nicht des Lohnes dessen, der von Unheil betroffen ist!

… Ibrahim Ibn Adham sagte uns, als wilde Bestien uns auflauerten: »Sprecht: Oh Gott! Bewahre uns mit deinen Augen, die nie

---

1 das Pilgergebet am Vorabend des Schlachtfestes, am 9. Dhu 'l-Hidjdja, in der Ebene von Arafa bei Mekka

schlafen! Bring uns in deinen Schoß, der nicht vergeht! Erbarme dich unser durch deine Allmacht! Wir werden nicht umkommen, da du unsere Hoffnung bist.« Chalaf sagte: »Seit ich dieses Gebet gehört habe, habe ich es immer wieder gesagt, und weder ein Dieb noch anderes hat mir aufgelauert.«

… Ich hörte Ata as-Sulami sagen: »Oh Gott! Erbarme dich meiner Fremdheit in dieser Welt, meines Fallens beim Tode, meiner Einsamkeit im Grabe und meines Strebens zu dir!«

»Oh Gott! Gib reiches Wissen mir! Schmücke mit Einsicht mich! Verschönere mit Wohlsein mich! Beschenke mich mit Gottvertrauen.«

Ibn Qutaiba, ʿUyūn al-aḫbār, Kairo 1963, Bd. 2, S. 278–290; Übersetzung H. Preißler.

Beten sollen die Reichen

(Abu 'l-Hasan Muhammad Ibn Ahmad al-Ifriqi) trug mir von sich vor:

Meine Frau tadelt mich, weil ich nicht bete.
»Aus den Augen mir, du bist verstoßen!« sagte ich zu ihr.
»Fürwahr, ich bete nicht zu Gott als armer Mann.
Zu ihm beten der erhabene Scheich,
Tasch, Baktasch und Kunbasch, die türkischen Herrn,
der mächtige Nasr Ibn Malik und die alten Patriarchen,
der Herr der östlichen Heere, der so viel Geld im Keller hat,
Kein Wunder, wenn er betet!
Seiner Macht beugen sich doch die Gebiete im Osten.
Warum soll ich aber beten? Wo ist mein Gut? Wo ist mein Haus?
Wo sind die Pferde, Geschmeide und breiten Gürtel?
Wo sind die Sklaven mit mondgleichem Gesicht?
Wo die schönen, edlen Sklavenmädchen?
Soll ich beten? Kein Zollbreit Boden ist mein Besitz!
Bin ich denn ein solcher Heuchler?
Das Gebet lasse ich denen, die oben stehen.
Wer mich deswegen schilt, ist blöd und dumm.

Ja, wenn Gott mir Reichtum schenkt,
werde ich beten, solange am Himmel ein Leuchten ist.
Das Gebet des Armseligen ist Schwindel nur
und hat keinen festen Grund.«

Der Dichter Muhammad Ibn Ahmad al-Ifriqi lebte Ende des 10. Jahrhunderts in Buchara.

Aṯ-Ṯaʿālibī, Yatīmat ad-dahr, Kairo 1377/1958, Bd. 4, S. 157; Übersetzung H. Preißler.

Regenbitte an heiliger Stätte

Nach Sonnenaufgang, am Dienstag, dem 22. Schauwal (579/1184), dem 6. Februar, versammelten sich alle Leute zum Regenbittgebet gegenüber der hochverehrten Kaaba, nachdem der Richter sie dazu aufgerufen und sie zuvor zu einem dreitägigen Fasten aufgefordert hatte. Also kamen sie an diesem vierten Tag zusammen, die Absichten allein auf Gott den Allmächtigen gerichtet. Am frühen Morgen öffneten die Schaibiten[1] die verehrte Tür des uralten Hauses (der Kaaba). Dann näherte sich der Richter, in weiße Gewänder gekleidet, zwischen seinen beiden schwarzen Bannern. Der Standort des Gottesfreundes Ibrahim[2] wurde herangebracht und auf die Türschwelle des verehrten Hauses gesetzt. Der Koran von Uthman[3] wurde aus seiner Truhe geholt und gegenüber dem reinen Standort Ibrahims aufgeschlagen, so daß der Deckel darauf, der andere aber auf der verehrten Tür lag. Dann wurden die Leute zum gemeinsamen Gebet gerufen. Der Richter betete mit ihnen hinter der Stelle des Standortes, die als Gebetsplatz diente, zwei Rak'as[4]. Bei der einen trug er vor: »Preiset den Namen des allerhöchsten Herrn!« (Koran 87:1), bei der zweiten die Sure (88) »Die Zudeckende«.

---

1 Angehörige des mekkanischen Stammes der Banu Schaiba, die als Wächter des Kaaba-Heiligtums auftreten
2 der Maqam Ibrahim, ein Stein mit fußähnlichen Spuren, die auf Ibrahim (Abraham), den man für den Erbauer der Kaaba hält, zurückgeführt werden
3 angebliches Original jedes Korantextes, den der Kalif Uthman um 653 als Einheitsfassung für alle Muslime herstellen lassen hat
4 Rak'a: Einheit von festen Handlungen und Formeln beim rituellen Gebet

Dann bestieg er die Kanzel, die an ihre übliche Stelle an der Mauer der heiligen Kaaba gestellt worden war. Er hielt eine beredte Predigt, in der er dauernd um Vergebung bat, die Leute ermahnte und erinnerte, zur Demut rief und Buße und zur reinen Hinwendung zu Gott dem Allmächtigen aufforderte, bis ihnen die Augen von Tränen überflossen und sich die Wasser in den Tränendrüsen erschöpften, sich Geschrei erhob und Schluchzen aufstieg. Entsprechend der Sunna wendete der Richter dann seinen Mantel und die Leute taten es ihm nach.[5] Dann zerstreuten sich die Leute mit Bitten um Gottes Barmherzigkeit und ohne Verzagen. Denn Gott schafft seinen Knechten durch seine Güte und seinen Großmut Abhilfe. Der Richter setzte sein Regengebet mit den Leuten drei Tage hintereinander in der beschriebenen Weise fort.

Mühsal hatte die Bewohner des Hidjaz erfaßt. Trockenheit hatte ihnen geschadet. Dürre hatte ihr Vieh umgebracht. Im Frühjahr, im Herbst und im Winter war nur ganz wenig Regen gefallen. Er war weder ausreichend noch heilsam gewesen. Doch Gott der Allmächtige ist gütig zu seinen Knechten, ohne ihnen ihre Vergehen übelzunehmen, denn er ist mitleidig und wohlwollend. Kein Herr ist außer ihm! ...

Am Freitag danach kamen in großer Zahl die Sarw aus dem Jemen[6], um das Grab des Gesandten (in Medina) zu besuchen. Sie brachten wie üblich Proviant nach Mekka. Die Leute freuten sich über ihre Ankunft, die sie sogar als Ersatz für den fehlenden Regen ansahen. Die Gütebezeugungen Gottes für die Bewohner seines erhabenen Heiligtums sind groß, denn der Gepriesene ist gütig zu seinen Knechten. Es gibt keine Gottheit außer ihm!

Wenn der zu erwartende Regen ausbleibt, können Muslime durch Gebete und andere Handlungen um Regen bitten. Da im geschilderten Fall kein Niederschlag fällt, wird die Ankunft der jemenitischen Proviantkarawane als Gottesgeschenk angesehen.

Riḥlat Ibn Ǧubair, Beirut 1384/1964, S. 138 f., 140; Übersetzung H. Preißler.

---

5 sympathetischer Ritus, der das Wenden des Wetters erwirken soll
6 Bewohner der bergigen Sarw-Gebiete zwischen Jemen und Mekka, die die Mekkaner mit Nahrungsmitteln versorgten

Der Festmonat Ramadan

Gott der Erhabene spricht: »Ihr Gläubigen! Vorgeschrieben ist euch das Fasten, wie es jenen, die vor euch waren, vorgeschrieben war. Vielleicht werdet ihr doch gottesfürchtig!« (Koran 2:183) Oh du, der du den Vielbelohnenden nicht beachtest! Oh du, der den mächtigen König vergißt! Oh du, der du Kleidung aus Brokat und Seide aufgibst! Oh du, der du nicht an den Tag voller Unheil und Übel denkst! Oh du, der du verschläfst, was Muhammad als froher Bote und Warner gebracht hat und wodurch Gott uns vor Hölle und Feuersglut gerettet hat! Oh du Sorgloser und Vergeßlicher! Zu dir ist der Monat Ramadan gekommen mit Gnade und Verzeihen. Du aber beharrst in Sünden und Auflehnen, verharrst in Fehlern und Empörung, bleibst in Unwissenheit und Unterdrückung, sprichst über Geheimnisse und Lügen und setzt dich dem Zorne des Barmherzigen aus! Der Satan hat dein Herz in Besitz genommen und Dummheit und Vergeßlichkeit hineingelegt. So hast du die Gärten der Ewigkeit und des Paradieses vergessen und hast Taten von Höllenbewohnern vollbracht. Wenn es so ist, du armseliger Tropf, wie kannst du dann hoffen, Wohlgefallen zu erlangen, in die Bleibe von Dauer und Frieden zu gelangen und der Bleibe der Strafe und der Schande zu entkommen? Du ißt Verbotenes, du trägst Verbotenes. Deine Zunge flieht nicht vor häßlicher Rede. Dein Blick ist scharf nach dem, was dir der Allmächtige und Gütige verboten hat. Deine Hand ist nach dem ausgestreckt, was dir der allwissende König verwehrt hat. In allem deinem Tun und Lassen widersprichst du dem Koran und den Gesetzesgeboten und vergißt die Sunna Muhammads – Gebet und Heil ist ihm! ... Steh auf vor Gott in dunkler Nacht, wenn die Schlafenden ruhen, und flehe ihn an, wenn die Nacht in Finsternis gehüllt ist! Dann ist es gut für dich, den Monat Ramadan zu empfangen, das ewige Paradies in der Bleibe des Heils zu erlangen und vor Schrecken und Strafen zu fliehen. Dann wird dein Blick von den verbotenen Dingen abgewandt, dein Gehör vor häßlicher Rede versperrt, dein Leib vom Verspeisen des Verbotenen befreit, dein Herz mit dem Denken an die schönen Dinge und die Vergeltung erfüllt und deine Zunge mit der Erwähnung deines Herrn beschäftigt ...

Gott, oh Gott! Nutzet den Monat der Reue und die reiche Vergeltung, die Befreiung von den Lasten und die Freilassung der Versklavten, die Gott euch darin versprochen hat! Es ist der Monat, dessen Nächte heller als die Tage sind und dessen Tage vom Schmutz der Sünden gereinigt sind. Das Fasten in ihm ist am besten und das Wachen in ihm am größten. Das ist der Monat, in dem Gott der Gemeinde Muhammads – Gebet und Heil ihm! – Güte erwiesen hat. Das ist der Monat, den Gott zur Leuchte der Allgemeinheit, zum Mittler der Ordnung und zur erhabensten Grundlage des Islams gemacht hat. Mit dem Licht des Gebets, des Fastens und Wachens strahlt er hell. Das ist der Monat, in dem Gott sein Buch herabgesandt und den Reumütigen seine Tore geöffnet hat. Darin wird jede Bitte erhört und jede Tat erhöht, wird jedes Gute gesammelt und jeder Schaden verwehrt. Dies ist der Monat, in dem die bösen Dinge verziehen und die guten Taten angereichert werden, in dem die Reue angenommen und die Gnade vom Barmherzigen dem, der sie sucht, gespendet wird, in dem die Moscheen von Gottes Namen erfüllt sind und die Herzen der Gläubigen in Reue froh sind …

Meine Brüder! Das ist ein Monat ohnegleichen, und nur diese Gemeinde hat ihn durch alle Zeiten erhalten. Dann wird die Sünde verziehen und wird das Streben gedankt. Dann ist der Gläubige voller Freude und der Satan vernichtet und entfernt. Last und Sünde werden dann vertrieben, und das Herz des Gläubigen wird von Gottes Erwähnung erfüllt … Gott! Oh Gott! Ehrt seinen Tag mit Fasten und verbringt seine Nacht mit Wachen und langem Weinen! Vielleicht erlangt ihr so die ewige Bleibe und den Frieden, schaut dann in das Antlitz des Allmächtigen Gütigen und seid in Begleitung des Propheten – Gebet und Heil ihm!

Neben der Pilgerfahrt nach Mekka im Monat Dhu 'l-Hidjdja ist der Monat Ramadan eine Zeit festlicher und religiöser Stimmung und mit großen Hoffnungen, auf die Ibn al-Djauzi (gest. 1201) am Anfang seiner Mahnpredigt zu diesem Monat eingeht.

Ibn al-Ġauzī, Bustān al-wāᶜiẓīn, Ed. S. al-Ġumailī, 2. Aufl., Beirut 1407/1987, S. 295–298; Übersetzung H. Preißler.

Fastengebot und Beduinen

Ein Beduine besuchte seinen Vetter in der Stadt, als der Ramadan begann. Man sagte zu dem Beduinen: »Abu Amr! Der Monat Ramadan hat begonnen!« »Was ist der Monat Ramadan?« fragte er. »Man muß sich des Essens enthalten.« »In der Nacht oder am Tage?« »Nur bei Tage!« »Könnte man dafür nicht einen anderen Monat nehmen?« fragte er weiter. »Dann wirst du geschlagen und eingesperrt«, gab man zur Antwort. Da fastete der Beduine einige Tage, hielt es aber nicht durch. Also verließ er die Stadt mit den Worten:

>»Meine Vettern sagten, als ich ihre Stadt besuchte:
>›Bereite dich auf den Fastenmonat vor, Abu Amr!‹
>Ich sagte da: ›Bringt herbei mir meinen Reisesack!
>Gott zum Gruße und auf Wiedersehn!
>Ich ziehe in ein Land, wo kein Herr über mir ist und niemand
>mich am Essen hindert.‹«

Ein Beduine kam in den Monat Ramadan, fastete aber nicht. Seine Frau tadelte ihn deswegen. Doch er schalt sie mit den Worten:

>»Willst du mir das Fasten gar gebieten?
>Viel Gutes seh ich nicht darin.
>Im Grab, Umaima, werde ich noch lange fasten müssen.«

Ibn Qutaiba, ᶜUyūn al-aḫbār. Kairo 1963, Bd. 4, S. 223 f.; Übersetzung H. Preißler.

Beschreibung der Kaaba

Folgendermaßen beschreibt sie al-Baschschari:

Die Kaaba steht inmitten der Heiligen Moschee. Sie ist quadratisch. Ihre Tür liegt nach Osten zu etwa eine Mannshöhe hoch über dem Boden. Sie hat zwei Türflügel, die mit vergoldeten Silberplatten belegt sind. Die Länge der Heiligen Moschee beträgt 370 Ellen, ihre Breite 315 Ellen. Die Länge der Kaaba beträgt 24 Ellen und eine Spanne, ihre Breite 23 Ellen und eine Spanne.

Der Umfang des Hidjr[1] beträgt 25 Ellen, der des Umlaufes (um die Kaaba) beträgt 170 Ellen. Die Kaaba ist 27 Ellen hoch. Nach Norden zu befindet sich der Hidjr, in den die Wassertraufe führt, die einer Dreschmulde gleicht. Seine Mauern sind mit Marmor verkleidet und sind etwa lendenhoch. Man nennt sie al-Hatim. Der Umlauf führt um ihn herum, und man darf nicht zu ihm hin beten. Der Schwarze Stein ist an der Ostseite über dem Eckvorbau und hat die Größe eines Menschenkopfes. Wer ihn küssen will, muß sich etwas vorbeugen.

Die Kuppel des Zamzam-Brunnens steht gegenüber der Tür. Der Umlauf findet zwischen beiden statt. Dahinter steht die Trinkkuppel, in der ein Becken ist, das früher mit Weizenbrei und Zucker gefüllt wurde. Der Standort Ibrahims liegt gegenüber der Mitte des Hauses und seiner Tür. Er liegt dem Haus näher als der Zamzam-Brunnen. Während der Pilgerzeit gehört er zum Umlauf. Über ihm steht ein Kasten aus Eisen, der über mannslang ist und bekleidet ist. Der Standort wird zu jeder Pilgerzeit zum Haus (der Kaaba) gebracht. Wenn er dann zurückgebracht wird, wird ein hölzerner Kasten darübergestellt, der eine Öffnung hat, die zu den Gebetszeiten geöffnet wird. Wenn der Vorbeter den Gruß (am Ende des Gebets) gesprochen hat, berührt er ihn und schließt die Öffnung. Darin ist die Fußspur Ibrahims, wobei der eine Fuß etwas vor dem anderen steht. Der Stein ist schwarz und größer als der Schwarze Stein.

Der Umlauf war mit Sand, die Moschee mit Kieselsteinen bedeckt. Um ihren Hof führen drei Gänge auf Marmorsäulen herum, die (der Kalif) al-Mahdi übers Meer von Alexandria nach Djidda bringen ließ.

Yāqūt, Muᶜǧam al-buldān, Beirut 1376/1957, Bd. 4, S. 464; Übersetzung H. Preißler.

---

1 halbkreisförmiges Stück vor der Kaaba

Normen für Mekkapilger

Gott der Erhabene sprach: »Und gegenüber Gott sind die Menschen verpflichtet, die Pilgerfahrt zum Hause zu machen, soweit sie dazu eine Möglichkeit finden« (Koran 3:97). Der Prophet – Gottes Gebet und Heil ihm – sprach: »Wer stirbt, ohne die Pilgerfahrt zu vollziehen, soll, wenn Gott will, als Jude oder Christ sterben!« Und er sprach: »Der Islam ist auf fünf aufgebaut: das Bezeugen, daß es keine Gottheit außer Gott gibt und daß Muhammad Gottes Gesandter ist, die Verrichtung des rituellen Gebets, die Entrichtung der Zakat-Abgabe, der Vollzug der Pilgerfahrt und das Fasten im Ramadan.« Bei der Pilgerfahrt gibt es äußere Taten, die wir im Buch Al-Ihja dargestellt haben. Hier aber weisen wir dich auf genaue Sitten und innere Geheimnisse hin.

Es gibt sieben solche Sitten: Erstens sollst du dir für den Weg einen frommen Gefährten und gute, gesetzlich erlaubte Aufwendungen nehmen. Die erlaubte Wegzehrung erleuchtet das Herz, der fromme Weggefährte erinnert an das Gute und vertreibt das Böse. Zweitens soll er seine Hand von Handelsgewinnen lassen, damit seine Gedanken nicht abgelenkt werden, sein Sinn nicht aufgeteilt wird und für den Besuch sein Streben rein bleibt. Drittens soll er sich für unterwegs mit Nahrung reichlich versorgen und mit Gefährten wie Tiervermietern nur Gutes reden.

Viertens soll er obszöne Reden, Disput und Rangstreit über weltliche Angelegenheiten lassen, sondern seine Rede neben seinen wichtigen Bedürfnissen auf das Nachdenken und den Koranvortrag beschränken. Fünftens soll er auf einem Tier ohne Sänfte reiten, schäbig im Aussehen, zerzaust und staubbedeckt, ohne Schmuck, sondern nach der Art der Armen sein, damit er nicht zu denen, die das üppige Leben lieben, gezählt wird. Sechstens soll er gelegentlich von seinem Reittier absteigen, um diesem Erholung zu gewähren, das Herz der Tiervermieter zu erquicken und die Glieder durch Bewegung zu erleichtern. Er soll dem Reittier nicht so viel aufladen, daß es die Last nicht tragen kann, und soll es milde behandeln, wenn er kann. Siebentens sei er guten Mutes hinsichtlich der nötigen Ausgaben und der möglichen Mühen und Verluste. Er soll darin Zeichen für die

Annahme der Pilgerfahrt (durch Gott) sehen, wofür ihm Vergeltung berechnet wird.

Die Geheimnisse der Pilgerfahrt sind zahlreich. Auf zwei davon wollen wir verweisen: Erstens ist die Pilgerfahrt als Ersatz für das Mönchtum festgesetzt, das es in anderen Religionen gibt, wie es in der Überlieferung heißt. Gott der Gepriesene hat die Pilgerfahrt zum Mönchtum von Muhammads Gemeinde gemacht. Er hat das altedle Haus erhöht und sich dort als Gast eingefunden. Er hat es seinen Knechten als Zielpunkt errichtet und seine Umgebung zu einem heiligen Bezirk für sein Haus gemacht, um seine Sache stattlich zu machen. Er hat Arafat gleichsam zum Sammelplatz im Hofe seines Heiligtums gemacht. Er hat die Unverletzlichkeit dieses Ortes durch das Verbot der Jagd und des Entfernens von Bäumen bekräftigt und den Ort Königen gleich eingerichtet, damit die Besucher von jeder Seite schwach und staubbedeckt und in Demut gegenüber dem Herrn der Menschen in aller Welt, in Unterwerfung unter seine Majestät und Erniedrigung gegenüber seiner Größe dorthin kommen und gleichzeitig anerkennen, daß Gott frei davon ist, daß ihn ein Haus einschließt oder ein Ort umschließt. Das soll deutlich ihren Knechts- und Sklavenzustand zeigen. Deshalb hat er sie mit seltsamen Taten beauftragt, die weder ihrer Natur noch Vernunft entsprechen, damit sie sich voller Knechtschaft unterwerfen und den Befehl befolgen, ohne daß es einen anderen Antrieb gibt. Das ist ein gewaltiges Geheimnis für die Unterwerfung unter Gott. Deshalb sprach der Prophet: »Zu dir in einer Pilgerfahrt in Wahrheit, Unterwerfung und Knechtschaft!« Zweitens wurde diese Reise nach dem Vorbild der Reise ins Jenseits eingerichtet, damit sich der Reisende bei jeder seiner Taten an eine der Angelegenheiten des Jenseits in Entsprechung zu dieser erinnert, denn darin liegt eine Ermahnung für den, der sich erinnert, und eine Lehre für den, der sich belehren läßt und nachdenklich ist. Also erinnere dich am Beginn deiner Reise, wenn du dich von deiner Familie verabschiedest, an den Abschied der Familie in der Todespein, wenn du dich von der Heimat trennst, an den Weggang aus dieser Welt, wenn du auf dem Kamel reitest, an das Tragen des Leichnams zum Begräbnis, wenn du dich in die Gewänder der Heiligung einhüllst, an das Einhüllen in die Leichengewänder, wenn du durch die Wüste zum Treffpunkt der Pilger kommst, an die Reise von dieser Welt zum Treffpunkt der Auferstehung, wenn du vor den Wegelagerern erschrickst, an das Verhör der Todesengel Munkar und Nakir, wenn du vor den wilden Tieren der Wüste Angst bekommst, an die Skorpione und Würmer im Grabe, wenn du dich von deiner Familie und deinen Nächsten trennst, an die Einsamkeit und Verlassenheit des Grabes, wenn du dann die Kaaba begrüßt, an die Antwort dessen, der bei der Auferstehung zu Gott dem Allmächtigen ruft, und so weiter in den übrigen Taten, denn in jeder Tat liegt ein Geheimnis und dahinter ein Symbol, das jeder Knecht Gottes erfassen kann, soweit er mit reinem Herzen und durch die Beschränkung seiner Sinne auf die wichtigen Seiten der Religion bereit ist, alles zu erfassen.

Al-Ġazālī, Kitāb al-arbaʿīn fī uṣūl ad-dīn, 4. Auflage, Beirut 1402/1982, S. 32–34; Übersetzung H. Preißler.

Heilige Stätten der Schi'iten

Karbala ist ein Dorf, wo der Leib des Imams al-Husain Ibn Ali Ibn Abi Talib liegt. Sein Kopf aber ist in Ägypten. Er wurde in Medina geboren und wurde 56 Jahre alt. Bei ihm liegen mehrere Mitglieder seiner Familie, die dort mit ihm fielen …

Im Zentrum von an-Nadjaf ist das Martyrium des Fürsten der Gläubigen Ali Ibn Abi Talib. Bei ihm liegen mehrere Aliden und Scharifen. Ali wurde an der Kaaba geboren und wurde 63 Jahre alt.

Ibn Qutaiba sagte, der Fürst der Gläubigen Ali Ibn Abi Talib sei aus Furcht vor seinen Feinden im Emirspalast von Kufa beerdigt worden. Im Gebiet von Balch liegt ein Dorf namens al-Chair, wo ein Grab steht, von dem man meint, es sei das Grab von Ali Ibn Abi Talib. Doch das stimmt nicht.

In Kufa ist eine andere Gedenkstätte, wo die Gräber der Kinder al-Husains Ibn Ali Ibn Abi Talib sind. Dort ist auch das Grab von Ibrahim Ibn Abdallah Ibn al-Hasan.

Am Tor der Moschee ist ein Brunnen, von dem die Kufier erzählen, Ali Ibn Abi Talib habe ihn gegraben. Dort ist auch ein

Brunnen, mit dessen Wasser sein Leichnam gewaschen worden ist, und ein Stein, auf dem er gewaschen worden ist. In der Großen Moschee ist die Gerichtsbank, auf der er zu sitzen pflegte. An der Westseite der Moschee ist die Stelle, wo der Ofen kochte[1] und die Sintflut kam. Man sagt, Nuh (Noah) sei in Ra's al-Ain geboren, das ist Ain Warda zwischen Harran und Dunaisir. Aus dieser Quelle kochte der Ofen und kam die Sintflut. Gott aber weiß es am besten!

In der Großen Moschee ist das Haus von Nuh und eine Mühle, von der die Kufier sagen, sie habe Nuhs Tochter gehört, die damit gemahlen habe. Auf dem Dach der Großen Moschee ist ein Schreinerbeil. Die Kufier erzählen, Nuh habe damit die Arche gebaut. Man erzählte:

Ali Ibn Abi Talib wurde in der Gebetsnische der Moschee getötet. Nach anderen geschah es aber an ihrer Tür. Gott weiß es am besten! Es heißt, daß, als Ibn Muldjam ihn schlug, Ali fragte: »Wer hat mich da?« »Ich bin Abd ar-Rahman Ibn Muldjam!« antwortete der. Da eilten die Leute auf ihn. Doch Ali sprach: »Wer mich schlägt, soll eingesperrt werden, von meiner Speise ernährt werden und von meinen Getränken bekommen. Wenn ich am Leben bleibe, bin ich sehr geneigt, ihm zu verzeihen. Wenn es anders kommt, schlagt ihn, wie er mich geschlagen hat! Aber macht daraus kein Beispiel im Töten, denn wer eine Neuerung einführt, wird von ihr selbst betroffen.«

Als er nach drei Tagen dem Tode nahe war, schaute er die, die um ihn herumstanden, an und sagte: »Jedes Lebewesen wird von dem getroffen, wovor es fliehen will. Die Todesfrist ist die Abmachung der Menschenseele. Vor ihr zu fliehen, heißt, zu ihr zu gelangen. Gestern war ich euer Gefährte, heute bin ich für euch eine Ermahnung und morgen werde ich euch verlassen. Ob der Fuß fest in diesem Hause bleibt bis zur Abschiedsfrist oder schnell davon eilt, ist doch gleich. Wir sind nur Vögel in den Zweigen der Bäume. Ein Windstoß im Schatten der Wolke reicht aus, und sie verschwinden in den Lüften, und auf Erden werden die Spuren ihres Aufenthalts verwischt. Ich war euch ein Nachbar. Mein Leib war euch für Tage nahe. Ihr sollt mir meinen Körper

---

1 Zeichen für das bevorstehende Eintreffen der Sintflut, vgl. Koran 23:27

bewahren, der nach Bewegung ruht und nach Reden schweigt. Doch meine Ruhe und die Bewegungslosigkeit meiner Glieder werden euch eine Mahnung sein. Er mahnt die, die eine Lehre wollen, mehr als ein sprachreiner Redner und eine erhörte Predigt. Euer Rufer ist der Rufer eines Mannes, der bereit ist, morgen das selbe Los auf sich zu nehmen!«

Al-Harawi, Guide des lieux de pélerinage, Damaskus 1953, S. 77 f. (kommentierte französische Übersetzung S. 175–179); Übersetzung H. Preißler.

Das Prophetenfest in Irbil

Wie al-Malik al-Mu'azzam Kökbüri das Prophetenfest feierte, kann nicht ausführlich und nur kurz beschrieben werden. Trotzdem will ich einiges davon erwähnen:

Die Einwohner der Länder hatten gehört, wie gut sein fester Glaube daran war. So kamen jedes Jahr in der Zeit von Muharram bis zum Beginn des Rabi al-auwal aus den Orten, die in der Nähe von Irbil liegen, wie Bagdad, Mosul, Mesopotamien, Sindjar, Nisibin, den persischen Landen und anderen Bezirken, viele Rechtsgelehrte, Sufis, Prediger, Koranrezitatoren und Dichter zu ihm. Muzaffar ad-Din (Kökbüri) befahl dann, hölzerne Kuppelbauten mit je vier oder fünf Stockwerken, insgesamt 20 oder mehr davon, zu errichten, darunter einen für sich selbst und die übrigen für je einen seiner Emire und Würdenträger. Am 1. Safar schmückte man jene Bauten gar prächtig und schön. In jedem Kuppelbau saß eine Truppe von Sängern, eine von Schattenspielern und von Musikanten. Keins der Stockwerke blieb ohne sie. In jener Zeit kam das übliche Erwerbsleben der Menschen zum Erliegen. Sie schauten und flanierten nur noch umher. Die Kuppelbauten selbst standen vom Tor der Festung bis zum Tor des Sufi-Konvents neben dem öffentlichen Platz. Muzaffar ad-Din kam jeden Tag nach dem Nachmittagsgebet aus der Burg herab und hielt an jedem Kuppelbau an, hörte dem Gesang zu und schaute sich die Schattenspielereien und das, was man sonst noch dort trieb, an. Danach verbrachte er die Nacht im Konvent und ließ dort Musik machen. Gleich nach dem Morgengebet ritt er zur Jagd aus, um vor dem Mittagsgebet in die Festung zurückzukehren. So tat er es jeden Tag bis zum Prophetenfest, das er in einem Jahr auf den 8. des Monats in einem anderen auf den 12. festlegte, weil es darüber unterschiedliche Meinungen gab.

Zwei Tage vor dem Fest ließ er unbeschreiblich viele Kamele, Rinder und Schafe heranbringen. Mit allen Trommeln, Sängern und Musikanten wurden sie auf den öffentlichen Platz geführt. Dann begann man die Tiere zu schlachten, Kessel aufzustellen und alles zu kochen.

In der Festnacht ließ er fromme Musik veranstalten, nachdem er in der Festung das Gebet am Sonnenuntergang verrichtet hatte. Dann kam er herunter, vor sich viele brennende Kerzen, darunter, ich weiß es nicht mehr genau, zwei oder vier große Prozessionskerzen, von denen je eine auf dem Rücken eines Maultiers festgebunden war und von einem dahinter sitzenden Mann festgehalten wurde. So ritt Muzaffar ad-Din zum Sufi-Konvent.

Am frühen Morgen des Festtages schickte er aus der Festung Gewänder zu den Sufis im Konvent. Jeder von ihnen erhielt ein Bündel, und sie kamen nacheinander an die Reihe. Es wurden so viele Kleider geschickt, daß ich die Menge nicht genau feststellen kann. Danach kam Muzaffar ad-Din selbst zum Konvent, und die Würdenträger, Oberhäupter und eine große Menge Volkes versammelten sich. Für die Prediger wurde ein hoher Stuhl aufgestellt, für Muzaffar ad-Din aber ein Holzturm mit Fenstern an der Stelle, wo sich die Leute vor dem Predigerstuhl versammelten, und mit Fenstern zu dem öffentlichen Platz, der groß und sehr weiträumig war. Dort sammelte sich das Heer und hielt tagsüber eine Parade ab. Einmal blickte Muzaffar ad-Din nun auf die Truppenschau, ein andermal auf die Menschen um die Prediger. So ging es weiter, bis das Heer die Parade beendet hatte. Dann wurde auf dem Platz ein Mahl für die Bettler bereitet, und zwar ein allgemeines Mahl mit vielen Speisen und Brot, das keine Beschränkung kannte und auch nicht beschrieben werden kann. Ein anderes Mahl wurde den am Predigerstuhl versammelten Menschen im Konvent bereitet. Während der Parade und dem Auftritt der Prediger rief Muzaffar ad-Din nacheinander die Würdenträger, Oberhäupter und Rechtsgelehrten, Prediger, Koranrezitatoren und Dichter, die zu diesem Fest gekommen waren, zu sich und überreichte jedem von ihnen Ehrenkleider. Danach kehrte jeder an seinen Platz zurück. Nachdem all das geschehen war, nahmen sie am Mahl teil und brachten denen, die nicht anwesend sein konnten, etwas davon nach Hause. So ging es bis zum Nachmittagsgebet oder noch länger. Dann verbrachte Muzaffar ad-Din dort die Nacht und ließ bis zum Morgen religiöse Musik machen. So verfuhr er voller Eifer jedes Jahr. Ich habe hier nur einen kurzen Bericht gegeben, denn eine gründliche Darstellung würde zu lange dauern. Wenn diese Festzeit vorbei ist, bereitet sich jedermann auf die Heimkehr vor, und Muzaffar ad-Din zahlt jedem etwas von den Ausgaben.

In der Biographie des Bewahrers Abu 'l-Chattab Ibn Dihya habe ich erzählt, wie er nach Irbil kam und das Buch »Die Erleuchtung über das Fest der leuchtenden Lampe« verfaßte, da er das Interesse von Muzaffar ad-Din daran sah. Dieser gab ihm eintausend Dinar und für die Dauer seines Aufenthalts reiche Unterstützung.

Das Prophetenfest, Maulid an-Nabi, zum Gedenken an die Geburt Muhammads entstand erst allmählich mit der Verbreitung der volkstümlichen Verehrung des Propheten, vielleicht unter christlichem Einfluß, auf jeden Fall aber in sufischer Umgebung. Es wurde später allgemein am 12. Rabi al-auwal begangen. Kökbüri veranstaltete das Fest erstmals 1207. Der aus Irbil stammende schafi'itische Rechtsgelehrte und Biograph Ibn Challikan (1211–1282) lieferte diese berühmte Schilderung als Augenzeuge.

Ibn Ḥallikān, Wafayāt al-aʿyān wa-anbāʾ abnāʾ az-zamān, Kairo 1367/ 1948, Teil 3, S. 273–275; Übersetzung H. Preißler.

Aufruf zum Heiligen Krieg

Lob ist Gott dem Einen, der unteilbar ist, dem Dauernden, der ohne Ende und Vergehen ist, dem Lebendigen, der ohne Werden und Untergehen ist, dem, der ohne Gefährten, Vater und Kinder ist! Ihn preise ich in Seiner Göttlichkeit und bei Ihm suche ich Zuflucht vor dem Gang Seines Richtspruches. Ich bezeuge, daß es keine Gottheit außer Gott allein gibt, der ohne Teilhaber an

Seiner Macht und ohnegleichen in Seiner Größe ist. Ich bezeuge, daß Muhammad Sein Knecht und Sein Gesandter ist und Er ihn als Leuchte für die Wahrheit und als Gnade für alle Geschöpfe, als Glück für die, die an ihn glauben und ihm folgen, und als Unglück für die, die ihn leugnen und ablehnen, gebracht hat. Gottes Gebet ihm und seiner Familie und Heil, wie Er uns Gnade und Gunst gewährt hat.

Ihr Leute! Wie lange noch wollt ihr die Mahnung hören und sie nicht beachten? Wie lange noch wollt ihr mit Tadel geschlagen werden und euch nicht ändern? Eure Ohren scheinen sich den Worten der Mahnenden zu verschließen, eure Herzen scheinen zu stolz zu sein, um etwas zu bewahren. Eure Feinde verüben in euren Siedlungen Untaten und erreichen ihrer Hoffnung Ziel, weil ihr euch des heiligen Kampfes enthaltet. Der Satan hat sie zu seinem Trug aufgerufen, und sie haben ihm Antwort gegeben. Der Erbarmer hat euch zu Seiner Wahrheit gerufen, und ihr habt sie hintenan gestellt. Selbst die wilden Tiere kämpfen um ihren Besitz, und die Vögel sterben im Streit um ihre Nester. Ohne Schrift, die ihnen herabgesandt worden ist, und ohne Gesandten, der zu ihnen geschickt worden ist. Ihr habt doch Einsicht und Verstand, ihr habt doch Gesetze und Regeln. Aber wie Kamele lauft ihr vor euren Feinden davon und schenkt ihnen noch die Waffen der Unfähigkeit und der Feigheit. Ihr seid doch fürwahr die, die zuerst gegen sie ins Feld ziehen sollen und sie zuerst ins Gefecht bringen sollen, denn ihr seid die Bewahrer von Gottes Schrift, denn ihr glaubt an Seinen Lohn und Seine Strafe. Euch hat Gott im besonderen Mut und Stärke gegeben, euch hat Er »zur besten Gemeinde, die den Menschen erschienen ist« (Koran 3:110), gemacht.

Wo ist der Eifer im Glauben? Wo ist die Scharfsicht der Überzeugung? Wo ist die Furcht vor den Flammen der Hölle? Wo ist das Vertrauen auf Gottes Garantie? Hat Er der Allmächtige doch in der Offenbarung gesagt: »Ja, wenn ihr standhaft und gottesfürchtig seid und sie über euch kommen in wilder Hast, wird euer Herr euch helfen mit 5000 gezeichneten Engeln. Das hat Gott allein zu einer Freudenbotschaft für euch gemacht. Eure Herzen sollen dessen sicher sein. Der Sieg kommt allein von Gott dem Mächtigen und Weisen« (Koran 3:125–126).

Er hat euch Gottesvertrauen und Geduld übertragen und euch Hilfe und Beistand garantiert. Wollt ihr denn Seiner Garantie mißtrauen oder an Seiner Güte und Gerechtigkeit Zweifel hegen? Eilt also mit Gottes Gnade zum heiligen Kampf mit reinen Herzen und stolzen Seelen, mit gefälligen Taten und strahlendem Gesicht! Fasset den Entschluß, euch zu rüsten, und entblößt eure Köpfe in der Schande des Verzögerns! Schenkt euer Leben dem, der es zuerst besitzt! Seid ohne Furcht, denn sie kann den Tod von euch nicht fernhalten! »Seid nicht wie jene, die ungläubig sind und zu ihren Brüdern sagen: ›Wären sie doch bei uns geblieben, so wären sie nicht gestorben und erschlagen‹!« (Koran 3:156)

Auf zum heiligen Kampf, auf, ihr, die ihr gewiß seid! Auf zum Sieg, auf, ihr, die ihr standhaft seid! Auf zum Paradies, auf, die ihr voll Streben seid! Auf zum Höllenfeuer, auf, ihr, die ihr auf der Flucht seid! Der Djihad ist die feste Grundlage des Glaubens, das weiteste Tor der göttlichen Gunst und der höchste Grad des Paradieses. Wer es darin treu mit Gott meint, kann zwischen zwei Wegen suchen und wählen: zwischen Glück über den Sieg in Bälde und dem Triumph durch die Märtyrerschaft in Zukunft. Der Weg, den ihr so gar nicht gerne habt, ist doch Seine größte Gunst für euch. Helfet Gott, denn Gottes Beistand ist ein sicherer Schutz vor allem, was Vernichtung bringt! »Und Gott wird denen Beistand gewähren, die Ihm Beistand gewähren, denn Gott ist stark und mächtig!« (Koran 22:40) Das Beste, was beredte Prediger sagen, und das Hellste, was die dunklen Seiten der Herzen erleuchtet, ist die Rede des Mächtigen und Großzügigen. Also trag vor: »Ihr, die ihr glaubt! Was ist mit euch, daß ihr, wenn euch gesagt wird: ›Zieht aus auf Gottes Weg!‹, euch schwer zur Erde neigt? Gefällt euch das Leben hier auf Erden mehr als in jener Welt? Doch die Nutznießung des Lebens hier ist gering im Vergleich mit dem im Jenseits. Wenn ihr nicht auszieht, wird Er euch mit schmerzhafter Strafe treffen und ein anderes Volk als euch nehmen. Ihr könnt Ihm keinen Schaden zufügen. Gott hat Macht in allen Dingen!« (Koran 9:38-39)

Der arabischer Dichter und Lobredner Ibn Nubata (946–984) aus der Stadt Maijafariqin in Dijar Bakr rief in berühmten Predigten seine muslimischen Landsleute zum heiligen Kampf, Djihad, gegen die byzantinischen Truppen auf, die 959 unter Johannes Tzimiskes in seine Heimat eingefallen waren.

Dīwān ḫuṭab Ibn Nubāta, Beirut 1311/1893, S. 187–190; Übersetzung H. Preißler.

Bräuche des einfachen Volkes

Der Teufel hat die Mehrheit des einfachen Volkes dadurch verführt, daß es den alten Bräuchen folgt. Das aber gehört zu den häufigsten Gründen, daß es verkommt.

So ahmen die Angehörigen des einfachen Volkes die Väter nach. Der Islam ist ihrer Ansicht nach die Sitte, in der sie aufwachsen. So sieht man, wie einer von ihnen 50 Jahre lang lebt, wie es sein Vater gehalten hat, ohne daß er darüber nachdenkt, ob das richtig oder falsch ist. So werden auch im Judentum, im Christentum und in der Unwissenheit (der vorislamischen Zeit) die Vorfahren nachgeahmt. Ebenso verfahren die Muslime in ihrem Gebet und ihren kultischen Dingen in Übereinstimmung mit der Sitte. So sieht man, wie jemand schon seit Jahren so betet, wie er andere beten sieht, dabei aber vielleicht die »Eröffnende« (1. Sure des Korans) nicht sprechen kann und nicht weiß, welche religiösen Pflichten es gibt. Es fällt ihm auch nicht leicht, das zu wissen, weil er der Religion wenig Bedeutung beimißt ... Was ihren Handel betrifft, so sind ihre Verträge meist falsch und sie kennen die Gesetzesvorschriften nicht ...

Sie folgen den Bräuchen, wenn sie sich auf die Reden von Wahrsagern, Astrologen und Vorzeichendeutern verlassen. Das ist unter den Leuten verbreitet. Auch die Großen folgen diesen Sitten. Selten sieht man einen von ihnen auf Reisen gehen, ein Kleid zuschneiden oder sich zur Ader lassen, ohne daß er den Astrologen fragt und seinen Worten folgt. Ein Kalender fehlt in ihren Häusern nicht. Aber wieviele Häuser gibt es, in denen sich kein Koran findet! ...

Sie folgen den Bräuchen auch, wenn sie im Glauben falsche Ansichten haben, die sich zahlreich zeigen, ohne daß sie es merken ... Zu ihren Sitten gehört es, daß sie sich in Seide kleiden und goldene Siegelringe tragen. Vielleicht verzichtet einer von ihnen darauf, Seide zu tragen, trägt sie dann aber doch wie der Kanzelprediger am Freitag. Zu ihren Sitten gehört es, das Verbieten des Verwerflichen zu vernachlässigen, so daß jemand seinen Bruder oder Nächsten Wein trinken und Seide tragen sieht, ohne es ihm zu verbieten oder sich selbst zu ändern. Vielmehr verkehrt er trotzdem mit dem anderen wie mit einem guten Freund ...

Zu ihren Sitten gehört es, das Bad ohne Schurz zu betreten. Unter ihnen gibt es solche, die, wenn sie mit einem Schurz ins Bad gehen, ihn dann so auf den Schenkel legen, daß man Teile ihres Hinteren sieht. Und wenn sie sich dem Masseur ausliefern, sieht er Teile ihrer Schamzone oder berührt sie gar mit der Hand. Die Schamzone reicht nämlich (bei den Männern) vom Nabel bis zum Knie. Jene schauen auf die Scham anderer, ohne den Blick abzuwenden oder es zu verbieten.

Zu ihren Sitten gehört es, dem Recht der Ehefrau nicht nachzukommen. Manchmal zwingt man diese, auf ihr Brautgeld zu verzichten. Und der Ehemann glaubt dann, daß er dadurch, daß sie darauf verzichtet, von seinen Verpflichtungen ihr gegenüber frei ist. Der Mann neigt vielleicht auch einer seiner Ehefrauen zu, ohne die andere zu beachten ...

Zu den Sitten, die sie befolgen, gehört es auch, daß jemand gemietet wird, um den ganzen Tag zu arbeiten, dann aber den meisten Teil damit vergeudet, daß er sich entweder bei der Arbeit zurückhält, tatenlos herumsitzt oder erst die Arbeitsgeräte in Ordnung bringt ... Die meisten vergessen vielleicht mit den Worten: »Wir sind bei einem Mann in Lohn«, das Beten, ohne daß sie wissen, daß die Gebetszeiten im Mietvertrag nicht aufgenommen sind.

Sie sind wenig aufrichtig in ihren Taten. So folgen sie der Sitte, Tote im Sarg zu beerdigen. Das aber ist verwerflich.[1] Das Leichentuch soll nicht zu groß sein, sondern mittelgroß. Sie beerdigen mit dem Toten auch ein Ladung Kleider. Das ist verboten, weil es Geldverschwendung ist. Sie machen die Totenklage ... Zu ihren Sitten gehört es, daß sie nach der Beerdigung schlechte

---

1 nach islamischer Praxis werden Leichen nur in Tüchern, nicht in einem Sarg beigesetzt

Kleider tragen und so einen Monat oder auch sechs Monate herumlaufen. Manchmal schlafen sie in dieser Zeit nicht auf den Dächern. Zu ihren Sitten gehört es, in der Nacht zur Mitte des Monats Scha'ban die Gräber zu besuchen, das Haus zu beleuchten und Staub vom verehrten Grab zu nehmen.

Zwischen den detaillierten Normen des gesetzesstrengen Islams und der religiösen und alltäglichen Praxis der meisten Gläubigen bestanden beträchtliche Unterschiede. Islamische Rechtsgelehrte forderten immer wieder dazu auf, die althergebrachten Sitten des Volkes in Übereinstimmung mit ihren eigenen Auffassungen zu bringen. Sie verurteilten diese Handlungsweisen als teuflische Verführung wie der hanbalitische Prediger Ibn al-Djauzi (1116–1201), aus dessen Werk »Die Einflüsterung des Teufels« dieser Auszüge stammen.

Ibn al-Ǧauzī, Talbīs Iblis, Ed. S. al-Ǧumailī, Beirut 1405/1985, S. 480–483; Übersetzung H. Preißler.

Bekehrung durch Träume

Hilal Ibn al-Muhassin sagte:

Im Jahre 399 (1008/9) sah ich im Traum den Gottesgesandten, der an meinen Schlafplatz herangetreten war. Es war Winter und sehr kalt. Das Wasser war gefroren. Er richtete mich auf. Ich erschrak, als ich ihn erblickte. »Fürchte dich nicht!« sprach er. »Ich bin der Gesandte Gottes!« Dann brachte er mich zu einem Abflußloch im Haus, an dem eine große Porzellankanne stand. »Verrichte die Waschung zum Gebet!« sprach er. Ich steckte die Hand in die Kanne. Das Wasser war gefroren. Ich zerbrach die Eisschicht und benetzte mit dem Wasser Gesicht, Unterarme und Füße. Dann stellte er sich zum Gebet auf und zog mich an seine Seite. Er trug die Suren »Lobpreis« (Sure 1) und »Und wenn Gottes Hilfe kommt und der Erfolg« (Sure 110) vor, verrichtete eine Gebetseinheit und prosternierte. Ich tat es ihm gleich. Er stellte sich wieder hin und trug nun die Sure »Lobpreis« und eine andere, die ich nicht kenne, vor. Dann sprach er den abschließenden Gruß. Er wendete sich mir zu und sagte: »Du bist doch ein vernünftiger und kenntnisreicher Mann. Gott will dir Gutes tun.

Warum läßt du den Islam, für den es Beweise und Zeugnisse gibt, und verharrst bei deiner Religion? Gib mir die Hand und schüttle die meine!« Ich gab ihm die Hand. Er sagte: »Sprich: Ich bekehre mich zum Islam mit dem Angesicht zu Gott und bezeuge, daß Gott der eine und einzige ist, der weder einen Gefährten noch ein Kind hat, und daß du, Muhammad, sein Gesandter an seine Geschöpfe mit Beweisen und Rechtleitung bist!« Ich sprach diese Worte nach. Er erhob sich, ich folgte ihm. Ich sah mich in einer Gebetsreihe stehen. Voller Unruhe und Furcht schrie ich laut. Meine Familie weckte mich, und sie kam zu mir. Auch mein Vater hörte mich. Er fragte: »Was habt ihr?« Ich rief ihn, und sie kamen. Wir zündeten die Lampe an, und ich erzählte ihnen, was ich erlebt hatte. Sie schwiegen, nur mein Vater lächelte und sagte: »Kehre in dein Bett zurück! Wir werden uns am Morgen unterhalten!« Doch schauten wir uns die Kanne genau an. Das Eis darin war in Stücke zerbrochen. Mein Vater gebot den Anwesenden, das Gehörte zu verschweigen. Zu mir sagte er: »Mein Sohn! Dieser Traum ist wahr und seine Botschaft lobenswert. Doch wäre es eine Überraschung, diese Sache öffentlich zu zeigen. Der Übertritt von einem göttlichen Gesetz zu einem anderen braucht Vorbereitung und Bereitschaft. Doch glaube ich das, was dir empfohlen worden ist, denn ich glaube wie du. Verfahre in deinen Gebeten nach seinen Geboten!« Dann wurde die Geschichte bekannt.

Eine Zeit verging, bis ich den Gottesgesandten zum zweiten Mal, diesmal am Tigris an der Anlegestelle des Gartentores sah. Er trat auf mich zu. Ich küßte ihm die Hand, und er sprach: »Du hast nichts von dem getan, worin du mir beigestimmt und was du mit mir entschieden hast!« Ich antwortete: »Keineswegs, Gesandter Gottes! Glaube ich nicht, was du mir befohlen hast? Verfahre ich nicht in meinen Gebeten nach deinem Gebot?« »Nein! Ich glaube, du hast Zweifel bewahrt. Komm mit!« Er führte mich zum Tor der Moschee an der Anlegestelle. Dort war ein Mann aus Chorasan, der auf dem Rücken liegend schlief, dessen Bauch einem prallen Sack glich und dessen Hände und Füße geschwollen waren. Der Gottesgesandte legte die Hand auf seinen Leib und trug etwas aus dem Koran vor. Da stand der Mann gesund und geheilt auf. Ich sagte: »Gott bete für dich,

Gesandter Gottes! Wie schön ist es, deinem Gebot zu glauben, und wie wunderbar ist dein Tun!« Dann erwachte ich.

Im Jahre 403 (1012/3) sah ich eines Nachts den Gottesgesandten an den Eingang eines Zeltes heranreiten, in dem ich mich befand. Er neigte sich auf seinem Sattel so, daß er mir das Gesicht zuwendete. Ich trat zu ihm hin, küßte ihm die Knie und Sandalen, legte ihm ein Kissen hin, auf das er sich setzte. »Mein Herr!« sagte ich. »Verhalte ich mich nicht richtig?« »Keineswegs! Doch der innerlich Schöne kann mit dem äußerlich Häßlichen nicht frei von Not sein. Wenn du etwas befolgst, dann hast du es zuerst gegenüber Gott zu tun. Steh auf und tu, was zu tun ist, ohne Widerspruch!« »Ich horche und gehorche!«

Ich erwachte, betrat das Bad und ging zur Gedenkstätte, wo ich das Gebet verrichtete. So fiel der Zweifel von mir ab.

Fachr al-Mulk schickte nach mir und ließ fragen: »Was habe ich gehört?« Ich antwortete: »Ich habe bereits insgeheim geglaubt, bis ich gestern diesen Traum gehabt habe.«

Unsere alten Glaubensbrüder sagten mir immer wieder: »Du hast unsere Gebete verrichtet!« Mir wurden ein Ehrensitz mit Gewändern und zweihundert Golddinar gebracht. Doch ich schickte alles zurück mit den Worten: »Ich möchte mit meinem Tun nichts Weltliches vermengen!« Diese Haltung wurde für gut angesehen. Ich wollte nur einen Koran abschreiben.

Einer der Zeugen erblickte den Gottesgesandten im Traum und hörte ihn sagen: »Sag diesem künftigen Muslim, ich will, daß du einen Koran abschreibst. Schreibe ihn ab! Dadurch wirst du zum Muslim!«

Eine Frau, die ich nach meiner Bekehrung zum Islam geheiratet hatte, erzählte mir folgendes:

Als ich zu dir kam, wurde mir gesagt, daß du noch bei deiner alten Religion geblieben seist. Ich wollte dich daraufhin verlassen. Dann erblickte ich im Traum einen Mann, von dem gesagt wurde, es sei der Gottesgesandte, und zwar mit einer Gruppe von Leuten, von denen es heißt, es seien seine Gefährten, sowie mit einem Mann mit zwei Schwertern, von dem es hieß, es sei Ali Ibn Talib. Es war so, als ob du hereinkamst, Ali eins der beiden Schwerter zog und es dir mit den Worten überreichte: »Hier, hier!« Der Gottesgesandte aber schüttelte dir die Hand. Der

Fürst der Gläubigen (Ali) hob den Kopf zu mir, während ich aus dem Zimmer hinausschaute, und sprach: »Siehst du diesen nicht? Er wird bei Gott und seinem Gesandten mehr als du und viele Leute geehrt. Wir sind zu dir nur gekommen, um dir seine hohe Stellung zu zeigen und dir kundzutun, daß wir dich mit ihm richtig verheiratet haben. Freue dich und frohlocke. Du wirst nur Gutes erleben!«

Da erwachte ich und aller Zweifel und Argwohn fielen von mir ab.

Hilal Ibn al-Muhassin as-Sabi (969–1056) war ein angesehener arabischer Geschichtsschreiber. Mit seiner Familie gehörte er bis zu seiner Bekehrung zum Islam der altorientalischen Religion der Sabier an, die in der mesopotamischen Stadt Harran überlebt hatte. Aus dieser Gemeinschaft kamen einige berühmte Gelehrte, Sekretäre und Ärzte nach Bagdad.

Ibn al-Ġauzī, Kitāb al-Muntaẓam, Beirut 1412/1992, Teil 16, S. 13–15; Übersetzung H. Preißler.

Predigt als Volksschauspiel

Ich muß Gott für alle Bagdader um Verzeihung bitten (weil sie den Fremden so schlecht behandeln). Nur ihre traditionskundigen Rechtsgelehrten und ihre ermahnenden Prediger betrifft das nicht. Ohne Zweifel haben sie in der Art, zu predigen und zu mahnen, ständig zu erwecken und zu belehren, beharrlich furchterregend zu warnen und zur Vorsicht zu rufen, Gelegenheiten, die für sie von Gottes Gnaden herabgewünscht werden, um viele Sündenbürden den Bagdadern abzunehmen, den Schleier des Verzeihens über ihre üblen Spuren zu decken und die hart anklopfende Katastrophe daran zu hindern, über ihre Häuser hereinzubrechen. Doch versuchen sie dabei, kaltes Eisen zu schmieden und schwere Felsen in kleine Stücke zu zerbrechen. Kaum ein Wochentag vergeht, ohne daß ein Prediger dort spricht. Und wer unter ihnen Erfolg hat, hält alle Tage eine Mahnsitzung ab. Dabei folgen sie einer segensreichen und zwingenden Weise.

In der ersten Predigtversammlung erleben wir den Scheich und Imam Radij ad-Din al-Qazwini, den Führer der Schafi'iten, den

Rechtsgelehrten der Nizamija-Schule, der bekannt ist durch seinen hervorragenden Platz in den fundamentalen Wissenschaften. Wir nahmen am Freitag, dem 5. Safar 580 (18. Mai 1184), nach dem Nachmittagsgebet an seiner Sitzung in der genannten Schule teil.

Er bestieg die Kanzel, und die Koranleser, die vor ihm auf hohen Stühlen saßen, begannen mit dem Vortrag des Korans. Sie riefen zu Furcht vor Gott und Sehnsucht nach ihm und boten erstaunliche Modulationen und ergreifende melodiöse Intonationen dar. Dann begann der erwähnte Imam und hielt eine Predigt voller Ernst und Würde. Dabei suchte er verschiedene Zweige der Wissenschaften, von der Erklärung von Gottes des Allmächtigen Schrift und dem Anführen der Überlieferungen seines hochgebenedeiten Gesandten bis zur Darstellung der allegorischen Ausdrücke darin.

Danach traf ihn von allen Seiten ein Regen von Fragen. Er antwortete, ohne etwas zu vernachlässigen, veränderte aber die Reihenfolge, indem er einmal die eine Frage vorzog, ein andermal die eine zurückstellte. Zahlreiche Zettel wurden ihm übergeben. Er sammelte sie alle in der Hand und begann, auf diese zu antworten. Er spendete reichlich, bis er sie alle behandelt hatte.

Erst am Abend stieg er von der Kanzel herab, und die Menge zerstreute sich. Seine Sitzung war voller Wissen und Ermahnung, würdevoll und doch leicht und geschmeidig. Segen und innere Ruhe erschienen ganz deutlich. Die nach göttlicher Ruhe dürstende Seele verfehlte es nicht, ihre Ermahnung durch ihn auszusenden, besonders am Ende seiner Sitzung, denn das Feuer seiner Predigt erreichte die Seelen so, daß es sie in Demut erhob und in Tränen ausbrechen ließ. Die Bußfertigen stürzten auf ihn und suchten seine Hand. Wie viele Stirnlocken schnitt er (ihnen) ab, und wie viele Gelenke der Büßer krümmte er durch seine Ermahnung!

Durch eine solche Stellung, wie sie dieser segensreiche Scheich hatte, werden Aufrührer begnadigt, Verbrecher von Verzeihen eingehüllt und werden Sündenfreiheit und Erlösung dauern.

Im 12. Jahrhundert waren Mahnpredigten in Bagdad sehr beliebt. Sie wurden genau inszeniert. Berühmte Prediger besaßen ein umfangreiches, manchmal Tausende Personen zählendes Publikum, das sich auch durch die Kunst der Koranrezitatoren und das Können der Redner packen ließ, so daß am Ende solcher Versammlungen Bußfertige ihre Reue zeigten und Christen und Juden demonstrativ zum Islam übertraten. Der aus Spanien stammende Ibn Djubair (1145–1217) schildert mehrere dieser Veranstaltungen in kunstvoller Sprache in seiner Reisebeschreibung.

Riḥlat Ibn Ǧubair, Beirut 1384/1964, S. 194–196; Übersetzung H. Preißler.

Eine fromme Frau

Muhammad Ibn Amr sagte: Ich kam zu Rabi'a. Sie war schon eine alte Frau von achtzig Jahren und glich einem leeren Wasserschlauch. Kaum konnte sie sich aufrecht halten. In ihrem Haus erblickte ich ein Stück Matte und einen persischen Kleiderständer aus Rohr zwei Ellen über dem Boden. Der Vorhang der Tür war aus Leder, vielleicht auch aus einer Strohmatte. Ein großer Krug, eine kleine Kanne und ein Filz waren die ganze Ausstattung ihres Hauses, das auch ihr Gebetsplatz war. Auf dem Kleiderständer hingen ihre Totentücher. Wenn sie an den Tod dachte, erschauerte sie, und Zittern ergriff sie.

Wenn sie bei anderen vorbeiging, erkannte man in ihr die fromme Gottesdienerin. Ein Mann bat sie: »Bete für mich!« Sie schmiegte sich an die Hauswand und sagte: »Wer bin ich denn? Gott erbarme sich deiner! Gehorche deinem Herrn und bitte ihn, denn er antwortet dem Verwirrten!«

Sadjf Ibn Manzur sagte: Ich kam zu Rabi'a, als sie sich zum Gebet auf den Boden niedergeworfen hatte. Als sie merkte, daß ich da war, hob sie den Kopf. Die Stelle, wo sie beim Gebet mit der Stirn den Boden berührt hatte, war durch ihre Tränen aufgeweicht. Ich grüßte sie. Sie drehte sich zu mir und sagte: »Mein Sohn! Was brauchst du?« »Ich bin nur gekommen, um dir meinen Gruß zu entbieten.« Unter Tränen antwortete sie: »Dein Schutz, oh Gott, dein Schutz!« Sie sprach mehrere Bittgebete, dann wendete sie sich wieder dem Gebet zu, und ich ging.

Azhar Ibn Marwan sagte: Rijah al-Qaisi, Salih Ibn Abd al-Djalil und Kilab besuchten Rabi'a. Sie unterhielten sich über die Welt und begannen sie zu tadeln. Rabi'a meinte dazu: »Ich sehe, wie diese Welt mit allen vier Himmelsrichtungen in euren Herzen ist.« »Weshalb vermutest du das bei uns?« fragten sie. »Ihr seht die Dinge, die euerm Herzen am nächsten sind, und sprecht darüber.«

Dj'afar Ibn Sulaiman sagte: Ich hörte Rabi'a zu Sufjan sagen: »Deine Tage sind gezählt. Wann immer ein Tag vergeht, vergeht ein Teil von dir. Wenn aber ein Teil vergeht, kann auch bald das Ganze vergehen. Du weißt es. Handle danach!«

Ubaid Ibn Marhum al-Attar sagte: Abda, die Tochter von Abu Schauwal, eine der besten Gottesmägde, die der Rabi'a diente, erzählte mir: Rabi'a betete gewöhnlich die ganze Nacht. Im Morgengrauen legte sie sich zu einem kurzen Schlummer auf ihrem Gebetsplatz nieder, bis das Morgenlicht erstrahlte. Dann hörte ich sie, wenn sie sich von ihrem Lager erhob, erschrocken sagen: »Oh Seele! Wie lange willst du schlafen? Wie lange willst du wachen? Du könntest doch in einen Schlaf verfallen, aus dem du erst vom Ruf zum Tage der Auferstehung erweckt wirst.«

So war ihr mühseliges Tun ein Leben lang. Als sie dem Tode nahe war, sagte sie. »Abda! Benachrichtige niemand von meinem Tod und hülle mich in diesen meinen Mantel.« Es war ein Wollmantel, den sie umlegte, wenn sie ruhte. Wir haben sie dann in diesen Mantel und einen wollenen Gesichtsschleier, den sie trug, eingewickelt (und beerdigt).

Etwa ein Jahr danach sah ich sie im Traum. Sie trug einen grünen Mantel aus Brokat und einen Gesichtsschleier aus feiner grüner Seide. Schöneres habe ich niemals gesehen. »Rabi'a!« fragte ich. »Was hast du mit dem Mantel und dem Wollschleier gemacht, in die wir dich gehüllt haben?« Sie antwortete: »Bei Gott! Sie sind mir weggenommen und durch das, was du siehst, ersetzt worden. Meine Leichentücher wurden zusammengerollt, versiegelt und wurden zu den Hohen Stätten der Frommen im Paradies gebracht, damit mir dafür am Tage der Auferstehung Lohn zugemessen wird.« ... Dann sagte ich: »Gebiete mir doch etwas, womit ich Gott dem Allmächtigen nahe komme!« Sie antwortete: »Du mußt ihn nur viel erwähnen. Vielleicht bist du dadurch in deinem Grab zufrieden.«

Rabi'a al-Adawija (gest. 801) war eine Sklavin, die freigelassen wurde und dann in Basra bis ins hohe Alter als fromme und geachtete Asketin lebte. Sie führte den Begriff der Gottesliebe in die islamische Mystik ein. Ihr Verhalten galt späteren Generationen als für eine religiöse Frau vorbildhaft.

Ibn Ǧauzī, Ṣifat aṣ-ṣafwa, Beirut 1409/1989, Bd. 4, S. 23–26; Übersetzung H. Preißler.

Was bedeutet Sufitum?

Man erzählt von as-Sari, er habe gesagt: »Sufitum ist eine Bezeichnung für drei Dinge. Sufi ist der, bei dem das Licht seiner Erkenntnis das Licht seiner Gewissenhaftigkeit nicht auslöscht, der nicht von einem inneren Sinn in einer Wissenschaft spricht, dem der äußere Sinn des Heiligen Buches darin widerspricht, und den die Wundergaben nicht veranlassen, die Schleier der Verbote Gottes zu zerreißen.«

… Ich hörte Abu Hamza al-Baghdadi sagen: »Den ehrlichen Sufi erkennt man daran, daß er arm ist, nachdem er reich war, gering, nachdem er groß war, verborgen, nachdem er wohlbekannt war. Den falschen Sufi erkennt man daran, daß er (an diesseitigen Gütern) reich ist, nachdem er arm war, groß, nachdem er gering war, wohlbekannt, nachdem er verborgen war.«

… Ich hörte Ruwaim Ibn Ahmad al-Baghdadi sagen: »Das Sufitum beruht auf drei Eigenschaften: an Armut und Bedürftigkeit (nach Gott) festhalten, Großzügigkeit und Altruismus verwirklichen, Widerstand und Selbsterwählen aufgeben.«

Al-Husri sagte: »Der Sufi ist nicht seiend nach seinem Nichtsein und ist nicht nichtseiend nach seinem Sein.«

Der Meister al-Quschairi sagte: Hierin steckt eine Schwierigkeit. Gemeint ist damit: Er ist nicht nach seinem Nichtsein, das heißt, wenn das Unheilvolle an ihm verschwunden ist, kommt es nicht wieder zurück. Und sein Wort »und ist nicht nichtseiend nach seinem Sein« bedeutet: Wenn er ganz auf Gott allein eingestellt ist, sinkt er nicht ab, während die Menschen absinken, und die Geschehnisse haben auf ihn keinen Einfluß. – Man sagt: Der Sufi ist der durch das ihm von Gott her Erscheinende sich selbst

Entrissene. Und man sagt: Der Sufi steht unter der zwingenden Gewalt der Lenkung der Herrschaftlichkeit und ist verhüllt durch die Selbsttätigkeit und Knechthaftigkeit.

Abu 'l-Qasim Abd al-Karim al-Quschairi (986–1072), der im Gebiet der iranischen Stadt Nischamur wirkte, verfaßte 1045 sein »Sendschreiben über das Sufitum« als apologetische und belehrende Schrift. Dieses Werk wurde schnell zum beliebten Handbuch des Sufitums und bald auch ins Persische übersetzt.

R. Gramlich, Das Sendschreiben al-Qušayrīs über das Sufitum, Wiesbaden 1989, S. 41, 385, 386, 390;
ar-Risāla al-Qušayrīya fī ʿilm at-taṣauwuf, (Kairo) o. J., S. 10, 127, 128.

Liebe bei Sufis

(Der Meister al-Quschairi sagte:)
Die Liebe ist ein edler Zustand. Gott hat ihn den Menschen bezeugt und seine eigene Liebe zum Menschen kundgetan. Gott wird damit beschrieben, daß er den Menschen liebt, und der Mensch damit, daß er Gott liebt. In der Sprache der Gelehrten ist die Liebe das Wollen, die Sufis aber verstehen unter der Liebe nicht das Wollen. Das Wollen kann sich ja nicht auf den Anfangslosen beziehen, es sei denn, oh Gott, man führe es darauf zurück, daß man den Willen hat, ihm näher zu kommen und ihn zu verherrlichen. Wir werden nun zur Erforschung dieser Frage einiges sagen, so Gott will.

Die Liebe Gottes zum Menschen ist sein Wille, diesem eine besondere Gunst zu erweisen, so wie sein Erbarmen ihm gegenüber der Wille, ihm eine besondere Gunst zu erweisen, ist. Das Erbarmen ist spezieller als das Wollen, die Liebe ist spezieller als das Erbarmen. Gottes Wille, dem Menschen Lohn und Gunsterweis zukommen zu lassen, nennt man Erbarmen, seinen Willen, ihn mit Nähe und erhabenen Zuständen auszuzeichnen, nennt man Liebe. Sein Wollen ist eine einzige Eigenschaft. Dessen Namen sind entsprechend der Verschiedenheit seiner Bezugsobjekte jeweils anders. Bezieht es sich auf die Strafe, so heißt es Zorn, bezieht es sich auf die Gunsterweise im allgemeinen, so heißt es Erbarmen, bezieht es sich auf die besonderen Gunsterweise, so heißt es Liebe. Manche sagen: Die Liebe Gottes zum Menschen ist sein Lob auf ihn und seine lobende Anerkennung für ihn. Die Liebe Gottes (zu ihm) läuft nach dieser Lehre auf Gottes Wort hinaus. Sein Wort aber ist anfanglos. Andere sagen: Gottes Liebe zum Menschen ist eine Eigenschaft seines Handelns.

Dieses ist ein besonderes Wohltun, mit dem er dem Menschen begegnet, und ein besonderer Zustand, zu dem er ihn emporführt. So hat einer gesagt, sein Erbarmen gegenüber dem Menschen sei sein Hulderweis an ihm. Und von den Altvordern sagten einige, seine Liebe sei eine in den Heiligen Berichten überlieferte Eigenschaft. Daher verwenden sie zwar die Bezeichnung, enthalten sich aber der Auslegung. Über alles andere jedoch, was man an den Eigenschaften der Liebe der Menschen erkennen kann – etwa die Hinneigung zu etwas oder die Vertrautheit mit etwas oder ein Zustand, den der Liebende bei seinem geschöpflichen Geliebten erfährt –, ist der Anfangslose erhaben.

Nun zur Liebe des Menschen zu Gott. Sie ist ein Zustand, den er an seinem Herzen erfährt, zu subtil, um ihn in Worte fassen zu können. Dieser Zustand veranlaßt ihn, Gott zu verherrlichen, sein Wohlgefallen zu wählen, es ohne ihn kaum aushalten zu können, ruhelos nach ihm zu verlangen, ohne ihn rastlos zu sein und sich beim ununterbrochenen Denken an ihn mit dem Herzen geborgen zu fühlen. Die Liebe des Menschen zu Gott schließt weder eine Hinneigung noch eine Abgrenzung ein. Wie könnte sie es, wo doch die Wirklichkeit der Urbeständigkeit heilig erhaben darüber ist, daß man an sie herankommen, sie erreichen oder sie umgrenzen könnte! Es ist besser, wenn man den Liebenden als im Geliebten verloren beschreibt, als wenn man ihn durch Umgrenzung kennzeichnet. Für die Liebe gibt es keine deutlichere und verständlichere Beschreibung oder Definition als Liebe. Ausführliche Erörterungen sind am Platz, wenn etwas unklar ist. Ist aber etwas einmal nicht mehr fremd und unverständlich, so braucht man sich auf tiefgründige Erklärungen nicht weiter einzulassen.

R. Gramlich, Das Sendschreiben al Qušayrīs über das Sufitum, Wiesbaden 1989, S. 439 f.;
ar-Risāla al-Qušairīya fī ᶜilm at-taṣauwuf, (Kairo) o. J., S. 144.

Wunder der Gottesfreunde

(Der Meister Abu 'l-Qasim al-Quschairi sprach:) Daß bei den Gottesfreunden Wunder vorkommen, ist möglich. Der Beweis für dessen Möglichkeit liegt darin, daß es etwas ist, dessen Statthaben verstandesmäßig denkbar ist und dessen Eintreten nicht zur Aufhebung irgendeines Prinzips führt. Folglich muß man Gott die Macht, Wunder geschehen zu lassen, zuerkennen. Wenn es aber mit Notwendigkeit in Gottes Macht steht, so gibt es nichts, was die Möglichkeit seines Eintretens ausschließen könnte. Wenn Wunder geschehen, ist dies ein Zeichen, daß der, durch den sie geschehen, in seinen Zuständen wahrhaftig ist. Wenn also einer nicht wahrhaftig ist, ist es nicht möglich, daß durch ihn dergleichen geschieht. Darauf weist die Tatsache hin, daß es etwas Denkbares ist, daß der Anfangslose uns Erkenntnis verleiht, so daß wir zwischen einem, der in seinen Zuständen wahrhaftig ist, und einem, der Falsches vorgibt, durch Schlußfolgerung unterscheiden können. Das kann aber nur dadurch sein, daß der Gottesfreund mit etwas ausgestattet ist, was bei einem, der in seinem Anspruch lügt, nicht vorhanden ist. Und eben dieses Etwas ist das Wunder, auf das wir hingewiesen haben.

Abu Umar al-Anmati erzählte: Ich war mit meinem Meister in der Steppe, als wir vom Regen überrascht wurden. Wir gingen in eine Moschee, um darin Schutz zu finden. Nun war aber die Decke undicht. Darum stiegen wir auf das Dach und nahmen ein Brett mit, um die Decke wiederherzustellen. Doch das Brett war zu kurz und reichte nicht bis zur Mauer. Da sagte mein Meister (zu mir): »Strecke es!« Ich streckte es, und es kam auf der einen Seite und auf der anderen Seite auf der Mauer zu liegen.

Als der Anfang des Monats Ramadan gekommen war, begab sich Abu Ubaid al-Busri in einen Raum und sagte zu seiner Frau: »Verschließe hinter mir die Tür mit Lehm und wirf mir jeden Abend durch die Lichtöffnung einen Laib Brot herein.« Am Fest des Fastenbrechens öffnete man die Tür, und seine Frau ging in den Raum hinein. Und da lagen dreißig Brotlaibe in einer Ecke des Raumes. Er aß nicht, trank nicht und schlief nicht, und es entging ihm keine Gebetseinheit.

… Ich hörte Dhu 'n-Nun al-Misri sagen: Ich sah einen jungen

Mann bei der Kaaba zahlreiche Verbeugungen und Niederwerfungen machen. Ich trat an ihn heran und sagte: »Du machst das Ritualgebet lang!« Er entgegnete: »Ich warte auf die Erlaubnis meines Herrn zum Gehen.« Dann sah ich einen Zettel auf ihn herabfallen, worauf geschrieben stand: Von dem Mächtigen, Vergebungsreichen an meinen ehrlichen Diener: Geh, indes dir deine frühere und deine spätere Schuld vergeben ist.

Von Ibrahim al-Chauwas erzählt man, er habe gesagt: Als ich einmal in die Wüste gezogen war, sah ich dort einen Christen, der einen Ungläubigengürtel umgebunden hatte. Er bat, mich begleiten zu dürfen, und so gingen wir sieben Tage dahin. Dann sagte er zu mir: »Mönch der hanifischen Religion[1], nun zeig einmal, was du kannst! Wir haben doch Hunger!« Ich sprach: »Mein Gott, beschäme mich nicht vor diesem Ungläubigen!« Da sah ich eine Schüssel mit Brot, gebratenem Fisch und Datteln und einen Krug Wasser. Nun aßen und tranken wir und zogen sieben Tage weiter. Danach beeilte ich mich zu sagen: »Mönch der Christen, zeig, was du hast, denn jetzt bist du dran!« Darauf stützte er sich auf seinen Stab und betete. Und siehe da zwei Schüsseln, darauf ein Mehrfaches von dem, was auf meiner Schüssel gewesen war. Ich war ratlos und verlor die Fassung und ich wollte nicht essen. Er drängte mich, doch ich fügte mich ihm nicht. Dann sagte er: »Iß, denn ich habe für dich zwei gute Nachrichten. Die eine: Ich bezeuge, daß es keinen Gott gibt außer Gott, und ich bezeuge, daß Muhammad der Gesandte Gottes ist.« Und er löste den Ungläubigengürtel. »Die zweite: Ich habe gesagt: O Gott, wenn dieser Diener bei dir etwas gilt, dann gewähre mir dieses! Und er tat es.« Danach aßen wir und gingen weiter, und er machte die Wallfahrt. Wir blieben ein Jahr in Mekka. Dann starb er und wurde in der Niederung begraben.

Von Adam Ibn Abi Ijas ist überliefert: Wir waren in Asqalan, und zu uns kam ein junger Mann und setzte sich zu uns und plauderte mit uns. Als wir fertig waren, erhob er sich zum Ritualgebet und betete. Eines Tages verabschiedete er sich von mir und sagte, er wolle nach Alexandrien. Ich ging mit ihm hinaus und bot ihm ein paar Dirhemchen an. Doch er wollte sie nicht annehmen. Als ich ihn drängte, warf er eine Handvoll Sand in ein Ledergefäß und

---

1 Bezeichnung für die islamische Religion

schöpfte Meerwasser dazu und sagte: »Iß es!« Ich schaute, und siehe, es war reich gezuckerte Getreidegrütze. Dann sagte er: »Wessen Zustand mit Gott so ist, braucht der etwa dein Geld?«

Bakr Ibn Abd ar-Rahman sagte: Als wir mit Dhu 'n-Nun al-Misri in der Steppe waren und unter einem Akazienbaum haltgemacht hatten, sagten wir: »Wie köstlich wäre doch dieser Platz, wenn es an ihm Datteln gäbe!« Dhu 'n-Nun lächelte und sagte: »Ihr habt Lust auf Datteln?« Dann schüttelte er den Baum und sprach: »Ich beschwöre dich bei dem, der dich hervorgebracht und als Baum erschaffen hat: Streue über uns frische Datteln aus!« Danach schüttelte er ihn, und er streute (frische) Datteln aus. Wir aßen und wurden satt. Dann schliefen wir. Als wir aufwachten und den Baum schüttelten, streute er Dornen auf uns.

Hamid al-Aswad sagte: Ich war mit al-Chauwas im Freien. Als wir uns zum Übernachten bei einem Baum niedergelassen hatte, kam ein Löwe daher. Ich stieg auf den Baum und blieb bis zum Morgen, ohne Schlaf zu finden. Ibrahim al-Chauwas aber schlief, während der Löwe ihn von Kopf bis Fuß beschnupperte. Dann ging der Löwe weg. Die folgende Nacht verbrachten wir in einer Moschee in einem Dorf. Als ihm da eine Wanze auf das Gesicht fiel und ihn biß, seufzte er laut auf. Ich sagte: »Das ist verwunderlich. Gestern hast du dich vor dem Löwen nicht gefürchtet, und heute nacht schreist du wegen Wanzen!« Darauf erwiderte er: »Was den gestrigen Tag anlangt, so war ich in jenem Zustand durch Gott, heute nacht aber bin ich in diesem Zustand durch mich selber.«

… Ich hörte Abu Muhammad Nu'man Ibn Musa al-Djizi in al-Giza sagen: Ich sah Dhu 'n-Nun al-Misri, nachdem zwei Männer miteinander gekämpft hatten, einer davon ein Freund des Herrschers, der andere aus dem Volk. Der aus dem Volk war auf jenen losgegangen und hatte ihm einen Schneidezahn abgebrochen. Nun hat sich der Soldat an den Mann gehängt und gerufen: »Zwischen mir und dir (entscheidet) der Fürst!« Sie kamen bei Dhu 'n-Nun vorüber. Da sagten die Leute: »Geht zum Scheich hin!« Sie gingen zu ihm und setzten ihn von dem Geschehen in Kenntnis. Daraufhin nahm er den Zahn, und dann benetzte er ihn mit seinem Speichel und setzte ihn in den Mund des Mannes zurück, an die gleiche Stelle, an der er zuvor gewesen war, und er bewegte seine Lippen (im Gebet). Der Zahn blieb mit Gottes Erlaubnis haften. Der Mann untersuchte längere Zeit seinen Mund, und dabei fand er, daß seine Zähne fehlerlos waren.

R. Gramlich, Das Sendschreiben al-Qušayrīs über das Sufitum, Wiesbaden 1989, S. 480, 496, 498, 501, 504, 506, 519;
ar-Risāla al-Qušairīya fī ʿilm at-taṣauwuf, (Kairo) o. J., S. 158, 164, 165–168, 174.

Der seltsame Halladj

Nach Abu 'l-Hasan Ali Ibn Ahmad Ibn Mardawaih heißt es:
Ich sah, wie al-Halladj auf dem Qati'a-Markt in Bagdad dreimal weinend rief: »Ihr Menschen! Rettet mich vor Gott! Denn Er hat mich mir entrissen und gibt mich nicht zurück. Ich vermag diese (göttliche) Anwesenheit nicht zu ertragen und fürchte Preisgabe, so daß ich dann verlassen und beraubt bin. Wehe dem, der sich nach dieser Anwesenheit verlassen und nach der Vereinigung preisgegeben sieht!« Weil er weinte, weinten auch die Leute, bis er zur Attab-Moschee kam. An ihrer Tür blieb er stehen und begann so zu sprechen, daß die Leute das eine davon verstanden, ihnen aber das andere unklar blieb. So begriffen die Leute, daß er sagte: »Ihr Menschen! Freundlich spricht Er zu den Geschöpfen. Er enthüllt sich ihnen, dann verbirgt Er sich vor ihnen, um sie zu erziehen. Würde Er sich nicht enthüllen, würden sie allesamt ungläubig. Würde Er sich nicht verbergen, würden sie sich alle abwenden. Keine der beiden Zustände vermittelt Er ihnen dauerhaft. Doch vor mir verbirgt Er sich keinen Augenblick, so daß ich mich nicht erholen kann, bis mein Menschsein in Seinem Gottsein zugrunde geht und mein Leib in den Lichtern Seines Wesens verschwindet. Von mir bleibt dann weder Anblick noch Spur, weder Ansicht noch Kunde.« Unklar blieb dagegen den Leuten die Bedeutung der folgenden seiner Worte: »Wisset, daß die Stützen auf Seinem Ja-Hu beruhen und die Körper durch sein Ja-Sin[1] bewegt werden. Hu und Sin sind zwei Wege zur Erkenntnis des Urpunktes.« Dann rezitierte er:

---

[1] geheimnisvolle Buchstabenverbindungen, die im Sufismus unterschiedlich erklärt und bei rituellen Praktiken gesprochen werden

»Der Bund des Prophetentums ist ein strahlendes Licht,
durch die Offenbarung in der Nische der Seele aufgehängt.
Bei Gott! Des Geistes Hauch bläst in mein Herz.
Durch meinen Einfall bläst Israfil[2] in die Posaune.
Wenn Er sich auf meinem Berg offenbart, mit mir zu reden,
sehe ich in meiner Abwesenheit Moses auf dem Sinai.«

Akhbar al-Hallaj, Ed. L. Massignon, P. Kraus, 3. Aufl., Paris 1957, S. 25 f.
(arab.), S. 112 f. (franz. Übersetzung); Übersetzung H. Preißler.

Ahmad Ibn Fatik sagte:
Al-Halladj sagte:
Wer meint, Gottsein könne sich mit Menschsein oder Menschsein mit Gottsein vermischen, ist ungläubig. Denn Gott der Erhabene ist in seinem Wesen und seinen Attributen von den Wesenheiten und Attributen der Geschöpfe getrennt. Er gleicht ihnen
in keiner Weise und sie gleichen ihm in nichts. Wie kann man sich
vorstellen, daß Ewiges und Geschaffenes ähnlich sind? Wer
meint, der Schöpfer sei an oder auf einem Ort oder mit einem Ort
verbunden, man könne ihn sich in seinem Innersten vorstellen,
ihn in Vorstellungen sich einbilden oder ihn durch Attribut und
Beschreibung darstellen, ist ein Götzenanbeter.

Akhbar al-Hallaj, Ed. L. Massignon, P. Kraus, 3. Aufl., Paris 1957, S. 47
(arab.), franz. Übersetzung S. 122; Übersetzung H. Preißler.

Nach Abd al-Wadud Ibn Sa'id Ibn Abd al-Ghani heißt es:
Ich sah, wie al-Halladj die Mansur-Moschee (in Bagdad) betrat
und sagte: »Ihr Menschen! Hört ein Wort von mir!« Viele
Geschöpfe versammelten sich bei ihm, die einen voller Liebe, die
anderen voller Abneigung. Al-Halladj sprach: »Wisset, daß Gott
der Erhabene mich für vogelfrei erklärt hat! Tötet mich also!«
Einige Leute weinten. Ich trat aus der Menge nach vorn und
sagte: »Meister! Wie können wir einen Mann töten, der betet,
fastet und den Koran liest?« Er antwortete: »Scheich! Der
Grund, weshalb Leben geschont wird, geht über Gebet, Fasten
und Koranlesen hinaus. Tötet mich! Ihr werdet Belohnung und

---

2 Erzengel, arabische Bildung nach dem hebräischen Serafim

ich werde Erholung finden.« Da weinten die Leute wieder. Al-Halladj aber ging weg. Ich folgte ihm bis nach Hause und fragte dann: »Meister! Was soll das bedeuten?« Er erwiderte: »In dieser Welt ist den Muslimen nichts wichtiger, als mich zu töten!« Ich fragte weiter: »Und wie ist der Weg zu Gott, dem Erhabenen?« Er antwortete: »Der Weg ist dazwischen. Niemand ist mit Gott!« »Erklär mir das doch!« bat ich ihn. Doch er meinte: »Wer meine Anspielungen nicht begreift, den können auch meine Erklärungen nicht richtig lenken.« Dann sagte er:

»Bist du es, oder bin ich es? Es sind wie zwei Götter.
Doch hüte dich, an zwei zu glauben!
Ein Sein ist Dir in meinem Nichtsein immer.
Mein Ganzes dem Ganzen zuzufügen, ist doppelt Täuschung.
Wo ist Dein Wesen mir gegenüber, daß ich es sehen könnte?
Klar zeigte sich mein Wesen, wo ich nicht bin.
Und wo ist dein Antlitz, das ich mit meinen Blicken suche?
Im Herzensinnern oder im Auge drin?
Zwischen mir und dir ist mein Ich, das mich bedrängt.
Heb empor mit Deinem Ich mein Ich aus der Trennung!«

Ich bat ihn: »Kannst du mir diese Verse erklären?« Er antwortete: »Ihr Sinn wird niemand außer dem Gottesgesandten übergeben, ihm durch Verdienst, mir in Nachfolge!«

Akhbar al-Hallaj, Ed. L. Massignon, P. Kraus, 3. Aufl., Paris 1957, S. 75 f. (arab.), S. 136 (franz. Übersetzung); Übersetzung H. Preißler.

Die Ruhe, und dann Schweigen, und dann Stummheit,
Und Wissen, und dann Finden, dann Begraben,
Und Erde, darauf Feuer, dann ein Leuchten,
Und Kälte, dann ein Schatten, und dann Sonne,
Und Felsgrund, und dann Flachland, und dann Wüste,
Und Fluß, und dann ein Meer, und dann Vertrocknen,
Und Rausch, und dann Ernücht'rung, und dann Sehnsucht,
Und Nähe, und dann Treffen, dann Vertrautheit,
Bedrängnis, dann Befreiung, dann Vernichtung.
Und Trennung, dann Vereinung, dann Verlöschen,
Ergreifen, dann ein Rückstoß, dann Entrückung,
Beschreibung, dann Enthüllung, dann Bekleidung.

Nur Worte für die Menschen, die das Diesseits
Gleichsetzen mit wertlosen Kupfermünzen,
Und Stimmen hinter einer Tür; denn Worte
Der Menschen sind, wenn man sich nähert, Murmeln.
Das Letzte doch, des sich ein Mensch erinnert,
Wenn er das Ziel erreicht, ist »Ich«, »Mein Glückslos«,
Denn die Geschöpfe sind der Wünsche Diener,
Und Gottes Wirklichkeit ist »Helligkeit«.

Schimmel, A., Gärten der Erkenntnis. Das Buch der vierzig Sufi-Meister,
3. Aufl., München 1982, S. 55.
Le Dîwân d'ál-Hallâj, Ed. L. Massignon, Paris 1955, S. 19–21 (mit franzö-
sischer Übersetzung).

Die Perversion des Sufitums

Abu 'l-Abbas ad-Dinawari sagte:

»Sie reißen die Grundpfeiler des Sufitums nieder und zerstören
deren Weg und ändern deren Bedeutung mit Bezeichnungen, die
sie erfinden. Die Begierde nennen sie Mehrung, schlechtes
Benehmen Aufrichtigkeit, das Verlassen des Wahren theophati-
sche Reden, den Genuß des Verwerflichen Vergnügtheit, die
Befolgung des Lustverlangens Heimsuchung, die Rückkehr zum
Diesseits Vereinigung, den schlechten Charakter Tatkraft, den
Geiz Ausdauer, das Betteln Tätigkeit, die üble Nachrede Tadel.
Das aber ist nicht der Weg des Sufis.«

R. Gramlich, Das Sendschreiben al-Qušayrīs über das Sufitum, Wiesbaden 1989, S. 102;
ar-Risāla al-Qušairīya fī ᶜilm at-taṣauwuf, (Kairo) o. J., S. 29.

VI Vielfalt in der islamischen Gemeinschaft

Der Koran betont immer wieder den Gedanken, daß alle Muslime Mitglieder einer Gemeinschaft, der Umma, sind, die an den einzigen Gott, Allah, und die Sendung seines Propheten Muhammad glaubt und sich an die Normen hält, wie sie im Koran, der göttlichen Offenbarung, enthalten sind. Als Muhammad 632 starb, drohte diese angestrebte Einheit zu zerbrechen. Nur mit Mühe gelang es seinen Nachfolgern, den Kalifen, die Muslime auf eine politische und religiöse Leitung einzuschwören. Schwelende Differenzen brachen dann nach der Ermordung des dritten Kalifen Uthman im Jahre 656 offen aus. Aufständische Krieger kürten Muhammads Cousin und Schwiegersohn Ali Ibn Abi Talib zum neuen Kalifen. Gegen ihn richtete sich der mächtige Statthalter von Syrien, Uthmans Verwandter Mu'awija. Eine Opposition aus Medina, in der Muhammads Witwe A'ischa eine führende Rolle spielte, konnte Ali schlagen. Doch gefährlicher wurden jene, die sein eigenes Lager verließen und als Charidjiten die älteste islamischen Sondergruppierung bildeten. 661 fiel Ali von charidjitischer Hand, sein Gegner Mu'awija wurde neuer Herrscher. Aber die Hoffnungen bestimmter Kreise unter Arabern wie neubekehrten Nichtarabern richteten sich weiterhin auf Ali und seine Familie als Imamen, legitimen Führern der Gemeinschaft, denen bald eine besondere religiöse Bedeutung und später sogar übermenschliche Züge wie die Wiederkehr als Messias, Mahdi, zugesprochen wurden. Aus diesen Bestrebungen entstand das Schi'itentum als hauptsächliche islamische Richtung neben dem Sunnitentum, das Ali und seine Familie zwar hochschätzte, aber ansonsten die bestehende Herrschaft der Kalifen anerkannte. Die Schi'iten selbst waren wiederum in zahlreiche Sondergruppen aufgeteilt, unter denen Isma'iliten und Imamiten ihre Bedeutung in der islamischen Geschichte bewahrten. Isma'iliten waren die Qarmaten, die vom 9. bis 11. Jahrhundert den Nahen Osten bewegten, und die Fatimi-

den, die von Nordafrika aus von 909 bis 1171 in Ägypten ein eigenes Kalifat errichteten. Isma'ilitisches Gedankengut, das auch manches aus antikem religiösem und philosophischem Erbe aufnahm, beeinflußte die islamische Kultur vor allem im 10. Jahrhundert. Im 11. Jahrhundert gelang es den Sunniten mit kräftiger Unterstützung der Abbasidenkalifen und der wahren Herrscher des Nahen Ostens, die türkischer Herkunft wie die Seldschuken oder kurdischer Abstammung wie die Aijubiden waren, mit Hilfe einer gefestigten Gelehrtenschaft und eines Netzes von neugeschaffenen religiösen Schulen, Madrasen, ihre Positionen in der bunten religiösen Landschaft auszubauen und zu festigen. Hanbaliten, Schafi'iten, Hanafiten und Malikiten waren die kanonischen, allgemein anerkannten sunnitischen Richtungen. Die Grenzen zwischen ihnen waren nicht starr, Übergänge und gegenseitige Einflüsse waren möglich. Das traditionstreue Sunnitentum richtete sich in besonderem Maße gegen theologische Spekulation. Diese war in der Auseinandersetzung mit nichtislamischen, christlichen und vor allem dualistisch-manichäischen Auffassungen und in schöpferischer Aufnahme älteren theologischen und philosophischen Gedankenguts entstanden und hatten in den eigenständigen Denkern der Mu'tazila ihre Hauptvertreter gefunden. Unter dem Kalifen al-Ma'mun und seinen Nachfolgern wurden beim gleichzeitigen Aufschwung wissenschaftlicher Tätigkeit mu'tazilitische Ideen zur offiziellen Doktrin und sollten mit staatlicher Gewalt durchgesetzt werden. Islamische Gelehrte wurden strengen Prüfungen unterzogen und bestraft. Als standhafter Gegenspieler der Theologen erschien Ahmad Ibn Hanbal (780–855), der Stammvater der Hanbaliten und das Ideal der Traditionstreuen. Der Sieg seiner Richtung konnte jedoch nicht verhindern, daß mu'tazilitische Ideen und Methoden von breiteren theologischen Kreisen aufgenommen wurden und später auch philosophische Gedankengänge, gegen welche Religionsgelehrte wie al-Ghazali (1058–1111) polemisierten, Eingang in das islamische Denken fanden.

Vertreter der verschiedenen islamischen Gruppierungen und Richtungen lebten gerade in den Metropolen des islamischen Gebiets miteinander. Dabei konnten vorhandene Meinungsverschiedenheiten und Kämpfe um politischen und religiösen Einfluß leicht zu offenen Rivalitäten und selbst gewaltsamen Auseinander-

*setzungen führen, denen oft nur mit Mühe und Brutalität Einhalt
geboten werden konnte.*

Eine Gemeinde – viele Richtungen

Wisse, daß die heute im Islam befolgten Richtungen, die Heraus-
gehobene wie Einfache, Missionare wie Massen vertreten, 28
sind: vier in der Rechtswissenschaft, vier in der spekulativen
Theologie, vier im Urteilen in beiden, vier verschwundene, vier
im Hadith, vier, die von vier anderen verdrängt worden sind, und
vier in den Landkreisen! Die vier Rechtsschulen sind die Hanafiten, die Malikiten, die Schafi'iten und die Dawuditen;[1] die theologischen Schulen sind die Mu'taziliten, die Nadjdjariten, die
Kullabiten und die Sallamiten.[2] Rechtswissenschaft und Theologie vertreten gleichzeitig die Schi'iten, die Charidjiten, die Karramiten und die Batiniten. Die Vertreter der Tradition sind die Hanbaliten, die Rahawiten, die Auza'iten und die Mundhiriten. Die
verschwundenen sind die Ata'iten, die Thauriten, die Ibaditen
und die Taqiten. In den Landbezirken sind die Za'faraniten, die
Churramdiniten,[3] die Abyaditen und die Sarchasiten verbreitet.
Was jene betrifft, die von anderen ihresgleichen verdrängt worden sind, so haben die Asch'ariten[4] die Kullabiten, die Batiniten
die Qarmaten, die Mu'taziliten die Qadariten, die Schi'iten die
Zaiditen und die Djahmiten die Nadjdjariten überwunden. Das
sind alle heute verbreiteten Richtungen. Sie sind wiederum in
unzähligen Fraktionen aufgeteilt ...
Wisse, daß alle islamische Richtungen von vieren ausgehen:

---

1 oder Zahiriten, die sich streng an den wörtlichen Sinn der religiösen
  Quellen hielten
2 Unter den theologischen Schulen besaßen vor allem die Mu'taziliten
  Einfluß und Bedeutung, die anderen Schulen wurden zunehmend verdrängt.
3 oder Churramiten lebten im nördlichen Iran und Aserbaidschan; nur
  oberflächlich islamisiert, hingen sie älteren Auffassungen iranischer
  Religionen an
4 bedeutende Richtung sunnitischer Theologie

den Schi'iten, den Charidjiten, den Murdji'iten und den Mu'taziliten! Ihre Aufteilung beginnt mit der Tötung (des Kalifen) Uthman. Dann verästelten sie sich und teilen sich immer weiter auf, bis der Mahdi (Messias) kommt ...

Die Vertreter der heute befolgten Koranlesarten sind auf vier (Varianten) verteilt ... Die meisten Imame stimmen dahingehend überein, daß alle diese Lesarten richtig sind. Ich habe mir aus den Richtungen die von Abu Hanifa aus Motiven, die ich bei der Darstellung der Provinz Irak erwähnen werde, und von den Koranlesarten die von Abu Imran Abdallah Ibn Amir al-Yahsubi wegen der Gründe gewählt, die ich bei der Provinz Aqur beschreiben werde ...

Was die Religionen betrifft, die unter dem Schutz des Islam stehen, so sind es vier: die Juden, die Christen, die Magier[5] und die Sabier.[6]

Der aus Jerusalem stammende sunnitische Gelehrte Schams ad-Din al-Muqaddasi (um 945 – nach 1000) verfaßte eine Beschreibung des islamischen Gebiets, die sich durch Interessenvielfalt, Faktenfülle und Objektivität auszeichnet und ein genaues landeskundliches Bild für das Ende des 10. Jahrhunderts bietet.

Al-Muqaddasī, Kitāb aḥsan at-taqāsīm fī maᶜrifat al-aqālīm, 2. Aufl., Leiden 1906, S. 37–39, 41; Übersetzung H. Preißler.

Wer ist Muslim?

Die, die zum Islam gehören, haben unterschiedliche Meinungen über jene, die generell zur Gemeinschaft des Islam gehören.

Abu 'l-Qasim al-Ka'bi[1] vertrat in seinen »Lehrmeinungen« die Auffassung, die Gemeinde des Islams umfasse jeden, der anerkennt, daß Muhammad Prophet sei und daß das, was er gebracht hat, wahr sei, wie auch sonst seine Äußerungen sein mögen.

---

5 Anhänger der ehemaligen Staatsreligion des Sassanidenreiches, die durch die Islamisierung zunehmend zurückgedrängt wurden
6 Anhänger einer lokalen synkretistischen Religionsgemeinschaft in der mesopotamischen Stadt Harran
1 mu'tazilitischer Gelehrter in Bagdad (gest. 931)

Einige meinten, daß die Gemeinschaft des Islams jeden umfasse, der das Gebet in Richtung der Kaaba als Pflicht betrachte. Die Karramiten, die Anthropomorphisten von Chorasan, meinten, die Gemeinde des Islams umfasse jeden, der die beiden Zeugnisse des Islams im Wortlaut bekenne. Sie sagten dementsprechend, jeder, der sagt: »Es gibt keine Gottheit außer Gott, Muhammad ist der Gesandte Gottes« sei wahrhaft gläubig und gehöre zur Gemeinschaft des Islams, ob er nun dabei aufrichtig oder ein Heuchler sei, der insgeheim dem Unglauben und der Ketzerei zuneige. Deshalb meinten sie, daß die Heuchler zur Zeit des Gottesgesandten wahrhaft gläubig gewesen seien und ihr Glaube wie der (der Engel) Djibril und Micha'il, wie der Propheten und Engel sei, auch wenn sie gleichzeitig im Glauben heuchelten und öffentlich die beiden Glaubenszeugnisse vortrugen.

Die Auffassung und die Aussage al-Ka'bis bei der Erklärung der Gemeinde des Islams werden aber durch die Auffassung der Isawija[2] unter den Juden Isbahans widerlegt. Denn sie bekennen sich dazu, daß Muhammad Prophet ist und alles, was er gebracht hat, wahr ist. Doch meinten sie, er sei zu den Arabern, nicht zu den Kindern Israels gesandt worden. Sie behaupteten auch, Muhammad sei der Gesandte Gottes. Doch sie werden nicht zu den Fraktionen des Islams gezählt. Einige von den jüdischen Muschkaniten[2] erzählten nach ihrem Führer Muschkan, er habe gesagt: Muhammad ist der Gesandte Gottes an die Araber und die übrigen Menschen außer den Juden. Zudem habe er gesagt: Der Koran ist wahrhaftig, und alles wie der Gebetsruf, die zweite Aufforderung zum Gebet, die fünf Gebete, das Fasten im Monat Ramadan, die Pilgerfahrt nach Mekka, alles, was er gebracht hatte, sei wahrhaftig, sei aber nur den Muslimen, nicht den Juden gesetzlich vorgeschrieben. Vielleicht hielten sich aber einige Muschkaniten daran. Sie hatten nämlich die beiden Glaubenszeugnisse, daß es keine Gottheit außer Gott gibt und daß Muhammad Gottes Gesandter ist, und ebenso die Wahrheit seiner Religion bekannt. Trotzdem gehören sie nicht zur Gemeinde des Islams, weil sie meinten, das Gesetz des Islams binde sie nicht.

Was jene betrifft, die der Meinung sind, der Name Gemein-

---

2 lokale proislamische jüdische Häresie

schaft des Islams treffe auf jeden zu, der das Gebet nach der Kaaba, die in Mekka steht, verrichtet, so haben einige Gelehrte im Hidjaz dem zugestimmt. Doch die Vertreter der eigenen Meinung[3] haben das abgelehnt, obwohl nach Abu Hanifa überliefert worden ist, er habe den Glauben dessen für richtig erklärt, der sich zur Pflicht des Gebets nach der Kaaba bekennt, auch wenn er an ihrem Platz zweifelt. Die Vertreter des Hadith halten den Glauben dessen, der am Platz der Kaaba zweifelt, nicht für gesund, wie sie auch den Glauben dessen, der an der Pflicht des Gebets nach der Kaaba zweifelt, für nicht richtig halten.

Bei uns ist gesund, daß die Gemeinde des Islams alle jene umfaßt, die sich zur Erschaffenheit der Welt, zur Einheit ihres Schöpfers, seiner Anfangslosigkeit, seinen Attributen, seiner Gerechtigkeit und seiner Weisheit, zur Ablehnung des Anthropomorphen bei ihm, zum Prophetentum Muhammads und seiner Sendung an alle Menschen, zur Bestätigung seines Gesetzes und zur Wahrheit all dessen, was er gebracht hat, und dazu, daß der Koran die Quelle der Vorschriften des Gesetzes und daß die Kaaba die Richtung ist, in der man das Gebet verrichten muß, bekennen. Jeder, der all das bekennt und es nicht durch Neuerungssucht verfälscht, die zum Unglauben führen kann, ist ein Sunnit und Monotheist.

Er gehört aber nicht zur Gemeinde des Islams und ist ehrlos, wenn er der Neuerung der Batiniten, der Bajaniten, der Mughiriten oder Chattabiten anhängt, die an die Göttlichkeit der Imame oder die Göttlichkeit eines Imams glauben, wenn er den Richtungen der Inkarnation, einer Richtung der Vertreter der Seelenwanderung oder der Richtung der charidjitischen Maimuniten, die die Heirat mit Töchtern der eigenen Töchter oder der eigenen Söhne für erlaubt erklären, oder der ibaditischen Richtung der Jaziditen folgt, die behaupten, das Gesetz des Islams werde am Ende der Zeit aufgehoben, oder zu jenen gehört, die erlauben, was der Koran verboten hat, oder verbieten, was der Koran erlaubt hat, und zwar durch einen klaren Text, der keine Ausdeutung gestattet.

---

3 Bezeichnung für die Richtung der Hanafiten

Wenn seine Neuerung aber gleich den Neuerungen der Mu'tazila, der Charidjiten, der imamitischen Rafiditen, der Zaiditen, Djahmiten, Dirariten oder Anthropomophisten ist, gehört er hinsichtlich einer Vorschrift zur Gemeinde. Es ist erlaubt, ihn auf den Friedhöfen der Muslime zu beerdigen. Ihm darf der Anteil an immobiler oder mobiler Beute nicht verwehrt werden, wenn er mit den Muslimen ins Feld zieht. Ihm darf das Gebet in den Moscheen nicht verwehrt werden. Hinsichtlich anderer Vorschriften gehört er aber nicht zum Islam. So ist es nicht erlaubt, (nach dem Tode) über ihm oder hinter ihm das Gebet zu verrichten. Sein Opfer ist nicht erlaubt. Nicht erlaubt ist seine Verheiratung mit einer sunnitischen Frau. Dem Sunniten ist es nicht gestattet, eine Frau von ihnen zu heiraten, wenn sie ihrem Glauben anhängt. Ali Ibn Abi Talib hat nämlich zu den Charidjiten gesagt: »Wir müssen uns immer an dreierlei halten: Wir dürfen den Kampf mit ihnen nicht beginnen. Wir dürfen ihnen nicht die Moscheen Gottes verbieten, damit sie darin Gottes gedenken. Wir dürfen ihnen nicht die Beute verwehren, solange sie mit uns sind.«

Gott aber weiß es am besten!

In seinem Werk über die unterschiedlichen islamischen Richtungen versuchte der strenge sunnitische Theologe Abd al-Qahir Ibn Tahir al-Baghdadi (gest. 1038) die Positionen des Sunnitentums gegenüber anderen islamischen Gruppierungen festzulegen.

cAbd al-Qāhir b.Ṭāhir al-Baġdādī, al-Farq baina'l-firaq, Mekka, Beirut 1405/1985, S. 9–11; Übersetzung H. Preißler.

Wer sind die Ketzer?

Die Ketzer sind in fünf Gruppen geteilt, von denen jede Gruppe nochmals in sechs unterteilt ist.

Dazu gehören die Agnostiker, die meinen, die Dinge bestünden ohne Schöpfung und hätten weder einen Schöpfer noch einen Lenker. Die Geschöpfe seien wie die Pflanzen in den Wüsten und Einöden, von denen in einem Jahr ein Teil stirbt, während in einem anderen Jahr ein Teil lebt und wächst. Ihre Leiber würden durch die vier Temperamente beherrscht. Wenn aber eins davon die Oberhand gewänne, wäre das tödlich, weil das Kleine stürbe und das Große lebte. Der Mensch sei von seinem Vater und der wiederum von seinem Vater geschaffen. Adam kennen sie nicht (als ersten Menschen). Auch er habe Väter. Gott ist über ihre Worte ganz erhaben!

Zu ihnen gehören die Manichäer, die meinen, daß es zwei Götter und zwei Schöpfer gäbe, einen, der das Gute, das Licht und die Helligkeit geschaffen habe, und einen anderen, der das Böse, die Dunkelheit und das Übel geschaffen habe. Gott entkleiden sie seiner Attribute und meinen, er habe Dunkelheit und Übel, Ungeziefer und wilde Bestien nicht geschaffen. Dadurch, daß sie ihn seiner Attribute entkleiden, setzten sie neben ihm einen Teilhaber ein, der diese Dinge geschaffen habe. Sie meinen, daß Gott den durch den Körper fließenden Geist geschaffen habe, und sagen: »Siehst du denn nicht, daß, wenn sich der Körper vom Geist trennt, er in Fäulnis übergeht?« Der zweite Schöpfer habe nach ihnen den Körper geschaffen, denn Gott schaffe weder Faulendes noch Unreines. So haben sie für alle Geschöpfe zwei Schöpfer eingesetzt. Gott ist über ihre Reden hoch erhaben! Sie heißen Manichäer, weil sie meinen, ein Mann namens Mani sei ihr Prophet. Er habe in der Zeit der (persischen) Chosroen gelebt und sei von einem von diesen getötet worden ...

Zu ihnen gehören die Mazdakiten. Das ist eine Art von Ketzern. Sie meinen, diese Welt habe Gott auf einmal und für sie habe er ein Geschöpf geschaffen. Das sei Adam. Gott habe die Welt für ihn geschaffen, damit er von ihrer Speise esse und ihrem Getränk trinke, ihre Genüsse aufnehme und ihre Frauen heirate. Als Adam gestorben sei, habe er die Erde als Erbe zu gleichen Teilen unter seinen Kindern aufgeteilt, so daß keiner einen Überschuß an Geld oder Familie habe. Wenn aber jemand durch Diebstahl oder Betrug, Täuschung oder Verführung und dergleichen etwas nehme, was die Leute haben, und ihre Frauen ergreife, so sei es ihm gestattet. Die Überschüsse in der Hand derer, die einen Überschuß hätten, seien ihnen verboten bis Gleichheit unter den Gottesknechten hergestellt werde. Sie heißen Mazdakiten, weil in der Zeit der Chosroen ein Mann namens Mazdak auftrat und diese Lehren vertrat ...

Zu ihnen gehören die Abdakiten. Sie meinen, die ganze Welt sei verboten und es sei nicht erlaubt, von ihr etwas anderes als die Nahrung zu nehmen, solange die gerechten Führer fehlen. Diese Welt werde erst durch einen gerechten Führer erlaubt, sonst sei sie verboten. Der Verkehr mit ihren Leuten sei verboten. Doch sei es erlaubt, von Verbotenen Nahrung zu nehmen, wo immer sie auch sei. Sie heißen Abdakiten, weil Abdak ihnen geboten hat, ihm zu glauben ...

Zu ihnen gehören die Spiritualisten, die verschiedene Untergruppen bilden. Sie heißen so, weil sie meinen, daß ihre Geister zum Reich der Himmel blickten und dort die Paradiesesgärten schauten, den schwarzäugigen Huris beiwohnten und frei im Paradies seien. Sie heißen auch Idealisten, weil sie sich immer Ideen widmen und glauben, durch diese dorthin zu gelangen. Die Ideen davon haben sie zum Ziel ihrer Verehrung und zum Endzweck ihres Wollens gemacht, indem sie mit dieser Idee mit Hilfe ihrer Geister auf dieses Ziel blicken, um sich dann der Ansprache, der Begrüßung und der Vision durch das Göttliche zu erfreuen. Sie meinen auch, sie könnten derart den Beischlaf mit den schwarzäugigen Huris, das Scherzen mit den Jungfrauen, auf den Ruhebetten gelagert, genießen, wobei ihnen ewig junge Knaben verschiedene Speisen, Getränke und seltene Früchte brächten ...

Der schafi'itische Gelehrte Abu 'l-Husain Muhammad Ibn Ahmad al-Malati (gest. 987) behandelte in seiner häresiographischen Abhandlung neben islamischen Richtungen auch Tendenzen und Religionsgemeinschaften, die wie die Reste der gnostischen und dualistischen Manichäer und Mazdakiten außerhalb des Islams im Kerngebiet des Kalifenreichs ansässig waren und das Geistesleben mitbestimmt haben.

Die Widerlegung der Irrgläubigen und Neurer von Abū'l-Ḥusain Muḥammad Ibn Aḥmad al-Malaṭī, Ed. S. Dedering, Leipzig 1936, S. 72 f.; Übersetzung H. Preißler.

Harte Strafe für Schmähreden

In diesem Jahr (241, 855/856) wurden Isa Ibn Dja'far Ibn Muhammad Ibn Asim, dem Kneipenbesucher, in Bagdad tausend Hiebe versetzt, wie man sagt ...

Der Grund dafür bestand darin, daß vor Abu Hasan az-Zaijadi, dem Richter der Ostseite, siebzehn Mann gegen Isa Ibn Dja'far Zeugnis ablegten, daß er (die Kalifen) Abu Bakr und Umar und (die Prophetenfrauen) A'ischa und Hafsa (öffentlich) geschmäht habe. Doch waren, wie man sagte, ihre Zeugnisse in dieser Hinsicht unterschiedlich. Der Chef des Nachrichtendienstes schrieb deswegen an (den Wesir) Ubaidallah Ibn Jahja Ibn Chaqan, und der berichtete (dem Kalifen) al-Mutawakkil darüber, worauf dieser befahl, Muhammad Ibn Abdallah Ibn Tahir (dem Statthalter von Bagdad) den Befehl zu übermitteln, diesen Isa auszupeitschen. Sollte er dabei sterben, sollte sein Leichnam in den Tigris geworfen und nicht seinen Angehörigen übergeben werden. Ubaidallah schrieb als Antwort auf seinen Brief wegen Isa an al-Hasan Ibn Uthman folgendes:

Im Namen des allerbarmherzigen Gottes. Gott gebe dir Dauer und bewahre dich und vollende seine Güte über dir. Erreicht hat mich dein Schreiben wegen des Mannes mit Namen Isa Ibn Dja'far Ibn Muhammad Ibn Asim, des Kneipenbesuchers, und über die Zeugenaussagen gegen ihn, daß er die Gefährten des hochgebenedeiten Gottesgesandten geschmäht, verflucht und zu Ungläubigen erklärt hat, ihnen schwere Sünden und Heuchelei und anderes vorgeworfen hat, womit er sich Gott und seinem hochgebenedeiten Gesandten widersetzt hat, und darüber, daß du die Sache der Zeugen und ihrer Aussagen sorgfältig geprüft hast, daß sich die Redlichkeit derselben deiner Meinung nach als richtig erwiesen hat und die Angelegenheit, die sie bezeugt haben, sich dir als klar erwiesen hat, und daß du das in einem Anhang zu deinem Schreiben erläutert hast. Ich habe das dem Fürsten der Gläubigen – Gott gebe ihm Stärke – vorgelegt und er hat befohlen, an Abu'l-Abbas Muhammad Ibn Tahir, den Klienten des Fürsten der Gläubigen – Gott schenke ihm Dauer –, zu schreiben, um gegen jeden möglichen Zweifel die Unterstützung von Gottes Religion, die Belebung seiner Sunna und die Rache an dem, der darin zum Ketzer geworden ist, durchzusetzen, und dem Mann in der Öffentlichkeit, entsprechend der Strafe für die Schmähung, 500 Hiebe neben der Strafe für schwere Vergehen, zu denen er sich erdreistet hat, zu versetzen. Wenn er dabei stirbt, soll er ohne Gebet ins Wasser geworfen werden, damit das jeden, der in der Religion als Ketzer auftritt und die Gemeinschaft der

Muslime verläßt, abhält. Ich teile dir das mit, damit du es, so Gott der Erhabene will, zur Kenntnis nimmst. Heil dir und Gottes Erbarmen und Segenswünsche.

Es wurde gesagt, dieser Isa Ibn Dja'far Ibn Muhammad Ibn Asim, nach anderen soll er Ahmad Ibn Muhammad Ibn Asim geheißen haben, wurde nach dem Auspeitschen in der Sonne liegen gelassen, bis er starb. Dann wurde er in den Tigris geworfen.

Ta'rīḫ aṭ-Ṭabarī, Kairo 1968, Bd. 9, S. 200 f.; Übersetzung H. Preißler.

Ist Gott seinen Geschöpfen gleich?

Anthropomorphisten sind die Anhänger Hischams, Mughiras, Jamans, Muqatils, Karrams und Djawaribis, viele Vertreter des Hadith, Vertreter des Raums und allgemein die Christen und Juden außer Anan[1]. Was Hischam Ibn al-Hakam betrifft, so behauptet er, Gott sei ein langer und breiter Körper, ein Licht. Er habe bestimmte Maße, sei kompakt, weder hohl noch locker, gleich einem Barren, der von allen Seiten glänzt. Er verglich das mit einer Perle, die von allen Seiten gleich aussieht. Seine Farbe sei Geschmack, Geruch und Berührung. Er sei in keinem Raum gewesen, dann habe er den Raum durch die Erzeugung der Bewegung geschaffen. Er habe Dimensionen und bestehe aus einzelnen Teilen. Er sei sieben Spannen groß.

Was die Mughiriten betrifft, so sind es Anhänger von al-Mughira Ibn Sa'd. Er behauptete, Gott der Allmächtige habe die Gestalt eines Mannes aus Licht, trüge eine Krone aus Licht und habe Glieder wie ein Mann. Er habe einen Bauch und ein Herz, aus dem die Weisheit entspränge. Die Buchstaben des Alphabets[2] seien wie die Zahl seiner Glieder, wobei das Alif die Stelle seiner Füße, das Mim die Stelle seines Kopfes, das Sin die Gestalt seiner Zähne, das Ain und das Ghain die Gestalt seiner Ohren und das Sad und das Dhad die Gestalt seiner Augen sei. Er behauptete,

---

1 aus dem 8. Jahrhundert in Babylonien, Stammvater der jüdischen Sekte der Karäer, die sich allein auf die Bibel stützen und die Werke der Rabbiner ablehnen

2 die einen festen Zahlenwert haben und als Symbole unterschiedlich gedeutet werden

daß er (selbst) zum Himmel aufgestiegen sei, der Herr seinen Kopf berührt und gesagt habe: »Geh, mein Sohn, zur Erde und sage ihnen: Ali ist meine Rechte und mein Auge!«

Die Jamaniten sind Anhänger von Jaman Ibn Ribab. Er behauptete, Gott habe die Gestalt eines Menschen und alles von ihm außer seinem Antlitz ginge zugrunde.

Die Djawaribiten sind Anhänger von Dawud al-Djawaribi. Er behauptete, Gott sei zweigeteilter Körper: hohl von Mund bis Brust, kompakt von der Brust bis unten.

Die Muqatiliten sind die Anhänger von Muqatil Ibn Sulaiman. Er behauptete, Gott sei ein Körper wie andere, aus Fleisch und Blut. Er messe sieben Spannen nach seinem eigenen Spannenmaß.

Die Karramiten sind Anhänger von Muhammad Ibn Karram und bewohnen eigene Konvente. Sie behaupten, Gott der Erhabene sei ein Körper, aber nicht zu fühlen wie andere Körper, auf dem (himmlischen) Thron.

Die Kosmologen behaupten, er sei ein Körper, nicht wie andere Körper, der alle anderen Dinge umfaßt.

Die Vertreter des Hadith beschreiben Gott mit allem, was sich in der Überlieferung findet und worauf der Koran hinweist: mit Hand, Fuß, Seite, Auge, Fingern, Gehör, Ohr und anderem.

Unter den Sufis gibt es zudem welche, die behaupten, Gott habe sie manchmal unterwegs getroffen, sie umarmt und geküßt.

Doch die Majestät des Schöpfers steht über jeglicher unpassender Beschreibung. Nichts ist wie er. Er ist der Hörende und Sehende. Der Lobpreis Gottes übersteigt alles, was die Unrechten behaupten.

Der Vorwurf des Anthropomorphismus, der menschengestalteten Darstellung Gottes, war eine wichtiges Thema in der innerislamischen Auseinandersetzung wie in der Polemik gegen Christen und Juden. Die großen islamischen Richtungen lehnten diese Bezeichnung für sich entschieden ab. Die anthromorphen Äußerungen im Koran wurden dann entweder metaphorisch gedeutet oder ohne Hinterfragen akzeptiert. Von den hier genannten Einzelpersonen sind entsprechende Äußerungen nur in Arbeiten ihrer Gegner erhalten.

Le Livre de la création et de l'histoire de Motahhar ben Tâhir el-Maqdisî, Ed. M. Cl. Huart, Paris 1916, Bd. 5, S. 139–141 (arab.), S. 147–149 (franz. Übersetzung); Übersetzung H. Preißler.

Die Gruppen der Mu'tazila sind die Abbaditen, die Dhammiten, die Makasiba, die Basrenser und die Baghdader.

Die Wurzel ihrer Richtung ist die Lehre von den fünf Prinzipien: der Einheit Gottes, der Gerechtigkeit, der Verheißung, dem Gebieten des Geziemenden und dem Verbieten des Ungeziemenden und der Zwischenstellung.

Wer ihnen in der Lehre von Gottes Einheit widerspricht, den nennen sie Polytheist. Wer ihnen in der Lehre von Gottes Attributen widerspricht, den nennen sie Anthropomorphist. Wer ihnen in der Lehre von der Verheißung widerspricht, den nennen sie Murdji'it.

Man nannte sie Mu'tazila (die sich zurückgezogen haben), weil sie sich in der Sitzung von al-Hasan al-Basri zurückgezogen haben, als man verschiedener Meinung über die schweren Sünder war. Die Charidjiten sagten, alle schweren Sünder seien ungläubig. Die Murdji'iten sagten, sie seien gläubig. Al-Hasan sagte, sie seien Heuchler. Da zogen sich Wasil Ibn Ata und seine Anhänger zurück und sagten, die schweren Sünder seien Frevler, weder gläubig noch Heuchler oder ungläubig. Das ist die Zwischenstellung.

Die Mu'taziliten stimmten dahingehend überein, daß man nicht sagen kann, man könne Gott den Allmächtigen sehen, mit Ausnahme von Bakr al-Ichschidii, dem Kollegen von Ali al-Djubba'i, denn er vertrat die Lehre von der Vision, ohne sie räumlich und qualitativ zu bestimmen. Weiterhin waren sie einer Meinung, daß man nicht sagen kann, der Koran sei unerschaffen, mit Ausnahme eines Mannes namens Abdallah Ibn Muhammad al-Abhari, der Richter von Nihawand war und meinte, es sei nicht erlaubt zu sagen, der Koran sei erschaffen. Sie waren einer Meinung, daß Gott der Allmächtige die Sünden nicht vorherbestimmt, mit Ausnahme von Dja'far Ibn Harb, der die Lehre für erlaubt erklärte, Gott wolle den Unglauben in dem Sinne, daß er will, daß der Unglaube dem Glauben entgegensteht und er häßlich, nicht schön ist.

Mutahhar Ibn Tahir al-Maqdisi skizziert hier Lehren und Entstehung der rationalistischen islamischen Theologie der Mu'tazila, die im Rahmen der

genannten fünf Grundlehren Persönlichkeiten und Schulen mit individu-
ellen Anschauungen umfaßte und die weitere Entwicklung islamischen
religiösen Denkens stark beeinflußte.

Le livre de la création et de l'histoire de Motahhar ben Tâhir el-Maqdisî,
Ed. M. Cl. Huart, Paris 1916, Bd. 5, S. 142 f. (arab.), S. 149 f. (franz. Übersetzung); Übersetzung H. Preißler.

Was ist der Mensch?

Abu 'l-Hudhail sagte: Der Mensch ist die äußerlich sichtbare Person, die zwei Hände und zwei Füße hat. Es wurde erzählt, Abu
'l-Hudhail habe das Haar und die Nägel des Menschen nicht zu
dem Ganzen gezählt, auf das der Name Mensch zutrifft ...
 Bischr Ibn al-Mu'tamar sagte: Der Mensch ist Körper und
Geist. Beide zusammen bilden den Menschen. Der Handelnde
ist der Mensch, der Körper und Geist ist ...
 Dirar Ibn Amr sagte: Der Mensch besteht aus vielen Dingen:
aus Farbe, Geschmack, Geruch, Vermögen und dergleichen. Sie
bilden den Menschen, wenn sie zusammenkommen. Es gibt
keine Substanz außer ihnen.
 Husain an-Nadjdjar leugnet, daß das Vermögen ein Teil des
Menschen sei. Und die meisten Vertreter der Spekulation leugne-
ten es ...
 Barghuth sagte: Der Mensch ist ein Gemisch aus Farbe,
Geschmack, Geruch und dergleichen. Wenn sich ein Teil des
Menschen bewegt und ein anderer ruht, handelt der ruhende Teil.
Die Bewegung gehört nicht zu dem, was der Bewegende tut, und
Zurqan erzählte, Hischam Ibn al-Hakam habe gesagt: Mensch ist
Name, der Leib und Geist bezeichnet. Der Leib ist sterblich, der
Geist handelnd, fühlend und begreifend ohne Körper. Er ist
Licht.
 Abu Bakr al-Asamm sagte: Der Mensch ist das, was gesehen
wird. Er ist ein Ding, ohne einen Geist zu haben. Er ist eine Sub-
stanz ...
 An-Nazzam sagte: Der Mensch ist der Geist. Er durchdringt
den Leib und verflicht sich mit ihm. All das ist in all dem. Der
Leib ist im Unglück, gefangen und unter Druck. Zurqan erzählte

nach ihm, der Geist sei fühlend und begreifend. Er sei ein Teil, weder Licht noch Schatten.

Mu'ammar sagte: Der Mensch ist ein unteilbares Teil. Er lenkt in der Welt. Der äußerliche Leib ist ihm ein Instrument. Er ist in Wirklichkeit an keinem Ort, berührt nichts, und ihn berührt nichts. Er kennt weder Bewegung noch Ruhe, weder Farben noch Geschmack. Doch ist ihm Wissen, Fähigkeit, Leben, Willen und Unwillen möglich. Er bewegt diesen Leib durch seinen Willen und verfügt über ihn, ohne daß er ihn berührt ...

Ibn ar-Rawandi sagte: Er ist im Herzen und nicht Geist. Der Geist ruht in diesem Leib.

Einige sagten: Der Mensch sind die fünf Sinne. Es sind Körper. Das sind die Manichäer. Er ist nichts ohne die fünf Sinne.

Andere sagten: Der Mensch ist der Geist, und die fünf Sinne sind Teile von ihm. Der Mensch ist eine Art, die nicht unterschiedlich ist, doch sein Begreifen ist verschieden. Er wurde in jeder Beziehung begriffen, ohne daß er in anderer begriffen wird, weil das Unglück sich einerseits mit ihm vermengt hat, in anderer Hinsicht aber sich nicht mit ihm vermengt hat. Das Begreifen unterscheidet sich wegen der verschiedenen Vermischung und Vermengung. Das sind die Daisaniten.

Nach den Markioniten wurde erzählt, daß sie meinten, im Leib seien fünf Sinne und ein Geist. Der Geist sei der Mensch. Die Sinne gehörten nicht zu ihm, es sei denn, es seien Willensakte, die zu ihm führen. Er sei nicht der Leib. Ihn machten sie zu einer dritten Art, die weder Licht noch Schatten ist.

Die Naturalisten sagten: Der Mensch ist Hitze und Kälte, Trokkenheit und Feuchtigkeit, ebenso sind es sein Leib, sein Fleisch und sein Blut. All das zusammen bildet den Menschen.

Die Materialisten vertraten unterschiedliche Meinungen. Einige meinten, der Mensch sei die lebendige, sprechende, tote Substanz. Der Mensch sei in der Lage seines Sprechens und Lebens. Sie erlaubten ihm das Sterben. Davor sei er kein Mensch. Andere sagten: Der Mensch ist lebendig und sprechend. Er ist Substanz und Akzidenzien. Wieder andere sagten: Vielmehr ist in der Substanz etwas, das nicht zu fühlen und nicht ausgezeichnet ist. Nicht von der Art ist, aber mit seinem Besitzer vermengt ist. Er ist in der Substanz derart, daß er sein Lenker ist.

Diese kurzen Bemerkungen geben die Auffassungen früher islamischer Theologen, aber auch nichtislamischer philosophischer und religiöser Strömungen wieder, wie sie al-Asch'ari bekannt waren.

Die dogmatischen Lehren der Anhänger des Islam von Abu l-Hasan ᶜAlī Ibn Ismāᶜīl al-Ašᶜarī, Ed. H. Ritter, 2. Teil, Leipzig 1930, S. 329–333; Übersetzung H. Preißler.

Verhör und Bestrafung des Gesetzesstrengen

Nachdem al-Ma'mun gestorben war, wurde Ahmad (Ibn Hanbal) nach Bagdad zurückgebracht und dort eingekerkert, bis ihn (der Kalif) al-Mu'tasim der Prüfung unterzog. Ahmad Ibn Abi Du'ad war damals Oberrichter. Er brachte ihn wegen der (Lehre von der) Geschaffenheit des Korans zur allgemeinen Prüfung …

Salih, der Sohn von Ahmad (Ibn Hanbal), sagte: Mein Vater erzählte:

Im Monat Ramadan des Jahres 219 (September 834) wurde ich in das Haus von Ishaq Ibn Ibrahim (des Statthalters von Bagdad) überführt. Er schickte mir jeden Tag zwei Männer, von denen der eine Ahmad Ibn Rabah, der andere Abu Schu'aib der Aderlasser hieß. Sie disputierten mit mir so lange, bis, wenn sie wieder gehen wollten, eine Fessel geholt wurde, die den Fesseln, die ich bereits trug, hinzugefügt wurde. – So hatte er bald vier Fesseln an seinem Fuß.

Am dritten Tag kam einer der Männer zu mir und disputierte mit mir. Ich fragte ihn: »Was sagst du über das Wissen Gottes?« »Das Wissen Gottes ist geschaffen«, sagte er. »Du bist ungläubig!« erwiderte ich. Der Bote, der gewöhnlich von Ishaq Ibn Ibrahim geschickt wurde, sagte: »Das ist aber der Bote des Fürsten der Gläubigen!« »Auch dieser ist ungläubig«, antwortete ich.

Am vierten Tag schickte er – al-Mu'tasim – Bugha, genannt der Ältere, zu Ishaq und befahl ihm, mich zu ihm zu bringen. Ich wurde zu Ishaq geführt, und er sagte: »Ahmad! Es geht bei Gott um dein Leben! Er wird dich nicht mit dem Schwert umbringen. Er hat nämlich geschworen, daß er dir, wenn du ihm nicht die gewünschte Antwort gibst, einen Schlag nach dem anderen geben wird und dich dann an einen Ort werfen lassen wird, wo es keine Sonne gibt. Hat Gott denn nicht gesagt: ›Wir haben die Schrift zu einem arabischen Koran gemacht‹ (Koran 43:3)? Bedeutet denn gemacht nicht geschaffen?« Ich schwieg. Dann gebot er: »Nehmt ihn mit!«

Als wir an dem als Gartentor bekannten Ort ankamen, wurde ich hinausgebracht und ein Reittier geholt, auf das ich in Fesseln gesetzt wurde. Keiner war bei mir, der mich festhielt. Mehr als einmal wäre ich wegen der schweren Fesseln fast aufs Gesicht gefallen. So wurde ich hingebracht – d. h. in den Palast von al-Mu'tasim. Man führte mich in eine Kammer, dann in ein Zimmer, dessen Tür hinter mir verschlossen wurde. Es war mitten in der Nacht. Im Zimmer war keine Lampe, doch ich wollte mich für das Gebet reinigen. Ich streckte die Hand aus. Da war eine Kanne mit Wasser und war auch ein Becken. Ich wusch mich zum Gebet und verrichtete es. Am nächsten Tag zog ich die Schnur aus meinen Hosen und band damit die Fesseln zusammen, damit ich sie tragen konnte. Die Hosen aber faltete ich (damit sie nicht rutschten). Dann kam der Bote von al-Mu'tasim und sagte: »Komm!« Er nahm mich an der Hand und führte mich zu ihm, ich hielt die Schnur in der anderen Hand und trug so die Fesseln. Er – al-Mu'tasim – saß da, und Ibn Abi Du'ad war auch anwesend. Er hatte viele seiner Gefährten gesammelt …

Salih Ibn Ahmad überlieferte uns: Mein Vater sagte:

Als ich zu ihm – d.h. al-Mu'tasim – gebracht wurde, sagte er: »Komm näher! Noch näher!« So holte er mich immer näher zu sich. Dann befahl er: »Setz dich!« Ich setzte mich. Die Fesseln wogen schwer. Ich verharrte eine Weile, dann sagte ich: »Gestattest du mir zu reden?« »Rede!« antwortete er. »Wozu fordern Gott und sein Gesandter auf?« Er schwieg eine Weile, dann sagte er: »Zum Zeugnis, daß es keine Gottheit außer Gott gibt!« Ich sagte: »Und ich bezeuge, daß es keine Gottheit außer Gott gibt!« Dann fuhr ich fort: »Dein Ahn Ibn Abbas sagt: Als die Abordnung von Abd al-Qais zum Propheten kam und ihn nach dem Glauben fragte, sagte der: ›Wißt ihr denn, was der Glaube ist?‹ Sie erwiderten: ›Gott und sein Gesandter wissen es am besten!‹ Da sagte der Prophet: ›Das Zeugnis, daß es keine Gottheit außer Gott gibt und daß Muhammad Gottes Gesandter ist, die Verrichtung des Gebets, die Entrichtung der Almosenabgabe und die Entrichtung des Fünftels von der Beute.‹«

Mein Vater erzählte weiter: Er – nämlich al-Mu'tasim – sagte: »Hätte ich dich nicht in der Hand meines Vorgängers gefunden, hätte ich dich in Ruhe gelassen!« Dann fuhr er fort: »Abd ar-Rahman Ibn Ishaq! Habe ich dir nicht befohlen, die Inquisition aufzuheben?« Mein Vater sagte: »Gott ist groß. Das ist eine Rettung für die Muslime!«

Dann sagte er – nämlich al-Mu'tasim – zu ihnen: »Disputiert und diskutiert mit ihm!« Dann bestimmte er: »Abd ar-Rahman! Diskutiere du mit ihm!« Abd ar-Rahman fragte: »Was sagst du über den Koran?« Ich fragte zurück: »Was sagst du über Gottes Wissen?« Er schwieg. Dann sagte mir einer der Anwesenden: »Hat Gott nicht gesagt: ›Gott ist der Schöpfer jeden Dinges‹ (Koran 39:62 u.ö.)? Und ist der Koran nicht ein Ding?« Ich aber antwortete: »Gott spricht: ›Der Wind wird jedes Ding auf Befehl seines Herrn zerstören‹ (Koran 46:25). Er aber zerstörte nur, was Gott wollte.« Ein anderer sagte: »Gott spricht: ›Jede Mahnung, die zu ihnen kommt, ist neu geschaffen‹ (21:2). Ist neu geschaffen nicht wie geschaffen?« Ich aber sagte ihm: »Gott spricht: ›Beim Koran mit der Mahnung‹ (Koran 38:1). Die Mahnung aber ist der Koran. Weh dir!« Ein anderer erwähnte den Hadith von Imran Ibn Husain: Gott hat die Mahnung geschaffen. Ich aber erwiderte: »Das ist falsch. Ein anderer hat uns überliefert, daß Gott die Mahnung geschrieben hat.« Man argumentierte auch mit dem Hadith von Ibn Mas'ud: Gott hat von Paradies und Höllenfeuer, von Himmel und Erde nichts größeres als den Thronvers (Koran 2:255) geschaffen. Ich aber sagte: »Die Schöpfung betrifft Paradies und Höllenfeuer, Himmel und Erde, aber nicht den Buchstaben des Korans.« ...

Dann begann Ibn Abi Du'ad zornig auf ihn zu blicken. Ahmad sagte: Nachdem dieser diskutiert und ich geantwortet hatte, kam der nächste, und ich antwortete ihm. Wenn einer von ihnen fertig war, mischte sich Ibn Abi Du'ad ein und sagte: »Fürst der Gläubigen! Bei Gott, das ist ein Irrender, Irreführer und Neuerungssüchtiger.« Mein Vater sagte: Dann sagte er: »Diskutiert und disputiert mit ihm!« Der eine diskutierte mit mir, und ich antwortete, dann kam der nächste, und ich antwortete. Als sie damit fertig waren, sagte er – nämlich al-Mu'tasim – zu mir: »Weh dir! Ahmad! Was sagst du?« Ich aber sagte: »Fürst der Gläubigen! Gebt mir etwas aus Gottes Schrift oder der Sunna des Gottesgesandten, damit ich darüber spreche!« Da warf Ibn Abi Du'ad ein: »Du sagst doch nur, was in Gottes Schrift oder der Sunna des Gottesgesandten steht.« Ich antwortete: »Wie ich es auch deute, du weißt es doch besser. Was ich auch deute, wir werden doch deswegen eingesperrt und gefesselt.« …

Salih Ibn Ahmad überlieferte uns: Mein Vater sagte mir:

In der dritten Nacht sagte ich: »Morgen könnte in meiner Sache etwas geschehen.« Einen, der bei mir war und sich um mich kümmerte, bat ich: »Gib mir einen Faden!« Er brachte mir einen Faden. Ich band damit die Fesseln fest und band die Schnur wieder um meine Hosen, da ich fürchtete, mir könne etwas zustoßen und ich stände dann entblößt da. Am nächsten Tag, dem dritten, schickte er nach mir. Ich wurde vorgeführt. Der Palast war voller Menschen. Ich wurde von Ort zu Ort geführt. Einige standen mit Schwertern, andere mit Geißeln und anderem da. In den beiden letzten Tagen waren nicht viele davon da gewesen. Als ich schließlich vor ihm stand, befahl er mir, mich zu setzen. Dann forderte er zum Disput und zur Diskussion auf. Und man begann mit mir zu disputieren, einer nach dem anderen, und ich antwortete einem nach dem anderen. Ich sprach lauter als sie. Einige von denen, die zu seinen Häupten standen, begannen mit der Hand nach mir zu zeigen. Nachdem die Sitzung lange gedauert hatte, wendete er sich mir zu, dann widmete er sich ihnen, dann wendete er sich mir zu und brachte mich zu ihm zurück. »Ahmad! Weh dir! Gib mir die geziemende Antwort, damit ich dich eigenhändig freilassen kann!« Doch ich antwortete ihm, wie ich auch bisher geantwortet hatte. »Hüte dich!«, sagte er und fluchte. Dann sagte er: »Packt ihn, nehmt ihn mit und zieht ihn aus.« Ich wurde weggeschleppt, dann wurde ich ausgezogen. Ich hatte ein Haar vom Propheten bei mir und es in den Ärmel meines Hemdes gebunden. Er richtete sich an Ishaq Ibn Ibrahim: »Was hat er da im Ärmel seines Hemdes eingebunden?« »Ein Haar vom Propheten«, antwortete ich. Einige wollten mein Hemd, um es zu zerreißen. Er – nämlich al-Mu'tasim – sagte: »Zerreißt es nicht!« Man zog mir das Hemd aus. Er sagte: »Ich dachte, er sei durch das alte Hemd wegen des Haares, das darin war, geschützt.«

Mein Vater fuhr fort: Er – nämlich al-Mu'tasim – saß auf einem Stuhl. Dann befahl er: »Die Bestrafer und Auspeitscher!« Die Bestrafer wurden gebracht. Ich streckte die Hände aus. Einer hinter mir sagte: »Nimm eins der beiden Hölzer mit der Hand und halt dich an beiden fest!« Ich verstand ihn nicht. Meine Hände wurden ausgerenkt ...

Uns überlieferte Maimun Ibn al-Asbagh: Ich war damals in Bagdad und hörte Lärm. Was das sei, fragte ich. »Ahmad Ibn Hanbal wird geprüft!« Ich ging nach Hause, nahm genug Geld und brachte es zu einem, der mich in die Sitzung führte. Es geschah. Da waren die Schwerter gezückt und die Lanzen aufgerichtet, die Schilde aufgestellt und die Geißeln ausgelegt. Man zog mir ein schwarzes Kriegerhemd an und band mir Gürtel und Schwert um. Dann stellte man mich dort hin, wo ich die Reden hören konnte. Der Fürst der Gläubigen kam und setzte sich auf einen Stuhl. Dann wurde Ahmad Ibn Hanbal gebracht. Er sagte zu Ahmad: »Bei meiner Verwandtschaft mit dem Gottesgesandten! Entweder lasse ich dich mit Geißeln schlagen oder du sagst, was ich sage!« Dann drehte er sich zum Henker und befahl: »Packt ihn!« Der packte ihn. Nachdem er einen Schlag geführt hatte, sagte er: »In Gottes Namen!« Beim zweiten sagte er: »Es gibt keine Macht und Stärke außer bei Gott!« Beim dritten Schlag sagte er: »Der Koran ist Gottes Rede und unerschaffen!« Beim vierten Schlag sagte er: »Sprich: Uns wird nichts treffen, was Gott uns nicht vorgeschrieben hat!« (Koran 9:51) Der Henker schlug ihn neunundzwanzigmal. Ahmads Hosenschnur hielt ein Kleid. Sie riß und die Hosen fielen ihm bis zur Scham herab. »Sogleich wird er bloß dastehen!« meinte ich. Aber Ahmad hob den Blick zum Himmel und bewegte die Lippen. Ganz schnell gingen die Hosen nach oben und rutschten nicht weiter. Maimun sagte: Sieben Tage später besuchte ich ihn und sagte: »Abu Abdallah! Ich habe dich gesehen, als du geschlagen wurdest. Als deine Hosen rutschten, hast du zum Himmel geblickt, und ich habe gesehen, wie du die Lippen bewegt hast. Was war das?« Er antwortete: »Ich habe gesagt: O Gott! Ich bitte dich in deinem Namen, mit dem du den Thron erfüllst. Wenn du weißt, daß ich recht habe, entblöße mir nichts Verborgenes!« ...

Nachdem der Kalif al-Ma'mun 827 die strenge Prüfung der Religionsgelehrten im Sinne der mu'tazilitischen Theologie verfügt hatte und alle auf die Lehre von der Geschaffenheit des Korans einzuschwören versuchte, wurde Traditionsgläubige verfolgt, verhört und bestraft. Unter ihnen wurde Ahmad Ibn Hanbal (780–855) zu einer Leitfigur. Die Disputation mit ihm und die folgende Bestrafung fanden unter al-Ma'muns Nachfolger al-Mu'tasim statt. Den strengen sunnitischen Hanbaliten galt ihr Eponym später als Symbol der Standhaftigkeit gegenüber allen Versuchungen religiöser Gegner und der sie unterstützenden Staatsmacht. Ahmad Ibn Hanbal wurde freigelassen, nachdem sich die Leute am Tor des Palastes versammelt und so gelärmt hatten, daß der Herrscher Angst bekam.

Ibn al-Ǧauzī, Manāqib al-Imām Aḥmad Ibn Ḥanbal, 3. Aufl., Beirut 1402/1986, S. 319–331, 340; Übersetzung H. Preißler.

Rationale Theologie und Überlieferung

Wenn jemand fragt: Warum meint ihr, daß der Schöpfer den Geschöpfen nicht gleicht?, dann ist die Antwort: Weil, wenn Er ihnen ähnlich wäre, Sein Verhältnis zur zeitlichen Schöpfung wie das ihre wäre. Wenn Er ihnen gleich wäre, müßte Er ihnen in allen Beziehungen oder einigen davon gleichen. Wenn Er ihnen aber in allen Beziehungen gleich ist, ist Er wie sie in der Zeit geschaffen. Wenn Er ihnen in einigen Beziehungen gleich ist, ist Er dort, wo Er ihnen gleich ist, in der Zeit geschaffen. Es ist aber unmöglich, daß das zeitlich Geschaffene anfangslos ist. Gott spricht: »Nichts ist wie Er« (Koran 42:11) und »Keiner ist Ihm ebenbürtig« (Koran 112:4).

Wenn jemand fragt: Warum sagt ihr, daß der Schöpfer der Dinge einer ist?, dann ist die Antwort: Weil die Führung von zweien in den Urteilen nicht geordnet und in Übereinstimmung sein kann. Auf beide oder einen von beiden wird dann Unfähigkeit zutreffen. Denn wenn der eine einen Menschen zum Leben bringen will, will der andere ihn zu Tode bringen. So kann ihrer beider Wille nicht eins sein, wird ihrer beider Wille nicht umgesetzt oder nur der Wille des einen umgesetzt. Es ist unmöglich, daß ihrer beider Wille zusammen umgesetzt wird, weil es unmöglich ist, daß der Körper gleichzeitig lebendig und tot sein kann. Wenn aber ihrer beider Wille nicht der gleiche ist, müssen beide unfähig sein. Wer aber unfähig ist, kann weder Gott noch anfangslos sein. Wenn der Wille beider ohne einen ist, muß Unfähigkeit eintreten, weil ihr Wille durch beide nicht erreicht wird. Wer unfähig ist, kann aber weder Gott noch anfangslos sein. Das beweist unsere Meinung, daß der Schöpfer der Dinge einer ist. Der Erhabene spricht: »Wären im Himmel und auf Erden noch andere Gottheiten außer Gott, würden beide vergehen« (Koran 21:22).

Das ist die Bedeutung unserer obigen Beweisführung.

Wenn jemand sagt: Oder sagt ihr, daß das Böse von Gott ist?, ist die Antwort einiger unserer Gefährten: Alle Dinge sind insgesamt von Gott, ohne besonders zu sagen, daß das Böse von Gott sei. So werden alle Dinge insgesamt als von Gott genannt, aber im Besonderen werden Ehefrau und Kind nicht von Gott genannt. So sagen wir insgesamt, was unter Gott ist, ist schwach, ohne im besonderen zu sagen, daß Gottes Religion schwach sei.

Der selige Meister Abu 'l-Hasan sagte: Was mich betrifft, so sage ich, daß das Böse von Gott ist, und zwar, daß Er es für andere, nicht für sich geschaffen hat.

Diese Auszüge aus dem einem Katechismus ähnelnden »Buch der Strahlen« von Abu'l-Hasan al-Asch'ari (873–935) zeigen die Behandlung von Gott und seinen Geschöpfen, der Einheit Gottes und der Beziehung des Bösen zu Gott in der Auseinandersetzung mit den Mu'taziliten. Al-Asch'ari hatte ihnen anfangs selbst angehört, bevor er sich den Vertretern der Tradition anschloß und mit rationalen Methoden theologische Positionen entwickelte, die, nach ihm benannt, in sunnitischen Kreisen Verbreitung fanden.

R. J. McCarthy, The Theology of al-Ash'arī, Beirut 1953, S. 7 f., 47 (arab.), S. 9 f., 67 f. (englische Übersetzung); Übersetzung H. Preißler.

Ein großer Religionsgelehrter

(Sein Name ist:)
Abu Hamid Muhammad Ibn Muhammad Ibn Muhammad Ibn Ahmad al-Ghazali mit dem Beinamen Autorität des Islams, die Zierde der Religion, aus Tus, der schafi'itische Rechtsgelehrte.

Die schafi'itische Gemeinschaft hatte in letzter Zeit niemand seinesgleichen.

Anfangs studierte er in Tus bei Ahmad ar-Radhakani. Dann kam er nach Nischapur und besuchte die Vorlesungen des Imam al-Haramain Abu 'l-Ma'ali al-Djuwaini. Er lernte ernsthaft, so daß er bald fertig war und noch zu Zeiten seines Lehrers zu einer angesehenen Berühmtheit wurde. Währenddessen verfaßte er (schon) Bücher. Sein Lehrer rühmte sich seiner, und er blieb bei ihm, bis er zu dem Zeitpunkt, der in dessen Biographie angegeben ist, verschied. Von Nischapur zog er in das Heerlager. Dort traf er den Wesir Nizam al-Mulk. Dieser behandelte ihn großzügig und mit Ehren und wendete sich ihm besonders zu. Beim Wesir hielten sich einige tugendsame Gelehrte auf. Zwischen ihnen kam es in mehreren Sitzungen zu Disputationen, bei denen Abu Hamid sie besiegte. So wurde er berühmt und verbreitete sich sein Ruf mit den Karawanen. Dann übertrug ihm Nizam al-Mulk die Professur an seiner Nizamija-Schule in Bagdad. Als er nach Bagdad kam, begann er dort sofort mit den Vorlesungen, und zwar im Djumada al-ula des Jahres 484 (Juli 1091). Die Iraker staunten über ihn und sein Ansehen bei ihnen stieg. Dann aber gab er im Dhu 'l-Qa'da des Jahres 488 (November 1095) alles auf und beschritt den Weg der Weltentsagung und Zurückgezogenheit. Er begab sich auf die Pilgerfahrt nach Mekka. Auf der Rückkehr wendete er sich nach Syrien und hielt sich eine Zeitlang in der Stadt Damaskus auf, wo er in dem Betraum an der Westseite der Großen Moschee Vorlesungen hielt. Von dort siedelte er nach Jerusalem um und war eifrig in der Gottesverehrung und beim Besuch von Gedenkstätten und verehrten Orten. Darauf begab er sich nach Ägypten und blieb eine Zeit in Alexandria. Es heißt sogar, er habe sich von dort aus zur See in die Länder des Maghreb begeben, weil er mit dem Emir Jusuf Ibn Taschfin, dem Herrn von Marrakesch, zusammentreffen wollte. Doch währenddessen hörte er vom Tod Jusufs Ibn Taschfin, und er gab seinen Plan auf. Dann kehrte er in seine Heimat Tus zurück und studierte für sich selbst und verfaßte nützliche Bücher in zahlreichen Wissenschaften.

In der Rechtswissenschaft sind am berühmtesten das Buch »al-Wasit« (Das Mittlere), »al-Basit« (Das Einfache), »al-Wadjiz«

(Das Kurzgefaßte) und »al-Chulasa« (Das Resümee). Dazu gehört auch »Ihja ulum ad-din« (Die Belebung der Religionswissenschaften), das wertvollste und schönste der Bücher. In der Rechtsmethodologie verfaßte er den »Mustasfa« (Das Ausgewählte), den er am 6. Muharram des Jahres 503 (5. August 1109) beendete. Von ihm stammen »Tahafut al-falasifa« (Der Zusammenbruch der Philosophen) ... »Mischkat al-anwar« (Die Wandnische für die Lichter), »al-Munqidh min ad-dalal« (Der Retter aus dem Irrtum) und viele weitere Bücher, die allesamt nützlich sind.

Dann drängte man ihn, nach Nischapur zurückzukehren und in der dortigen Nizamija-Madrasa zu lehren. Er entsprach diesem Wunsch nach wiederholtem Drängen. Doch später gab er dieses Amt auf und kehrte in sein Haus in seiner Vaterstadt zurück. Er richtete sich einen Konvent für Sufis und eine Schule für die Studierenden in seiner Nachbarschaft ein und verbrachte seine Zeit mit guten Taten: Er las Koranabschnitte, saß mit den Mystikern zusammen und hielt Vorlesungen, bis er zu seinem Herrn abberufen wurde ...

Er wurde im Jahre 450 (1058), nach anderen 451 (1059) geboren. Er verstarb am Montag, dem 4. Djumada al-achira des Jahres 505 (8. Dezember 1111), in at-Tabaran. Gott sei ihm gnädig!

Abu Hamid al-Ghazali (1058–1111) aus der iranischen Stadt Tus gilt als einer der bedeutendsten islamischen Gelehrten. Als angesehener Jurist vertrat er die schafi'itische Schule, als Theologe war er Asch'arit. Ihm gelang es, ein für Sunniten akzeptables, mit dem religiösen Gesetz vereinbares mystisches System zu schaffen, das nach ihm große Verbreitung gefunden hat. In der Philosophiegeschichte ist er als scharfer religiöser Kritiker und profunder Kenner der Philosophie Ibn Sinas, Avicennas, bekannt geworden.

Ibn Ḥallikān, Wafayāt al-aᶜyān, Ed. M. M. ᶜAbd al-Ḥamīd, Kairo 1958, Teil 3, S. 353–355; Übersetzung H. Preißler.

Wer ist der rechte Imam?

Die größte Differenz innerhalb der (islamischen) Gemeinde ist die um das Imamat, denn zu keiner Zeit ist im Islam wegen eines religiösen Grundsatzes das Schwert so oft gezogen worden wie um des Imamats willen ...

Die Differenz um das Imamat umfaßt zweierlei: Erstens gibt es die Auffassung, das Imamat werde durch Übereinkunft und Wahl errichtet. Zweitens gibt es die Auffassung, das Imamat werde durch Bestimmung und Ernennung errichtet.

Wer die Meinung vertritt, das Imamat werde durch Übereinkunft und Wahl errichtet, vertritt das Imamat eines jeden, über den sich die Gemeinde eint, sei es unbeschränkt oder unter bestimmten Bedingungen, daß er, wie eine Richtung meint, ein Quraischit sein oder, wie andere meinen, ein Haschimit sein muß. Wer die erste Bedingung vertritt, bekennt sich zum Imamat von Mu'awija und seinen Kindern und zum Kalifat von Marwan und seinen Kindern nach ihm.[1]

Die Charidjiten stimmten zu jeder Zeit über einen unter der Bedingung überein, daß er sich an ihren Glauben hält und er nach den Normen der Gerechtigkeit entsprechend ihren Handlungen verfährt. Wenn nicht, verließen sie ihn und lösten ihn ab, konnten ihn vielleicht sogar töten.

Diejenigen aber, die sagten, das Imamat werde durch Bestimmung errichtet, haben sich nach Ali entzweit. Einige von ihnen meinten, Ali habe seinen Sohn Muhammad Ibn al-Hanafija bestimmt. Das sind die Kaisaniten. Nach ihm entzweiten sie sich wieder. Einige sagten, er sei gestorben und werde wiederkehren, um die Erde mit Gerechtigkeit zu erfüllen. Andere aber meinten, er sei gestorben und das Imamat sei nach ihm an seinen Sohn Abu Haschim übergegangen. Sie teilten sich nun wiederum auf. Einige sagten, das Imamat sei durch aufeinanderfolgende Vermächtnisse bei seinen Nachkommen geblieben. Andere aber behaupteten, es sei an einen anderen übergegangen, ohne daß sie über diesen anderen einer Meinung waren. Einige sagten, es sei Bajan Ibn Sam'an an-Nahdi, andere meinten, es sei Ali Ibn Abdallah Ibn Abbas. Einige sagten, es sei Abdallah Ibn Harb al-Kindi, andere meinten, es sei Abdallah Ibn Mu'awija Ibn Abdallah Ibn Dja'far Ibn Abi Talib. Alle diese sagen, die Religion sei Gehorsam gegenüber einem Mann, und

---

1 Sie erkennen die Herrschaft der Umaijadendynastie als legitim an.

deuten die Bestimmungen des Gesetzes gemäß einer bestimmten Person aus ...

Was aber diejenigen betrifft, die die Bestimmung von Muhammad Ibn al-Hanafija ablehnen, so vertreten sie die Bestimmung von al-Hasan und al-Husain und sagen, nur bei al-Hasan und al-Husein (den beiden Söhnen Alis) gäbe es das Imamat bei zwei Brüdern. Dann entzweiten auch sie sich. Einige setzten das Imamat unter den Kindern von al-Hasan fort und vertraten nach ihm das Imamat seines Sohnes al-Hasan, dann dessen Sohnes Abdallah, dann dessen Sohnes Muhammad und danach dessen Bruders Ibrahim, die so beide Imame waren, in der Zeit (des Kalifen) al-Mansur aufstanden und getötet wurden. Unter ihnen vertreten einige die Wiederkehr des Imams Muhammad. Andere setzten das Vermächtnis unter den Kindern von al-Husain fort und vertraten nach ihm das Imamat seines Sohnes Ali Ibn al-Husain Zain al-Abidin durch Bestimmung. Dann entzweiten sie sich nach ihm wieder. Die Zaiditen vertraten das Imamat seines Sohnes Zaid. Ihre Richtung bestimmt, daß jeder Nachkomme Fatimas[2], der aufsteht, gelehrt, enthaltsam, tapfer und freigiebig ist, Imam sei, dem man folgen muß. Sie erklärten die Rückkehr des Imamats an die Kinder von al-Hasan für erlaubt. Andere aber blieben dabei stehen und vertraten die Wiederkehr. Wiederum andere setzten es fort und bekannten sich zum Imamat eines jeden, der zu einer bestimmten Zeit dazu in der Lage ist.

Was die Imamiten betrifft, so vertreten sie das Imamat von Muhammad Ibn Ali al-Baqir durch Bestimmung und dann das Imamat von Dja'far Ibn Muhammad as-Sadiq durch Vermächtnis. Nach ihm entzweiten sie sich darüber, welches seiner Kinder bestimmt sei. Dja'far hatte nämlich fünf Kinder: Muhammad, Isma'il, Abdallah, Musa und Ali. Einige vertraten das Imamat von Muhammad. Das sind die Ammariten. Andere vertraten das Imamat von Isma'il und leugneten seinen Tod zu Lebzeiten seines Vaters. Das sind die Mubarakiten. Andere wiederum blieben bei seinem Imamat stehen und bekannten sich zu seiner Wiederkehr. Einige andere setzten das Imamat unter seinen Kindern durch aufeinanderfolgende Bestimmung bis in diese unsere Zeit fort.

---

2 d. h. Nachkomme von Ali und Fatima, Muhammads Tochter (604-632)

Das sind die Isma'iliten. Unter ihnen sprachen sich einige für das Imamat von Abdallah al-Aftah aus und vertraten seine Wiederkehr nach seinem Tode, weil er ohne Nachkommen gestorben war. Andere vertraten das Imamat von Musa durch Bestimmung, da sein Vater gesagt hatte: »Der siebente von euch ist euer Auferstehender. Er wird der Herr der Thora genannt.« Dann entzweiten sich diese. Einige von ihnen beschränkten sich auf ihn und vertraten seine Wiederkehr, da sie sagten, er sei nicht gestorben. Andere hielten bei seinem Tode inne. Das sind die Mamturiten. Andere unterbrachen mit seinem Tode und führten das Imamat mit seinem Sohn Ali Ibn Musa ar-Rida weiter. Das sind die Qat'iten. Dann entzweiten sich diese wegen jedes Kindes nach ihm. Die Zwölfer führten das Imamat von Ali ar-Rida über seinen Sohn Muhammad, dessen Sohn Ali und dessen Sohn al-Hasan bis zu dessen Sohn Muhammad, dem Auferstehenden, dem Erwarteten, dem Zwölften, fort. Sie sagten, er lebe, sei nicht gestorben und werde wiederkehren, um diese Welt mit Gerechtigkeit zu erfüllen, wie sie jetzt mit Unrecht erfüllt ist. Andere wiederum führten das Imamat bis al-Hasan al-Askari fort, vertraten das Imamat seines Bruders Dja'far und das Einstellen mit ihm, oder sie äußerten Zweifel über die Stellung von Muhammad. Bei der Fortführung des Imamats, dem Einstellen wie dem Reden von der Wiederkehr nach dem Tode, vom Verborgensein und von der Wiederkehr nach dem Verborgensein irren sie lange umher. Das sind allgemein die Differenzen über das Imamat.

Die Auseinandersetzungen um die legitime Führung der islamischen Gemeinschaft gaben zu fortwährenden politischen Differenzen, die sowohl religiös als auch rechtlich begründet wurden, Anlaß. So entstanden die drei großen Richtungen der Sunniten, Charidjiten und Schi'iten. Wegen der Meinungsverschiedenheiten um die Erbfolge unter den Nachkommen Alis wuchs die Zahl schi'itischer Gruppierungen unaufhörlich. Unter ihnen gewannen die Isma'iliten und die Zwölfer-Imamiten größere Verbreitung. Der sunnitische Theologe asch-Schahrastani (1075–1153) versuchte in seinem Werk über Religionen, Weltanschauungen und Philosophien diese Entwicklungen ohne vordergründige Polemik darzustellen.

Aš-Šahrastānī, al-Milal wa-'n-niḥal 26–28; Übersetzung H. Preißler.

Glauben an die zwölf Imame

Nachdem Ali den Märtyrertod erlitten hatte, teilten sich die Schi'iten auf. Eine Gruppe von den Imamiten sagte: Imam nach dem Propheten war Ali, dann kamen nacheinander al-Hasan und al-Husain, Ali Ibn al-Hasan, Ali Ibn al-Husain, Muhammad Ibn Ali, Dja'far Ibn Muhammad, Musa Ibn Dja'far, Ali Ibn Musa, Muhammad Ibn Ali, Ali Ibn Muhammad, al-Hasan Ibn Ali und dann al-Mahdi …

Die Imame sind wie Monde angeordnet. »Die Zahl der Monate bei Gott ist zwölf« (Koran 9:36) …

Mir wurde rezitiert:

»Ich bin der Klient des Propheten,

dann des rechtleitenden Ali

und von acht nach seinen beiden Enkeln

und eines Verborgenen und Verhüllten.«

Das ist die Mehrheit der Imamiten. Sie vertreten die Lehre von den zwölf Imamen. Die ganze (islamische) Gemeinde sei ungläubig geworden, als sie Ali zurückgewiesen hat, mit der Ausnahme von sechs Personen: Salman, al-Miqdad, Djabir, Abu Dharr al-Ghifari, Ammar und Abdallah, Umars Sohn.[1] Ali wisse alles, was die Menschen brauchen, ebenso wissen es diese Imame. Alle seien sündenfrei. Man dürfe ihnen weder Vernachlässigung noch Fehlerhaftigkeit nachsagen. Darüber sagt der Dichter an-Naschi:

»Er hatte das ganze Wissen.

Nicht darf jemand die Führung haben,

der nicht das ganze Wissen hat.«

Sie meinen, das (islamische) Gebiet sei ein Gebiet des Unglaubens. Selbst wenn jemand in einer Moschee schießen würde, würde er (dort) keinen Muslim treffen können. Ihr Schweigen aber sei nur Verstellung und Täuschung. Sie erwarten den Auszug des Zwölften. Dann zögen sie mit dem Schwert gegen die Gemeinde und machten in ihr Gefangene. Des Erhabenen Worte »Am Tage, da etwas von den Zeichen deines Herrn kommt, nützt keiner Menschenseele ihr Glaube, wenn sie nicht schon vordem

---

1 Personen aus der frühislamischen Zeit, die wegen ihrer Haltung zu Ali auch bei Schi'iten besondere Anerkennung gefunden haben

geglaubt hat« (Koran 6:158), erklären sie als Auftreten des Mahdi. Darüber haben sie viele Gedichte und weitgehende Verse verfaßt. Dazu gehören die Worte von Di'bil:

»Wäre nicht der, den wir heute oder morgen erwarten,
würde meine Trauer um die Imame mein Herz zerreißen.
Der Auszug des Imams findet unausweichlich statt.
Er bringt in Gottes Namen Segen.
Dann steh ich auf und lasse jeden Zweifel
und tränke mein Schwert und meine Lanze in Blut.«

Unter den zahlreichen schi'itischen Gruppierungen, die sich in ihren politischen und theologischen Auffassungen auf Ali (gest. 661) und seine Nachfolge als legitime Führer (Imame) der Muslime beziehen, vertrat eine starke Richtung die Lehre von der Aufeinanderfolge der zwölf Imame, deren letzter, al-Mahdi, 874 verschwunden sein soll. Seine Anhänger erwarteten seine Rückkehr und seinen Sieg als Messias (Mahdi). Diese knappe Darstellung skizziert die Hauptpositionen dieser Zwölfer-Imamiten und zitiert Gedichte schi'itischer Herkunft.

Le Livre de la création et de l'histoire de Motahhar ben Tâhir el-Maqdisî, Ed. M. Cl. Huart, Paris 1916, S. 125–127 (arab.), S. 131–133 (franz. Übersetzung); Übersetzung H. Preißler.

Unheimliche Gegner

Ihre Absicht ist Gottlosigkeit und Aufhebung der göttlichen Gesetze. Gradweise führen sie die Geschöpfe zu ihren Auffassungen in dem Maße, wie sie sich ihrer bemächtigen können. Sie machen sich jede Gruppierung durch das, was ihr gefällt, geneigt und unterscheiden die, die betrogen werden können, von denen, bei denen das unmöglich ist. Ihren Missionaren empfehlen sie folgendes: Sie sagen dem einzelnen Missionar: »Wenn du jemand findest, den du ansprechen kannst, mache das Schi'itentum zu deiner Religion und finde den Weg zu ihm, indem du davon sprichst, wie Ali Ibn Abi Talib von der (islamischen) Gemeinde ungerecht behandelt worden ist, wie sie al-Husain ermordet und seine Angehörigen gefangen genommen hat und daß du mit Taim (der Sippe von Abu Bakr) und Adi (der Sippe von Umar), den Umaijaden und Abbasiden nichts zu tun hast! Sprich von der Wiederkehr und sage, daß Ali das (göttliche) Geheimnis kennt! Wenn du ihn so ergreifen kannst, dann mache ihn mit den Fehlern Alis und seiner Kinder bekannt und erkläre ihm, daß das, was die Glieder von Muhammads Gemeinschaft und andere Gesandten außer ihm glauben, falsch ist! Wenn es aber ein Jude ist, dann finde den Weg zu ihm, indem du davon sprichst, daß der Messias erwartet wird und dieser Messias Muhammad Ibn Isma'il Ibn Dja'far der Mahdi sei, und schmähe Christen wie Muslime! Wenn es nun ein Christ ist, verhalte dich umgekehrt! Ist es ein Sabier, dann sprich von der Verehrung der Sterne! Ist es ein Magier, sprich von der Verehrung von Feuer und Licht! Wenn du nun einen Philosophen triffst, so sind die unsere Stütze, weil wir einer Meinung sind, denn sie erkennen die Gesetze der Propheten nicht an und sprechen von der Anfangslosigkeit der Welt! Wem du dich als Schi'it gibst, dem mache auch Haß auf Abu Bakr und Umar vor! Dann zeige ihm, wie keusch und enthaltsam du bist, daß du die Welt aufgegeben hast und dich von den Begierden fernhältst! Gebiete Aufrichtigkeit und Redlichkeit und das Befehlen des Geziemenden! Wenn der andere das sicher glaubt, sprich von den Mängeln Abu Bakrs und Umars! Ist es aber ein Sunnit, dann sag das Gegenteil! Wenn aber der andere zu Zügellosigkeit und Ausschweifung neigt, dann behaupte ihm gegenüber, daß Gottesdienst blöd und Skrupelhaftigkeit dumm ist, besonders die natürliche Veranlagung darin liegt, dem Genuß zu folgen und den Wunsch nach der vergänglichen Welt zu befriedigen!

Sie können sich auch einen, der eine gute Stimme im Koranvortrag hat, zum Gefährten nehmen. Wenn der den Koran vorgetragen hat, spricht ihr Missionar, mahnt und schmäht die Herrscher, die Gelehrten seiner Zeit und das unwissende Volk. Er sagt dann: »Die Erlösung wird durch den Segen der Familie des Gesandten erwartet!« Manchmal sagt er auch: »Gott der Allmächtige besitzt in seinen Worten Geheimnisse, die aber nur der kennt, den Gott auserwählt hat.«

Zu ihrer Art gehört es, daß sie mit keinem Gelehrten, sondern mit Unwissenden disputieren und sich bemühen, die Lehren zu erschüttern, indem sie das Unklare und alles, dessen Sinn dem Verstand nicht offenbar ist, ins Spiel bringen. Sie fragen so: »Was bedeutet die rituelle Waschung nach Samenerguß, ohne daß man uriniert hat? Warum hat das Paradies acht Tore, die Hölle aber sieben? ... Warum gibt es sieben Himmel?« Dann begehren sie eine Antwort auf die Sachen. Wenn der Frager dazu schweigt, schweigen auch sie. Wenn er (auf Antwort) drängt, antworten sie: »Halte dich an das Versprechen, dieses Geheimnis zu bewahren, denn es ist eine wertvolle Perle!« Dann verpflichten sie ihn dazu, das Geheimnis zu wahren. Bei Eiden sagen sie: »Dein ganzer Besitz soll gespendet werden und jede deiner Frauen (endgültig) dreimal verstoßen sein, wenn du das weitersagst!« Dann teilen sie ihm etwas davon mit und sagen: »Das weiß sonst die Familie des Gottesgesandten allein!« Sie sagen auch: »Diese äußerliche Wahrheit hat einen inneren Sinn. Der und der glaubt, was wir sagen, verheimlicht es jedoch!« Darauf erwähnen sie einen tugendhaften Gelehrten, der aber stets in einem fernen Ort lebt.

Wisse denn, daß ihre Lehre nach außen schi'itisch, innerlich aber Unglauben ist. Ihr Prinzip ist es, die Fähigkeiten zum Wissen auf die Rede des sündenfreien Imams zu beschränken, während sonst der Verstand die göttliche Wahrheit nicht erfassen kann, da er Zweideutigkeiten ausgesetzt ist. Der Sündenlose aber kennt durch Gott alle Geheimnisse der göttlichen Gesetze. In jeder Zeit muß es einen sündenlosen Imam geben, auf den man sich bezieht. Das ist das Prinzip ihrer Lehre. Dann wird deutlich, daß ihr Endziel die Aufhebung der göttlichen Gesetze ist, weil die Art ihrer Missionare nicht auf eins festgelegt ist, sondern sie jede Gruppe so ansprechen, wie es deren Meinung entspricht, denn ihr Ziel ist es, zum Nachfolgen zu veranlassen.

Sie behaupten fest, es gäbe zwei anfangslose Götter, die sich jedoch zeitlich aufeinander folgen. Der eine sei die Ursache für die Existenz des zweiten. Die Ursache hieße Vorläufer, der Verursachte Folger. Der Vorläufer habe die Welt mittels des Folgers geschaffen, nicht durch sich selbst. Sie können den ersten auch Vernunft, den zweiten Seele nennen. Der erste sei vollkommen, der zweite unvollkommen. Der erste werde weder durch Existenz noch Nichtexistenz beschrieben ...

Ihre Lehre vom Prophetentum ist der der Philosophen nahe. Danach sei der Prophet Ausdruck einer Person, über den vom vorhergehenden Verstand mittels des zweiten eine reine heilige Kraft ausgeströmt sei. (Der Engel) Djibril sei ein Ausdruck der

Vernunft, die über ihn ausgeströmt sei, keine Person. Der Koran sei Muhammads Deutung für die Kenntnisse, die ihm von der Vernunft ausgeströmt seien ...

Sie stimmen dahingehend überein, daß es in jeder Zeit einen sündenlosen Imam geben muß, der die Wahrheit vertritt und auf den man sich bei der Deutung des Offensichtlichen und bei der Lösung der Zweideutigkeit im Koran und in den Überlieferungen bezieht. Er entspräche dem Propheten in der Sündenlosigkeit. In einer Zeit seien nicht zwei Imame vorstellbar. Der Imam nähme Missionare zu Hilfe. Sie seien (Glaubens-)Beweise. Der Imam brauche zwölf Beweise, von denen vier ihn nicht verließen. Alle leugnen die Auferstehung mit den Worten: »Diese Ordnung, die Aufeinanderfolge von Tag und Nacht und die Erschaffung der Lebewesen erfordern keine Ewigkeit.« Sie deuten die Auferstehung als Hinweis auf das Auftreten des Imams. Sie glauben nicht an die Versammlung der Toten (zur Auferstehung), weder in Paradies noch Hölle. Das künftige Leben ist nach ihnen die Rückkehr eines jeden Dings zu seinem Ursprung. Sie meinen: »Der menschliche Leib zerfällt, der Geist aber, wenn er durch das Vermeiden der Leidenschaft, durch eifrigen Gottesdienst und durch Wissen genährt rein ist, steigt in seine ursprüngliche Heimat zurück. Seine Vollkommenheit erreicht er durch seinen Tod, denn dadurch wird er von der Enge des Leibes befreit.« Die rückfälligen, in die Welt der Natur eingetauchten Seelen bedürfen der Rechtleitung durch die sündenlosen Imame, denn sie sind auf ewig im Höllenfeuer, was bedeutet, daß sie immer wieder in andere Körper übergehen. Wenn sie einen Körper verlassen, nimmt ein anderer sie auf. Dafür führen sie Gottes Worte an: »Sooft ihre Haut gar ist, tauschen wir ihnen eine andere dafür ein« (Koran 4:56). Die meisten ihrer Auffassungen stimmen mit den Dualisten und Philosophen im inneren Sinn und mit den Schi'iten im äußeren Sinn überein. Mit diesen Deutungen verfolgen sie das Ziel, die offensichtlichen Glaubenslehren aus den Seelen der Menschen herauszureißen, damit Verlangen und Furcht vergehen. Dann glauben sie an das Verbotene ...

Wenn jemand solche armseligen Lehren und solche sinnentleerte Rede vertritt, wie kann das dem verborgen bleiben, der ihnen folgt? Aber wir sehen, daß viele ihnen folgen. Warum? Ihre

Anhänger sind verschieden. Darunter gibt es welche, deren Verstand schwach ist, deren Scharfsinn gering ist und die von Dummheit und Blödheit befallen sind. Sie wissen nichts von den Wissenschaften, so wie die Bewohner des fruchtbaren Landes im Irak und die Kurden, die ungeschlachten Barbaren und törichten jungen Männer sind. Der Irrtum dieser ist nicht abwegig. Waren es doch Leute, die sich Götzen geschnitzt haben und diese dann angebetet haben. Unter ihren Anhängern sind aber auch solche, deren ehemalige Herrschaft durch die Herrschaft des Islams beendet worden ist, wie die Söhne der (persischen) Chosroen und Großen und die Kinder der Magier. Diese sind betrogen. In ihrer Brust ist Neid.

Sie sind wie verborgenes Gift. Wenn seine Bewegung die Entkräfteten befällt, entbrennt sein Feuer. Unter ihren Anhängern sind solche, die nach Machtübernahme streben. Doch die Zeit hilft ihnen nicht. Wenn sie allerdings einen Weg sehen, ihre Ziele zu erreichen, eilen sie dorthin. Unter ihren Anhängern sind solche, die dazu neigen, sich vom Volk zu unterscheiden. Sie glauben, sie allein suchten die Wahrheiten, während die meisten Geschöpfe wie Tiere seien. Das alles geschieht aus Liebe zum Seltenen und Fremden. Unter ihren Anhängern sind auch gottlose Philosophen und Dualisten, die glauben, die göttlichen Gesetze seien erfundene Normen und die Wunder schöne Durchbrüche (des Gewohnten). Wenn sie sehen, daß jemand ihnen in ihren Absichten nachgibt, neigen sie ihm zu. Unter ihren Anhängern sind auch solche, die der Welt der Genüsse zuneigen. Sie besitzen weder Wissen noch Glauben. Wenn sie jemand finden, der ihnen ein Verbot aufhebt, neigen sie ihm zu.

Seit Ende des 9. Jahrhunderts und besonders im 10. Jahrhundert erschütterte die politisch-religiöse Bewegung der Qarmaten den Nahen Osten. 894 gründeten sie einen eigenen Staat am Persischen Golf, 930 überfielen sie sogar Mekka und raubten den Schwarzen Stein aus der Kaaba. Ebenso agierten sie in Syrien. Ihre religiösen Vorstellungen waren dem isma'ilitischen Schi'itentum verpflichtet und griffen gleichzeitig auf ältere, nichtislamische Auffassungen zurück. Später versuchte der Sunnit Ibn al-Djauzi (gest. 1201) ihre Lehren, ihre Methoden beim Missionieren und ihre Anhängerschaft nach älteren Quellen zu beschreiben und als islamfeindlich darzustellen.

Ibn al-Ġauzī, Al-Muntaẓam, Beirut 1412/1992, Bd. 12, S. 293–298 (in Auszügen); Übersetzung H. Preißler.

Sunniten und Schi'iten

Am Donnerstag, dem 15. Djumada al-ula (389, 4. 5. 999), wurde der Scharif Abu'l-Hasan Muhammad Ibn Ali Ibn al-Hasan az-Zainabi mit einem Ehrenkleid beschenkt und zum Adelsmarschall ernannt. Es war Sitte der Schi'iten in al-Karch und Bab at-Taq (in Bagdad) geworden, am Tag von al-Ghadir[1] (am 18. Dhu'l-Hidjdja) Zelte aufzustellen, Kleider aufzuhängen und alles zu schmücken, in der Nacht dieses Tages Lichter anzuzünden und am frühen Morgen Kamele zu schlachten. Nun wollte die andere Gruppierung, die Sunniten, dem etwas entgegenstellen. Also behauptete sie, am 8. Tag nach dem Ghadir-Tag sei der Tag, an dem der Prophet sich mit Abu Bakr (während der Hidjra) in der Höhle verborgen hätte. Sie verfuhren nun an dem Tag so wie die Schi'iten am Ghadir-Tag. Und dem Aschura-Tag[2] stellten sie acht Tage später einen Feiertag entgegen, auf den sie den Tod von Mus'ab Ibn az-Zubair[3] legten. Sie besuchten dann sein Grab in Maskan, wie das Grab von al-Husain besucht wird. Den Tag der Höhle begingen sie erstmals am Freitag, dem 26. Dhu 'l-Hidjdja (8. 12. 999).

(Diese Rivalitäten führten 392/1002 zu Unruhen in Bagdad.)

In Bagdad nahmen die Sache der Aufrührer und die Unordnung zu. Unter den Aufrührern waren sowohl Anhänger der Abbasiden als auch der Aliden. Sie setzten ihre Handlungen fort, raubten Güter und mordeten. Die Leute waren in einer schwierigen Lage. Da schickte Baha' ad-Din, der Heeresinspektor, den Abu Ali, Sohn des Ustadh Hurmuz, in den Irak, um dessen Angelegenheiten zu regeln. Am Dienstag, dem 17. Dhu 'l-Hidjdja (27. 10. 1002), zog er in Bagdad ein. Die Stadt war aus Furcht vor ihm geschmückt worden. Er aber ließ Anhänger von Abbasiden und Aliden zusammenbinden und tagsüber ertränken, wie er

---

1 Nach schi'itischem Verständnis soll Muhammad im März 632 am Teich (Ghadir) von Khumm Ali als seinen Nachfolger eingesetzt haben.
2 Am Aschura-Tag (10. Muharram) wurde 680 Alis Sohn al-Husain getötet.
3 Bruder des Gegenkalifen Abdallah Ibn az-Zubair in Mekka, fiel 690 im Kampf gegen die Umaijaden in Maskan

auch eine Anzahl von türkischen Dienern ertränken ließ. Er verbot den Sunniten wie Schi'iten, ihre Auffassung öffentlich zu zeigen. Danach verbannte er Ibn al-Mu'allim, den Gelehrten der Schi'iten, aus der Stadt. Furcht vor ihm lag in den Seelen.

Die öffentliche Manifestation bestimmter Zeremonien, die nur einer religiösen Gruppierung eigen waren, konnte unter schwierigen politischen Bedingungen Anlaß zum Ausbrechen von interkonfessionellen Rivalitäten und Unruhen bieten, die im geschilderten Fall nur mit äußerster Brutalität unterdrückt werden konnten.

Ibn al-Ğauzī, Al-Muntaẓam, Beirut 1412/1992, Bd. 15, S. 14, 32 f.; Übersetzung H. Preißler.

VII Begegnungen mit Nichtmuslimen

Gläubige anderer Offenbarungsreligionen, die »Leute der Schrift«, teilten das Leben mit den Muslimen bei Ackerbau, Handwerk und Handel, in Kultur und Wissenschaft. Einige von ihnen erreichten hohe Ränge in der Verwaltung und in der Umgebung des Kalifen.

Bei Anerkennung muslimischer Herrscher behielten nichtmuslimische Gemeinschaften ihre innere Autonomie, waren jedoch verschiedensten Vorschriften unterworfen, die in Krisenzeiten des öfteren erneuert wurden. Andere Ausschnitte verweisen auf den Prunk, der einen byzantinischen Gesandten in Bagdad beeindruckte, und die Freuden eines Kalifen beim Klosterbesuch.

Eine neue militärische Konfrontation brachte das Ende des 11. Jahrhunderts, als europäisch-christliche Ritter des ersten Kreuzzuges syrisch-palästinensisches Gebiet mit Jerusalem eroberten. Bei einer durch innere Fehden zersplitterten islamischen Welt und dem ohnmächtigen Kalifen in Bagdad und seinem Sultan traf dies jedoch nur auf schwache Resonanz.

Die Muslime der den Kreuzfahrerstaaten benachbarten Territorien suchten sich auf vielfältige Weise zu behaupten. Militärische Aktionen traten neben bunt wechselnde Koalitionen, Interesse an Kampfkraft, an den Sitten und Bräuchen der »Franken« ging einher mit einer verbreiteten Verachtung derselben als unzivilisierte Barbaren. Nachdem Saladin dem ägyptischen Fatimidenkalifat ein Ende bereitet und in der Schlacht von Hattin am Tiberiassee 1187 einen folgenreichen Sieg über die Kreuzfahrer errungen hatte, konnte er im gleichen Jahr nach Belagerung und diplomatischer Verhandlung wieder in Jerusalem einziehen.

Nicht nur das gemeinsame Leben mit den »Leuten der Schrift«, sondern auch die Hinterlassenschaften des Altertums sowie eine umfängliche Handels- und Reisetätigkeit förderten das rege Interesse unter den Gebildeten des islamischen Reiches an allen damals bekannten Regionen der Erde. Das dokumentieren Überlegungen über die Einheit des Menschengeschlechts ebenso wie Berichte von Gelehrten, die in offizieller Mission oder als private Reisende nach Europa und an den Unterlauf der Wolga kamen, über die Sitten der Inder schrieben, Erzählungen von Chinahändlern aufgriffen und Ostafrika besuchten.

Ihnen allen gemeinsam war eine Wißbegierde auf fremde Welten, die viele Strapazen auf sich nahm, und eine für das Mittelalter bemerkenswerte Aufgeschlossenheit. Dies war nicht zuletzt Ausdruck der Gewißheit, daß die Muslime in der von Allah bevorzugten Region der Erde zu Hause waren.

Die Leute der Schrift

Jene, die außerhalb der wahren Gemeinschaft und des islamischen Gesetzes stehen, aber ein göttliches Gesetz und Vorschriften, göttliche Verordnungen und Zeichen anerkennen, sind die Leute der Schrift. Sie sind aufgeteilt in jene, die ein wirklich offenbartes Buch wie die Thora und das Evangelium besitzen, weshalb die Offenbarung sie als Leute der Schrift anspricht, und jene, die eine zweifelhafte Schrift besitzen, wie die Magier[1] und die Manichäer. Denn die Schriftblätter, die Ibrahim (Abraham) herabgesandt worden waren, wurden wegen Neuerungen, die die Magier eingeführt haben, wieder in den Himmel emporgeholt. Doch ist es erlaubt, Abkommen und Schutzverträge mit ihnen abzuschließen, und werden sie neben die Juden und Christen gestellt. Sie sind also auch Leute der Schrift. Doch ist es nicht erlaubt, Heiratsbeziehungen zu ihnen zu knüpfen oder ihre Opfer zu essen, da ihnen die Schrift weggenommen worden ist ...

Die Juden und die Christen sind die beiden großen Gemeinschaften der Leute der Schrift. Die jüdische Gemeinschaft ist älter, weil das Gesetz Musa (Mose) gegeben wurde und alle Kinder Israels deshalb Gott verehrten, weil sie beauftragt waren, sich an die Vorschriften der Thora zu halten. Das Evangelium aber, das

---

1 Anhänger der alten iranischen Religion, Mazdaisten

auf den Messias herabgekommen ist, enthält keine Vorschriften und ergründet weder Erlaubtes noch Verbotenes, sondern besteht aus Symbolen und Gleichnissen, Ermahnungen und Schelten. Die Gesetzesbestimmungen und -vorschriften, die außerdem darin enthalten sind, heben die Thora auf ... Deshalb folgten die Juden Isa Ibn Marjam (Jesus, Marias Sohn) nicht und behaupteten gegen ihn, daß ihm befohlen worden sei, Musa zu folgen und der Thora zu entsprechen, er (diese) aber verändert habe. Diese Veränderungen schrieben sie ihm zu, wie die Verschiebung des Samstag auf den Sonntag, wie die Veränderung, Schweinefleisch zu essen, was in der Thora verboten worden war, wie die Aufhebung der Beschneidung, der Waschung und anderes.

Die Muslime haben verdeutlicht, daß die beiden Gemeinschaften (die Offenbarung) verändert und abgewandelt haben. Isa bestätigte nämlich nur das, was Musa gebracht hatte. Beide sind Boten, die das Kommen unseres Propheten Muhammad ankündigten.

Aš-Šahrastānī, al-Milal wa-'n-niḥal Ed. ᶜA. M. al-Wakīl, Kairo 1387/1968, S. 13 f.; Übersetzung H. Preißler.

Muslime und ein christlicher Wesir

Zum Richter Isma'il Ibn Ishaq kam der Wesir Abdun Ibn Sa'id, der Christ war. Der Richter erhob sich vor ihm und hieß ihn willkommen. Doch bemerkte er, daß die Zeugen und die sonstigen Anwesenden es ihm nicht gleichtaten. Als der Wesir gegangen war, sprach Isma'il Ibn Ishaq zu ihnen: »Ich habe eure Ablehnung gespürt. Gott der Erhabene aber spricht: ›Gott verbietet euch nicht, die pietätvoll und gerecht zu behandeln, die euch nicht wegen der Religion bekämpft oder euch nicht aus euren Wohnstätten vertrieben haben‹ (Koran 60:8). Dieser Mann entscheidet über die Angelegenheiten der Muslime. Er ist zwischen uns und unserm Kalifen ein Gesandter. Es gehört (dieses Handeln) zu (unserer) Pietät.« Da schwieg die Menge.

Yāqūt, Iršād al-arīb, London 1925, Bd. 2, S. 259 f.; Übersetzung H. Preißler.

Vorschriften für Nichtmuslime

In diesem Jahr (235/849–50) befahl (der Kalif) al-Mutawakkil den Christen und allen (anderen nichtislamischen) Schutzbefohlenen folgendes:

Sie sollten honigfarbene Schals und die (althergebrachten) Gürtel tragen. Sie sollten auf Sätteln mit hölzernen Steigbügeln reiten und an deren Rückseite zwei Kugeln anbringen. Sie sollten zwei Knöpfe an den hohen Mützen anbringen und solche tragen, die eine andere Farbe als die der Muslime haben. Sie sollten zwei Flecken an der Kleidung ihrer Sklaven befestigen, die sich in der Farbe von der sonstigen oberen Kleidung unterscheiden sollten, wobei der eine Fleck vorn an der Brust und der andere am Rücken befestigt werden sollte und jeder Fleck vier Fingerbreit und honigfarben sein sollte. Wer aber von ihnen einen Turban trägt, dessen Farbe sollte auch honigfarben sein. Wenn sich ihre Frauen in der Öffentlichkeit zeigten, sollten sie es nur tun, wenn sie einen honigfarbenen Überwurf trugen. Ihre Sklaven sollen die (althergebrachten) Gürtel tragen und durften nicht Gürtel (wie die Muslime) umbinden.

Ihre neuerrichteten Kirchen sollten zerstört werden, und von ihren Wohnstätten sollte der Zehnt erhoben werden. Wenn der Platz (an dem die Kirche stand) groß genug war, sollte er als Moschee verwendet werden. Eignete er sich aber nicht für eine Moschee, sollte er frei gelassen werden. An die Türen ihrer Häuser sollten sie hölzerne Bilder von Teufeln nageln, um ihre Häuser von denen der Muslime zu unterscheiden.

Sie durften nicht in den Verwaltungsstellen und den Bezirken des Reiches beschäftigt werden, wo sie den Muslimen Vorschriften machen konnten.

Ihre Kinder sollten nicht in den Schulen der Muslime und nicht durch einen Muslim unterrichtet werden.

Bei ihrem Palmsonntag sollten sie keine Kreuze zeigen und auf der Straße keine Kerzen tragen. Ihre Gräber sollten eingeebnet werden, damit sie den Gräbern der Muslime nicht glichen.

Gewöhnlich wurde die soziale und religiöse Stellung in den nahöstlichen Gesellschaften auch durch äußere Merkmale in der Öffentlichkeit unterschieden. Doch hielt man sich im Alltag nicht immer daran. Deshalb erließen die Herrscher von Zeit zu Zeit strenge Bestimmungen, um die Grenzen vor allem zwischen Muslimen und Nichtmuslimen zu verdeutlichen, allerdings augenscheinlich ohne daß diese Vorschriften dauerhaft streng gehandhabt wurden. In einer Zeit starker innerer Auseinandersetzungen erneuerte der Kalif al-Mutawakkil diese Positionen.

Ta'rīḫ aṭ-Ṭabarī, Kairo 1968, Bd. 9, S. 171 f.; Übersetzung H. Preißler.

Ein unfriedlicher Trauerzug

Im Schauwal (403, April/Mai 1013) verstarb die Tochter des Arztes Abu Nuh al-Ahwazi, die Ehefrau von Abu Nasr Ibn Isra'il, dem Sekretär von al-Munasih Abu 'l-Haidja'. Ihr Trauerzug fand am Tage statt, mit Klageweibern, Trommeln und Oboen, mit Mönchen, Kreuzen und Kerzen. Da trat ein Mann von den Haschimiten auf, mißbilligte das und bewarf den Trauerzug mit Steinen. Einer der Sklaven des Munasih fiel über den Haschimiten her und hieb ihm mit einer Keule so über den Kopf, daß er ihn erschlug und Blut floß. Da flohen die Christen mit dem Trauergeleit in die Kirche im Griechenviertel. Die Muslime folgten ihnen, plünderten die Kirche und die meisten der benachbarten Christenhäuser. Ibn Isra'il aber kehrte in sein Haus zurück. Da griffen sie ihn an, und er ergriff die Flucht vor ihnen. Doch wurde Ibn Isra'il aus seinem Versteck geholt und schließlich zum Hause von al-Munasih gebracht. Da brach der Krieg zwischen der Volksmenge und den Sklaven von al-Munasih aus und steigerte sich so, daß die Korane auf den Märkten aufgestellt und die Moscheetüren geschlossen wurden. Die Leute begaben sich zum Kalifenpalast, um zum Kampf aufzurufen. (Der Wesir) Dhu 'n-Nidjadain Abu Ghalib ritt zum Hause von al-Munasih und blieb dort. Dann traf das Schreiben des Kalifen an al-Munasih ein, in dem er das Geschehene mißbilligte, die Angelegenheit als ungeheuerlich bezeichnete, Ibn Isra'il suchte und seine Auslieferung verlangte. Aber al-Munasih weigerte sich. Das erzürnte den Kalifen, und er befahl, das Schnellboot klarzumachen, um den Ort zu verlassen und die Haschimiten bei seinem Palast zu sammeln. Am Freitag versammelte sich das Volk. Es begab sich zum Hause von al-Munasih, und seine Sklaven schlugen zurück.

Dabei wurde ein Mann getötet, von dem es hieß, es sei ein Alide. Das Abscheuliche nahm zu, und die Leute verzichteten sogar auf das (gemeinsame) Freitagsgebet. Das Volk überfiel eine Schar von Christen und tötete sie. Weitere Schreiben erreichten al-Munasih, bis er bereit war, Ibn Isra'il in den Kalifenpalast zu bringen. Der Kalif hielt das Volk von ihm ab und erlegte den Schutzbürgern die Binden (als Kennzeichen) auf. Dann ließ er im Monat Dhu 'l-Qa'da (Mai) Ibn Isra'il frei.

Das nicht unkomplizierte, aber meist friedliche Zusammenleben vieler islamischer Gruppierungen und nichtislamischer Religionsgemeinschaften in der Metropole Bagdad wurde immer wieder durch Übergriffe und Zwischenfälle gestört. Wenn die innen- oder außenpolitische Lage labil war, konnten kleine Anlässe zu schweren Unruhen führen. Um das aufgeregte Volk zu beruhigen, griffen die Machthaber dann zu verschärften Maßnahmen gegenüber den Unterlegenen.

Ibn al-Ġauzī, Al-Muntaẓam, Beirut 1412/1992, Bd. 15, S. 91 f.; Übersetzung H. Preißler.

Empfang eines byzantinischen Gesandten in Bagdad

Als in den Tagen von al-Muqtadir billah der Gesandte des Griechenkönigs (im Jahre 917) eintraf, wurde der Palastbezirk (des Kalifen) mit schönen Teppichen ausgelegt und mit prächtigen Gerätschaften geschmückt. Die Kämmerer und ihre Vertreter und die Diener wurden nach ihren Rängen an den Toren, in den Wandelhallen, Gängen, Durchgängen, Höfen und Sitzungsräumen aufgestellt. Das Heer stand nach seinen unterschiedlichen Gattungen in zwei Reihen in schönen Kleidern, mit Pferden mit gold- und silbergeschmückten Sätteln, vor ihnen in gleicher Ordnung die Beipferde. Die Krieger zeigten viele Rüstungen und Waffen. Sie standen von oberhalb des Schammasija-Tores bis in die Nähe des Kalifenpalastes. Nach ihnen kamen die Kammerpagen und Diener, die Leibsklaven und die Diener für den Außendienst bis zur Präsenz des Kalifen, gekleidet in strahlende Seide, mit Schwertern und mit juwelenverzierten Gurten. Die Märkte und Straßen, Dächer und Gassen der Ostseite (von Bagdad) waren mit schaulustigem Volk gefüllt. Jeder Laden und jeder Raum, aus dem man hinunterschauen konnte, war für viele Dirhems vermietet worden. Auf dem Tigris schwammen Schiffe und Boote aller Art, aufs schönste geschmückt und aufs beste ausgerüstet.

Der Gesandte ritt mit seiner Begleitung bis zum Kalifenpalast und betrat ihn. Ihm wurde zuerst Zugang zum Palais von Nasr al-Quschuri (dem Kämmerer) gewährt. Er sah dort viel Gedränge und erlebte erstaunliche Anblicke. Da meinte er, der Kämmerer sei der Kalif. Furcht und Angst erfaßten ihn, bis gesagt wurde, es sei der Kämmerer. Dann wurde er in das Palais gebracht, das dem Wesir gehörte. Dort befand sich Ali Ibn Muhammad Ibn al-Furat, der damals Wesir war. Dieser Anblick war noch bedeutsamer als der des Kämmerers Nasr. Der Gesandte zweifelte nicht, daß es diesmal der Kalif sei, bis ihm gesagt wurde, es sei der Wesir Ibn al-Furat. Der begrüßte und bediente ihn. Dann wurde der Gesandte an einen Sitzungsplatz zwischen Tigris und dem Garten gebracht. Teppiche waren für diesen ausgesucht worden, Vorhänge waren aufgehängt und Ehrensitze aufgestellt. Diener und Pagen mit Hellebarden und Schwertern umgaben ihn. Stunden später wurde er zur Präsenz von al-Muqtadir billah geführt. Er hatte eine große, erstaunliche Audienz vorbereitet. Seine Diener behandelten den Gesandten gleich ihm, und dieser erlebte einen Anblick, der ihm Angst und Furcht einflößte. Später ging er zum Palais, das für ihn vorbereitet worden war, wo Teppiche lagen, die passend waren, und sich Diener, Begleiter und Speisen befanden, alles eben, was man brauchte und wodurch Mannestugend und Großmut deutlich wurden.

Der Historiker Hilal Ibn al-Muhassin as-Sabi (970–1056) verfaßte, auch aufgrund eigener Beobachtungen, ein Protokollhandbuch für den Bagdader Kalifenhof, aus dem dieser Auszug stammt.

Abū 'l-Ḥusain Hilāl b. al-Muḥassin aṣ-Ṣābi', Rusūm dār al-ḫilāfa, Ed. M. ᶜAuwād, Bagdad 1383/1964, S. 11–14; Übersetzung H. Preißler.

Ein Kalif im Kloster

Das Obere Kloster liegt in Mosul. Es schaut auf den Tigris und die Wassermühlen herab. Es ist groß und bewohnt. Wegen der reinen Luft und dem schönen Ausblick ist es sprichwörtlich. Man sagt, die Christen hätten kein Kloster, das so reich an Evangelienbüchern und Kultusgegenständen wie dieses ist. Es gibt dort viele Zellen für Mönche. Das Kloster hat eine in den Fels gehauene Treppe mit rund hundert Stufen, die zum Tigris hinabführt und über die aus dem Fluß Wasser geholt wird. Unterhalb des Klosters ist auch eine große Quelle, deren Wasser in den Tigris fließt. Zu einer bestimmten Zeit des Jahres begeben sich die Leute dorthin, um dort zu baden. Sie erzählen, das Wasser heile Räude und Krätze und nutze Lahmen wie chronisch Leidenden.

Der Palmsonntag in diesem Kloster ist schön. Die Leute kommen dorthin und bleiben dort, um zu trinken. Wann immer ein Machthaber durch Mosul kommt, steigt er dort ab ... Als (der Kalif) al-Ma'mun nach Damaskus unterwegs war, kam er an diesem Kloster vorbei und blieb dort einige Tage. Es traf sich nun, daß Palmsonntag war. Ahmad Ibn Sadaqa erzählte:

Wir zogen mit al-Ma'mun aus und stiegen im Oberen Kloster in Mosul ab, weil es so gut und rein ist. Dann kam Palmsonntag. Al-Ma'mun setzte sich an eine Stelle, von wo er auf den Tigris, die Wüste und die Gärten und jeden, der in das Kloster kam, sehen konnte. An jenem Tag war das Kloster aufs schönste geschmückt. Die Mönche und Priester kamen zum Altar, umgeben von Knaben mit Räuchergefäßen in der Hand. Sie trugen Kreuze am Hals und hatten bunte Tücher umgelegt.

Als al-Ma'mun das sah, gefiel es ihm. Nachdem die Leute in ihre Zellen zurückgekehrt waren, wendeten sich Mädchen und Knaben, die bei ihnen gewesen waren, al-Ma'mun zu. Alle trugen Sträuße aus frischen, duftenden Blumen, einige hatten Becher mit verschiedenen Getränken in der Hand. Al-Ma'mun ging zu ihnen und nahm von diesem und jenem ein Geschenk zum Gruß. Er war von dem, was er sah, entzückt. Er trank, und es wurde gesungen.

Dann befahl er, Mädchen mit Christengürteln[1] aus dem ihn begleitenden Hofstaat zu holen. Zwanzig Dienerinnen erschienen vor ihm. Sie glichen Monden, hatten Gewänder aus Seiden-

---

1 Christen trugen im islamischen Gebiet zur Unterscheidung von Muslimen bestimmte Gürtel

brokat an, trugen goldene Kreuze am Hals und hielten Palm- und Ölbaumzweige in der Hand.

Al-Ma'mun sagte da: »Ahmad! Ich habe doch einige Verse über sie verfaßt. Sing sie mir vor! Sie lauten:

Wie Gazellen, wie goldene Dinare,
lieblich in weißen Gewändern sind sie.
Palmsonntag hat sie zu uns
geführt mit ihren schönen Gürteln.
Lange Locken haben sie,
Schwalbenschwänzen gleichen sie.
Zarte Taillen haben sie,
Wespen gleichen sie.«

Dann holte er seine Dienerin Ni'm, die auch zum Hofstaat gehörte. Sie sang:

»Gedacht hast du, ungerecht sei ich, und mich verjagt,
einen Pfeil mir durch das Herz geschossen.
Wie schön ist dein Unrecht! Vergib und verzeih!
Schutzsuchend stehe ich vor dir.«

Al-Ma'mun war erfreut, trank und ließ das Lied mehrmals wiederholen.

Dann sagte er zu al-Jazidi: »Hast du je etwas Schöneres erlebt?« »Ja, Fürst der Gläubigen! Schöner ist es, dem zu danken, der es dir gewährt hat, damit er dir noch mehr davon gibt und es dir bewahrt.« Al-Ma'mun antwortete: »Gott segne dich! Du hast zur rechten Zeit gemahnt!« Danach gebot er, ihm 30 000 Silberdirhem zu geben. Al-Jazidi spendete sie sogleich als Almosen.

Asch-Schabuschti (gest. 1008), Bibliothekar der Fatimidenkalifen in Kairo, verfaßte ein Buch über Klöster im islamischen Bereich, in dem er neben meist kurzen Beschreibungen der Orte und der dort gefeierten Feste auch viele Geschichten sammelte, wie Muslime an diesen Stätten Wein und andere Lebensfreuden genossen.

Aš-Šābuštī, Ad-Diyārāt, Ed. G. ᶜAuwād, Bagdad 1386/1966, S. 176–179; Übersetzung H. Preißler.

Kreuzfahrer nehmen Jerusalem ein

Die Franken wandten sich zu ihr (der Stadt Jerusalem), nachdem sie Akka erfolglos belagert hatten. Als sie die erreichten, belagerten sie diese mehr als 40 Tage. Sie errichteten gegen sie zwei Türme, einen von der Seite (des Tempelberges) Zions. Die Muslime verbrannten den Turm und töteten alle, die bei ihm waren. Als sie damit zu Ende waren, kam zu ihnen ein Hilfesuchender (mit der Nachricht), daß die Stadt eingenommen worden sei.

Die Franken nahmen sie von der Nordseite ein am Vormittag des Freitags, sieben Tage vor Ende des Scha'ban (492, 15. Juli 1099). Die Einwohner wurden ans Schwert geliefert. Die Franken blieben eine Woche in der Stadt und töteten die Muslime. Eine Gruppe von Muslimen suchte Schutz in Davids Gebetsstätte, verschanzte sich und kämpfte dort drei Tage. Da gewährten ihnen die Franken den Aman (Sicherheitszusage), und sie ergaben sich ihnen. Die Franken hielten sich daran, zogen nachts nach Asqalan (Askalon) und bezogen dort Quartier. In der Aqsa-Moschee töteten die Franken mehr als 70 000 Menschen, darunter eine große Zahl von Imamen und Gelehrten der Muslime, Frommen und Asketen, die ihre Länder verlassen hatten, um die Nachbarschaft dieses heiligen Platzes zu suchen. Aus dem Felsendom raubten sie (die Franken) mehr als 40 Silberleuchter, deren jeder 3600 Dirhem wog, und sie entwendeten einen Silberleuchter von 40 syrischen Ratl. An kleineren Leuchtern ergriffen sie 150 geschnitzte und mehr als 20 aus Gold. Sie machten unermeßliche Beute.

Die aus Syrien Vertriebenen erreichten im Ramadan (492, Juli-August 1099) mit dem Kadi Abu Sa'd al-Harawi Bagdad. Sie berichteten im Diwan (des Kalifen) alles, was die Augen weinen ließ und die Herzen betrübte. Dann kamen sie am Freitag zur Moschee und riefen um Hilfe, weinten und rührten zu Tränen. Sie berichteten, was den Muslimen an jenem erhabenen Heiligtum geschehen war: Tötung der Männer, Gefangennahme der Frauen und Kinder und Raub der Habe. Wegen des Unglücks, das sie betroffen hatte, brachen sie (sogar) das Fasten.

Ibn al-Aṯīr, al-Kāmil fī't-ta'rīḫ, Bd. X, Būlāq 1290 (1873–1874), S. 105; Übersetzung G. Hoffmann.

Widerhall der Kreuzzüge in Bagdad

Im Djumada al-ula diesen Jahres (504, Oktober-November 1110) zog der Sultan Ghijath ad-Dunja wa'd-Din Muhammad Ibn Malikschah von Hamadhan nach Bagdad. Es erreichten ihn Schreiben und Abgesandte aus Syrien über die Situation, was von seiten der Franken nach deren Rückkehr vom Euphrat passiert war, über das Unglück von Saida (Sidon), al-Atharib und der Umgebung von Halab (Aleppo).

Am ersten Freitag des Scha'ban (Februar 1111) kamen ein haschimitischer Scherif Aleppos, eine Gruppe von Sufis, Kaufleuten und Faqihen in die Sultansmoschee zu Bagdad, riefen um Hilfe, zogen den Prediger von der Kanzel und zerschlugen diese. Sie schrien und weinten über die Heimsuchung des Islams durch die Franken und darüber, daß Männer getötet, Frauen und Kinder gefangengenommen worden waren. Um sie zu beruhigen, versprachen ihnen Diener und Befehlshaber seitens des Sultans, daß Truppen entsandt und Hilfe für den Islam vor den Franken und Ungläubigen geleistet würde. Sie kehrten am zweiten Freitag zur Sultansmoschee zurück und erhoben erneut vielfaches Weinen, Schreien, Hilferufen und Klagen.

Kurz darauf kam die Sajjida Chatun, Schwester des Sultans und Gemahlin des Kalifen, von Isfahan nach Bagdad und mit ihr an Pracht, Juwelen, Geldern, Geräten, verschiedenen Pferden und Reittieren, Mobiliar, luxuriöser Kleidung, Dienern und Sklaven, Sklavinnen und Gefolge, was nicht zu schätzen, aufzulisten, zu zählen oder zu erfassen war. Da geschah dieser Hilferuf, und die reine, ungetrübte Freude über ihre Ankunft trübte sich. Der Kalif al-Mustazhir billah, der Befehlshaber der Gläubigen, mißbilligte das Geschehene und war entschlossen, nach denen zu suchen, die Wurzel und Ursache dessen waren, und das Widerwärtige niederzuwerfen. Der Sultan hinderte ihn daran, entschuldigte die Leute für ihr Tun und befahl den Emiren und Anführern, in ihre Distrikte zurückzukehren und sich zum Marsch für den Djihad gegen die ungläubigen Feinde Allahs zu rüsten.

Im Djumada diesen Jahres (504, Dezember 1110–Januar 1111) traf ein Abgesandter des Herrschers der Rum (Byzantiner) mit

Geschenken, Kostbarkeiten und Schreiben ein. Deren Inhalt war, gegen die Absichten der Franken vorzugehen, diese anzugreifen und sie gemeinsam aus diesen Gebieten zu vertreiben, die Schlaffheit ihnen gegenüber aufzugeben, entschlossen vorzugehen und ihre Vernichtung zu betreiben, bevor ihre Vergehen sich häuften und ihr Böses schrecklicher wurde. Er (der byzantinische Kaiser) sagte, daß er sie daran gehindert habe, in die islamischen Länder vorzudringen, und sie bekämpft habe. Wenn die Franken aber weiter ununterbrochen ihre Truppen und Hilfskräfte in die islamischen Länder in Marsch setzten, müßte er wegen der dazu zwingenden Notwendigkeiten sich ihnen zuwenden, ihr Vordringen zulassen und sie bei ihren Absichten und Zielen unterstützen. Aufs äußerste spornte und stachelte er dazu an, im Kampf gegen sie zusammenzugehen und sie gemeinsam aus diesen Ländern zu vertreiben.

Der Damaszener Ibn al-Qalanisi (gest. 1160), erster arabischer Autor, der als Zeitgenosse die Kreuzzüge schildert, vermittelt hier einen Eindruck, wie man in Bagdad auf die Schreckensnachrichten reagierte. Der Hilferuf aus Aleppo und der Vorwurf, daß sich die Byzantiner mehr für die Sache des Islams einsetzten als Kalif und Sultan, bewirkten im Jahre 1111 eine halbherzige militärische Aktion, die nicht zuletzt wegen Differenzen unter den muslimischen Emiren im Sande verlief.

Ibn al-Qalānīsī, Ḍayl ta'rīḫ Dimašq, Ed. H. F. Amedroz, Leiden 1908, S. 173–174; Übersetzung G. Hoffmann.

Stolz und Scham muslimischer Ritter gegen Franken

Trotzdem vertraue niemand seiner Tapferkeit und wundere sich über seine Kühnheit! Bei Allah! Einmal zog ich (der Autor dieser und der folgenden Geschichten, Usama Ibn Munqidh) mit meinem seligen Onkel gegen Afamiya (Apamea). Da traf es sich, daß die Männer von Afamiya ausgezogen waren, um eine Karawane zu überfallen. Nachdem sie das erledigt hatten, kehrten sie zurück. Wir trafen auf sie und töteten 20 Mann von ihnen. Da sah ich, wie den seligen Djum'a ein halber Lanzenschaft in das Sattelpolster traf und durch den Untersattel seinen Schenkel durchbohrte. Das erschreckte mich, doch Djum'a meinte nur: »Macht nichts, ich bin wohlauf!« Er packte die Lanzenspitze, zog sie heraus und blieb mit seinem Pferd wohlauf. »Abu Mahmud! Ich möchte mich der Festung nähern, um sie zu sehen«, sagte ich. »Tue es!« antwortete er.

So trabten wir beide mit unseren Pferden los. Als wir auf die Festung hinabsehen konnten, standen dort acht fränkische Reiter auf dem Weg, der zu dem offenen Platz hinabging. Nun konnte man nur auf jenem Weg hinabsteigen. Djum'a riet mir: »Bleib hier stehen, damit ich dir zeigen kann, was ich mit denen da anfange!« »Das ist ungerecht«, erklärte ich. »Greifen wir sie doch beide an, du und ich!« »Also los!« Wir griffen sie an und schlugen sie in die Flucht. Dann machten wir kehrt, da wir meinten, wir hätten getan, was kein anderer bewerkstelligen konnte: Zu zweit hatten wir acht fränkische Reiter verjagt!

Wir blieben auf jener Anhöhe stehen, um die Festung zu betrachten. Nur ein kleiner Fußkrieger erschreckte uns, der diese schwierige Lehne heraufgekommen war und Pfeil und Bogen trug. Bei Allah! Wir glaubten kaum, daß wir mit unseren Pferden heil davonkommen konnten. Wir kehrten um und kamen zur Ebene von Afamiya. Dort machten wir viel Beute: Büffel, Rinder und Schafe. Dann zogen wir ab. Doch wegen jenes Fußkriegers, vor dem wir fliehen mußten, blieb Kummer in meinem Herzen. Wir konnten nichts gegen ihn ausrichten. Wie wir vorher acht fränkische Reiter in die Flucht gejagt hatten, hatte uns nun ein Fußkrieger verjagt.

Der Stand der Ritter bei den Franken

Die Franken – Allah lasse sie im Stich – haben keine andere Tugend als ihre Tapferkeit. Nur die Ritter haben bei ihnen eine Vorrangstellung und einen hohen Rang. Bei ihnen zählen nur die Ritter. Sie haben den Rat inne, von ihnen kommen die rechtlichen Entscheidungen und Urteile. Ich prozessierte einmal mit ihnen wegen ein paar Ziegen, die der Herr von Baniyas (am Antilibanon) aus dem Wald genommen hatte, als zwischen uns und ihnen gerade ein Waffenstillstand war und ich mich in Damaskus befand. Ich sprach zu König Fulk Ibn Fulk (Fulko V., Graf von Anjou und König von Jerusalem): »Der da hat ungerecht gegen uns gehandelt und unsere Tiere weggenommen, da doch die Zeit des Lammens ist. Die Ziegen haben geworfen, und ihre Lämmer sind gestorben. Erst nachdem er den Tieren geschadet hat, hat er sie uns zurückgegeben.«

Daraufhin sagte der König sechs oder sieben Rittern: »Macht euch auf und richtet über ihn.« Sie verließen seinen Audienzsaal und zogen sich zurück. Sie berieten so lange, bis die Meinung aller über diese Sache übereinstimmte. Dann kehrten sie in den Sitzungssaal des Königs zurück und sprachen: »Wir haben entschieden, daß der Herr von Baniyas eine Strafe zu entrichten hat, weil er ihren Ziegen geschadet hat.« Und der König befahl ihm, die Strafe zu entrichten. Er bat mich inständig und bedrängte mich so lange, bis ich endlich 400 Dinar von ihm nahm. Dieses Urteil konnte, nachdem es die Ritter gefaßt hatten, weder der König noch ein anderer Führer der Franken ändern oder widerrufen, denn der Ritter ist bei ihnen etwas Großes.

Zu mir sprach der König: »Usama! Bei meinem Glauben! Ich habe mich gestern sehr gefreut.« »Allah erfreue den König! Weshalb warst du froh?« »Man hatte mir gesagt, daß du ein großer Ritter bist. Doch habe ich es vorher nicht geglaubt.« »Mein Herr!« erwiderte ich. »Ich bin ein Ritter von meinem Stamm und meinem Volk.«

Wenn der Ritter aber schlank und groß ist, bewundern ihn die Franken besonders.

Freikauf muslimischer Gefangener der Franken

Ich besuchte während eines Waffenstillstandes zwischen dem König der Franken (Fulko V.) und dem seligen Djamal ad-Din Muhammad Ibn Tadj al-Muluk den Frankenkönig wegen einer Schuld, die Bagduwin (Balduin) der König, der Vater der Königin (Melisende), der Frau des Königs Fulk Ibn Fulk, meinem Vater gegenüber hatte. Die Franken brachten ihre Gefangenen zu mir, damit ich sie freikaufte. Ich löste diejenigen von ihnen aus, deren Freilassung Allah der Erhabene leicht machte. Ein

Teufelskerl von einem Franken, Gilyam (Guillaume) Giba, zog einmal mit einem Geleitzug los, um einen Überfall zu machen. Er kaperte ein Schiff, auf dem Pilger aus dem Maghreb, etwa 400 Seelen, Männer und Frauen, waren. Die Leute wurden von ihrem Herrn zu mir gebracht, und ich löste die, die ich freikaufen konnte, aus. Unter ihnen war auch ein junger Mann, der grüßte und sich dann setzte, ohne ein Wort zu sagen. Ich fragte nach ihm, und mir wurde gesagt, er sei ein ganz frommer Mann, dessen Herr ein Gerber sei. Ich sprach zu ihm: »Für wieviel verkaufst du mir den?«

»Bei meinem Glauben!« antwortete der andere. »Ich verkaufe ihn nur zusammen mit diesem Alten für den Kaufpreis. Beide habe ich für 43 Dinar erstanden.«

Ich kaufte sie beide frei und außerdem noch einige andere. Für den seligen Emir Mu'in ad-Din kaufte ich einige weitere für 120 Dinar los. Ich wog die Summe ab, die ich bei mir hatte, und bürgte für den Rest. Dann kam ich nach Damaskus und sprach zu dem seligen Emir Mu'in ad-Din: »Ich habe für dich Gefangene, die ich ausgesucht habe, freigekauft. Doch hatte ich nicht die ganze Kaufsumme für sie bei mir. Jetzt bin ich nach Hause gekommen. Wenn du sie willst, wiege ihren Preis ab! Wenn nicht, wiege ich ihn ab.«

»Nein, bei Allah, ich wiege die Summe für sie ab. Ich wünsche Vergebung durch sie.«

Er gehörte, bei Allah, zu den schnellsten, wenn es darum ging, Gutes zu tun und Vergeltung zu erlangen. Also wog er die Summe für sie ab, und ich kehrte nach einigen Tagen nach Akka zurück. Bei Gilyam Giba waren 38 Gefangene übriggeblieben, darunter die Frau eines von denen, die Allah der Erhabene durch meine Hand befreit hatte. Ich kaufte sie los, ohne den Preis abzuwiegen. Dann ritt ich zum Haus des Franken – Allah verfluche ihn – und sprach: »Verkaufst du mir noch zehn von ihnen?« »Bei meinem Glauben! Ich verkaufe nur alle auf einmal.« »Für alle habe ich das Geld nicht! Ich kann nur ein paar von ihnen freikaufen. Das nächste Mal löse ich den Rest aus.« »Ich verkaufe dir nur alle auf einmal«, erwiderte er.

So ging ich davon. Doch Allah der Erhabene beschloß, daß sie in jener Nacht alle flohen. Die Einwohner der Dörfer um Akka sind alle Muslime. Wenn ein Gefangener zu ihnen kommt, verbergen sie ihn und bringen ihn in islamisches Gebiet. Jener Verfluchte forderte die Geflohenen zurück, doch bekam er keinen von ihnen. Allah der Erhabene bewerkstelligte in seiner Güte ihre Befreiung. Am nächsten Morgen verlangte er von mir das Geld für die Frau, die ich gekauft hatte, ohne den Preis für sie abzuwiegen. Auch sie war mit den anderen geflohen.

»Übergib sie mir und nimm das Geld für sie!« antwortete ich.

»Das Geld für sie gehört mir seit gestern, bevor sie geflohen ist.« Er zwang mich, das Geld für sie abzuwiegen. Ich tat es. Es war für mich nicht schwer, weil ich mich über die Befreiung jener Armen freute.

Fränkisches Lob für muslimischen Fürsten

Rugar (Roger), der Herr von Antakiya (Antiochia), schrieb an meinen Onkel: ›Ich habe einen meiner Ritter wegen einer wichtigen Angelegenheit nach Jerusalem geschickt. Ich bitte dich, Reiter auszuschicken und ihn von Afamiya nach Rafaniya zu geleiten.‹

Mein Onkel ritt los und schickte dem fränkischen Ritter eine Eskorte. Als der Franke auf den Onkel traf, sagte er: »Mein Herr hat mich wegen einer geheimen Sache ausgeschickt. Doch habe ich bemerkt, daß du ein verständiger Mann bist. So werde ich dir davon erzählen.« »Woher weißt du, daß ich verständig bin, da du mich doch bis jetzt nicht gesehen hast?« fragte mein Onkel. »Weil ich die Orte, durch die ich gezogen bin, in Ruinen liegen sah, während dein Gebiet gut besiedelt ist. So habe ich erkannt, daß du das Gebiet nur durch deinen Verstand und deine weise Regierung so aufbauen konntest.« Dann erzählte der Franke, weshalb er nach Jerusalem ritt.

Eine kühne Muslimin gegen Franken

Eine Schar fränkischer Pilger hatte die Wallfahrt unternommen und kehrte nun nach Rafaniya zurück, das damals ihnen gehörte.

Von dort zogen sie weiter nach Afamiya. In der Nacht verirrten sie sich jedoch und kamen nach Schaizar, das damals noch ohne Mauern war. So zogen sie in die Stadt ein. Es waren etwa 700 bis 800 Männer, Frauen und Kinder. Das Heer von Schaizar war damals gerade mit meinem Onkel, Izz ad-Din Abu 'l-Asakir Sultan, und Fachr ad-Din Abu Kamil Safi – Allah erbarme sich ihrer – ausgezogen, um zwei Bräute, Schwestern, einzuholen, die sie von den Banu's-Sufi aus Aleppo geheiratet hatten. Mein seliger Vater war in der Festung zurückgeblieben.

Einer aus der Stadt ging nun nachts wegen einer Angelegenheit aus und erblickte einen Franken. Er kehrte um, nahm ein Schwert und zog los, um den Franken zu töten. Geschrei erhob sich in der Stadt. Die Leute liefen hinaus, töteten die Franken und erbeuteten die sie begleitenden Frauen und Kinder, Silber und Tiere.

In Schaizar lebte zu jener Zeit eine Frau von einem unserer Gefährten namens Nadra Bint Buzarmat. Sie ging mit unseren Leuten hinaus und ergriff einen Franken, den sie in ihr Haus brachte. Dann ging sie noch einmal hinaus und nahm einen weiteren, den sie auch nach Hause brachte. Und sie kehrte noch einmal zurück und ergriff einen dritten. So waren bei ihr drei Franken zusammen. Sie nahm, was diese bei sich hatten und was ihr an Beute bei ihnen gefiel, an sich. Dann lief sie hinaus und rief ein paar Nachbarn, die die Franken töteten.

Fränkisches Mahl rettet vor dem Tod

Eines Tages sprach er (das Stadtoberhaupt von Antiochia, Theodoros Sophianos) zu meinem Gefährten: »Einer meiner fränkischen Freunde hat mich eingeladen. Komm mit, damit du ihre Art kennenlernst!«

Der Gefährte erzählte dann weiter:

Ich ging mit ihm, und wir kamen zum Haus eines alteingesessenen Ritters, der schon mit dem ersten Zug der Franken angekommen war. Er war schon aus der Soldliste gestrichen und vom Dienst dispensiert. In Antakiya hatte er ein Gut, von dem er lebte. Er ließ einen schönen Tisch mit sehr sauberen und guten

Speisen bringen. Als er sah, daß ich nichts aß, sprach er: »Iß getrost! Ich esse keine fränkischen Speisen. Ich habe ägyptische Köchinnen und esse nur, was sie gekocht haben. In mein Haus kommt kein Schweinefleisch.«

Also aß ich, war aber auf der Hut. Danach gingen wir.

Später einmal ging ich über den Markt, als mich eine fränkische Frau festhielt. Sie murmelte etwas Unverständliches in ihrer Sprache, und ich wußte nicht, was sie meinte. Eine Menge Franken versammelten sich um mich, und ich war schon des Todes sicher. Da kam jedoch jener Ritter vorbei und erblickte mich. Er trat auf die Frau zu und fragte sie: »Was hast du mit diesem Muslim?«

»Er hat meinen Bruder Urs (Hurso) getötet!« (Urs war ein Ritter in Afamiya, den einer der Soldaten aus Hama getötet hatte.) »Das ist ein Bourgeois (das heißt Kaufmann)!«, sprach der Ritter zu der Frau. »Er kämpft nicht und nimmt auch nicht am Kampf teil.« Nachdem er die Versammelten angeschrien hatte, zerstreuten sie sich, während er mich an der Hand nahm und mit mir wegging.

Durch dieses gemeinsame Mahl entkam ich dem Tod.

Diese Erzählungen des in der mittelalterlichen arabischen Literatur äußerst seltenen Genres der Autobiographie wurden von Usama Ibn Munqidh (1095–1188), einem in der Kreuzzugszeit verarmten Ritter aus dem nordsyrischen Schaizar, niedergeschrieben. Sie verweisen auf die Dimensionen von Kampf, Diplomatie und nachbarlichen Beziehungen, die für das Syrien-Palästina jener Zeit charakteristisch waren.

Die Erlebnisse des syrischen Ritters Usāma ibn Munqiḍ. Unterhaltendes und Belehrendes aus der Zeit der Kreuzzüge, aus dem Arabischen übersetzt und herausgegeben von H. Preißler, Leipzig-Weimar 1981, S. 94–95, 101–102, 119–120, 125, 165–166, 168, 170–171, 176–177;
Usāma b. Munqiḍ, Kitāb al-iʿtibār, Ed. Ph. K. Hitti, Princeton 1930, S. 57–58, 64–65, 81–82, 87, 129–130, 132, 134–135, 140–141.

Ungewöhnliche Betrachtung

Die Herzen der meisten von ihnen (den Muslimen in fränkischem Gebiet) wurden in Aufruhr versetzt, wenn sie ihre Brüder aus der Bevölkerung der muslimischen Distrikte und deren Beherrscher betrachteten, weil dies im Gegensatz zu ihrer eigenen Situation von angenehmem Leben und Milde steht. Es gehört dies zu den ungewöhnlichen Unglücken, welche die Muslime befallen haben: daß die islamische Gemeinschaft die Abirrung ihrer über sie herrschenden Schicht beklagt und das Verhalten ihres Gegners und Feindes, der sie von seiten der Franken beherrscht, lobt und seiner Gerechtigkeit vertraut. Der sich über diesen Zustand Beklagende möge sich zu Gott wenden, und unser Genüge an Trost und Beruhigung liegt in dem, was im hochgeschätzten Buch steht (Koran 7:154): »Dies ist nur eine Versuchung von dir. Irreführen willst du mit ihr, wen du willst, und leiten, wen du willst.«

Riḥlat Ibn Ǧubayr, Beirut 1384/1964, S. 275; Übersetzung G. Hoffmann.

Abzug der Kreuzfahrer aus Jerusalem

Als die Franken die Heftigkeit des Kampfes der Muslime sahen und die Dominanz der schweren Katapulte beim ununterbrochenen Beschuß sowie die Fertigkeit der Sappeure beim Untergraben (der Wälle), fühlten sie sich dem Untergang nahe. Ihre Anführer versammelten sich und beratschlagten, was zu tun sei. Sie kamen überein, den Aman (Sicherheits- und Abzugsgarantie) zu fordern und Jerusalem an Salah ad-Din (Saladin) zu übergeben. So schickten sie eine Gruppe ihrer Großen und Notabeln mit der Bitte um Aman. Als sie dies dem Sultan vorbrachten, weigerte er sich, ihnen zu entsprechen, und sagte: »Ich verfahre mit euch nicht anders, als ihr mit den Leuten der Stadt verfahren seid, als ihr sie im Jahre 492 (1099) in Besitz genommen habt mit Tötung, Gefangennahme und ähnlich grausamen Strafen.« Als die Gesandten enttäuscht und erfolglos zurückkehrten, schickte Balian Ibn Birzan[1] die Bitte um Aman für sich selbst, um in dieser Sache und der Übergabe der Stadt zu Saladin zu kommen. Dem wurde entsprochen, und er begab sich zu ihm, wünschte und erbat den Aman. Saladin gewährte ihn nicht, lehnte seine Bitten um Mitleid und Erbarmen ab. Als Balian darob verzweifelte,

---

1 Balian II. d'Ibelin, fränkischer Adliger

sagte er zu Saladin: »Oh Sultan! Wisse, daß wir in dieser Stadt eine große Schar sind, deren Zahl nur Gott kennt. Sie erlahmen aber im Kampf in der Hoffnung auf den Aman und meinen, daß du ihnen diesen gewährst, wie du ihn auch anderen gewährt hast. Sie verabscheuen den Tod und wollen leben. Wenn es aber keinen Zweifel mehr am Tode gibt, dann, bei Gott, werden wir unsere Söhne und Frauen töten, unser Habe verbrennen und euch nicht einen einzigen Dinar oder Dirhem zur Beute lassen. Ihr werdet keinen Mann, keine Frau gefangennehmen, und darüber hinaus zerstören wir den Felsendom und die Aqsa-Moschee und andere (heilige) Orte und töten unsere muslimischen Gefangenen, es sind 5000. Wir lassen kein Pferd und kein (anderes) Tier ungetötet. Dann ziehen wir gegen euch und bekämpfen euch mit dem Kampf dessen, der sein Blut und Leben schützt. Dann wird kein Mann getötet, ohne daß er seinesgleichen getötet hat. Wir sterben oder siegen ehrenvoll.«

Da beriet sich Saladin mit seinen Gefährten, und sie kamen überein, ihnen den Aman zu gewähren und daß sie ausziehen konnten. Sie hatten im Sinn, das Ende der Sache nicht auf die Spitze zu treiben. »Wir sehen sie als unsere Gefangenen an, und wir verkaufen ihnen ihr Leben um das, was zwischen uns und ihnen festgelegt wird.« Daraufhin gewährte Saladin den Franken den Aman und legte fest, daß von jedem Mann – ob reich oder arm – zehn Dinare zu nehmen seien, daß Kinder – Jungen oder Mädchen – zwei Dinaren und Frauen fünf Dinaren entsprachen. Wer dies in 40 Tagen aufbrachte, sei gerettet, wer nach 40 Tagen nicht zahlte, werde Sklave.

Balian Ibn Birzan bot 30 000 Dinare für die Armen, was akzeptiert wurde. Die Stadt wurde am 27. Radjab (583, 2. Oktober 1187) übergeben, und es war ein denkwürdiger Tag, als die islamischen Banner über ihren Mauern wehten ...

Was die (verbliebenen) Franken unter den Bewohnern Jerusalems betrifft, so begannen sie mit dem Verkauf dessen, was sie nicht fortbringen konnten an Habe, Schätzen und Gütern, deren Transport zu schwer war. Sie verkauften dies zu niedrigen Preisen. Die Händler der (muslimischen) Truppen kauften es und die Christen, die nicht zu den Franken gehörten. Sie hatten Saladin gebeten, in ihren Wohnstätten bleiben zu dürfen.

Er nahm von ihnen die Djizja und erlaubte es ihnen. Daraufhin blieben sie und kauften von den Sachen der Franken. Die Franken hinterließen auch viele Sachen, die sie nicht verkaufen konnten, an Bettgestellen, Kisten, Fässern und anderem. Sie hinterließen ebenfalls Marmornes ohnegleichen an Säulen, Platten, Steinen und vielen anderen Dingen. Dann zogen sie davon.

Ibn al-Aṯīr, al-Kāmil fī't-ta'rīḫ, Bd. XI, Būlāq 1290 (1873–1874), S. 223 f., 226; Übersetzung G. Hoffmann.

Das einheitliche Menschengeschlecht

Unter den Buddhisten gibt es solche, die Adam als den Urvater ansehen, andere leugnen das und legen jedem Volk einen eigenen Vater bei. Sie sagen: »Wenn der Urvater am Anfang ein einziger gewesen wäre, so müßten die Körperformen ähnlicher sein und die Zungen und Sprachen übereinstimmen.« Mir ist nicht klar, was das für ein Beweis sein soll. Denn die Unterschiede der Körper in bezug auf die Hautfarbe, die Gestalt, die Veranlagungen und den Charakter kommen nicht allein von einer unterschiedlichen Abstammung her, sondern auch von der Verschiedenheit des Bodens, des Wassers, der Luft und der Wohnorte auf der Erde. Die Differenzierung der Sprachen aber rührt davon her, daß sich die Menschen in Gruppen getrennt haben und voneinander entfernt lebten. Eine jede hatte das Bedürfnis nach vereinbarten Zeichen, mit denen man seine verschiedenen Wünsche äußern konnte. Im Verlaufe der Zeit vermehrten sich diese Ausdrücke. Sie wurden im Gedächtnis bewahrt, und durch die Wiederholung wurden die vereinbarten Zeichen immer mehr zusammengesetzt und in ein System gebracht.

Diese Verteidigung eines einheitlichen Menschengeschlechts, dessen Unterschiede in erster Linie klimaabhängig sind, stammt von einem der berühmtesten mittelalterlichen muslimischen Wissenschaftler, al-Biruni aus Choresmien.

Al-Bīrūnī, In den Gärten der Wissenschaft. Ausgewählte Texte aus den Werken des muslimischen Universalgelehrten, übersetzt und erläutert von G. Strohmaier, Leipzig 1988, S. 119;

Fück, J., Sechs Ergänzungen zu Sachaus Ausgabe von al-Bīrūnīs »Chronologie Orientalischer Völker«, in: Documenta Islamica Inedita, Red. J. Fück, Berlin 1952, S. 74.

Bemerkenswertes aus Europa

Fulda ist eine große Stadt im Land der Franken, aus Steinen gebaut. Sie wird nur von Mönchen bewohnt, und kein Weib betritt sie, weil ihr Märtyrer es so angeordnet hat. Der Name ihres Märtyrers ist Badj Alb[1], er soll Bischof in Franken gewesen sein. Da brach Streit aus unter dessen Bewohnern, und er kam an diesen Ort und baute diese Stadt. Dieselbe ist eine große Kirche, die bei den Christen in hohem Ansehen steht. Tartuschi erzählt: Nie sah ich in allen Ländern der Christen eine größere als sie und eine reichere an Gold und Silber. Das meiste von ihren Gefäßen wie Rauchfässer, Becher, Krüge und Schüsseln ist von Gold und Silber. Auch befindet sich dort ein silbernes Bildnis, ihren Märtyrer darstellend, mit der Front gegen Westen. Ferner ist dort ein anderes Bildnis aus Gold, dessen Gewicht 300 Ratl beträgt; sein Rücken ist an einer sehr weiten und breiten Tafel angeheftet, mit Hyazinthen und Smaragden besetzt, und es streckt beide Arme aus, in der Weise eines Gekreuzigten; es ist das Bild des Messias – Friede sei über ihm. Auch befinden sich dort goldene und silberne Kruzifixe und Gedenktafeln, alle aus Gold und Silber, mit Hyazinthen besetzt.

Utrecht ist eine große Stadt im Lande der Franken mit weitem Territorium; ihr Land ist Salzmoor, auf dem keine Saaten und Pflanzungen gedeihen. Den Lebensunterhalt der Bewohner liefert das Vieh, seine Milch und seine Wolle. In ihrem Lande gibt es kein Holz zum Heizen, sondern nur einen Lehm (Torf), welcher die Stelle des Holzes vertritt. Und zwar gehen sie im Sommer, wenn die Wasser sich verlaufen haben, auf ihre Wiesen und schneiden dort den Lehm mit Beilen in Ziegelform. Ein jeder schneidet sich von ihm, so viel er braucht, und breitet ihn an der Sonne zum Trocknen aus. Infolge davon wird er sehr leicht.

---

1 wohl für den hl. Bonifatius (gest. 754)

Bringt man ihn ans Feuer, so entzündet er sich, und das Feuer erfaßt ihn, wie es das Holz erfaßt, und er macht ein großes Feuer mit mächtiger Glut wie das Feuer eines Glaserofens. Ist ein Stück verbrannt, so hinterläßt es keine Kohle, sondern Asche.

Mainz ist eine sehr große Stadt, von der ein Teil bewohnt und der Rest besät ist. Es liegt im Lande der Franken an einem Flusse, der Rin genannt wird, und ist reich an Weizen, Gerste, Roggen, Weinbergen und Obst. Dort gibt es Dirhems aus der Samarkander Münze vom Jahre 301 und 302 (914–916) mit dem Namen des Münzherren und dem Datum der Prägung; Tartuschi sagt: Ich halte sie für Münzen des Samaniden Nasr Ibn Ahmad (reg. 914–943). Ferner ist es auffällig, daß es dort Gewürze gibt, die nur im fernsten Morgenlande vorkommen, während sie (die Stadt Mainz) im fernsten Abendlande liegt, z. B. Pfeffer, Ingwer, Gewürznelken, Spikanarde, Costus und Galanga; sie werden aus Indien importiert, wo sie in Menge vorkommen.

Rouen ist eine Stadt im Lande der Franken, symmetrisch aus Steinen gebaut an dem Flusse Seine. Nicht schlagen dort Reben und Bäume Wurzel, aber Weizen und Roggen gibt es dort viel. In ihrem Flusse fängt man einen Fisch, der Salm genannt wird, und einen anderen kleinen Fisch, der wie eine Gurke schmeckt und riecht, und es wird berichtet, daß dieser Fisch sich auch im Nil findet und Air genannt wird. Tartuschi erzählt: Ich sah in Rouen einen jungen Mann, dessen Bart seine Knie erreichte. Da kämmt er ihn, und er hing von seinen Knien hinab um fünf Finger, und er hatte einen schwachen Backenbart, und er versicherte, daß er ihn erst sechs Jahre trage. Auch erzählt er, daß im Winter bei großer Kälte in Rouen eine Art von weißen Gänsen (Eiderenten) vorkommt mit roten Füßen und Schnäbeln, die A'isch genannt wird, und sie brütet nur auf der Insel Ahq (Hallig?), die unbewohnt ist. Bisweilen scheitern Schiffe auf dem Meere, und wer sich auf diese Insel rettet, kann sich mit den Eiern dieser Vögel und ihren Jungen ein bis zwei Monate ernähren.

Irlanda ist eine Insel im Nordwesten des sechsten Klimas. Al-Udhri sagt: Die Normannen haben keinen festen Wohnsitz außer dieser Insel auf der ganzen Welt. Ihr Umfang ist 1000 Meilen. Die Bewohner stehen unter normannischer Herrschaft. Ihre Tracht sind Mäntel; der Wert eines einzigen davon ist 100 Goldstücke, und die Vornehmen tragen Mäntel mit Perlen besetzt. Auch erzählt er, daß man an ihren Küsten junge Walfische[2] jagt, und das sind sehr große Fische. Sie jagen ihre Jungen und essen sie als Belag ... Über die Art ihres Fanges berichtet al-Udhri, daß die Jäger sich auf den Schiffen sammeln. Sie haben einen großen eisernen Haken mit scharfen Zähnen, und an dem Haken ist ein großer starker Ring und an dem Ringe ein starkes Tau. Wenn sie nun ein Junges erreichen, schlagen sie in ihre Hände und lärmen. Dann amüsiert sich das Junge über das Händeklatschen und nähert sich den Schiffen, sich daran ergötzend. Darauf macht sich einer der Schiffer an es heran und krault seine Stirn kräftig, was dem Jungen angenehm ist. Dann legt er den Haken mitten auf den Kopf desselben, nimmt einen starken eisernen Hammer und schlägt mit ihm aus vollen Kräften dreimal auf den Haken ... Bisweilen bemerkt die Mutter des Jungen seine Erregung und verfolgt sie. Dann halten sie eine große Quantität von pulverisiertem Knoblauch in Bereitschaft und mischen damit das Wasser. Wenn sie den Geruch des Knoblauchs riecht, findet sie ihn scheußlich, macht kehrt und tritt den Rückzug an. Dann zerschneiden sie das Fleisch des Jungen und pökeln es ein. Und sein Fleisch ist weiß wie Schnee und seine Haut schwarz wie Tinte.

Um 970 besuchte eine Gesandtschaft des Kalifen von Cordoba Kaiser Otto I. und zog dabei durch West- und Mitteleuropa. Ein Angehöriger dieser Gesandtschaft war Ibrahim Ibn Ya'qub at-Turtuschi aus dem katalanischen Tortosa. Wenige Auszüge aus seinem wertvollen und seltenen Bericht sind bei dem spanisch-arabischen Geographen des 11. Jahrhunderts al-Udhri erhalten und wurden im 13. Jahrhundert von dem persischen Geographen Zakarija Ibn Muhammad al-Qazwini (gest. 1283) in sein Werk aufgenommen.

Jacob, G., Ein arabischer Berichterstatter aus dem 10. oder 11. Jahrhundert über Fulda, Schleswig, Soest, Paderborn und andere deutsche Städte, Berlin 1890, S. 11, 12, 13 f., 18, 19 f.;
al-Qazwīnī, Zakarija b. Muḥammad, Kitāb Āṯār al-bilād (Kosmographie II), Ed. F. Wüstenfeld, Göttingen 1848, S. 387, 388, 388–389, 396, 409.

---

2 nach G. Jacob vielleicht eine Verwechslung mit Delphinen

Jüdische Herrscher am Unterlauf der Wolga

Was den König der Chazaren, dessen Name Chaqan ist, anbelangt, so erscheint er (vor seinen Untertanen) nur einmal in vier Monaten. Man nennt ihn den Groß-Chaqan, seinen Stellvertreter nennt man den Chaqan Bah, er ist derjenige, welcher die Heere anführt und verwaltet und die Staatsangelegenheiten dirigiert, sie ordnet, bestärkt und Krieg führt ... Und er tritt vor den Groß-Chaqan demütig (jeden Tag), bezeugt ihm Gehorsam und tritt zu ihm nie anders als barfuß und mit einem (Holz-)Stab in der Hand ...

Es ist der Brauch des Groß-Königs, nicht bei den Leuten zu sitzen und sich nicht mit ihnen zu unterhalten, und zu ihm hat niemand außer den Erwähnten Zutritt ...

Wenn er stirbt, so wird für ihn ein großer Hof aufgebaut, in welchem sich 20 Häuser befinden, und in jedem Haus wird für ihn ein Grab gegraben. Steine werden gesplittert, bis sie zu einem Augenpulver werden, und (dieses wird) darin (auf dem Boden der Häuser) ausgebreitet. Auf dieses (Pulver) wird dann der Kalk geworfen. Und unter dem Hofe (befindet sich ein Fluß), und der Fluß ist groß und fließt. Sie lassen den Fluß über dieses Grab und sagen, daß damit kein Teufel, kein Mensch, kein Gewürm und keine kriechenden Tiere imstande sein würden, ihn (die Leiche des verstorbenen Königs) zu erreichen. Nachdem er beerdigt ist, werden diejenigen, die ihn begraben haben, enthauptet, damit niemand wisse, wo, in welchem von diesen Häusern sich sein Grab befindet ...

Es ist Sitte des Königs der Chazaren, 25 Frauen zu haben, jede Frau ist die Tochter eines der ihm unterstehenden Könige. Er nimmt sie gutwillig oder mit Gewalt. Er hat an Mädchen und Beischläferinnen für sein Lager 60 an der Zahl, jede von ihnen ist eine ausgezeichnete Schönheit ...

Wenn der Großkönig ausreitet, so reitet die Gesamtheit der Heere aus wegen seines Ausrittes, und dabei ist zwischen ihm und den Reitertrupps eine Meile Abstand. Wenn nur jemand von seinen Untertanen ihn sieht, so wirft er sich ihn anbetend nieder, und seinen Kopf hebt er nicht eher auf, bis er an ihm vorübergezogen ist. Die Frist ihrer Herrschaft ist 40 Jahre. Wenn er diese

Frist auch nur einen Tag überlebt, so töten ihn die Untertanen und sein Gefolge und sagen: »Der Verstand dieses (Königs) hat schon abgenommen, und seine Einsicht ist verwirrt.«

Wenn er irgendwohin eine Truppe schickt, so darf diese sich unter keinem Grund und keinen Ursachen zurückziehen; wenn sie aber geschlagen und geflüchtet ist, so werden alle, die zu ihm zurückkehren, getötet. Was die Heerführer und seinen (des Königs) Stellvertreter anbelangt, so läßt er sie im Falle ihrer Niederlage zu sich bringen, auch ihre Frauen und Kinder holen und schenkt sie in ihrer (der Heerführer) Gegenwart anderen ...

Der König der Chazaren hat eine große Stadt am Fluß Itil[1]. Sie hat zwei Hälften, in einer dieser beiden Hälften (wohnen) die Muslime und in der anderen Hälfte (leben) der König und sein Gefolge. An der Spitze der Muslime steht einer von den Pagen des Königs, den man Chz (?) nennt ... Rechtliche Angelegenheiten der im Lande der Chazaren wohnenden Muslime sowie derjenigen, die zwecks Handels zu ihnen (den Chazaren) kommen, sind diesem muslimischen Pagen unterstellt, und kein anderer mischt sich in ihre Angelegenheiten ...

Die Muslime haben in dieser Stadt eine Freitagsmoschee, wo sie ihren Gottesdienst verrichten und ihm an den Freitagen beiwohnen. Zu dieser gehören ein hohes Minarett und mehrere Muezzine. Als der König der Chazaren im Jahre 310 (922–923) die Nachricht erhielt, daß die Muslime die Kirche[2], die sich im Wohnsitz von al-Babundj[3] befand, zerstört hätten, befahl er, dieses Minarett (zu zerstören). Es wurde zerstört, und er tötete die Muezzine. Und er sagte: »Wenn ich nicht gefürchtet hätte, daß in den islamischen Ländern keine (einzige) Kirche stehengelassen und alles zerstört werden würde, so hätte ich auch diese Moschee zerstört.«

Die Chazaren und ihr König sind jüdischer (Religion). Die Saqaliba[4] und alle diejenigen, welche ihnen benachbart sind, sind

---

1 Wolga, an der Stelle stand später vielleicht Zaryzyn (Stalingrad, Wolgograd)
2 hier wohl für Synagoge
3 Lokalisierung ungewiß
4 hier Slawen und/oder Wolgabulgaren

ihm unterworfen. Sie wenden sich untertänigst zu ihm mit Anbetung und schulden ihm Gehorsam.

Und einige haben die Ansicht vertreten, daß Gog und Magog die Chazaren sind.

Die seltenen Nachrichten und Legenden über das mächtige Reich der turkstämmigen Chazaren an der unteren Wolga sammelte Ibn Fadlan als Gesandter des Kalifen al-Muqtadir zu den muslimischen Wolgabulgaren in den Jahren 921–922. Daß die Oberschicht der Chazaren sich im 9. und 10. Jahrhundert zum Judentum bekannte, viele ihrer Untertanen Muslime waren und Wolgabulgaren zu ihren Vasallen gehörten, hat Yaqut in seinem geographischen Wörterbuch bewahrt.

Ibn Faḍlān's Reisebericht, von A. Z. Validi Togan, Leipzig 1939, S. 98–104;
Yāqūt, Mucǧam al-buldān, Ed. F. Wüstenfeld, Bd. II, Leipzig 1867, S. 438–440.

Die heiligen Kühe in Indien

Wie einige behauptet haben, war das Rindfleisch vor der Zeit der Bharatas[1] erlaubt, und es gab Opfer, bei denen Rinder geschlachtet wurden. Jedoch sei es danach verboten worden, weil die menschliche Natur zu schwach war, ihre Pflichten zu erfüllen, wie auch aus den Veden, die am Anfang eine Einheit waren, vier Teile gemacht wurden, um sie für die Menschen leichter zu machen. Aber diese Rede gibt wenig her, denn das Verbot des Rindfleisches ist keine Erleichterung und kein Zugeständnis, sondern eine Verschärfung und eine Einschränkung. Andere wieder hörte ich sagen, daß die Brahmanen durch den Genuß von Rindfleisch Schaden zu nehmen pflegten, weil ihr Land heiß ist und ihr Körperinneres dabei aber kalt und die eingeborene Wärme lau und die verdauende Kraft so schwach ist, daß sie sich durch den Genuß von Blättern des Betelpfeffers nach der Mahlzeit und durch das Kauen von Arekanüssen stärken müssen. Der Betelpfeffer entflammt mit seiner Schärfe die Wärme, während der daraufgestreute Kalk die Feuchtigkeit aufsaugt und die Arekanuß die

---

1 Fürstengeschlecht in Indien

Zähne und das Zahnfleisch kräftigt und den Magen zusammenzieht. Da die Dinge so standen, erließen sie ein Verbot des Rindfleisches wegen seiner harten und kalten Beschaffenheit. Ich aber vermute hier eine von zwei Möglichkeiten ...[2] oder aber eine staatliche Lenkung, denn das Rind ist das Tier, das bei Reisen zur Beförderung von Lasten und Gepäck dient, in der Landwirtschaft beim Pflügen und Säen und in der Hauswirtschaft durch die Milch und was aus ihr hergestellt wird, ferner zieht man Nutzen aus dem Mist, ja im Winter sogar aus dem warmen Atem.

Al-Bīrūnī, In den Gärten der Wissenschaft, übersetzt von G. Strohmaier, Leipzig 1988, S. 165–166;
al-Bīrūnī, Fī taḥqīq mā li-l-Hind, Ed. E. Sachau, London 1887, S. 277.

Seemannsgarn eines China-Lotsen

Nicht lange vor unserer Zeit gab es unter den Seeleuten von Siraf[1] einen Lotsen namens Mafanna, der sich auf den Routen des Meeres auskannte. Den hatte ein Schiffsbesitzer um viel Geld zur Fahrt nach China angeheuert. Als sie sich den »Toren« näherten, das sind die Flüsse, die sich zwischen hohen Bergen ins Meer ergießen, hinderte ihn der Wind am Einlaufen in das »Tor«, das nach Hanfu[2] führt, und das ist die erste Stadt in China, und sie war das Ziel der Reise. Da hielt Mafanna auf ein anderes »Tor« zu, das zu einer anderen Stadt als Hanfu führte. Der Schiffsbesitzer aber ersuchte ihn, zurück auf das Meer zu wenden und das »Tor« nach Hanfu anzusteuern. Mafanna warnte ihn, sich wieder den Gefahren des Meeres auszusetzen, nachdem er ihnen glücklich entronnen war. Aber der Schiffsbesitzer lehnte ab, und das Schiff gelangte wieder ins tiefe Wasser. Da erhob sich ein Sturm und ließ es untergehen. Mafanna warf sich auf eine treibende Holzplanke und blieb so auf dem Meer drei Tage und drei Nächte, bis ein Boot vorbeikam, das von Zabag[3] nach China segelte und

2 Lücke im Original
1 berühmter Hafen am Persischen Golf
2 Guangzhou (Kanton)
3 der vordere Malaiische Archipel

vom Kurs abgekommen war. Mafanna winkte ihnen zu, und sie nahmen ihn an Bord, weil er so berühmt war. Sie freuten sich über seine Anwesenheit und baten ihn, den Lotsendienst zu übernehmen. Er aber forderte dafür einen Lohn. Da wurde der Besitzer des Bootes zornig und sagte zu ihm: »Genügt es dir nicht, daß wir dir das Leben gerettet haben, daß du noch von uns einen Lohn verlangst? Und wenn wir heil davonkommen, so hast du mit uns deinen Anteil daran.« Er antwortete: »Ich werde euch nicht lotsen, wenn ihr mir kein Geld gebt. Mir ist es gleich, ob ich umkomme oder in solch einem Zustand China betrete.« Der Besitzer des Bootes sprach: »Wenn du mich nicht führen willst, werde ich dich in deinen vorigen Zustand zurückbefördern.« Er antwortete: »Das ist deine Sache.« Da warfen sie ihn wieder auf jene Holzplanke und segelten davon. Sie setzten ihre Irrfahrt fort, bis sie Schiffbruch erlitten. Mafanna trieb zwei Tage im Meer, bis ein anderes verirrtes Boot vorbeikam. Sie erkundigten sich nach seinem Schicksal und fragten ihn, als er seine Geschichte erzählt hatte, wozu er in ihrem Falle entschlossen sei. Er antwortete: »Einen Lohn zu fordern, und wenn nicht, so werft mich wieder in die See.« Da gaben sie ihm 200 Mithqal Gold, worauf er das Steuerruder des Schiffes in die Hand nahm und den Buld auswarf, das ist ein schweres Stück Blei, mit dem man die Tiefe feststellt und die Klippen, die vom Grund aufragen. Er holte Schlamm vom Meeresboden herauf und roch daran, bis er sich der Position sicher war. So brachte er sie auf den richtigen Kurs und kam mit dem Leben davon.

Al-Bīrūnī, In den Gärten der Wissenschaft, übersetzt von G. Strohmaier, Leipzig 1988, S. 88–89;
al-Bīrūnī, Kitāb taḥdīd nihāyat al-amākin li-taṣḥīḥ masāfat al-masākin, Ed. P. G. Bulgakov, in: Revue de l'Institut des Manuscrits Arabes 8 (1962), S. 33–35.

Über Afrikaner

Als sich die Nachkommen Noahs über die Erde zerstreuten, zogen die Kinder des Kusch Ibn Kanaan nach Westen, bis sie den ägyptischen Nil überschritten. Darauf trennten sie sich. Eine

Gruppe von ihnen wandte sich zwischen Osten und Westen nach Süden. Dies sind die Nubier, die Bedja und die Zandj. Eine andere Gruppe zog weiter nach Westen. Sie besteht aus vielen Arten, wie z. B. den Zaghawa, Kanem, Maranda, Kaukau, Ghana und anderen Negern und Damadim. Diejenigen, die zwischen Osten und Westen nach Süden gezogen waren, teilten sich erneut. So bildeten sich innerhalb der Zandj die Makir, die Maschkar, die Barbara und andere Arten. Bei der Behandlung des Abessinischen Meeres haben wir bereits den Golf von Barbar (Golf von Aden) erwähnt, welche Arten von Negern an ihm wohnen und daß ihre Wohngebiete an Dahlak, Zaila und Badi grenzen.

Jene Menschen tragen als Kleidung die rötlichen Felle der Leoparden. Aus ihrem Land bringt man diese Felle, die die größten ihrer Art sind und sich am besten als Satteldecken eignen, in die islamischen Länder. Das Meer der Zandj und der Abessinier liegt rechts vom Indischen Meer, mit dem es allerdings verbunden ist. Aus ihrem Land bringt man auch das Schildpatt vom Rücken der Schildkröten, aus dem man, wie auch aus Horn, Kämme herstellt. Die meisten jener Tiere, die als Zarafa (Giraffen) bekannt sind, finden sich in ihrem Land, die Mehrzahl allerdings in Nubien und nicht in den übrigen abessinischen Gebieten. Über die Entstehung dieser Tierart gehen die Meinungen auseinander. Einige sind der Ansicht, daß sie ursprünglich vom Kamel abstammt, andere meinen, sie sei das Ergebnis einer Kreuzung zwischen Kamel und Leopard, und wieder andere glauben, daß es sich um eine völlig eigene Tierart handelt, wie Pferd, Esel und Rind, und daß es nicht das Ergebnis einer Kreuzung ist in der Art der Entstehung des Maultiers aus der Verbindung von Pferd und Esel. Auf persisch heißt die Giraffe Oschtorgaw. Schon den persischen Königen wurden Giraffen aus Nubien zum Geschenk gemacht, wie man sie dann auch zu den arabischen Königen, den abbasidischen Kalifen und zu den Statthaltern in Ägypten brachte. Die Giraffe besitzt lange Vorderbeine und einen langen Hals, dagegen kurze Hinterbeine. Lediglich die Vorderbeine haben Knie …

So wie die äußeren Teile des Chinesischen Meeres an das Land Sila (Korea) stoßen – wir haben in diesem Buch bereits davon gesprochen –, so wird das Meer der Zandj von den Ländern Sofala[1] und Waqwaq[2] begrenzt. Diese Gebiete sind sehr goldreich, voll von Wundern, fruchtbar und überaus warm.

Dort haben die Zandj ihre Hauptstadt errichtet und sich einem König unterstellt, den sie Mfalme nennen. Wie wir bereits festgestellt haben, war dies zu allen Zeiten der Titel ihrer Könige. Dem Mfalme, der über die übrigen Könige der Zandj herrscht, stehen 300 000 Reiter zur Verfügung, und zwar reiten sie auf Rindern, da es in ihrem Land weder Pferde, Maultiere noch Kamele gibt. Sowenig wie sie und auch die anderen Abessinier diese Tiere kennen, sowenig kennen sie auch Schnee und Kälte. Unter den Zandj gibt es Stämme, die sich die Zähne zuspitzen und die sich gegenseitig auffressen. Die Siedlungsräume der Zandj erstrecken sich von dem vom oberen Nil abzweigenden Wasserlauf bis zu den Ländern Sofala und Waqwaq und umfassen ein geschlossenes Gebiet mit Tälern, Bergen und Wüsten von 700 Parasangen Länge und Breite.

Das Land der Zandj ist äußerst reich an Elefanten, die aber alle wild und nicht gezähmt sind. Die Zandj verwenden sie weder zu militärischen noch anderen Zwecken, sondern töten sie nur. Dabei gehen sie folgendermaßen vor: Sie werfen für die Tiere die Blätter, die Rinde und die Zweige einer einheimischen Baumart ins Wasser und verstecken sich, bis die Elefanten kommen, um zu trinken. Sobald sie dann von dem Wasser getrunken haben, brennt sie das Wasser und macht sie betrunken. Sie fallen zu Boden und können sich nicht mehr erheben, da ihre Beine weder Gelenke noch Knie haben. Die Zandj stürzen sich dann mit sehr langen Lanzen auf sie und töten sie, um ihnen ihre Stoßzähne zu nehmen.

Aus ihrem Land kommen die Elfenbeinzähne, die jeweils ein Gewicht von 150 und mehr Kilogramm erreichen. Die meisten werden vom Land der Zandj nach Oman gebracht und gelangen von dort weiter nach China und Indien. Gäbe es den Handel mit

---

1 südlichster Teil Ostafrikas, den die Araber kannten; Küste Moçambiques
2 legendäres Land südostasiatischer Inseln, das nach antiker Auffassung sich der ostafrikanischen Küste von Sofala anschloß

China und Indien nicht, wäre in den islamischen Ländern reichlich Elfenbein vorhanden …

Der Titel ihres Königs, Mfalme, bedeutet »Sohn des Großen Herrn«, weil Er ihn erwählt hat, um über sie mit Gerechtigkeit zu herrschen. Wenn ein König eine Willkürherrschaft errichtet und vom Recht abweicht, töten sie ihn und schließen auch seine Nachkommenschaft von der Königswürde aus. Denn, so behaupten sie, wenn er dies tut, ist er nicht länger der Sohn des Herrn, des Königs des Himmels und der Erde. Den Schöpfer nennen sie Mkulu Njulu, d. h. »der Große Herr«.

Die Zandj sind in ihren Sprachen von außerordentlicher Beredsamkeit, und es gibt Männer bei ihnen, die in ihrer Sprache predigen. Wenn ein solcher, der Welt entsagender Mann zwischen ihnen aufsteht und sich an seine große Zuhörerschaft wendet, erweckt er mit seinen Worten bei ihnen das Verlangen nach der Nähe zum Schöpfer, fordert sie auf, Ihm gehorsam zu sein, flößt ihnen Furcht ein vor Seinen gewaltigen Strafen und erinnert sie an ihre dahingegangenen Könige und Ahnen. Ein religiöses Gesetz, auf das sie zurückgreifen könnten, kennen sie nicht. Ihre Könige folgen jedoch gewissen überkommenen Gewohnheiten und politischen Verhaltensweisen, mit denen sie ihre Untertanen regieren. Als Nahrungsmittel haben sie Bananen, die in ihrem Land wie auch in Indien reichlich gedeihen. Ihre Hauptnahrung besteht jedoch aus Dura-Hirse und einer Pflanze namens Kilazi (Süßkartoffel), die man aus der Erde zieht wie Trüffel. Diese Kilazi, die es auch viel in Aden und den benachbarten jemenitischen Gebieten gibt, ähnelt der Kolokasie in Syrien und Ägypten. Zu ihren Nahrungsmitteln zählen ferner Honig und Fleisch. Immer, wenn einer von ihnen gern eine bestimmte Pflanze, ein Tier oder ein Mineral hätte, findet er sie. Im Meer vor ihrer Küste haben sie zahllose Inseln, auf denen Kokospalmen wachsen, deren Frucht von allen Zandj gegessen wird. Auf einer dieser Inseln, die ein bis zwei Tagesreisen vor der Küste liegt, gibt es Muslime, unter denen sich die Königswürde vererbt. Wie bereits erwähnt, heißt diese Insel Qanbalu.

Was die Nubier anlangt, so zerfallen sie in zwei Gruppen, nämlich eine östlich und eine westlich des Nils. Sie haben sich an beiden Ufern des Flusses niedergelassen. Ihr Siedlungsgebiet grenzt an jenes der Kopten, an Assuan und andere Gebiete Oberägyptens. Ihre Siedlungen erstrecken sich weit den Nil aufwärts bis in die Nähe seiner Quellen. Die zweite Gruppe, die sich Alwa nennt, errichtete ebenfalls eine mächtige Stadt, und zwar Soba.

Die Bedja dagegen leben zwischen dem Roten Meer und dem Nil, zerfallen in mehrere Stämme und unterstehen mehreren Königen. In ihrem Land gibt es Gold- und Smaragdminen. Auf ihren edlen Kamelen unternehmen sie ständig Raubzüge in das Land der Nubier und machen Gefangene. Die Nubier waren früher den Bedja überlegen, und zwar so lange, bis sich bei letzteren der Islam durchsetzte und sich eine Anzahl von Muslimen bei der Goldmine und in den Gebieten von al-Allaqi und Aidhab ansiedelte. In die gleichen Gebiete wanderten auch Araber aus dem Stammesverband der Rabi'a Ibn Nizar. Sie wurden dort sehr mächtig und heirateten mit den Bedja, die dadurch ebenfalls an Stärke zunahmen. Andererseits wurden die Rabi'a durch ihre Verbindung mit den Bedja mächtiger als die mit ihnen verfeindeten anderen arabischen Stämme aus den Großverbänden der Qahtan und Mudar, die in ihrer Nachbarschaft in jenen Gebieten lebten.

Gegenwärtig, d. h. im Jahre 332 (943), befindet sich die genannte Goldmine in der Hand des Abu Marwan Bischr Ibn Ishaq, der zum Stamme der Rabi'a gehört. Ihm stehen zur Verfügung: 3000 Reiter aus seinem eigenen Stamm und aus mudaritischen und jemenitischen Verbündeten sowie 30 000 Bedja-Krieger, die auf Kamelen reiten und mit Lanzen und den nach ihnen benannten Budschawi-Schilden bewaffnet sind. Diese Bedja heißen Hadariba und sind als einzige Muslime. Die übrigen Bedja sind Heiden geblieben und verehren eigene Götzenbilder.

Was nun die Abessinier betrifft, so heißt ihre Hauptstadt Ku'bar. Es ist eine mächtige Stadt und der Sitz des Negus. Außerdem gehören den Abessiniern noch viele andere Städte und ausgedehnte Ländereien. Das Reich des Negus erstreckt sich bis zum Abessinischen Meer, an dessen Küste gegenüber dem Jemen viele Städte liegen, darunter Zaila, Dahlak und Badi. Es leben dort zwar Muslime, doch unterstehen sie abessinischer Obhut. Die Entfernung von der abessinischen Küste bis nach Ghalafiqa, einem Ort an der gegenüberliegenden Küste bei Zabid im Jemen, beträgt drei Tagesreisen zu Schiff. An dieser Stelle überquerten einst die Abessinier das Meer, um in den Tagen des im Koran als »Herr des Grabens« erwähnten Dhu Nuwas den Jemen zu erobern. Der gegenwärtige Regent von Zabid ist Ibrahim Ibn Zijad al-Harmali, dessen Schiffe mit Händlern und Waren regelmäßig zur abessinischen Küste fahren. Abessinien und Zabid haben miteinander einen Friedensvertrag geschlossen. An der besagten Stelle ist die Entfernung der Küsten beider Länder am geringsten. Dazwischen liegt eine Anzahl von Inseln, darunter die »Insel des Verstandes« (Djazirat al-Aql). Man erzählt, daß sich dort eine Quelle befindet, die »Quelle des Verstandes« genannt wird und aus der sich die Seeleute mit Wasser versorgen ...

Die Stämme jenes Zweiges der Abessinier, die sich, wie erwähnt, nach Westen gewandt hatten, wie z. B. die Zaghawa, Kaukau, Qaraqir, Maranda, Maris, Mabras, Malana, Qarmatan, Zawila und Qarma, haben jeder einen eigenen König und eine eigene Hauptstadt. Alle diese Negerrassen und -stämme, ihre Siedlungsgebiete, ihre astrologische Zuordnung, die Ursachen für ihr Kraushaar und ihre schwarze Hautfarbe, die Geschichte ihrer Könige, die Eigentümlichkeiten ihres Lebens und ihre genealogische Zersplitterung habe ich bereits in meinem Buch »Die Nachrichten der Zeit« im ersten der insgesamt 30 Kapitel abgehandelt und in meinem »Mittleren Buch« ergänzt.

Der universell interessierte al-Mas'udi kam auf einer Seereise von Indien nach Ostafrika bis zum legendären Qanbalu, wahrscheinlich eine der Komoreninseln oder Sansibar. Seine für das 10. Jahrhundert seltene Beschreibung der Afrikaner enthält deshalb viele originäre Bezüge.

Al-Mas'ûdî, Bis zu den Grenzen der Erde. Auszüge aus dem »Buch der Goldwäscher«, aus dem Arabischen übertragen und bearbeitet von G. Rotter, Tübingen-Basel 1978, S. 184–194;
al-Masᶜûdī, Murūǧ aḏ-ḏahab wa maᶜādin al-ǧauhar, Bd. 1, Ed. Y. A. Dāġir, Beirut 1385/1965, S. 421–441.

VIII Von vornehmen Sitten

Ob in den Palästen der Herrscher, in den Villen begüterter Mäzene oder in den Empfangsräumen ihrer Privathäuser – überall war eine breite Schicht städtischer Gebildeter angehalten, den Maximen eines eleganten Lebensstils gerecht zu werden.

Äußerten fromme Gelehrte erhebliche Bedenken hinsichtlich eines vertrauten Umgangs mit ungerechten Mächtigen und beschworen sie Traditionen von Bescheidenheit bei Besuchen und Gastmahlen, so kultivierten die gehobenen Schichten eine Lebensart, die weit vom Brauch der Altvorderen abwich. Empfehlungen aus dem 10. Jahrhundert zu Anstand, Verhalten in der Öffentlichkeit, Freundschaft, zur Bewahrung von Versprechen und Geheimnissen lassen ebenso wie solche zu eleganter Kleidung, Schmuck, Parfümen und Geschenken erkennen, was den Gebildeten als anzustrebende Norm galt und wie weit des öfteren tatsächliches Gebaren davon abwich. Auch in den beschriebenen Speise- und Tischsitten klingen kritikwürdige Abweichungen vom idealen Niveau an.

Vor allem das koranische Weinverbot war es, über das sich aristokratische Kreise bis hin zu den Kalifen nur allzuoft und -gern hinwegsetzten. Weingedichte standen bei ihnen hoch im Kurs und lassen erkennen, wie Poeten mit Lust und Last des Weines in der islamischen Gesellschaft umgingen. Ein weiteres Gedicht soll für eine bevorzugte elitäre Sportart, die Jagd auf Pferden mit gezähmten Falken, stehen.

Der Attraktivität und Schönheit von Frauen widmeten nicht wenige zeitgenössische Autoren ihr Augenmerk. Vielfältigste kosmetische Mittel und Liebesstimulantien sollten neben eleganter Kleidung und prächtigem Schmuck die weibliche Ausstrahlung erhöhen.

Das Dilemma des Frommen beim Gang zum Herrscher

Wir sagen also: Wer zu einem Herrscher geht, der setzt sich der Gefahr aus, Gott, den Allmächtigen, zu beleidigen, entweder durch sein Tun, sein Schweigen, sein Reden oder sein Meinen; einem von diesen wird er nicht entgehen.

Was das Tun betrifft, so ist das Betreten ihrer Höfe in den meisten Fällen ein Betreten von unrechtmäßig erworbenen Häusern. … Nehmen wir aber an, der ungerechte Herrscher befinde sich an einem nicht usurpierten Platz, z. B. auf unbebautem Land, so ist zu unterscheiden. Befindet er sich unter einem ihm gehörenden Zelt oder Schutzdach, so ist dies verbotener Besitz und das Betreten desselben unerlaubt; denn das hieße, aus unerlaubtem Besitz Nutzen zu ziehen und den Schatten desselben zu genießen. Vorausgesetzt aber, all das sei erlaubt, so versündigt man sich nicht durch den Besuch des Machthabers als solchen und auch nicht durch seine Begrüßung; wenn man dagegen sich niederwirft oder niederbeugt oder beim Gruß strammsteht oder seine Huldigung bezeugt, so ehrt man den Bedrücker wegen seiner Stellung, die das Werkzeug seiner Bedrückungen ist. Einem Bedrücker zu huldigen, ist aber Sünde. Schon wenn jemand einem Reichen, der kein Bedrücker ist, nur wegen seines Reichtums huldigt und nicht wegen einer anderen Eigenschaft, die eine Huldigung erforderte, so schwinden zwei Drittel seiner Religion dahin …

Was aber das Schweigen betrifft, so sieht man vielleicht in ihrem Empfangsraum seidene Teppiche, silberne Gefäße, und sie selbst und ihre Diener sind in Seide gekleidet, was doch alles verboten ist. Wer aber etwas Schlechtes sieht und dazu schweigt, der ist mitschuldig an dieser Schlechtigkeit. Oder man hört von ihnen unziemliche Reden, Lügen, Schmähungen, Beleidigungen, und all dem gegenüber ist Schweigen Sünde …

Was aber das Reden betrifft, so kann es geschehen, daß man dem ungerechten Herrscher Gutes wünscht, ihn lobt oder einer verkehrten Äußerung beistimmt, sei es mit ausdrücklichen Worten oder durch Nicken mit dem Kopfe oder durch eine freundliche Miene. Oder man äußert ihm gegenüber seine Zuneigung und

Ergebenheit oder die Sehnsucht, mit ihm zusammen zu sein, oder den Wunsch, daß er lange leben möge. Denn meistens wird man sich nicht auf den Gruß beschränken, sondern eine Unterhaltung führen, und zwar wird diese von einer der genannten Arten sein.

Was die Segenswünsche angeht, so sind nur solche erlaubt wie: »Gott bessere dich« oder »Gott gewähre dir seine Gnade zum Guten« oder »Gott lasse dich lange leben im Gehorsam gegen ihn« und dergleichen. Dagegen ist es nicht erlaubt, ihnen Bewahrung vor Übel, langes Leben und reichliches Wohlergehen zu wünschen und sie mit dem Ausdruck Maula (Gebieter) oder gleichbedeutenden Ausdrücken anzureden ... Das Aufsuchen der Machthaber läßt sich nur in zwei Fällen entschuldigen: Erstens, wenn dasselbe für den Tyrannen eine Notwendigkeit und keine Ehrung bedeutet und man weiß, daß die Unterlassung für ihn eine Schädigung wäre und der Gehorsam der Untertanen darunter leiden und die Sache der Regierung erschüttert würde, wo also die Annahme der Einladung kein Entgegenkommen gegenüber dem Tyrannen wäre, sondern eine Rücksicht auf das allgemeine Wohl, damit die Regierung nicht erschüttert werde. Zweitens, wenn der Besuch den Zweck hat, eine Ungesetzlichkeit von einem anderen Muslim oder ihm selbst abzuwenden, indem er entweder im Hinblick auf Gott für andere eintritt oder wegen einer selbst erlittenen Ungerechtigkeit Beschwerde führt. Solches ist gestattet unter der Bedingung, daß man bei der Wahrheit bleibt, ihn nicht lobt und keine Mahnung unterläßt, von der man sich eine gute Aufnahme verspricht.

Al-Ghazali's Aufzählung von Skrupeln des frommen Muslims beim Besuch der Mächtigen unterstreicht die verbreitete Auffassung von deren nichtislamgemäßem Leben und daraus erwachsenden Gefahren für eine echte Religiosität.

Erlaubtes und verbotenes Gut, übersetzt von H. Bauer, Halle 1922, S. 173–176;
al-Ġazālī, Kitāb iḥyā' ᶜulūm ad-dīn, Kairo 1303 A. H., S. 122–124.

Keine Umstände mit Gästen

Was nun die guten Sitten beim Anbieten des Essen betrifft, so soll man in erster Linie keine Umstände machen (Takalluf) und nur das vorsetzen, was man gerade hat. Wenn man nichts fertig und auch nichts zu Hause hat, soll man deswegen nichts borgen und sich (damit) selbst in Unannehmlichkeiten bringen. Hat man etwas zubereitet, was zur Bewirtung des Gastes notwendig ist, und bietet es doch nicht freigebig an, so soll man es sein lassen ...

Unter Umstände machen fällt auch, wenn man dem Gast alles vorsetzt, was man zu Haus hat, so daß man die Familie benachteiligt und sie im Innersten verletzt ...

Der zu Besuch Kommende soll nicht in herrischer Weise etwas fordern und von sich aus ein Gericht verlangen, denn der Gastgeber kann es vielleicht nur schwer beschaffen; und wenn dieser ihm zwei Gerichte zur Wahl stellt, so soll er wählen, was für ihn am einfachsten ist; so will es die Sunna ... Al-A'masch überliefert von Abu Wa'il, daß er erzählte: »Ich ging mit einem meiner Freunde zum Besuch Salmans; da setzte er uns Gerstenbrot und grobes Salz vor. Mein Freund meinte: ›Wenn in diesem Salz Thymian wäre, würde es besser schmecken.‹ Da ging Salman hinaus, verpfändete sein Waschbecken und tauschte dafür Thymian ein. Als wir gegessen hatten, sagte mein Freund: ›Gelobt sei Gott, der uns mit dem zufriedenstellt, was er uns schenkt.‹ Darauf sagte Salman: ›Wenn du mit dem zufrieden gewesen wärst, was dir von Gott beschert wird, wäre meine Waschschüssel nicht verpfändet.‹«

Betritt man nun ein Haus und trifft den Herrn des Hauses nicht an, ist aber von seiner Freundschaft überzeugt und kennt daher seine Freude, wenn man von seinem Mahle essen würde, so steht es einem frei, auch ohne seine Erlaubnis zu essen, denn man bezweckt ja mit der Frage um Erlaubnis die Einwilligung, besonders bei Nahrungsmitteln, wo sie reichlich vorhanden.

Die von al-Ghazali empfohlene Bescheidenheit des Gastes und bei seiner Bewirtung steht in einigem Gegensatz zu unten folgenden Aussagen über die Gepflogenheiten »feiner« Leute.

Über die guten Sitten beim Essen und Trinken. Das ist das 11. Buch von al-Ghazzali's Hauptwerk, Übersetzung v. H. Kindermann, Leiden 1964, S. 20–23;
al-Ġazālī, Kitāb iḥyā' ᶜulūm ad-dīn, Ed. Kairo 1303 A. H., S. 8–9.

Woran man feine Leute erkennt

Wisse! Die Grundlagen der feinen Lebensart – wie sie von eleganten, verständigen und fein gebildeten Menschen verstanden wird – bestehen in folgendem: der Erhaltung eines guten Nachbarschaftsverhältnisses zu den Mitmenschen, der Treue zu allem, was einem teuer und lieb ist, dem Erhabensein über alle schändlichen Dinge und dem festen Bestreben, keine Vergehen und Delikte zu begehen. Ein Mensch von feiner Lebensart kann erst dann als ein solcher bezeichnet werden, wenn er in sich vier Merkmale vereinigt: die Sprachreinheit, die Beredsamkeit, die Sittenreinheit und die Rechtschaffenheit ...

Wenn man einen solchen Menschen in der Gesellschaft erblickt, fühlt man sich beglückt, ist um eine Unterhaltung mit ihm bemüht und findet schon Gefallen an seiner bloßen Erscheinung. Er offenbart sich durch seine Wesensart und gibt sich an seinem Charakter zu erkennen. Ihn verrät seine vernünftige, gefällige Rede, und selbst wenn er schweigt, kann er sein Wesen nicht verbergen. Die untrüglichen Kennzeichen eines solchen Menschen von eleganter, feiner Lebensart zeigen sich an seinem Gang, seiner Kleidung und seiner Aussprache. Aus seinem äußerlich tadellosen Benehmen, seiner schönen, anmutigen Bewegung kann man ohne weiteres auf seine innere feine Art Rückschlüsse ziehen. Eigenschaften, die ihn zieren, sind: Abscheu gegenüber häßlichen Dingen, Reinlichkeit, Anmut, Freundlichkeit, elegante Kleidung und vornehmes Parfüm. Nach solchen Leuten sehnen sich die Herzen, blicken die Augen auf und verlangt der Geist.

Zu den weiteren Eigenschaften, die für diese Menschen ein Schmuck sind, gehören zum Beispiel: Würde, Demut, Ergebenheit und Ruhe. Sie zeichnen sich aus durch eine vorzügliche Moral, untadelige Lebensweise, lautere Ansichten und hohe Bestrebungen. Daß sie häufig ihre Zuneigung zeigen und lange unter ihrer Liebe leiden, läßt auf ihre vollkommene Bildung schließen und macht die Überlegenheit ihrer Anliegen kenntlich … Wir bestehen darauf, daß die Liebessehnsucht die unerläßliche Bedingung darstellt, die ihnen auferlegt ist. Sie ist demjenigen, der sie genau betrachtet und prüft, der sicherste Beweis für die treffliche Zusammensetzung der Elemente und Naturen der Wohlerzogenen und für die Reinheit ihrer Bestrebungen und ihres Charakters. Ja, die Liebessehnsucht gilt bei den Wissenden und Weisen als eine der schönsten Eigenschaften gebildeter und edler Menschen …

Die feinen Leute mischen sich nicht in das Gespräch eines anderen ein, blicken nicht in ein Buch, in dem ein anderer gerade liest, unterbrechen den, der gerade spricht, nicht in seiner Rede und hören nicht hin, wenn jemand einem anderen eine vertrauliche Mitteilung macht …

Zu den Eigenschaften solcher Leute gehört, das ist bekannt, daß sie nicht ausspeien, nicht ausspucken, nicht laut gähnen, den Schleim der Nase nicht hochziehen, nicht rülpsen und sich nicht räkeln … Sie schlagen nicht die Hände aufeinander, verschränken ihre Finger nicht, strecken ihre Beine nicht weit von sich, kratzen sich nicht am Körper und wischen sich nicht die Nase mit den Fingern ab …

Kein wohlanständiger Mensch geht auf den Abort, wenn ihn einer sieht, oder uriniert, wenn jemand in der Nähe ist. Es gilt bei den Leuten von feiner Lebensart als unschicklich, sich beim Sitzen anzulehnen und beim Gehen Eile an den Tag zu legen. Von einem Weg, den man bereits eingeschlagen hat, biegt man nicht ab. Auf einem Weg, den man bereits beschritten hat, kehrt man nicht zurück. Man schüttelt den Staub nicht dort von den Füßen, wo eben gekehrt worden ist. Man läßt sich nicht zur Ruhe nieder, wo Wasser gesprengt worden ist. Man setzt sich nicht zu einer Gesellschaft, um gleich wieder fortzugehen … Man trinkt kein Wasser aus Zisternen, geht nicht in den Laden eines Getränke- verkäufers, um Wasser zu trinken, ebenso wie man kein Wasser aus den Brunnen der Moscheen oder den Brunnen am Wege trinkt … Speisen verzehrt man nicht mitten auf der Straße, in der Moschee oder auf dem Markt …

Leute von feiner Lebensart lassen ihre Haare nicht im Laden

eines Baders schneiden und betreten ein öffentliches Bad nicht ohne Lendenschurz ...

Für einen Mann von feiner Lebensart dürfte es sich geziemen, daß er das Bad allein betritt, damit niemand auf seine Schamteile sieht. Im Bad wirft er seine Augen nicht auf einen anderen, hängt seine Kleider nicht an einem Pflock auf und steckt seine Füße während des Badens nicht in ein Abflußloch, durch welches das Wasser ablaufen soll. Solcherlei Unfug treiben nur gewöhnliche niedriggesinnte Leute ... Der anständige Mensch wälzt sich erst recht nicht auf dem heißen Fußboden des Bades, denn das tun nur die Untersten des gewöhnlichen Volkes ...

Für einen Mann von feiner Lebensart geziemt es sich nicht, ohne Hosen umherzulaufen oder als Lendenschurz nur ein Handtuch zu gebrauchen. Er läuft auch nicht mit einem gelösten oder herabhängenden Lendenschurz umher. Der Anstand gebietet es, daß man beim Kaufen nicht feilscht, nicht auf einem Mietesel reitet, nicht in einer Ruine zum Weintrinken absteigt, ein geliehenes Buch nicht zu lange zurückbehält, einem Handwerker keine Bedingungen stellt, einen im Rang niedriger stehenden Menschen nicht begleitet, einen Freund nicht beschimpft, niemandem etwas nachsagt, einen Gefährten bei anderen nicht schlechtmacht, ein anvertrautes Geheimnis nicht preisgibt ... niemanden öffentlich der Unzucht bezichtigt, keine obszönen Dinge erzählt, nicht die Frau des vertrauten Freundes oder des guten Nachbarn verführt ...

Zur vollendeten Eleganz eines Mannes von feiner Lebensart gehört es, daß seine Kleidung in angenehmer Weise in Erscheinung tritt ... Die Zwickel an seinen Kleidern sitzen nicht schief, seine Hosen weisen kein Loch auf. Er läßt sich die Fingernägel nicht lang wachsen und schneidet sich sein Haar regelmäßig kurz. Von seinen Achselhöhlen strömt kein übler Geruch aus, sein Körper ist nicht fettig von Schweiß. Er achtet darauf, daß seine Nase nicht läuft und daß er seine Handflächen nicht beschmutzt. In seiner Haut zeigen sich keine Risse und Rauheiten, aus seinem Mund spritzt beim Sprechen kein Speichel.

Wisse! Das Verwerflichste, was Gebildete tun können, ist, gegebene Versprechen aufzuschieben ...

Vom Propheten – Allah segne ihn und schenke ihm Heil! – wird überliefert, daß er gesagt habe:

»Selbst wenn der Heuchler das Fasten beachtet, das Gebet verrichtet und Muslim zu sein vorgibt, so hat er doch drei untrügliche Kennzeichen: Er lügt, wenn er den Mund aufmacht, er übt Verrat, wenn man sich ihm anvertraut, und er bricht das Versprechen, das er gegeben hat.« ... Ein Beduine sagte: »Ein edler Mensch erfüllt sein Versprechen so schnell wie möglich, ein niedriggesinnter schiebt es auf und zögert es hinaus.« ...

Mu'awija Ibn Abi Sufjan hat gesagt: »Klug ist derjenige, der sein Geheimnis auch vor seinem Freund bewahrt. Muß er nicht befürchten, daß sich seine Freundschaft in Feindschaft verwandelt und daß das Geheimnis dann verraten wird?« ...

Abu Asida hat mir berichtet, daß ihm Ibn al-A'rabi folgendes gesagt habe: »Man fragte einen Beduinen, wie er das ihm anvertraute Geheimnis hüte. Er erwiderte: ›Ich bestreite, daß einer mir ein Geheimnis anvertraut hat, und lasse den, der sich danach erkundigt, schwören, daß dem so ist und daß ich kein Geheimnis erfahren habe.‹«

Ein Beduine wurde gefragt: »Wie behütest du dein Geheimnis?« Er antwortete: »Indem ich sein Grab bin.«

Elegante Herrenmode

Zur Gepflogenheit der Herren von feiner Lebensart ... gehört es, feine, dünne Untergewänder, aber dicke, grobgewebte Hemden zu tragen, und zwar aus den besten Arten von weichem und reinfarbenem Leinen. Solche Stoffe sind zum Beispiel der ägyptische Dabiqi und der persische Djannabi. Getragen werden auch Unterkleider aus den mit Pelz gefütterten Tachtadj-Stoffen aus Nischapur, Untergewänder aus weißem Rohleinen und die langen weiten Obergewänder aus persischem Daradjrad-Stoff, ägyptischem Stoff aus Alexandria, aus Rohseiden-Mulham und aus Chorasan-Mulham. Getragen werden ferner gefütterte Gewänder aus kühlendem Kuhistan-Stoff, Lendenschurze aus mit Gold und Silber durchwirktem Qasab- und gefärbtem Scharb-Stoff, gesäumte Mäntel aus Aden, Nackenschleier aus nischapurischem Mulham-Stoff ...

Nicht für schicklich gilt das Tragen von Kleidern mit häßlichen Farben, deren Stoffe mit Parfüm oder Safran gefärbt sind, wie zum Beispiel der gelbe Mulham-Stoff oder der mit Ambra gefärbte und parfümierte Dabiqi-Stoff. Denn damit kleiden sich gewöhnlich nur die Frauen, Sängerinnen und Sklavinnen. Nur manchmal trägt man dergleichen mit Moschus parfümierte dünne Untergewänder, mit Ambra parfümierte Hemden, bunte Mäntel und mit Saflor gelbgefärbte Hosen beim Aderlaß oder bei Kuren, bei Zechgelagen oder bei sich im Haus ...

Für den Mann von Bildung und feiner Lebensart ziemt es sich weiterhin nicht, schmutzige Kleidungsstücke zusammen mit einem frisch gewaschenen Kleidungsstück zu tragen, ebensowenig ein gewaschenes Kleidungsstück zusammen mit einem neuen. Zusammen getragen werden auch nicht kostbarer Leinenstoff und billige Baumwolle aus Marw oder wertvoller Babijaf-Stoff und weniger wertvoller Stoff aus Kuhistan. Der beste Anzug des eleganten Herrn ist der, welcher gleichmäßig und passend ist, zusammenstimmt und seinem Träger gut steht.

Die Farbpalette feiner Damenkleidung

Getragen werden rauchfarbene feine, dünne Untergewänder, ›Raschid-Mäntel‹, Kleider aus baumwollenem Scharb-Stoff mit Gürtel und tabaristanische Mäntel, und zwar aus buntem, mit Gold und Silber durchwirktem Qasab-Stoff und aus bestimmten Seidensorten. Weiterhin werden bevorzugt Gesichtsschleier aus nischapurischem Baumwollstoff getragen, Lendenschurze aus chorasanischem Mulham-Stoff, Kragenhemden mit Halsbändern, Kleider mit weiten Ärmeln, weiße Pluderhosen mit Schleppen und schwarze, mit Narde gefärbte Kopftücher. Frauen tragen keine Hosenbänder, nichts, was besprengt oder parfümiert ist, auch keine Kleider mit leuchtenden Farben, keine weißen Leinengewänder, sondern nur solche Kleider, die naturfarben, für bestimmte Zwecke gefärbt oder in der Farbe verändert sind, und zwar durch bestimmte Arten von Moschus-, Sandel-, Ambra- oder Narde-Farben, damit sie durch die Parfümierung von jenem Zustand der leuchtenden weißen Farbe ablenken. Denn das Tragen von weißen Stoffen gehört bei den Leuten von Eleganz zur Mode der Männer. Die Frauen tragen auch keine gelben, schwarzen, grünen, rosafarbenen oder roten Kleider, es sei denn, die Stoffe sind von Natur aus gelb, blau, grün, rosafarben oder rot, etwa wie die Ladh-Seide, die Naturseide, der Seidenbrokat, der bestickte Waschij-Stoff und die Florettseide. Denn mit rosafarbenen, roten und saniri-grünen Kleidern bekleiden sich im allgemeinen nur die Bauersfrauen der ansässigen Bevölkerung oder die Sklavinnen, die sich als Sängerinnen betätigen.

Das Weiß gehört bei ihnen zur Kleidung der verlassenen beziehungsweise geschiedenen Frauen, Blau und Trauerschwarz zur Tracht der Witwen und vom Aussatz geheilten Frauen. Als das beste an Kleidern gilt bei ihnen das, was wir erwähnt haben.

Schmucksitten feiner Herren und Damen

Elegante Männer tragen Siegelringe mit rotem Karneol, grünem Türkis, geläutertem Silber, himmelblauem Korund, chorasanischem Granat, rotem Onyx, gelbem Topas und schwarzem Achat aus Jemen. Diese Steine, die von schöner Form sein müssen, werden in Mihran-Siegelringen und geprägten Mutawakkil-Ringen getragen. Männer tragen keine Ringe aus Gold. Denn das gehört nicht zur Sitte gebildeter Herren, vielmehr zur Mode der Frauen, Knaben und Sklavinnen ...

Zu ihrer (der Frauen) wohlbekannten Mode beim Tragen aufgereihter Schmuckgegenstände gehört das Anlegen von engen Halsketten aus fermentierten Gewürznelken, von langen Halsketten aus Kampfer und Ambra, von mit Zwischensteinen gegliederten Kolliers und von Amuletten, die mit verflochtenen Goldquasten und halbseidenen kettenförmigen Schnüren durchbrochen gearbeitet sind. An diesen Halsketten tragen sie mit Vor-

liebe den hübschen und leichten schwarzen Obsidian, in Kegel-
gestalt gedreht, möglichst tiefschwarze Obsidian-Steine, weitere
Edelsteine aller Art, so den elfenbeinfarbenen Karak, klares
Bergkristall, feingeformte echte Perlen, rote Korallen, gelben
Bernstein und alle Arten von Korund und anderen echten Steinen. Perlen, Korallen und alle Arten von Edelsteinen reihen sie
auch auf ihre kronenförmigen Kappen. Ihre Stirnbänder und
Kopftücher verzieren sie mit Halbseide und Gold. Die Damen
tragen ziselierte Siegelringe und Fingerringe mit Gravuren und
aufgesetzten Gemmen aus rotem Rubin, grünem Smaragd, himmelblauem Saphir und gelbem Topas. Der eleganten Dame steht
es jedoch nicht an, Ringe mit Glasperlen und Karneolen aus Silber und Eisen und besetzt mit Schildpatt, Türkis, Granat und
unechten Perlen zu tragen, denn dies gehört zur Mode der Männer oder der Sklavinnen, niemals aber zur Mode der eleganten
Damen. Die Frauen legen auch keinen Schmuck an, der eng und
unbequem, grob und ungeschlacht anzusehen ist.

Feine Herren parfümieren sich mit Vorsicht

Es gehört zu ihrer (eleganter Herren) Sitte, sich zu parfümieren
und mit Wohlgerüchen zu umgeben. Sie benutzen dazu besonders
den durch destilliertes Rosenwasser verfeinerten Moschus, das
mit fermentierten Gewürznelken parfümierte Aloe-Holz, den
aus Aloe, Ambra und Moschus zusammengesetzten ›Königsweihrauch‹, die Ambra aus Bahrain, das Mischparfüm Abir, das
aus Safran und anderen Duftstoffen besteht, und verschiedene
Arten von Puder, denen wohlriechende Duftstoffe beigefügt wurden. Außer diesen Parfümen und Wohlgerüchen verwenden die
eleganten Herren keine anderen Duftstoffe …
Ausgesprochene Damen-Kosmetika, die von den Herren in
keiner Weise benutzt werden, sind die Lachlacha-Parfümsalben,
das Sandel-Parfüm, das Saijah-Waschparfüm, die Gewürznelken, das den Schlaf vertreibende Sahirija-Parfüm, grüne Adqal-
Färbemittel, parfümierte Hautcremen, der echte Safran, das aus
Safran hergestellte Chaluq-Parfüm, das Chaluq-Wasser, der
Kampfer, das Kampferwasser, das dreifache Schatzkammer-Par-

füm aus Ambra, Aloe und Moschus, der barmakidische Königsweihrauch und alle Arten von Ölen wie Veilchenöl, Jasminöl und Behenöl, jedoch nicht Turchnam-Öl (Zitronenöl) und Sauerampfer. Die Männer nehmen von allen diesen Kosmetika kein einziges; während die Frauen durchaus alle Arten jener Parfüme der eleganten Herren verwenden, gebrauchen die eleganten Herren kein Damenparfüm ...

Sie verwenden auch kein penetrant duftendes Parfüm, welches farbig sichtbar ist und Spuren in der Kleidung hinterläßt. Darüber hinaus gibt es eine verbürgte Tradition vom Propheten, der gesagt hat: »Der bestparfümierte Mann ist der, dessen Duft nicht bemerkbar ist.«

Schenken mit Bedacht

Bei ihnen (den Menschen feiner Lebensart) werden bestimmte Geschenke, Liebesgaben, Freundlichkeitserweisungen, Briefgrüße und Aufmerksamkeiten für gut befunden, die sonst wegen ihres geringfügigen Wertes verachtet werden würden. Hierher gehört, daß sie sich unter Umständen eine einzige Zitrone, einen einzigen Apfel, eine feingewaschene Duftmelone, eine zierliche Wassermelone, einen Zweig von Basilienkraut, einen Strauß Narzissen, einen Liter Wein, ein Stück Aloeholz, eine kleine Parfümbüchse, eine einfache Kleinigkeit oder sonstwelche unbedeutenden Winzigkeiten zum Geschenk machen ... Man nimmt sie gern an, findet sie als Geschenk wundervoll, zeigt sich mit ihnen elegant, freut sich über sie und hält sie für einzigartige Kostbarkeiten. Das Verlangen nach großen Dingen, pompösen Geschenken und prächtigen Präsenten, das die meisten Leute haben, ist diesen feinsinnigen Leuten von feiner Lebensart fremd ...

Leute von feiner Lebensart machen sich Zahnreiniger auch zum Geschenk; in diesem Falle nehmen Zahnreiniger den Platz von Freundschaftspfändern, Erinnerungszeichen, anvertrauten Gütern und Küssen ein und stehen mit gekautem Weihrauchharz und dem angebissenen Apfel auf gleicher Stufe ...

Dem Apfel kommt bei Leuten von feiner Lebensart, bei Liebenden und sich Sehnenden keine andere Frucht gleich, auch keine Blüte oder Blume ... Von allen ihren Freundlichkeiten, die sie sich erweisen, kann keine sich mit ihm messen. Denn er besitzt größte Ähnlichkeit mit rosenroten Wangen und einem blutfrischen Antlitz. Bei Leuten von feiner Lebensart gilt der Apfel als Unterpfand der Liebe und als Erinnerungszeichen an Freunde, über das sie sich freuen, wenn sie es sehen, das ihnen Glück bringt, wenn es ihnen zu Gesicht kommt. Wenn sie den Apfel anblicken, beginnen sie zu seufzen. Wenn sie seinen Duft einatmen, überkommt sie die Sehnsucht ...

Was aber den Pfirsich anlangt, so hat man ihn in aller Ausführlichkeit gepriesen und hat ihn zu loben nicht gespart. Man hat behauptet, daß er den Wangen eines Mädchens ähnlicher sei als der Apfel, ja daß er am meisten den Wangen anmutiger Schönheiten gleiche, weil er wie diese weißbraun, hautfarben, gelb, rosenfarben und rot gefärbt ist und überdies zarten Flaum wie die Haut des Menschen aufweist. Er ist der beste Fleck zum Küssen, die süßeste Stelle für den Kuß, der wohlriechendste Duftplatz. Er würde bei einer nicht geringen Zahl von Liebenden einen noch höheren Rang einnehmen als der Apfel, wenn er nicht einen solchen großen Kern hätte, den ja bekanntlich die Leute von feiner Lebensart verabscheuen und die Gebildeten hassen, und wenn er nicht so leicht verderblich wäre und sich wie der Apfel länger frisch halten würde.

Was die Rose betrifft, so sehen viele Leute von feiner Lebensart in ihr ein glückverheißendes Symbol, und viele Dichter haben sie schon besungen ...

Die Ursache dafür, daß Leute von feiner Lebensart das Schenken von Hosenbändern und Fingerringen verpönen und daß selbst Gebildete darin ein böses Omen erblicken – und diese Meinung ist sehr weit verbreitet in der Welt –, liegt darin, daß diese Gegenstände die beiden einzigen Dinge sind, die man am Körper trägt, die man schnell ablegt und die deshalb leicht abhanden kommen, die man jedoch jederzeit als schön empfindet und die deshalb ein jeder gern in seinem Besitz wissen möchte. Wenn einer seinem Freund oder seiner Geliebten sein Hosenband oder seinen Ring zum Geschenk macht und diesem dieses Geschenk abhanden kommt, so erweckt das sehr leicht Argwohn und Eifersucht, was dann zum Abbruch der Freundschaft und zur Trennung von der Geliebten führt.

Von Speise- und Tischsitten

Das erste, was Leute von feiner Lebensart sich beim Essen zu eigen machen müssen, ist, kleine Bissen zu nehmen und es unter ihrer Würde zu finden, sich gierig und heißhungrig auf die Speisen zu stürzen und nur die weichen Mittelstücke und delikaten Stücke vom Fleisch zu verzehren. Sehnen, Muskeln, Adern, Nieren, Kaldaunen, Magen, Zwerchfell und Lunge verschmäht man dagegen. Man ißt ebenfalls keinen Qadid, das in Streifen oder Scheiben geschnittene und an der Luft getrocknete und in Brühe gebrockte Fleisch. Die Blätter in der Suppe, das Suppengrün, werden nicht mitgegessen.

Leute von feiner Lebensart schlürfen nicht, wenn sie Suppe essen, sind nicht hinter fettem Fleisch her und machen sich die Hände und Finger nicht fettig. Man streut sich nicht große Mengen Salz auf die Speisen, denn solches gilt bei den eleganten Leuten von Welt als der größte Fehler ...

Knochen, deren Mark schwer auszusaugen und deren Fleisch nur mit Mühe abzunagen ist, ergreift man nur mit den Fingerspitzen oder legt sie von vornherein beiseite ...

Man macht die Brotfladen, die man vor sich als Eßunterlage ausbreitet, nicht fettig, greift nicht mit den Händen über seinen Platz hinaus, leckt sich nicht die Finger mit dem Mund ab, stopft sich den Mund nicht mit großen Bissen voll, so daß die Lippen davon fettig werden und das Fett auf die Ärmel tropft ... Man verschmäht die gesalzenen Kuridj-Fische und Gehacktes aus kleinen Salzfischen, ebenso wie man Anchovis-Fischsalat und eingesalzenes Gemüse meidet ...

Feine Leute essen auch keine Heuschrecken und Langusten, weil diese von allen Tieren am häßlichsten und am meisten abstoßend aussehen. Man verspeist auch keine Hülsenfrüchte und Körner, die Bauchknurren und Blähungen verursachen ...

Während des Tages nimmt man nicht mehr als eine Mahlzeit zu sich ... Wenn die Eßunterlagen und die Speisen gebracht werden, schränkt man sein Lachen und seine Gespräche ein. Zur Eßunterlage begibt man sich erst, wenn diese zum Essen freigegeben, das heißt ausgebreitet und vollständig mit Speisen eingedeckt ist, wobei man sich nicht hastig hinzudrängt, sondern langsamen

Schrittes hingeht. Bevor man sich nach dem Essen die Hände wäscht, reinigt man sie erst gründlich von Speiseresten und Schmutz und läßt sich dann erst das Wasser über die Finger gießen. Dabei spart man nicht mit Wasser, damit nicht ein widerwärtiger Geruch zurückbleibt. Auch beim Abtrocknen der Hände verhält man sich wie beim Waschen und trocknet sie gründlich ab.

Was den Nachtisch aus gesalzenen oder kandierten Nüssen, Mandeln, Pistazien und dergleichen angeht, so lassen ihn sich Leute von feiner Lebensart neben ihre Eßunterlage stellen und geben ihren Dienern davon zu kosten. Man ißt nicht viel davon und keineswegs alles, sondern läßt immer etwas übrig. In diesen Nachtisch mischt man kleine Mengen von Pfefferminze, meidet aber Endivie und Wermut wegen ihrer Kälte, Rettich und Kresse wegen ihres penetranten Gestankes und Porreezwiebel wegen ihres beißenden Geruchs. Ebenso meidet man Luzerne und Honigklee wegen ihrer beißenden Schärfe und weil sie die Zähne und das Zahnfleisch grün färben und üblen Mundgeruch verursachen. Knoblauch wird nicht in ein Gericht getan, ebenso Zwiebeln, man würde sie sofort bemerken ...

Nicht erlaubt ist das Reinigen der Zähne mit dem Zahnreiniger bei Leuten von Bildung und feiner Lebensart an ganz bestimmten Orten und Plätzen, so auf dem Abort, im Bad, mitten auf der Straße und inmitten vieler fremder Leute. Kein anständiger und gebildeter Mensch reinigt sich die Zähne im Stehen, im Sitzen angelehnt an ein Kissen oder im Liegen. Er tut dies auch nicht dort, wo alle Menschen auf ihn blicken. Man reinigt sich die Zähne auch dann nicht, wenn man redet.

Den Zahnreiniger auf dem Abort oder im Bad zu gebrauchen gehört zu den schlechten Angewohnheiten des niederen und gemeinen Volkes; denn ein solcher Mißbrauch des Zahnreinigers schwächt das Zahnfleisch und verschlechtert den Mundgeruch ... Es gehört zu den Gepflogenheiten vornehmer Leute, daß man den Zahnreiniger nicht zu lange Zeit gebraucht, so daß die Spitzen sich abnutzen. Das gilt bei ihnen als verpönte Angewohnheit niederer Menschen.

Diese Ausschnitte stammen aus dem »Buch des buntbestickten Kleides«, von Ibn al-Waschscha an der Wende vom 9. zum 10. Jahrhundert in Bagdad geschrieben. Der Autor (gest. 936), ein gebildeter Literat und Grammatiker, höherer Lehrer und Gast von Hofgesellschaften, suchte als traditionsbewußter sunnitischer Muslim seinen Zeitgenossen vielseitige Bildung, Mannestugend und feine Lebensart nahezubringen. Auch wenn seine Familie seit mehreren Generationen in der Stadt lebte, klingt ihre beduinische Abstammung in diesem Anstands- und Etikettenbuch als hohe romantische Wertschätzung des Beduinentums des öfteren an.

Ibn al-Waššā', Das Buch des buntbestickten Kleides, aus dem Arabischen übersetzt und herausgegeben von D. Bellmann, 3 Bde., Leipzig-Weimar 1984, Bd. I, S. 71, 80 f., 58–60, 64 f., Bd. II, S. 110–115, 70 f., 74, 80 f., 83, 73 f., 72, 75, 117 f., 102 f., 96 f., 89 f., 77, 80–83;
Ibn al-Waššā', Kitāb al-muwaššā, Ed. R. E. Brünnow, Leiden 1886, S. 41, 46 f., 146–148, 124, 127, 130 f., 34, 37 f., 126 f., 125, 127 f., 150, 142, 139, 135, 128.

Lust und Last des Weines

Auf, Freund, gib mir Wein zu trinken; denn ich weiß wohl, was der barmherzige (Gott) über den Wein geoffenbart hat!
Gib ihn mir reichlich unvermischt zu trinken, damit ich an Sünde zunehme; denn dadurch, daß man ihn rein trinkt, vervollkommnen sich die Sünden.
Er bedeutet das Höllenfeuer. Allerdings habe ich (durch ihn dann) ein Vergnügen erlangt und mir meine Wünsche erfüllt, auch wenn ein Tadler tadelt.

Ich bekehre mich zu dem barmherzigen Gott; denn er vergibt die Sünde des Mannes, solange er nicht rückfällig wird.
Solange ich lebe, werde ich nicht zum Wein zurückkehren und nicht den Worten des widerspenstigen Dummkopfs folgen.
Wie sollte ich, da ich meinem Herrn doch schon Zusicherungen gegeben habe, zu ihm (dem Wein) zurückkehren? Gott, der Herr des Thrones, ist mein Zeuge!
Ich lasse von ihm als etwas Tadelnswertem ab. Ich werde ihn nicht mehr kosten, auch wenn sich deswegen meine Neider erniedrigt fühlen (weil mein Ansehen beim Kalifen durch meine Abstinenz steigt).

Begrabt mich, wenn ich sterbe, am Stamme eines Weinstockes,
damit dessen Wurzeln in der Erde meine Knochen tränken!
Begrabt mich nicht in der Wüste; denn ich fürchte, (den Wein)
nicht mehr zu kosten, wenn ich einmal gestorben bin.

Weingenuß in klarem Wissen um die Sünde, Reue und Hoffnung auf die
Zeit nach dem Tode – in solchen Versen schildert der bekannte Zecher und
Poet Abu Mihdjan (gest. nach 637) bereits in frühislamischer Zeit das
Dilemma einiger Muslime mit dem koranischen Wein-Verbot.

Heine, P., Wein und Tod. Überlegungen zu einem Motiv der arabischen
Dichtung, in: Die Welt des Orients 13 (1982), S. 119;
Wagner, E., Grundzüge der klassischen arabischen Dichtung, Bd. II,
Darmstadt 1988, S. 36 f.;
Primeurs arabes prés. par C. Landberg, Bd. I. Leiden 1886, S. 68, 67, 62,
72.

Wein, Weib und Religion

Unterlaß es, mich zu tadeln; denn der Tadel stachelt mich nur an!
Gib mir das als Medizin zu trinken, was die Krankheit ist (d. h.
Wein)!
Gelber Wein, in dessen Hof sich die Trauer nicht niederläßt –
wenn ein Stein ihn berühren würde, würde den Stein Freude
berühren –,
aus der Hand einer mit einer Scheide in der Kleidung eines mit
einem Penis. Sie hat zwei Arten von Liebhabern: Päderasten
und Hurer.
Sie erhob sich mit ihrer Kanne, während die Nacht pechschwarz
war; doch von ihrem Gesicht erstrahlte ein Leuchten im Raume.
Aus dem Schnabel der Kanne goß sie einen klaren Wein. Die Art,
wie er das Auge ergriff, glich einem leichten Schlummer.
Selbst gegenüber dem Wasser ist der Wein dünnflüssig, so daß es
an Feinheit nicht mit ihm verglichen werden kann. Gegenüber
seiner Konsistenz ist das Wasser grobflüssig.
Wenn du Licht mit ihm mischen würdest, würde er sich mit ihm
vermengen, bis Licht über Licht und Helligkeit über Helligkeit
entstehen würden.

Er kreiste unter Jünglingen, für die das Schicksal geringe Bedeutung hat, denn es läßt ihnen nur das zuteil werden, was sie selbst wünschen.

Wegen des Weines weine ich, nicht wegen eines Lagers, in dem Hind und Asma[1] sich niederzulassen pflegten.

Es sei fern von Durra[2], daß für sie die Zelte aufgeschlagen werden und des Abends die Kamele und Schafe zu ihr zurückkehren.

Sprich zu dem, der innerhalb der Wissenschaft die Philosophie für sich in Anspruch nimmt: »Du weißt einiges, aber (vieles) andere ist dir entgangen.

Weise die Vergebung nicht zurück, wenn du auch ein sich der Sünde enthaltender Mensch bist! Denn wenn du die Vergebung zurückweist, so ist das eine Verachtung gegenüber der Religion.«

Abu Nuwas (757 – um 815), berühmtester arabischer Weindichter, dazu Kalifenvertrauter und Knabenliebhaber, Kenner der Tradition und altarabischer Poesie, Verfasser von Tier-, Jagd- und Askese-Poesie, versinnbildlicht in diesen Versen das ungezwungene Leben der Eleganten in Bagdad zu Beginn des 9. Jahrhunderts.

Wagner, E., Abū Nuwās, Wiesbaden 1965, S. 292;
Der Diwan des Abū Nuwās, 3 Bde., Ed. E. Wagner. Beirut 1958–1987, Bd. III, S. 1.

Lob des Jagdfalken

Ich reite – wann der Morgen die roten Locken sträubt,
der Treiberberuf des Tages die flücht'ge Nacht betäubt,
und ihre Nachtrabs Sterne wie Funken sind zerstäubt –
auf einem Hochgemuten, dem stolz die Mähne nickt,
und der am Tag, an welchem der Wettlauf wird beschickt,
als erstes Ziel der Augen von allen wird erblickt,
wie er dem Schwarm der Rosse vorausfliegt, weiß von Schaum,
als wie ein gier'ger[1] Falke, der von des Flügels Flaum
den Regen schüttelt, wenn er herstreicht aus fernem Raum:

---

1 altarabische Mädchennamen
2 neuerer Sklavinnenname
1 so: E. Wagner, bei Rückert: wilder

Er fliegt mit krummem Nacken, den Vögeln all ein Schreck,
die unter dichten Sträuchern sich suchen ein Versteck
vor ihm, der sicher greifet, und schießt die Blicke keck,
der weithin wittert, weithin ereilet, weithin blickt:
die Augen sind zwei Spalte dem Felsen eingedrückt,
und keine Nadel hat ihm das Augenlid geflickt.

Die Jagd, hier in einem Gedicht von Humaid al-Arqat (schrieb an der Wende
vom 7. zum 8. Jahrhundert), zählte neben Polospiel, Pferderennen, Bogen-
schießen und Schach zu den bevorzugten aristokratischen Sportarten.

Hamâsa oder die ältesten arabischen Volkslieder, gesammelt von Abû
Temmâm, übersetzt und erläutert von Fr. Rückert, in zwei Teilen, Stutt-
gart 1846, S. 816;
Šarḥ at-Tibrīzī ᶜalā dīwān ašᶜār al-Ḥamāsa allatī 'ḫtārahā Abū Tammām,
Būlāq 1296/1878, Bd. IV, S. 161–162.

Rezepte für Kosmetik und Liebe

Rezept eines Zahnpulvers, das die Zähne reinigt:

Man nehme Kandiszucker und pulverisiere ihn, benetze die
Finger mit Oxymel (Essig) und tauche sie dann in den gemahle-
nen Kandiszucker. Damit reibe man die Zähne mehrmals ab und
spüle (die Zähne) mit Wasser. Dies führe man wöchentlich einmal
aus. Es ist gut.

Nach diesem Rezept hergestellte Pastillen verbessern den Mundgeruch, wenn sie in den Mund gesteckt werden:

Man nehme je 10 Dirhem vom Stengel befreite rote Rosen,
Sandelholz und Zyperngras, je 5 Dirhem Zimtrinde, indische
Narde, Ceylonzimt, Nelken, Muskatnuß, Kamelheu und weiße
Bartflechte, je 10 Dirhem getrocknete Zitronenschalen und
Zitronenblätter, je 2 Dirhem Moschus, echten Aloeholzbaum,
Mastix und Muskatblüten, einen halben Dirhem Kampfer und
einen halben Daniq türkischen Moschus. Alles wird fein zermah-
len und mit Zitronenblätterwasser geknetet und zu erbsenförmi-
gen Körnern geformt. Man stecke diese in den Mund. Sie sind
sehr gut, wie wir es beschrieben haben.

Rezept eines Mittels, das den Körpergeruch duften läßt und dem stark transpirierenden Menschen nützlich ist:

Man nehme je 2 Mithqal Zyperngras, Malabathrum, Blüten von Bartgras und damaszenischen Styrax, befeuchte das Zyperngras, das Bartgras und das Malabathrum mit Basilienkrautsaft, forme daraus Pillen und trockne sie. Man zermahle diese und gebe dazu Rosen und Myrtenspitzen. In Rosenwasser löse man Safran auf, das dann mit den anderen Mitteln gemischt und im Schatten getrocknet wird. Nach dem Trocknen zermahle man dies zu Pulver. Will man dieses Mittel anwenden, gehe man ins Bad, säubere sich vom Schmutz, kehre zurück und trockne sich den Schweiß ab. Anschließend streue man von diesem Mittel etwas auf seine Hände. Es ist sehr wirksam und läßt den üblen Schweißgeruch aufhören.

Rezept eines Mittels gegen Sommersprossen:

Man nehme zu gleichen Teilen Myrrhe und Linsen, zermahle sie fein und feuchte sie mit gekochtem Wasser an und vermenge sie mit Kaffee. Man bestreiche damit das Gesicht. Es ist gut.

Rezept eines Mittels für den Haarwuchs:

Man nehme Schwarzkümmel und pulverisiere ihn. Dann rühre man (das Pulver) mit Wasser an und bringe es auf den Kopf. Das Haar wird wachsen. Wenn es Schmerz verursacht, ist es sehr wirksam.

Rezept eines Färbemittels (für die Haare):

Man nehme Rosinenkerne, wasche sie sehr gut, pulverisiere sie wie Antimon so fein und tue sie in ein Tongefäß. Dann gieße man Sesamöl darüber, bis es bedeckt ist. Das Tongefäß wird einen Monat in Dung vergraben. Es wird ein sehr gutes Färbemittel.

Ein Mittel, das die Haare kräuselt:

Man nehme zu gleichen Teilen gelöschten Kalk, Bleiglätte, Früchte des Amblabaums, armenischen Lehm, Gummi arabicum. Man zerklopfe sie sehr fein und knete sie mit saurem Weinessig. Danach wasche man den Kopf mit Eibisch, trockne ihn und reibe ihn mit diesem Mittel ein, dann drehe man die Haare ein und lasse dieses Mittel bis zum nächsten Morgen wirken.

Anschließend wird (der Kopf erneut) mit Eibisch gewaschen. Es ist sehr wirksam.

Rezept (zum Wachsen der Augenbrauen):
   Man zermahle Seifenkraut mit Eiweiß, bestreiche mehrmals die Stelle. Die Haare wachsen schnell.

Rezept eines Räuchermittels, das bei einer unfruchtbaren Frau zur Schwangerschaft führt:
   Man nehme zu gleichen Teilen Stechginster, Hasenfell, getrocknete Raute, zerklopfe und siebe alles und verknete dies mit Wachs. Daraus forme man Pillen, mit denen sich die Frau beräuchert. Es ist erprobt.

Djabir Ibn Haijan sagt: Wenn eine Frau nicht will, daß sie schwanger wird, schleife sie auf einem Schleifstein ein verrostetes Eisenstück, nehme das Schleifprodukt und trinke dieses jeden Monat mit Pfefferminztee. Sie wird nicht schwanger werden.

Was ... die Eifersucht vertreibt, ist – wie manche Leute behaupten –, die Frau Regenwasser mit Gerstenstaub trinken zu lassen, denn es ist gut zur Vertreibung der Eifersucht.

Wenn man zu gleichen Teilen Kamille, Wacholder, Sadebaum und grünes Salzkraut nimmt, dieses zermahlt und mit Behennuß-öl verknetet, das die Frau einführt, wird ihre Begierde angeregt, und sie verlangt nach der Vereinigung.

Im Buch »Geistige Medizin«[1] steht geschrieben:
   Wenn zwischen einem Mann und einer Frau mit Urtica-Wurzel geräuchert wird, lieben sie sich und werden vereinigt.
   Wenn man eine Krautpflanze (Haschischa) nimmt, die dem Gesicht eines Menschen ähnelt, und zwischen einem Mann und einer Frau verräuchert, lieben sie sich und können ohne einander

---

1 des berühmten Arztes ar-Razi (gest. um 925)

nicht sein. Diese Krautpflanze sah ich in Persien, in der Provinz Antakja[2], wachsen.

Ein Arzt aus Aleppo (Halab), asch-Schaizari (gest. 1093), der für Saladin schrieb, nahm diese Rezepte in sein Buch über die Geheimnisse der Eheschließung auf und fügte sie damit in ein Kompendium ein, welches der Attraktivität von Frauen gewidmet ist.

Das Buch der Aufklärung über die Geheimnisse der Eheschließung, 2. Teil, (Kitāb al-īḍāḥ min asrār an-nikāḥ) des Aš-Šīrāzī. Edition und Übersetzung des arabischen Textes auf der Grundlage der Handschriften der herzoglichen Bibliothek Gotha Nr. 2040 und Nr. 2041 von K. Amadja, Dissertation Erlangen-Nürnberg 1976, S. 44, 45, 61 f., 21, 27, 32, 37, 78, 80, 81 (arabischer Text: S. 56 f., 79, 26 Anm. A (Hs 2041), 33, 40, 49, 98 f., 101, 102 f.).

---

2 wohl Antiochia in Syrien

IX Von Minne und Eros

Zum unerschöpflichen Thema der Liebe finden sich in den zeitge-
nössischen Quellen viele Facetten. Lebten doch die Autoren in
einer patriarchalischen Gesellschaft, in der die meisten Männer
und Frauen monogame Ehen führten und nur einige Begüterte den
vom Koran fixierten materiellen und emotionalen Anforderungen
an Ehen mit bis zu vier Frauen entsprechen zu können glaubten.

Die Institution der Ehe galt als gottesfürchtig und fromm, weil
sie auf Nachkommenschaft und häuslich-intimes Familienleben
ausgerichtet war. Eheverträge und Erbregelungen sollten den
Frauen einige materielle Rechte sichern, ein bemerkenswertes Phä-
nomen in der gesamten mittelalterlichen Geschichte. Es entsprach
den Zeitumständen, daß einerseits bei Eheanbahnungen zumeist
Verwandte den entscheidenden Part wahrnahmen und die Braut-
leute sich oft erst zur Hochzeit kennenlernten. Andererseits konn-
ten Begüterte in den großen Städten die Gunst von Konkubinen
und käuflichen Schönen beiderlei Geschlechts erwerben. Dies
alles beflügelte Interesse und Phantasie von Literaten in ihren
Traktaten über Frauenschönheit und Erotik, jenseits prüder Sexu-
almoral. So gelten die Wonnen der Liebe höher als Siege auf dem
Schlachtfeld, treten kenntnisreiche Bestimmungen der Liebes-
leidenschaft neben feinsinnige Argumente zur Würdigung von
Frauen.

Da den Männern öffentlicher Umgang nur mit wenigen Vertrete-
rinnen des weiblichen Geschlechts möglich war, nahmen die oft
hochgebildeten und begehrten Gesangssklavinnen einen bevor-
zugten Platz ein. Das Ideal weiblicher Schönheit beschäftigte die
Männerwelt, poetische Stereotypen fanden immer aufs neue Aus-
schmückungen und Erweiterungen. In den Kreisen von Lebemän-
nern und ihrer Poeten blieb es allerdings nicht bei solch geistrei-
chem Minnedienst. Nächtliche Unterhaltungen und Trinkgelage
wurden von Liebesspielen gekrönt, ein bekannter Knabenliebha-

ber schwärmt von den Freuden des Bades. Zeitweilig erfuhren Sklavinnen in der Aufmachung von Pagen höchste Zuwendung.

Auch höfische Gesellschaften genossen jedoch anrührende Verse über platonische Liebespaare, Anspielungen auf eine Liebe aus Begehren und Erinnerung. Nach Auffassung islamischer Moralisten galt es für den Gebildeten, den alten beduinischen Überlieferungen von den platonisch Liebenden aus jenem Stamme der Udhra nachzueifern, der weit über den Orient hinaus berühmt wurde. Keusch zu lieben wie zur Zeit der Altvorderen, ständige Liebessehnsucht im Herzen zu tragen und seinen Liebesgram bewußt zu leben, sollten den Gebildeten auszeichnen, nicht das Lotterleben städtischer Eleganter, die vor den Listen selbst gut behüteter Frauen zu warnen waren. Pragmatiker meinten allerdings, daß für Treulose gleichwertiger Ersatz zu suchen sei und Dinare gegen Liebesgram und -pein helfen.

Ehe und Verführung – aus Rechtsgutachten

Ist die Ehe eine Tat des Jenseits oder des Diesseits und gehört damit zu den Vergnügungen der Seele?

Antwort: Wenn damit etwas von den Gehorsamsakten beabsichtigt ist, daß man danach strebt, sich nach dem Gottesgesandten zu richten oder fromme Kinder oder Keuschheit seiner Seele und Schutz seiner Scham, Augen und seines Herzens und dergleichen zu erlangen, gehört sie zu den Taten des Jenseits, und man erhält dafür Belohnung.

Ist es erlaubt, mit einem fremden, schönen, bartlosen Jüngling allein zu sein oder ohne Not auf ihn zu blicken?

Antwort: Nichts von beiden ist erlaubt, denn er ist wie die Frau bei der Verführung und steht dem Weg des Übels ganz nahe. Aber Gott weiß es am besten!

Fatāwā al-Imām an-Nawawī, (bekannt auch als) al-Manṭūrāt wa-ᶜuyūn al-masāʾil al-muhimmāt, Beirut 1408/²1988, S. 96; Übersetzung H. Preißler.

Eine Eheurkunde aus Ägypten

Im Namen Gottes, des Barmherzigen, Gütigen! Lob sei Gott allein, Gott segne unsern Herrn Muhammad, seinen Propheten, und dessen Familie und spende (ihnen) Heil!

Lob sei Gott, der die Ehe gemäß den Entscheidungen und Vorschriften des erhabenen Gesetzes erlaubt hat, der dem, den er recht leitet, dazu verhilft, sich an ihr Erlaubtes zu halten und ihr Verbotenes zu meiden, und sie zu einer Zierde für den Glauben und den Islam des frommen Mannes gemacht hat!

Preis sei dem, der sie (die Ehe) für seine redlichen Diener einen Schutz gegen das Laster und ein Abwehrmittel (gegen die Sünde) sein läßt und die Gläubigen dazu aufmuntert, um sie (die Gläubigen) dadurch von jeglicher Stumpfheit rein zu halten! So spricht Er – Er ist der wahrhaftigste Sprecher – in Seinem erlauchten Buche (Koran 24:32): »Verheiratet die Ledigen unter euch und eure redlichen Knechte und Mägde; wenn sie arm sind, so wird Gott sie aus seinem Überfluß reich machen, denn Gott ist allumfassend und wissend!« Zu Gottes früherem Ratschluß und seiner angemessenen Vorherbestimmung gehört (auch) das, was wir auch aus dieser Urkunde vorlesen werden – Gott verhilft zum Rechten und verfügt das Gute in jeder Hinsicht; möge Gott diesbezüglich viel Gutes verfügen durch seine Barmherzigkeit und das Glück seiner Belohnung! – nämlich:

Im Namen Gottes, des Barmherzigen, Gütigen! Meine Hilfe beruht nur auf Gott, auf ihn habe ich mein Vertrauen gesetzt, und zu ihm kehre ich reuig zurück!

Dies ist, was der Kaufmann Isa Ibn Abi'l-Fadl Ibn Machluf für die jungfräuliche, volljährige Chiba, Tochter des Chalifa Ibn Thabit Ibn Suraqa aus al-Bahnasa, als Ehegeschenk bestimmt und wofür er sie geheiratet hat:

Er hat ihr als Ehegeschenk bestimmt mit Gottes des Gepriesenen Segen, Hilfe und schönem Beistand von vollgewichtigem, gutem ägyptischem Goldgeld 35 Dinar. Davon hat er bar an sie vor dem Vollzug der Ehe mit ihr zehn Dinar bezahlt. Ihr Vater Chalifa Ibn Thabit hat dies beim Abschluß ihres Ehevertrages als ihr Eigentum von ihm empfangen, er ist verpflichtet, es ihr auszuhändigen, und hat für sie diesbezüglich die Vindikationshaftung übernommen. Es stehen also von ihrem zu seinen Lasten festgesetzten Ehegeschenk noch 25 Dinar aus, deren (Begleichung) ihm die Gattin gestundet hat mit der Maßgabe, daß er sie ratenweise in den nächsten zwölf aufeinanderfolgenden vollen Jahren und sechs aufeinanderfolgenden vollen Monaten abzahlen soll, beginnend mit dem Datum dieser Urkunde; die Raten eines jeden Jahres sind (jeweils) an seinem Ende fällig, und zwar zwei Dinar in Reinmetall. Es obliegt ihm, Gott – mächtig und erhaben ist Er! – demgemäß ihr gegenüber zu fürchten und den Umgang mit ihr schön zu gestalten, so wie es Gott der Gepriesene in seinem erlauchten Buche und die Handlungsweise unseres Herrn Muhammad – Gott segne ihn und spende (ihm) Heil – vorgeschrieben haben. Dasselbe ist sie ihm gegenüber schuldig, doch (steht er) noch eine Stufe höher, wie Gott der Gepriesene sagt (Koran 2:228): »Die Männer aber haben vor ihnen eine Rangstufe voraus, und Gott ist allmächtig, allweise!« Ihr Vater, der Stoffhändler Chalifa Ibn Thabit, ist demgemäß als Muntwalt bei ihrer Trauung mit ihm aufgetreten und hat den Vertrag über ihre Ehe mit ihm abgeschlossen, mit dem Recht seiner väterlichen und seiner Muntwalt über sie, nachdem er sie in dieser Sache um Erlaubnis gefragt und sie ihm die Erlaubnis zum Vertragsabschluß auf Grund des erwähnten Ehegeschenks erteilt und sich (damit) einverstanden (erklärt) hatte. Sein Erlaubnisgesuch an sie und ihre Erlaubniserteilung an ihn sowie ihre Einverständniserklärung fanden statt in Gegenwart von zwei freien, muslimischen, volljährigen, im Besitz ihrer Verstandeskräfte befindlichen Männern, nämlich Ali Ibn Ma'ruf aus Alexandria und Ali Ibn Sa'ad Ibn Imran. Sie beide kennen sie und bezeugen beide, daß sie jungfräulich, volljährig, frei ... (ist).[1]

Nun hat dieser als Muntwalt auftretende Vater sie dem Gatten in die Ehe gegeben auf Grund des erwähnten Ehegeschenkes, des bar gezahlten wie des gestundeten, und der Gatte hat auf Grund dessen von ihm die Ehe mit ihr für sich angenommen. Es haben Zeugnis abgelegt für den als Muntwalt auftretenden Vater und die beiden Ehegatten, die in dieser Urkunde genannt sind und anerkennen, was sich darin auf sie bezieht, als zwölf Nächte

---

1 Lücke im Original

vergangen waren vom Djumada I des Jahres 604 (4. Dezember 1207), (folgende sechs Zeugen) …

Diese auf Leinen geschriebene Urkunde stammt aus dem oberägyptischen al-Bahnasa aus der Zeit des Bruders von Saladin al-Malik al-Adil Saif ad-Din (bei den Kreuzfahrern Saphadin, gest. 1218). Es ist einer der wenigen fast vollständig erhaltenen Eheverträge, zu dem zwei Ergänzungen vom März 1220 und März 1222 gehören. Das erste Ergänzungsdokument belegt, daß der Ehemann dem Vater der Frau die ausstehenden 25 Dinar bezahlt hat. Das zweite, allerdings sehr lückenhaft, enthält den Eid der Frau, daß ihr der Rest des Ehegeschenkes zusteht, d. h., ihr Vater hat ihn offensichtlich nicht an sie ausgezahlt.

Dietrich, A., Eine arabische Eheurkunde aus der Aiyubidenzeit, in: Fück, J. W. (Red.), Documenta Islamica Inedita, Berlin 1952, S. 129–131 (arabischer Text: S. 125–127).

Eheregeln

Nach Abu Sa'id al-Chudri wurde folgendes überliefert:
Der Gottesgesandte gab Ali Ibn Abi Talib folgendes Vermächtnis: »Ali! Wenn die Braut in dein Haus geführt wird, ziehe ihr die Pantoffeln aus, wenn sie sich setzt, und wasche ihr die Füße! Gieß Wasser von der Tür deines Hauses bis zu seinem hintersten Teil, denn wenn du das tust, vertreibt Gott aus deinem Haus 70 000 Arten von Armut, bringt in dein Haus 70 000 Arten von Reichtum und 70 000 Arten von Segen und schickt auf dich 70 000 Gnadenbeweise herab, die über dem Haupt deiner Braut schweben, bis ihr Segen jede Ecke deines Hauses erfaßt hat. So ist deine Frau vor Besessenheit, Elephantiasis und Lepra sicher, solange sie in deinem Haus ist. Verbiete der Braut in ihrer Woche die vier: Milch, Essig, Koriander und saure Äpfel!« Ali fragte: »Gottesgesandter! Weshalb soll ich ihr diese vier Dinge verbieten?« »Weil diese vier den Mutterleib unfruchtbar und frigide machen. Die Matte in der Ecke des Hauses aber ist besser als eine Frau, die keine Kinder gebiert.«
Dann fuhr er fort:
»Ali! Wohne deiner Frau nicht am Anfang, in der Mitte und am Ende des Monats bei, denn Besessenheit, Elephantiasis und gei-

stige Verwirrung werden sie und ihr Kind dann schnell ergreifen!
Ali! Wohne deiner Frau nicht nach dem Mittagsgebet bei, denn
wenn euch beiden dann ein Kind beschieden ist, schielt es. Der
Teufel aber freut sich über schielende Menschen.

Ali! Sprich beim Beischlaf nicht, denn wenn euch beiden dann
ein Kind beschieden ist, kann es stumm werden! Niemand darf
die Scham seiner Frau ansehen. Er soll beim Beischlaf den Blick
abwenden, denn der Blick auf die weibliche Scham kann Blind-
heit beim Kind vererben.

Ali! Wohne deiner Frau nicht mit der Begierde nach einer
anderen bei, denn ich fürchte, wenn euch beiden dann ein Kind
beschieden ist, wird es zweigeschlechtig, verweiblicht und geistig
verwirrt sein! Ali! Wer mit seiner Frau im Zustand ritueller
Unreinheit auf dem Lager liegt, darf den Koran nicht lesen, denn
ich fürchte, daß Feuer vom Himmel auf beide herabfällt und sie
verbrennt! ...

Ali! Wohne deiner Frau nicht im Stehen bei, denn das tun nur
die Esel! Wenn euch beiden dann ein Kind beschieden ist, wird es
das Lager benässen, wie es Esel tun, die überall hinpinkeln.

Ali! Wohne deiner Frau nicht in der Nacht zum Fest des Fastenbrechens bei, denn wenn euch beiden dann ein Kind beschieden
ist, wird es nur viel Übel bringen!

Ali! Wohne deiner Frau nicht in der Nacht zum Schlachtopfer-
fest bei, denn wenn euch beiden dann ein Kind beschieden ist,
wird es sechs oder vier Finger haben!

Ali! Wohne deiner Frau nicht unter einem fruchttragenden
Baum bei, denn wenn euch beiden dann ein Kind beschieden ist,
wird es ein Schlächter, Mörder oder Wahrsager sein!

Ali! Wohne deiner Frau nicht unter der Sonne und ihren Strahlen bei, ohne einen Schleier herabzulassen, der euch beide verhüllt, denn wenn euch beiden dann ein Kind beschieden ist, wird
es in Elend und Armut sein, bis es stirbt!

Ali! Wohne deiner Frau nicht zwischen dem Gebetsruf und
dem Aufstellen zum Gebet bei, denn wenn euch beiden dann ein
Kind beschieden wird, wird es darauf bedacht sein, Blut zu ver-
gießen!

Ali! Wenn deine Frau schwanger ist, wohne ihr nur im Zustand
der rituellen Reinheit bei. Bist du aber unrein und euch beiden

wird dann ein Kind beschieden, wird es im Herzen blind und geizig sein! ...

Ali! Wohne deiner Frau nicht auf den Dächern des Hauses bei, denn wenn euch beiden dann ein Kind beschieden ist, wird es ein Heuchler, Augendiener und Neuerungssüchtiger sein!

Ali! Wenn du dich auf eine Reise begibst, wohne deiner Frau in der Nacht nicht bei, denn wenn euch beiden dann ein Kind beschieden ist, wird es sein Geld zu Unrecht vergeuden. Der Gottesgesandte rezitierte: Die Verschwender sind die Brüder der Teufel ...

Ali! Halte dich an den Beischlaf in der Montagnacht, denn wenn euch beiden dann ein Kind beschieden ist, wird es Gottes Buch auswendig lernen und mit dem zufrieden sein, was Gott ihm zumißt!

Ali! Wenn du deiner Frau in der Dienstagnacht beiwohnst und euch beiden dann ein Kind beschieden ist, wird es das Zeugnis nach dem Zeugnis ›Es gibt keine Gottheit außer Gott, und Muhammad ist Gottes Gesandter‹ erhalten, Gott wird es nicht mit den Polytheisten strafen, es wird guten Mundgeruch, ein barmherziges Herz, eine freigiebige Hand und eine Zunge frei von Verleumdung und Lüge haben.

Ali! Wenn du deiner Frau in der Donnerstagnacht beiwohnst und euch beiden ein Kind beschieden ist, wird es ein Herrscher oder Gelehrter sein.

Ali! Wenn du ihr am Donnerstag, nachdem die Sonne ihren Zenit überschritten hat, beiwohnst und euch beiden dann ein Kind beschieden ist, wird sich der Satan ihm nicht nähern, bis es ergraut, und wird es verständig sein. Gott wird es mit Wohl in der Religion und im Diesseits versehen.

Ali! Wenn du ihr in der Freitagnacht beiwohnst und euch beiden dann ein Kind beschieden ist, wird es ein beredter Prediger sein. Wenn du ihr am Freitag nach dem Nachmittagsgebet beiwohnst und euch beiden dann ein Kind beschieden ist, wird es bekannt, berühmt und gelehrt sein. Wenn du ihr in der Freitagnacht nach dem letzten Abendgebet beiwohnst, dann wird erhofft, daß du ein Kind unter den Heiligen hast, wenn Gott will.

Ali! Wohne deiner Frau nicht in der ersten Stunde der Nacht

bei, denn wenn euch beiden dann ein Kind beschieden ist, könnte es ein Zauberer, der diese Welt dem Jenseits vorzieht, sein.

Ali! Halte dieses mein Vermächtnis, wie ich es von meinem Bruder Djibril bewahrt habe!«

In Gestalt von Überlieferungen wurden Normen und Auffassungen, wie sie seit langem im Nahen Osten verbreitet waren, durch den Islam aufgegriffen und verbreitet. Dazu gehörten auch die Regeln des Ehelebens und Lehren von der Vorbestimmtheit gewisser Handlungen. Dieses angebliche Vermächtnis Muhammads an Ali findet sich in einem ethischen Traktat des bedeutenden schi'itisch-imamitischen Gelehrten Radij ad-Din Abu Nasr at-Tabarsi (gest. 1153).

Radīy ad-Dīn Abū Naṣr al-Ḥasan aṭ-Ṭabarsī ar-Rāzī, Makārim al-aḫlāq, 6. Aufl., Beirut 1392/1972, S. 209–211; Übersetzung H. Preißler.

Die unübertrefflichen Wonnen der Liebe

Wenn einer behauptet, daß die Wonne des Sieges über den im Hinterhalt liegenden Feind schöner sei als die Wonne des Sieges des ganz von Sinnen gekommenen Liebhabers über seine leidenschaftliche Geliebte, so erwidern wir, daß wir schon Edle und Milde, Leute von Macht und Größe gesehen haben, die in ihrer Huld manchmal so großzügig waren und von der Lust der Befriedigung ihres Zornes Abstand nahmen, wobei sie dies als Mehrung des Adels ihrer Seele, des Strebens nach Hohem und der Erhabenheit des Ranges betrachteten und freigiebig das Kostbarste von allem, was sie besaßen, und die wertvollsten Güter opferten, und die sich bisweilen ihrer gesamten Habe entäußerten und einen guten Ruf dem Reichtum und Wohlleben vorzogen, aber wir haben noch nie einen leidenschaftlichen Liebenden gesehen, der gerne bereit gewesen wäre, seine Geliebte zu verlassen ... Wir sahen Männer anderen Männern nur unbedeutende Dinge geben, wenn man diese neben das stellt, was sie den Frauen schenken, und daß sie sich parfümieren, das Haar färben und verändern, die Augenlider schwärzen, sich enthaaren, sich den Bart scheren, ihm die richtige Form geben, sich den Kopf rasieren, ihre Kleider ausbessern und reinigen lassen, darauf achten und

Sorge dafür tragen und daß sie all das auf sich nehmen, geschieht nur für sie (die Frauen), und nur ihretwillen nehmen sie diese Dinge vor. Ja, es ist sogar, daß die hohen Mauern, die starken Tore, die dichten Schleier, die Eunuchen, das Gesinde und die Ammen nur zu ihrem Schutz ausersehen sind und dazu dienen, das Glück, das sie gewähren, zu bewahren.

In der Epistel »Über die Liebesleidenschaft und die Frauen« charakterisiert al-Djahiz die Liebe des Mannes zur Frau als vollkommenstes Glück.

Pellat, Ch., Arabische Geisteswelt, Zürich-Stuttgart 1967, S. 413–414; al-Ǧāḥiẓ, Fī'l-ʿišq wa'n-nisā', in: Rasā'il al-Ǧāḥiẓ, Ed. Beirut 1972, S. 148–149.

Liebesleidenschaft ist mehr als Liebe und Begehren

Ich will dir nun den Ischq (Liebesleidenschaft) beschreiben, damit du die Definition dafür kennenlernst: Er ist eine Krankheit, die die Seele befällt und durch Ansteckung auf den Körper greift, so wie ein angegriffener Körper auf die Seele einwirkt und Erschöpfung und (moralische) Schwäche mit sich bringt. Die Krankheit des Ischq und ihre Verbreitung über den ganzen Leib wird durch den Rang bestimmt, den das Herz unter den Körpergliedern einnimmt, und die Schwierigkeit ihrer Heilung rührt von der Verschiedenheit ihrer Ursachen her. Diese Krankheit setzt sich nämlich aus allen möglichen Arten von Elementen zusammen, wie das Fieber, das aus Kälte und Schleim besteht ...

Was den Ischq anbelangt, so setzt er sich aus Liebesempfindung, Begehren, Gleichartigkeit und Vertrautheit zusammen; er beginnt, steigert sich, hält auf seinem höchsten Grad an und sinkt dann in der Zeit des Überdrusses bis zur gänzlichen Auflösung herab.

Das Wort Hubb (Liebesempfindung) umfaßt die Bedeutung, die damit beschrieben worden ist, und hat keine andere Erklärung, denn man sagt, daß der Mensch Gott liebt, daß Gott den Gläubigen liebt, daß der Vater seinen Sohn liebt, daß der Sohn seinen Vater liebt und daß man seinen Freund, sein Land und sein Volk liebt ... Der Hubb ist lediglich der Anfang des Ischq, dann folgt ihm der Hawa (Begehren), der bald der Wahrheit und Erfahrung entspricht, bald aber von beiden abweicht ...

Es kann auch sein, daß Hubb und Hawa vereinigt sind, ohne jedoch zu bilden, was man Ischq nennt: dieses doppelte Empfinden kann ein Kind, einen Freund, ein Land, eine Art Kleidung, Mobiliar oder Reittiere zum Gegenstand haben, aber man hat niemals gesehen, daß einer davon aus Liebe (Hubb) zu seinem Sohn oder zu seinem Land an seinem Körper siech wird oder seinen Verstand verliert, wenn er auch bei der Trennung von Schmerz betroffen und verzehrt wird ... Man weiß, daß, wenn zu Hubb und Hawa die Gleichartigkeit – ich meine damit die natürliche Gleichartigkeit – hinzukommt, das heißt die Liebe der Männer zu den Frauen und die Liebe der Frauen zu den Männern, die allen Männchen und Weibchen von den Tieren innewohnt, dann der wahre Ischq eintritt ...

Ferner sieht man, daß der Ischq bei der ersten Begegnung noch nicht fest und dauerhaft geworden ist. Die Vertrautheit muß ihn erst binden und die Beharrlichkeit ihn im Herzen einpflanzen ... Weiterhin vermehrt ihn die Seltenheit des Sichsehens und entzündet sein Feuer, und die Trennung entfacht ihn, so daß der Verstand verstört wird, der Körper abmagert, das Herz von allem Nützlichen abgelenkt wird und das Traumbild des geliebten Wesens beständig vor dem Auge des Liebenden steht, sein Denken einnimmt und ihm in jeder Lage in den Sinn kommt. Dauert aber die Zeit lange und vergehen viele Tage darüber, so nimmt der Ischq während der Trennung ab und schwindet, wenn sie sich in die Länge zieht, dahin, wenn auch die Spuren seiner Wunden und Narben kaum verwischt und seine Eindrücke nicht getilgt werden.

Desgleichen beschleunigt die Gewinnung des geliebten Wesens die Auflösung des Ischq ...

Selten pflegt der Ischq zwischen zweien gleich (stark) zu sein, die nicht durch Ähnlichkeit, körperliche Konstitution, innere Veranlagung, geistvolle Art, Neigung und Charakter zusammenpassen. Wenn man daher sieht, wie sich ein schöner Mann in eine häßliche Frau oder ein häßlicher Mann in eine schöne Frau verliebt und wie jemand das Häßliche dem Schönen vorzieht und eine andere Wahl nicht für möglich hält, so bilden wir uns ein, daß hier ein Fehlurteil vorliege, in Wirklichkeit aber geschieht die Wahl auf Grund der gegenseitigen Erkenntnis der Seelen und der Harmonie der Herzen.

Trotz ihrer vielen Vorzüge und des Glücks, das man bei ihnen fühlt, ist der Ischq, den die Sängersklavinnen hervorrufen, von Übel, weil sie für den Mann Vergnügen in sich vereinen, die sich in etwas anderem auf der Erde nicht finden ...

(Denn bei Begegnungen mit Sängersklavinnen) nehmen drei von den Sinnen teil, und das Herz wird zum vierten: Für das Auge ist es der Anblick einer schönen und begehrenswerten Sklavin, denn (gewerbsmäßiges) Geschick und Schönheit finden sich nur selten für den Genuß schwelgender Liebhaber vereinigt, für das Ohr ist es der Anteil dessen, der sich ohne anderweitige Belästigung nur an der Musik des Instrumentes ergötzt, und für den Tastsinn ist es die Begierde und das Verlangen nach geschlechtlicher Vereinigung. Alle Sinne sind aber wiederum Kundschafter und Zeugen für das Herz ... Somit liegt im Umgang mit Sängersklavinnen die größte Versuchung, denn wenn schon in der Tradition überliefert wird: »Hütet euch vor dem Blick! Er sät Begierde in das Herz, und das genügt dem Betreffenden zur Verführung«, wie steht es dann erst um den Blick und die Begierde, wenn sie das Anhören (von Musik) begleiten und Liebeständelei einschließen?

Nicht zufällig behandelt al-Djahiz die Liebesleidenschaft in der Epistel »über die Sängersklavinnen«, kannte er doch viele städtische Gepflogenheiten, wo Leidenschaft selten etwas mit Ehe zu tun hatte.

Pellat, Ch., Arabische Geisteswelt, Zürich-Stuttgart 1967, S. 422–426; al-Ġāḥiz, Risālat al-qiyān, in: Āṯār al-Ġāḥiz, Ed. ᶜU. Abū'n-Naṣr, (Beirut) 1969, S. 84–88.

Gesangssklavinnen – schöne Fallen des Teufels

Die Sängersklavin meint es fast nie aufrichtig mit ihrer Zuneigung und kennt keine Treue in ihrer Liebe, weil sie dazu erzogen wurde und von Natur aus dafür geschaffen ist, den Männern Netze zu legen und Fallen zu stellen, damit sie in ihre Schlingen geraten.

Wenn sie ein Bewunderer ansieht, wirft sie ihm verstohlene Blicke zu, betört ihn mit ihrem Lächeln, sagt ihm durch Gedichte, die sie vorsingt, Liebesworte, ist darauf erpicht, seinen Anträgen zu entsprechen, trinkt munter und zeigt ihr Verlangen nach einem ausgedehnten Verweilen, ihre Sehnsucht nach seiner schnellen Rückkehr und ihre Trauer über seinen Weggang. Und merkt sie dann, daß ihr Zauber ihn verwandelt hat und er in ihr Netz getreten ist, so geht sie über das, womit sie begonnen hat, noch hinaus und macht ihn glauben, daß ihre Zuneigung zu ihm noch größer sei als die, die er für sie empfindet. Sie schreibt ihm Briefe, in denen sie ihm ihr Liebesleid klagt und ihm schwört, daß sie das Tintenfaß mit ihren Tränen angefüllt und das Papier mit ihrem Speichel befeuchtet habe, daß er bei Tag und Nacht ihre Sorge und ihr Kummer in ihrem Denken und in ihrem Herzen sei, daß sie keinen anderen wolle, daß sie keinen seiner Liebe vorziehe, daß sie nicht die Absicht habe, sich von ihm abzuwenden, und daß sie ihn nicht wegen seines Geldes, sondern um seiner selbst willen wolle. Darauf legt sie den Brief in ein sechsfach zusammengefaltetes Pergamentblatt, versiegelt es mit Safran und umschnürt es mit einem Stück von einer Saite.

Sie enthüllt sein Geheimnis vor ihren Herren, damit der Verblendete noch fester an sie gebunden werde, und drängt darauf, daß er ihr antworte. Wenn er ihr Schreiben erwidert, gibt sie vor, daß seine Antwort ihr Trost sei und der Brief ihr die Gegenwart des Geliebten ersetze, ... und singt dann diese Verse:
Der Brief des Geliebten ist mein Vertrauter; bald ist er mein Gesprächspartner, bald meine duftende Pflanze.
Der Anfang des Briefes macht mich lachen, doch das, was nachher kommt, bringt mich zum Weinen.

Sie wirft ihm Vergehen vor, ist eifersüchtig auf seine Gattin, untersagt ihm, ihre Freundinnen zu betrachten, läßt ihn die Hälfte ihres Bechers trinken, liebkost ihn mit dem Apfel, in den sie gebissen hat, schenkt ihm etwas von ihrem Basilienkraut und gibt ihm bei seinem Weggang eine ihrer Haarlocken, ein Stück ihres Schleiers und einen Splitter des Stäbchens, mit dem sie die Saiten anschlägt, mit. Anläßlich des Nauruz[1] widmet sie ihm eine

---

1 persisches Frühjahrsfest

Hosenschnur und Zuckerwerk und zum Mihradjan[2] einen Siegelring und Äpfel. In ihren Ring läßt sie seinen Namen eingravieren, und sein Name ist es auch, der ihr bei einem Fehltritt über die Lippen kommt. Wenn sie ihn sieht, singt sie ihm diesen Vers:
Das Schauen des Geliebten bedeutet für den Liebenden Glückse-
  ligkeit,
doch die Abkehr des Geliebten ist für ihn eine große Gefahr.

Dann benachrichtigt sie ihn, daß sie vor Sehnsucht nach ihm nicht schlafen könne, vor Gemütserregung keine Speisen mehr genieße, während seiner Abwesenheit beständig weine, daß sie seiner nicht gedenke, ohne betrübt zu sein, daß sie seinen Namen nicht anrufe, ohne in Schrecken zu geraten, und daß sie schon ein Fläschchen mit um ihn vergossenen Tränen gefüllt habe …

Bisweilen kommt es vor, daß dieses Spiel sie zur Wirklichkeit hinführt und sie mit ihrem Freund die Prüfung teilt, so daß sie in sein Haus geht, um ihm einen Kuß und was darüber hinaus ist zu ermöglichen und sich ihm hinzugeben, falls er dies von ihr für erlaubt hält.

Manchmal verleugnet sie auch ihr Gewerbe, damit sie ihm billiger komme, oder gibt ihren Herren gegenüber eine Krankheit vor und verlangt von ihren Besitzern, wieder verkauft zu werden, oder erhebt aus Mitleid mit ihm unberechtigten Anspruch, eine Freie zu sein, damit er sie besitzen könne, ohne sich durch einen hohen Preis für sie zu ruinieren. Dies tut sie besonders dann, wenn sie einem begegnet, der angenehm von Charakter, gewandt in den Umgangsformen, gefällig in der Sprache, scharf von Verstand, fein im Empfinden und liebenswürdig im Wesen ist; sollte er gar Verse machen, sie vortragen und singen können, so würde er noch höher in ihrer Gunst stehen.

Meistens aber fehlt es ihr an treuer Gesinnung, und sie treibt ein falsches Spiel und wendet List an, um alles, was ihr Liebhaber besitzt, herauszuholen und ihn dann zu verlassen.

Zuweilen sammelt sie sogar drei oder vier Verehrer um sich, obwohl diese ein solches Zusammentreffen zu vermeiden suchen und bei einer Begegnung aufeinander eifersüchtig sind. Die Sän-

---

2 persisches Winterfest

gerin jedoch weint mit einem Auge für den einen, lacht mit dem anderen für den zweiten und zwinkert dem dritten damit zu. Dem einen gibt sie ihre geheimsten Gedanken preis, mit dem anderen spricht sie in aller Öffentlichkeit und macht jeden glauben, daß sie ausschließlich ihm gehöre und daß das, was nach außen hin sichtbar ist, im Gegensatz zu ihrem Inneren stehe. Nach ihrem Weggang schreibt sie ihnen Briefe des gleichen Inhalts, um jedem einzelnen von ihnen zu erzählen, daß sie der anderen überdrüssig sei und danach begehre, ohne die anderen mit ihm allein zu sein.

Besäße der Teufel keine anderen Fallen, um damit zu töten, kein anderes Banner, zu dem er rufen könnte, und keine andere Versuchung zum Verführen als Sängersklavinnen, so würde ihm das vollkommen genügen.

Dies soll aber kein Tadel gegen sie sein, sondern im Gegenteil ein hohes Lob. Heißt es doch in einer Überlieferung: »Die besten von euren Frauen sind die, die sich auf Zauber und Verführung verstehen«, und weder Harut und Marut[3] noch der Stab des Mose noch die Magie Pharaos[4] mögen das bewirken, was die Sängersklavinnen fertigbringen.

Pellat, Ch., Arabische Geisteswelt, Zürich-Stuttgart 1967, S. 427–430; al-Ǧāḥiẓ, Risālat al-qiyān, in: Āṯār al-Ǧāḥiẓ, Ed. ᶜU. Abū'n-Naṣr, (Beirut) 1969, S. 88–91.

Das schlank-stramme Frauenideal

Ich habe bemerkt, daß die meisten Menschen, die Einblick in das Wesen der Frauen haben und gute Kenner dieser Materie sind, der Madjdula den Vorzug geben. Die Madjdula unter den Frauen steht in der Mitte zwischen der Dicken und der Dürren. Ihre Figur muß vortrefflich und wohlgeformt sein, ihre Schultern müssen ebenmäßig und ihr Rücken muß gerade sein. Die Bedeckung der Knochen soll so sein, daß sie zwischen Wohlbeleibtheit und

---

3 nach dem Koran 2:96 zwei gefallene Engel, die nach Babel verdammt
  wurden und dort Zauberei lehrten
4 Verweis auf die Geschichte von Moses bei Pharao, Koran 7:101 ff.

Magerkeit die Waage hält. Wenn man von einer Madjdula spricht, so meint man damit einen sehnigen und festen Körper ohne schlaffes Fleisch und versteht darunter, daß eine Frau frei von zusätzlichem und überflüssigem Fett ist ... Der gleichmäßige, wiegende Gang ist das Schönste an einer Frau, aber eine Dicke, Korpulente und eine, die zuviel Fleisch an sich hat, kann nicht so gehen. Die Madjdula ist indessen meist schlank, durch diese Eigenschaft ist sie auch am bekanntesten, und deswegen wird sie den korpulenten Dicken und den mageren Dürren vorgezogen ...

In der Prosa wird die Madjdula folgendermaßen beschrieben: Der obere Teil ihres Körpers ist eine Gerte und sein unterer Teil ein Sandhügel.

Pellat, Ch., Arabische Geisteswelt, Zürich-Stuttgart 1967, S. 416–417; al-Ǧāḥiẓ, an-Nisāʾ, in: Āṯār al-Ǧāḥiẓ, Ed. ʿU. Abūʾn-Naṣr, (Beirut) 1969, S. 111–112.

Was eine schöne Frau auszeichnet

Es ist erforderlich, daß die Rundungen des Kopfes gleich- und ebenmäßig sind und der Wuchs aufrecht und sehr ebenmäßig ist, weder stark ausgezehrt noch stark verfettet, daß das Fleisch fest, die Hautfarbe weiß und sichtbar gerötet ist und die Gliedmaßen schön und feucht sind. Sie soll liebenswürdig sein und dichtes Haar haben, da das Haar die Ergänzung des Gesichtes ist. Das Gesicht soll hübsch und das Lachen wohltönend sein, denn es ist das erste, durch das eine Frau die Liebe ihres Mannes erweckt. Das Auge soll schwarz, der Vorderzahn gespalten und die Augenbrauen sollen schön gewölbt sein. Das Hinterteil soll (beim Gehen) heftig bewegt werden. Ihre Redeweise soll angenehm und sie selbst huldvoll sein. Ihre Knochen sollen nicht zu sehen sein, sie soll keine mageren Stellen haben, und ihre Augen sollen nicht hervortreten.

Die Banu Schaiban waren sich darüber einig, daß Umm Ajas, die Tochter des Muhkam asch-Schaibani, die Schönste aller Frauen war. Es gab keine Frau, die äußerlich so schön war und einen solchen Körperbau hatte wie sie ...

(Eine Haushälterin namens Assam, die Harith Ibn Umar al-

Kindi[1] zum Besuch der Mutter von Umm Ajas geschickt hatte, um die schöne Tochter zu sehen, erzählte:) Die Tochter des Verfluchten hat Haare wie die Schwänze der gelbbraunen Pferde. Wenn sie sie herabhängen läßt, sind sie wie die vom Regen getränkten Traubenbüschel. Aus ihnen senkt sich die Stirn wie ein blanker Spiegel herab und strahlt wie das Leuchten des Radifs[2]. Darunter zwei anmutige Augen, die weder vor dem Jäger noch vor dem Löwen ausweichen. Ihr Weißes ist wie reine Milch und ihr Schwarzes wie die Nacht. Zwischen ihnen liegt eine Nase wie ein geschliffenes Schwert, nicht zu kurz und nicht zu lang. Neben der Nase verbergen sich zwei purpurne Wangen, weiß wie Perlen. Ihr Mund ist wie der Kopf eines Granatapfels. Seine Zähne gleichen aufgereihten Perlen. In ihm bewegt sich eine süße, beredsame Zunge, die von einem sprühenden Geist bewegt wird und schlagfertige Antworten gibt. Davor liegen zwei Lippen (weich) wie Butter. Sie werden von Speichel benetzt, der süß wie Honig ist. Ihr Hals ist zart und glänzend, wie der Hals einer Silberkaraffe, ihr Busen betört jeden, der ihn sieht. Er geht über in wohlgerundete Oberarme, die wie Perlen und Korallen (glänzen). Daran schließen sich zwei Unterarme mit unvergleichlich (schönen) Handgelenken an. An diesen sind zwei Hände mit Fingern, die wie in gediegenes Gold gefaßtes Silber aussehen. Sie hat zwei Brüste wie verborgenes Elfenbein, die durch die Dunkelheit der Nacht voneinander getrennt werden, einen Bauch wie kostbares ägyptisches Leinen, der von diesem umhüllt wird wie eine eingehüllte Schriftrolle. Er endet in einer Taille, die man nur vermuten kann. Wenn nicht Gottes Barmherzigkeit wäre, würde ihr Hinterteil abgetrennt, das sie zum Sitzen bringt, wenn sie steht, und sie drückt, wenn sie schlafen will. Zwei runde Oberschenkel und zwei glatte Beine tragen sie. Das alles halten zwei feine, stramme und schlanke Füße aufrecht. Gott sei gepriesen! Wie können sie bei ihrer Zierlichkeit die Last des Körpers tragen! Über alledem steht noch ein glorreicher Engel, ich habe seine Schilderung unterlassen, denn Gott kennt seine Angelegenheit.«

---

1 aus dem berühmten, ursprünglich südarabischen Stamm der Banu Kinda
2 ein im Osten aufsteigender Stern

Das Buch der Aufklärung über die Geheimnisse der Eheschließung, des Aš-Šīrāzī, 2. Teil, Edition und Übersetzung v. K. Amdja, Dissertation Erlangen-Nürnberg 1976, S. 5–7 (arabischer Text: S. 6–10).

Eine schlagfertige Bagdader Schöne

Abu Ali Ibn Djumhur, ein reicher Kaufmann, erhielt einmal an einem Wintertag Besuch von einem unbemittelten Bagdader Jüngling, der kein Obergewand, sondern nur ein Unterkleid anhatte. Der Hausherr nötigte ihn zu bleiben, bis sein Mädchen singen werde. Da man bereits gespeist hatte, drängte er ihn, sich bewirten zu lassen, doch obwohl er vor Hunger schier verging, lehnte er es ab, etwas zu essen, indem er sich zierte und mit seinem Getue die Blicke des Mädchens auf sich zu lenken suchte. Als er schließlich anfing, süßen Wein zu trinken, wurde er bald benebelt, und die Welt mit ihrem Licht verdüsterte sich vor seinen Augen. Nun schritt er auf eine im Zimmer stehende Rose zu, die er gierig verzehrte. Das Mädchen beobachtete sein Tun, und da sie erkannte, was in ihm vorging, raunte sie ihrem Herrn über den Rand des Tamburins zu: »Du mußt um Gottes willen für diesen Jüngling etwas zu essen kommen lassen, denn sonst besteht am Ende das, was sein Körper von sich gibt, aus Rosen und Honig.« Als der Jüngling vollends betrunken war, fing er an, vor Kälte zu zittern und mit den Zähnen zu klappern, war er doch nur mit einem dünnen Leinenhemd bekleidet. In dieser Not jammerte er das Mädchen an: »Ich brenne darauf, dich umarmen zu dürfen.« »Wenn du armer Schlucker noch bei Verstand wärest«, gab sie ihm zur Antwort, »dann erschiene es dir nötig, statt meiner ein Obergewand zu umarmen.«

Da ging der Jüngling seiner Wege mit einem Herzen voll heißer Liebe zu dem Mädchen. In der Folge schickte er sich an, durch Botschaften und Briefe um ihre Gunst zu werben. Das Mädchen aber war ein Bagdader Kind, das nur Äußerlichkeiten und Geld zu schätzen wußte. So begann er, ihr in seinen Briefchen seine Liebe mit all ihren Feinheiten zu schildern, beteuerte ihr, daß er die Nächte schlaflos verbrächte, in glühenden Pfannen ringsum geröstet werde, Speise und Trank von sich weise, und was es sonst an leerem und völlig unnützem Gerede gibt. Als er sie dennoch nicht für sich gewinnen konnte und alle Hoffnung auf ihre Gunst verloren hatte, schrieb er ihr in einem Briefchen: »Nachdem du mir schon verwehrt hast, dich zu besuchen oder dich um einen Besuch bei mir bitten zu dürfen, flehe ich dich an, dein Traumbild zu beschwören, an mein nächtliches Lager zu treten und meines Herzens Glut zu lindern.« Da gab das Mädchen seiner Botin den Auftrag: »Bestelle doch diesem Narren: ›Du Pechvogel, ich werde dir etwas beweisen, was dir bekömmlicher ist als der nächtliche Besuch meines Traumbildes: Schicke mir in einem Papier zwei Dinar, dann komme ich leibhaftig zu dir, und damit Schluß!‹«

Weisweiler, M., Von Kalifen, Spaßmachern und klugen Haremsdamen, Düsseldorf 1963, S. 144–146;
al-Azdī, Muḥammad b. Aḥmad, Ḥikāya Abī’l-Qāsim al-Baġdādī;
Abūl Ḳāsim ein bagdâder Sittenbild, Ed. A. Mez, Heidelberg 1902, S. 72–73.

Trunkenes Gebet

Jahja Ibn Zijad und der Dichter Muti Ibn Ijas kamen einmal mit allen ihren Freunden zu einer mehrtägigen Zecherei zusammen. Als sie eines Nachts betrunken waren, sagte Jahja zu den anderen: »Wehe! Wir haben seit drei Tagen die gesetzlich vorgeschriebenen Gebete nicht verrichtet. Laßt uns darum aufstehen und beten!« Die anderen stimmten zu, und nun erhob sich Muti und sprach die im Ritual vorgeschriebene erste und zweite Aufforderung zum Gebet. Dann fragten sie: »Wer soll der Vordermann unter den Betern sein?« Weil keiner von ihnen dies sein wollte, bat Muti die in der Tafelrunde anwesende Sängerin: »Stelle du dich an die Spitze und verrichte das Gebet mit uns!« Da nahm die Sängerin den vordersten Platz ein und betete mit ihnen, ohne Hosen und nur mit einem dünnen, lieblich duftenden Hemdchen bekleidet. Als sie nun während des Gebetes in der vorgeschriebenen Weise den Boden mit der Stirn berührte, schimmert ihr süßes Geheimnis durch. Da sprang Muti hoch, während sie noch auf den Knien lag, deckte es vollends auf, küßte es, unterbrach sein Gebet und sprach sodann:

Kauernd gab sie ihr Geheimstes
Meiner Blicke Neugier preis.
Wie die Kahlen ihre Blöße
Hüten, zeigt sie's nicht mit Fleiß.
Betend sank ich vor ihm nieder,
Küßte es in heilger Glut,
Wie, die Stirn zur Erde neigend,
Jeder fromme Beter tut.

Da brachen alle ihr Gebet ab, lachten und fingen aus neue an zu
zechen.

In dem umfangreichen »Buch der Lieder« hielt Abu'l-Faradj al-Isfahani
(897–967) auch Geschichten und Anekdoten über berühmte Künstler
fest, die aus heute verlorenen Werken stammten.

Weisweiler, M., Von Kalifen, Spaßmachern und klugen Haremsdamen,
Düsseldorf 1963, S. 72–73;
    Abū'l-Farağ al-Iṣfahānī, Kitāb al-Aġānī, Kairo 1927–1959, Bd. XIII,
S. 326.

Lob der Knabenmädchen

Hier hast du Gestalten, weiblich im Benehmen, aber in der Klei-
    dung der Männer,
Mit bloßen Händen und Füßen, ohne Schmuck an den Ohren und
    um den Hals.
Sie sind schlank wie Zügel, Schwertgehänge und Gurte,
Aber haben füllige Hintern in den Tunicas und Dolche an den
    Taillen.
Ihre Locken sind skorpionartig gekrümmt, und die Schnurrbärte
    sind aus Parfüm[1].

Um den Kalifen al-Amin (809–813) von seinen Pagen abzulenken, soll
seine Mutter Mädchen in Knabenkleidung gesteckt haben. Diese Ghula-
miyat (weibliche Form von Ghulam, junger Sklave) waren bei jungen Ari-
stokraten sehr beliebt. Abu Nuwas besang sie in mehreren Gedichten.

---

1 d. h. mit farbigem Parfüm angemalt

Wagner, E., Abū Nuwās, Wiesbaden 1965, S. 177;
Der Diwan des Abū Nuwās, Bd. I, Ed. E. Wagner, Beirut 1958, S. 174–175.

Freuden des Bades

Im Bad wird dir das sonst durch die Hosen Verborgene sichtbar.
Auf zum Betrachten! Gucke nicht mit abgelenkten Augen!
Du siehst einen Podex, der einen Rücken von äußerster Schlank-
heit (durch seine Fülle) in den Schatten stellt.
Sie flüstern sich gegenseitig »Gott ist groß« und »es gibt keinen
Gott außer Allah« zu.
Auf, wie trefflich ist das Bad unter den Orten, die alles deutlich
zeigen,
Auch wenn die Leute mit den Handtüchern einen Teil der
Annehmlichkeiten vergällen.

Wagner, E., Abū Nuwās, Wiesbaden 1965, S. 180;
Hs. Istambul, Fātiḥ 3774, fol. 171a.

Höfische Tändelei

Oh Fauz, kannst du zurückkehren zu dem (Verhältnis), in dem
wir standen, als wir jung waren? ...
Denkst du noch an unser Tändeln im Hause Bakras, wobei wir
voll Furcht und Vorsicht waren?
In trauter Zweisamkeit fütterten wir einander mit unserem Speichel, wie Vögel ihre Jungen atzen.
Oder erinnerst du dich noch, wie ich mich im Morgengrauen verkleidet aufmachte, mit den Pelzen und dem Schleier einer jungen Sklavin angetan?
Da wünschtest du, daß die Nacht andauere und der Tag verginge,
so daß es keinen Tag gäbe.
Liegt darin nicht etwas behütenswertes Heiliges? Pfui über den,
der das beendet oder verrät!

Die Identität seiner Geliebten mit der Anspielung Fauz (»Glück«) verhül-
lend, verfaßte al-Abbas Ibn al-Ahnaf (gest. nach 908), Liebesdichter und

Protegé des Kalifen Harun ar-Raschid, zahlreiche Verse höfischen Liebes-
spiels zwischen Erinnerung und Hoffnung.

Hell, J., Al-ᶜAbbās Ibn al-Aḥnaf, der Minnesänger am Hofe Hārūn ar-
Rašīds, in: Islamica 2 (1926), S. 287;
Dīwān al-ᶜAbbās b. al-Aḥnaf, Ed. ᶜA. al-Ḥazraǧī, Kairo 1954, S. 220.

Liebesgram ziert den Gebildeten

Ein gebildeter Mensch kann gar nicht ohne Liebessehnsucht sein,
er kann und darf sich dem Liebesgram nicht versagen. Denn die
Liebessehnsucht ist – wie sie die Weisen beschrieben haben – eine
erste Tür, durch die der Verstand geläutert und das Gefühl erwei-
tert wird. Sie ergreift ungestüm das Herz und belebt den Verstand. Ja, sie gibt dem Feigen Mut, macht den Geizigen großmütig; dem Stammler, der unfähig ist, sich auszudrücken, löst sie die
Zunge, und dem Schwachen, der sich nicht entschließen kann,
gibt sie Kraft und Stärke ... Ihr beugt sich der Mächtige, ihr
gehorcht der Stolze ...

Die Liebessehnsucht wird bei einem gebildeten Menschen
zuerst dadurch sichtbar, daß sein Körper abmagert. Der Liebende verfällt in dauerndes Kranksein, bekommt eine blasse
Gesichtsfarbe, findet wenig Schlaf, senkt schamhaft den Blick,
geht in Gedanken versunken einher, beginnt, plötzlich und häufig
zu weinen, legt ein demütiges Betragen an den Tag, stöhnt des
öfteren, bekundet heftiges Verlangen, vergießt viele Tränen und
ergeht sich in ständigem Seufzen ...

Wer bei den Beduinen-Arabern liebt, dessen Körper jedoch
nicht abmagert, der sich nicht krank fühlt, in dessen Bewegung
sich keine Niedergeschlagenheit zeigt und in dessen Stimme sich
keine Verzweiflung widerspiegelt, den betrachten sie als einen
verdorbenen Menschen mit einem fehlerhaften Verstand. Ein
solcher Mensch ist bei ihnen weit vom richtigen Verständnis entfernt, ihn kennzeichnet ein totes Herz ...

Bei Madjnun aus dem Stamm der Banu Amir führte die Liebe
so weit, daß er in tiefe Schwermut verfiel und, in Gedanken versunken, geistig abwesend war. Sein Verstand setzte zeitweilig aus.
Häufig redete er irr durcheinander. Er stieg in unwegsame Täler

hinab und erklomm rauhe Berggipfel. Mit bloßen Füßen trat er auf stachligen Bocksdorn und heißen Sand. Ja, er zerriß seine Kleider und spielte wie ein Kind im Sande. Dann warf er mit Steinen, zog sich in die Wüste zurück, sagte sich wie ein wildes Tier von den Menschen los und fand in wilder Einsamkeit eine vertraute Umgebung. So lebte er, als ob er keinen Verstand besäße. Erst wenn der Name Lailas erwähnt wurde, kehrte sein Verstand zurück, erwachte er aus seiner dumpfen Ohnmacht, faßte er wieder klare Gedanken. Wenn er von ihr sprach, waren seine Worte am deutlichsten und vernünftigsten. An sie erinnerte er sich am treuesten mit allen Einzelheiten. Dann war alles, was er sprach, logisch und richtig, kein Mensch konnte etwas an ihm aussetzen. Wenn aber Laila nicht mehr erwähnt wurde, dann fiel er wieder in Schwermut zurück, war wieder geistig abwesend, und sein Verstand setzte von neuem aus.

In der Zeit, als Madjnun zum ersten Mal in Schwermut verfiel, soll man – wie berichtet wird – zu seinem Vater folgendes gesagt haben: »Du müßtest Qais (Madjnun) mit auf die Wallfahrt nehmen und ihn an der Kaaba sagen lassen: ›Oh mein Gott! Gib mir Ruhe vor der Liebe zu Laila!‹ Vielleicht gibt ihm Allah tatsächlich Ruhe.« Der Vater befolgte diesen Rat, und als er den Tawaf um die Kaaba ausführte, berührte er den Vorhang der Kaaba und befahl ihm zu sagen: »Oh mein Gott! Gib mir Ruhe vor der Liebe zu Laila!« Madjnun aber sagte: »Oh mein Gott! Vermehre meine Liebe zu Laila, laß mich ihr Gesicht in aller Reinheit sehen!« …

Einmal nächtigte Madjnun während der Pilgerfahrt unter einem Baum. Da wurde er durch den Ruf einer Taube geweckt. Sofort sprach er die folgenden Verse:

Im Dunkel der Nacht rief eine Taube
von einem Zweig, sie rief und klagte.
Ich aber war in Schlaf verstrickt.
Verzeih mir, sprach ich, diese Sünde,
ich bin, bei meinem Herzen, wohl zu tadeln.
Für diesen Fehltritt, wie ich seh.
Wie kann ich denn behaupten, daß ich Laila liebe,
wo ich nicht weine, wenn die Taube klagend weint?
Ich habe gelogen. Bei Allahs Heiligtum!
Wenn ich tatsächlich lieben würde,

wär keine Taube mir mit ihrem Klagen,
ihrem Weinen, je zuvorgekommen.

Madjnun Laila, der aus Liebe zu Laila »wahnsinnig Gewordene«, war der
Ehrenname des legendären Qais Ibn al-Mulawwah (gest. um 700) von den
Banu Amir. Seine unerfüllte Leidenschaft für eine einzige unerreichbare
Frau belegte in der städtischen islamischen Hochkultur beduinisch-
romantische Nostalgie. Seine unsterbliche Liebe fand Eingang in zahlreiche arabische, persische, türkische Romanzen und ist bis heute überaus
populär.

Eine platonisch-udhritische Liebeslegende

(Der berühmte Dichter Djamil vom Stamm der Udhra erzählte
dem Kalifen Abd al-Malik:)
   »Die Familie der Buthaina hatte ihren Wohnsitz gewechselt
und war an einen anderen Weideplatz gezogen. Ich brach eines
Tages auf, um sie aufzusuchen. Da verfehlte ich den Weg, und die
Nacht überraschte mich. Doch bald entdeckte ich den Schein
eines Feuers. Ich ging darauf zu. Als ich näher kam, bemerkte ich
am Fuße eines Berges einen Hirten … Er hieß mich herzlich willkommen, bezeugte mir alle Gastfreundschaft und schlachtete mir
zu Ehren einen Hammel … In der Nacht hörte ich, wie er weinte
und einer anderen Person sein Leid klagte. Ich schloß die ganze
Nacht kein Auge. Am anderen Morgen wollte ich aufbrechen. Er
aber ließ es nicht zu und sagte: ›Gastfreundschaft währt drei
Tage.‹ Und so blieb ich bei ihm. Ich fragte ihn nach seinem
Namen und aus welchem Stamm er sei. Es stellte sich heraus, daß
er auch zum Stamm der Udhra gehörte, und zwar zu einer der
edelsten Familien. Da sagte ich verwundert: ›Das ist seltsam. Wie
kommst du in diese Gegend?‹ Er erzählte es mir und berichtete,
daß er in die Tochter eines seiner Onkel verliebt sei und daß das
Mädchen ihn ebenfalls liebe. Der aber habe sich geweigert, ihn,
der so wenig Vermögen besäße, mit ihr zu verheiraten. Vielmehr
habe er sie mit einem Mann aus dem Stamm der Kilab zusam-
mengegeben, der dann mit ihr in diese Gegend gezogen sei. Er
selbst habe sich verleugnet und sei nun zufrieden, bei diesem
Mann als Viehhirte in Diensten zu sein, um die Tochter seines

Onkels wenigstens sehen zu können. Ja, sie wüßte davon und würde ihn bisweilen ansehen, genauso wie er sie dann erblicken könnte. Darauf begann er sein Mißgeschick zu beklagen und seine heftige Liebe zu beschreiben. So ging die Nacht schnell vorüber, und es kam die Zeit, in der die Frau gewöhnlicherweise zu ihm herauskam. Da hörte der Mann auf zu klagen und wartete gespannt, als ob er jemandem auflauerte …

(Nach Versen voll Liebessehnsucht) sagte der Hirte zu mir: ›Bruder aus dem Stamm der Udhra, ich möchte dich bitten, hier so lange zu warten, bis ich wieder zurück bin. Denn ich habe die böse Ahnung, daß der Tochter meines Onkels etwas zugestoßen ist.‹ Er ging eilig davon und war bald meinen Blicken entschwunden. Es dauerte nicht lange, und er kam zurück. Seine Hände umfaßten Unerkennbares. Laut erhob sich sein Wehklagen, und außer sich rief er mir zu: ›Das, oh Bruder aus dem Stamm der Udhra, ist die Tochter meines Onkels! Sie war auf dem Weg zu mir. Da fiel sie ein Löwe an, der sie gefressen hat.‹ Er legte die Last nieder und sagte: ›Noch einmal möchte ich dich bitten, hierzubleiben, bis ich wiederkomme.‹ Ich hatte die Hoffnung schon aufgegeben, daß er jemals wiederkehre. Da tauchte er plötzlich wieder auf, und siehe da, er hatte das Haupt des Löwen in seinen Händen! …

Dann sagte er, zu mir gewandt: ›Bruder aus dem Stamm der Udhra! Du siehst mich jetzt vor deinen Augen sterben. Wenn ich gestorben bin, so nimm dich meiner und der Tochter meines Onkels an. Lege uns in ein Leichentuch, grabe für uns ein Grab und lege uns zusammen hinein. Dann schreib auf unser Grab die folgenden Verse:

Als wir auf der Erde lebten,
   wie ging es uns so herrlich!
Das Leben brachte uns zusammen,
   uns einte Haus und Heimatland.
Da trennte jäh die Zeit uns schnell,
   zerriß das feste Freundschaftsband.
Und heute sind vereint wir wieder
   in einem Leichentuch im Schoß der Erde.

Außerdem möchte ich dich noch bitten, daß du die Schafe ihrem Besitzer zurückgibst und ihm unsere Geschichte erzählst.‹ Kaum hatte er das gesagt, als er ein Halstuch ergriff und es sich umlegte. Ich wollte ihn, bei Allah, daran hindern, sich etwas anzutun, aber er konnte nicht davon abgehalten werden und erwürgte sich. Tot fiel er zu Boden. Ich senkte ihn und die Tochter seines Onkels in ein Grab, wie er es gewollt hatte, und schrieb die Verse darauf. Dann gab ich die Schafe dem Besitzer zurück und erzählte ihm die Geschichte der beiden. Mit großer Bestürzung nahm er sie zur Kenntnis und bedauerte, daß die beiden zu Lebzeiten nicht hatten zueinanderkommen können.«

»Und mein Stamm sind jene Asra, welche sterben wenn sie lieben« (H. Heine, Der Asra) – zeigt den weiten Einfluß von Liebesgeschichten und -gedichten aus einem Stamme südarabischer Herkunft, den Banu Udhra. Deren Leidenschaft als keusche, unerfüllte Liebe bis zum Tode erfuhr in der islamischen Kultur hohe romantische Würdigung. Ihr bekanntester Liebesdichter war der Erzähler vorliegender Legende, Djamil Ibn Abdallah Ibn Ma'mar (gest. 701), dessen unglückliche Liebe zu Buthaina seine Verse prägte.

Wohin sind die Zeiten wahrer Liebe?

Keinen einzigen von den Arabern[1] haben wir gefunden, der anders (als in keuscher Liebe) gehandelt und nicht danach gestrebt hätte: Vielmehr liebte ein jeder von ihnen von Anfang bis Ende, ohne der lasterhaften Begierde zu erliegen und ohne obszöne Dinge zu erstreben. Was sie begehrten, war weiter nichts als Blicke auszutauschen …

Wenn einer von ihnen seiner Geliebten in wahrer Liebe zugetan war, so trennte er sich nicht eher von ihr, als bis er starb. Es kam ihm überhaupt nicht in den Sinn, sie aus seinem Herzen zu verbannen. Nie blickte er eine andere an, und nur seine Geliebte beschäftigte ihn Tag und Nacht. Und auch sie, die Geliebte, verhielt sich ihm gegenüber so. Wer von den beiden zuerst starb, wußte, daß der andere ihm nachfolgte, meist dadurch, daß er sich selbst tötete, oder dadurch, daß er weiterlebte und dem gegebe-

---

1 in alter beduinischer Tradition

nen Versprechen treu blieb, ihn im Gedächtnis zu behalten und keine neue Verbindung einzugehen. Später aber hielten es die Menschen für gut, Überdruß gegenüber dem oder der Geliebten zu empfinden, einen Ersatz für ihn oder für sie zu suchen, Verrat an der Liebe zu üben und von einer Liebschaft zur anderen überzuwechseln ..., ganz im Sinn der folgenden Verse:

Sei stolz auf den letzten,
      dessen Liebe du genossen hast!
Denn nichts Gutes ist in ihr,
      der Liebe zum ersten Geliebten.
Zweifelst du etwa daran,
      daß der Prophet Muhammad
die Menschheit beherrscht,
      und zwar als letzter der Gesandten?

Ich kann, bei Allah, nichts dafür, daß solche Verse als tiefsinnige Dichtung und derartiges Handeln als besonders klug angesehen werden.

Listen der verschleierten Schönen

Auch vor der List der Haustöchter, der verschleierten Schönen, ist der gebildete und anständige Mann von feiner Lebensart nicht gefeit. Er kann den Ränken auch dieser Frauen nicht entfliehen, die man nicht von Angesicht zu Angesicht sieht, über die man nicht viel spricht, über die man keine Meinung und keinen Verdacht äußert, die aber doch bereit sind, wertvolle Habe für ihren heimlichen Geliebten aufzuwenden, und alles daransetzen, ihm einen Brief zukommen zu lassen und mit ihm zu korrespondieren. Man könnte nun meinen, daß diese Frauen ja verschleiert seien und hinter Schloß und Riegel säßen, daß ihre einzige Freude im Briefeschreiben und ihr einziges Glück im Korrespondieren bestehe, daß sie kein anderes Vergnügen kennten als aus gebührender Entfernung auf den Geliebten blicken, da sie ihn ja nur an Festtagen während ihrer Ausgangszeit treffen könnten. Und doch gehören auch sie zu denjenigen Frauen, die die Liebe auf die leichte Schulter nehmen und mit ihren Geheimnissen dem

Verehrer den Kopf verdrehen, die der Unkundige begehrt und der Leichtsinnige verehrt, auf deren Liebe Jünglinge und unreife Knaben alles setzen und denen nur Dummköpfe aufrichtige Neigung entgegenbringen können. Denn ihre List ist wahrhaftig verborgener als Gedanken und mächtiger als Berggipfel. Ihre Listen lassen sie an Männern aus, ihren Tücken sind selbst Helden nicht gewachsen.

Die Auszüge aus dem »Buch des buntbestickten Kleides« von Ibn al-Waschscha (gest. 936) verdeutlichen Auffassungen, die in der gebildeten und gesitteten Bagdader Gesellschaft am Ende des 9. Jahrhunderts über Frauen und Liebe gepflegt wurden, nicht ohne Nostalgie nach der »guten alten Zeit«.

Ibn al-Waššā', Das Buch des buntbestickten Kleides, aus dem Arabischen übersetzt und herausgegeben von D. Bellmann, 3 Bde., Leipzig-Weimar 1984, Bd. I, S. 82, 84, 86, 89 f., 101 f., 116–119, 139 f.; Bd. II, S. 60 f.; Ibn al-Waššā', Kitāb al-muwaššā, Ed. R. E. Brünnow, Leiden 1886, S. 47 f., 51 f., 57 f., 65–67, 119 f.

Bei Trennung hilft nur eine gleichartige Geliebte

Man sieht das kleine Kind, wie es die Brust seiner Mutter liebt und nicht auf sie verzichten will. Wenn es erwachsen ist, hat es diese jedoch vergessen. Untersucht man die Ursache dieses Vergessens, so findet man, daß ihm während der Entwöhnung die Mutterbrust verweigert wurde und es davon abgelenkt wurde, darüber traurig zu sein. So werden Kindern während der Entwöhnung Zucker, Mandeln und ähnliche Dinge wie Farben, Bilder und aus Kupfer und Holz gefertigte Figuren gegeben. Die Bewunderung für diese Ablenkungen läßt sie das, was sie früher geliebt haben, vergessen. Sie finden an einigen dieser Dinge Gefallen. Wird den Kindern dann eines dieser Dinge, mit denen sie spielen, weggenommen, so weinen sie darüber und sind beunruhigt. Sehen sie dann etwas, was ihnen noch seltsamer und wunderbarer vorkommt und was sie noch schöner als die weggenommenen Sachen finden, so beschäftigen sie sich damit und ertragen den Verlust der ersten. So schreitet es fort von der Liebe zu den kleinen Dingen über die Liebe zu den großen Dingen, bis es schöne Kleidungsstücke und goldene und farbige Gegenstände liebt. In der Reifezeit liebt es dann die schönen Geschöpfe. Zeigt man ihm während der Pubertät, worüber es geweint hat, als es sechs Jahre alt war, so achtet es nicht mehr darauf und empfindet keinen Schmerz. Das weist darauf hin, daß der Liebende, wenn er sich von der Geliebten trennt und nach ihr eine ähnliche nimmt, die erste dann vergißt.

Die Sterndeuter meinen, daß sich die Verbindung der Seelen nach der Gestirnstellung richtet, die beim ersten Zusammentreffen mit dem Geliebten besteht. Sie soll anzeigen, ob die Seelen zueinander passen und miteinander harmonieren. Oft ist die Übereinstimmung nicht festzustellen. Der Grund für die folgenden Verse

Wende dein Herz vor Begehren, wohin du auch willst, nur den ersten Geliebten liebst du wirklich,

ist der, daß manche Liebenden die Trennung vom ersten Geliebten nicht ertragen können. Das ist dann der Fall, wenn die verlassene Geliebte eine junge Frau ist. Der Liebende versucht dann, sie zu vergessen, indem er eine Frau nach der anderen nimmt. Er sucht dann nach Frauen, die sich von ihr in Alter, Schönheit, Fruchtbarkeit und Charakter unterscheiden, und nimmt sich eine nach der anderen, die älter ist als sie. Bei ihnen findet er nicht den Genuß der Liebe, den er bei der jungen Frau hatte. Er nimmt sich der Reihe nach eine Häßliche, eine Abgemagerte, eine Braunhäutige, eine Schmächtige, eine, die Männer haßt, eine Widerspenstige, eine Prostituierte und eine Ordentliche. Immer wenn er Heilung von seiner Krankheit sucht, erinnert ihn deren Unvollkommenheit an die Vollkommenheit seiner ersten Geliebten ... Er sieht, daß es für seine frühere Geliebte keinen Ersatz gibt, so daß seine Verliebtheit noch verstärkt wird. Er hätte aber Vergessen gefunden, wenn er nach einer gleichartigen Geliebten gesucht hätte. Daß die Suche nach einer gleichartigen Geliebten die Überwindung (der Liebeskrankheit) begünstigt, darauf weist auch hin, was die Dichter und andere darüber gesagt haben. Dazu gehört auch, was Abu Sachr al-Hudhali gedichtet hat:

Erscheint ihr Herz, so bringt es Heilung für ein Herz,
welches von dir gefangen ist, wenn es dir an Schönheit,
Schönheit des Halses, an Zurückhaltung, Wohlgeruch und
Augenbemalung ähnelt.

Der Mediziner, Astronom und Mathematiker Abu Nasr as-Samau'al al-
Isra'ili (1125–1180) wirkte in Maragha, Aserbaidschan, und trat dort 1163
vom Judentum zum Islam über.

Kitāb nuzhat al-aṣḥāb fī muᶜāšarat al-aḥbab fī ᶜilm al-bāh (Das Buch der
Unterhaltung der Freunde über den vertrauten Umgang der Liebenden
und der Wissenschaft von der Sexualität) des Abū Naṣr as-Samau'al Ibn
Yaḥyā Ibn ᶜAbbās al-Maġribī al-Isrā'īlī, Zweiter Teil, sechster Abschnitt,
Edition, Übertragung und Bearbeitung des Textes auf der Grundlage der
Handschrift Gotha 2045 unter Hinzuziehung der Handschriften Berlin
6381 und Istanbul (Sehid Ali Pascha) 2145 von K. Hallak, Dissertation
Erlangen-Nürnberg 1974, S. 19–21 (arabischer Text: S. 24–28).

Erfüllte Liebe

Oh Schar der Liebenden, was für eine gute Nachricht! Meine
  Hand hat die, die ich liebe, gewonnen.
Anders als bei euch ist meine Geliebte zu mir gekommen. So wird
  es euch letzten Endes auch einmal gehen!
Ich schloß meine Hände um eine Perle, bei der es keine Teilhaber-
  schaft und keinen Anspruch (eines anderen) gab.
Als ich durch sie von Freude erfüllt war, da warf ich die ganze
  andere Welt von mir.

Wagner, E., Abū-Nuwās, Wiesbaden 1965, S. 328;
Hs. Istanbul, Fātiḥ 3774, fol. 79 b.

X Von den Mühen des Alltags

Arbeit, Familie, Religion, gelegentliche Feste und viele Sorgen prägten den Alltag einfacher Muslime. Nicht wenige zeitgenössische Autoren sahen in ihnen, der großen Bevölkerungsmehrheit, vor allem Werkzeuge der Elite und empfahlen diesen, nach der »goldenen Mitte« zwischen bodenloser Armut und bescheidenem Wohlstand zu streben. Tief verwurzelt war die Auffassung, daß auch der Ärmste Gott für dessen Wohltaten zu danken hatte.

Die Quellen widmeten den Problemen Hunderttausender Stadtbewohner aus unteren Schichten, Zeitzeugen und gelegentliche Akteure zunehmender Erschütterungen im Kalifat, einiges Augenmerk. Sicher erreichte dies nicht das Ausmaß ihres Interesses an Angelegenheiten der politischen und geistigen Führungsschicht, es übertraf jedoch bei weitem dasjenige am weitgehend vernachlässigten Leben der Landbevölkerung.

So klingt in dem parodierenden Gedicht eines anonymen Poeten wie in der Argumentation eines herausragenden Theologen an, daß bei einfachen Leuten Hunger oft zu Gast war. Das Schicksal des blinden Lastträgers oder seltene und deshalb sehr wertvolle Alltagsdokumente erhellen andere Seiten täglichen Lebens.

Die unteren Schichten der bevölkerungsreichen Städte waren am stärksten von Naturkatastrophen, Seuchen und Epidemien, Feuersbrünsten und Mißernten betroffen. Bei solchen Katastrophen, bei Pest und in Erwartung einer neuen Sintflut hatte sich das Vertrauen in Gott zu bewähren, verband sich Schicksalsergebenheit mit Reue über begangene Sünden. Als jedoch deshalb ein Militärführer seiner Einnahmen aus Freudenhäusern verlustig ging, half der Wesir mit einer beträchtlichen Entschädigung.

Bettler und Landstreicher, Räuber, Bittsteller und Schmarotzer mühten sich auf vielfältige Weise um die Verbesserung ihrer materiellen Lage. Sie profitierten von islamischen Auffassungen, welche die Gewährung von Spenden und Almosen als religiös-ver-

dienstlich deklarierten. Dabei wurde auch mit Tricks und phanta-
stischen Geschichten nicht gespart, um Spenden reichlicher fließen
zu lassen. Ein bevorzugtes Ziel für Schmarotzer stellten zum
Markt kommende Bauern dar, denen städtische Literaten meist
Naivität und Einfalt zuschrieben.

Satirische Porträts berühmter Geiziger vermitteln ebenso bemer-
kenswerte Details lebendigen Alltags. Selbst aus der Verwertung
von Müll erschlossen diese Knausrigen profitable Möglichkeiten,
und die scharfe Kritik eines Hauseigentümers an seinen Mietern
trägt über weite Passagen bemerkenswert moderne Züge.

Armut, Reichtum und Tadel des Erblassers

Die Leute sind nun darüber uneins, ob dem Reichtum oder der
Armut der Vorzug zu erteilen sei, obwohl sie darüber übereinstimmen, daß die Armut, welche zur Bedürftigkeit führt, ein
Übel und der Reichtum, welcher zu Übermut führt, ein Schimpf
sei. Manche sprechen sich nun zugunsten des Reichtums aus, weil
der Reiche eine (gewisse) Macht besitze, während hingegen dem
Armen keine solche gegeben sei. Und die Macht sei ja besser als
die Ohnmacht. So denken nun all die, welche der Stimme des
Ruhms und der Ehrsucht folgen. Andere hingegen geben der
Armut vor dem Reichtum den Vorzug, weil der Arme die Welt
läßt, der Reiche jedoch sich in sie verstrickt. Und der Verzicht auf
die Welt sei ja besser, als sich in sie zu verstricken. So denken all
die, denen es um ihr (Seelen-) Heil zu tun ist. Wieder andere sind
freilich der Ansicht, es sei dem (goldenen) Mittelweg der Vorzug
einzuräumen, wenn nämlich der Mensch aus dem Kreise der
Armut heraustrete, um die niedrigste Stufe der Wohlhabenheit zu
erreichen, so daß er damit des Vorzuges der beiden teilhaftig
werde und so von der Unehre der beiden (in ihren extremen Formen) loskomme. Das nun ist die Ansicht derer, welche einer
gewissen Ausgeglichenheit den Vorzug geben. Und das Beste der
Dinge liegt ja auch im (goldenen) Mittelweg ...

Einer der Gründe, um ein Mehr über den (unmittelbaren)
Bedarf hinaus zu suchen, ist für den Betreffenden der, daß er für

seine Kinder Gut aufzuspeichern und es seinen Erben zu hinterlassen sucht, indem er es sich womöglich selbst vom Munde
abspart. Und zwar, weil er für seine Kinder die Mühsal des
Erwerbs bzw. deren Mißerfolg fürchtet. Nun, ein solcher Mensch
lebt elend während seines Sammelns und hat (dereinst) für die
damit verbundene Sünde Rechenschaft abzulegen. Zudem ver-
dient ein solcher aus verschiedenen Gründen Tadel, was ja jedem
Vernünftigen klar ist.

Und zwar erstens deshalb, weil er Gott gegenüber das Mißtrauen hegt, Er nähre sie etwa bloß durch ihn ...

Zweitens aber, weil er damit rechnet, daß dieser Wohlstand
seinen Kindern erhalten bleibe, wo doch die Widerwärtigkeiten
der Zeitläufe (eine solche Rechnung zunichte machen) ...

Drittens aber, weil er sich selbst der Nutzungsmöglichkeiten
seines Besitzes beraubt ...

Viertens aber, weil er sich beim Erwerb seines Besitzes zwar
sattsam abgeplagt und abgerackert hat, nun aber trotzdem
(wegen seines Geizes gegenüber sich selbst) leer ausgeht ...

Fünftens aber, weil er für die bei dem Erwerb von Besitz (unaus-
bleiblichen) Versündigungen zur Strafe gezogen werden wird und
ihm die üblen Konsequenzen in Anrechnung gebracht werden.

Eine verbreitete Sentenz: »Die Menge des Nachlasses läßt die
Erben den Erblasser vergessen.«

Mit dem »goldenen Mittelweg« zwischen Armut und Reichtum vertritt der
Ober-Richter al-Mawardi weithin akzeptierte Vorstellungen der Muslime.
Bemerkenswert ist seine Begründung, warum ein Streben nach Mehr zu-
gunsten der erbenden Kinder Gefahren für den Gläubigen einschließt.

Das kitâb »adab ed-dunjâ wa'ddîn« des Mâwerdî, aus dem Arabischen
übersetzt von O. Rescher, Teil II, Stuttgart 1923, S. 175–176;
al-Mâwardî, Kitāb adab ad-dunyā wa'd-dīn, Ed. A. Ibrāhīm, Beirut 1979,
S. 197–198.

Auch der Allerärmste hat Gott zu danken

Die Mehrzahl der Menschen ist bis auf einige wenige, die Gott in
seine besondere Hut genommen, voll von Charakterfehlern und
Mängeln, die sich in ihrem Benehmen unzweideutig enthüllen.

Sie lästern gerne über ihre Nebenmenschen, und es freut sie, dergleichen mit anzuhören; sie suchen durch kitzlige Fragen gern den andern in Verlegenheit zu bringen und machen, um keine Antwort schuldig bleiben zu müssen, sich eine solche künstlich zurecht; ihre Prediger setzen ihre Taten mit ihren Worten keineswegs in Einklang, und die, denen die Predigt gilt, machen sich ohne Scheu über den Prediger und die Predigt lustig; wer als »verläßlich« gilt, macht sich nichts daraus, gegebenenfalls Verrat zu üben; und wer als »wahrhaftig« gilt, schämt sich nicht, zu schwindeln und zu lügen; Leute, die als Fromme angesehen werden wollen, lassen sich nicht davon zurückhalten, auf der Gottlosen Wege zu wandeln, und Leute, die sich als charaktervoll und zielbewußt betrachten, hängen ihren Mantel nach dem Winde: Was der eine aufbaut, reißt der andere nieder; sie spähen nach allen Gelegenheiten, die der Zeitläufe Wechsel mit sich bringt, traktieren sich gegenseitig mit Tücke und zwinkern einander (verstohlen) zu; im Wohlstand neiden sie einander ihren Besitz, und in der Not balgen sie sich um den Gewinnst ...

Die Wohltaten Gottes an die Menschen sind so überreichlich und so unermeßlich, daß, wollte selbst der Allerärmste, dessen Anteil hienieden am kleinsten ausgefallen (ist) und der am ungünstigsten abgeschnitten hat, der am wenigsten Wissen besitzt und den Willensschwäche ebenso am Handeln wie die Ungelenkigkeit der Zunge am Reden hindert, Gott für Seine ihm erwiesenen Wohltaten und die ihm von Ihm erwiesenen Gnaden und Gaben den (gleichen) Dank abstatten und das (gleiche) Lob künden, das der von Gott mit dem meisten irdischen Gut Beschenkte und dem reichlichsten Anteil Versehene, der von Ihm mit dem umfassendsten Wissen Beglückte, mit der größtmöglichen Energie Begabte und der beredtesten Zunge Ausgestattete Ihm zukommen läßt, er trotzdem mit dem Gott gebührenden Dank zu kurz käme.

Mit Ibn al-Muqaffa (gest. 757), aus vornehmem persischem Geschlecht, vom Manichäismus zum Islam übergetreten, beginnt das goldene Zeitalter arabischer Prosa. Unter dem Vorwand der Ketzerei, tatsächlich aber wegen seiner Rolle im innerabbasidischen Zwist, wurde er unter dem Kalifen al-Mansur grausam getötet.

Das kleine Adab-Buch des Ibn el-Moqaffaʾ, nach der Ausgabe Kairo 1329/
1911, aus dem Arabischen übersetzt von O. Rescher, Stuttgart 1915, S. 15,
17;
Ibn al-Muqaffaᶜ, ᶜAbdallāh, al-Adab al-kabīr waʾl-adab aṣ-ṣaġīr, Ed. I. al-
Yūsuf, Damaskus o. J., S. 165–166.

Sarkasmus eines Hungrigen

Schöner als das Stehen bei Lagerspuren oder als Wein, der über
    einen Betrunkenen fließt,
oder als sich bei Wohnstätten aufzuhalten, um sie zu beklagen,
    oder über eine Kamelreise zu weinen,
ist die Beschreibung eines Brotfladens in Gestalt eines Mondes,
    dessen Bäcker nicht feige war,
mit rundem Rand, zart und weich, den du allein gemächlich auf-
    ißt.

In der ersten Zeile einen Vers des berühmten Dichters Abu Nuwas (gest.
um 815) parodierend, erfaßt hier ein anonymer Poet die Visionen eines
Hungrigen.

Wagner, E., Abū- Nuwās. Eine Studie zur arabischen Literatur der frühen
ᶜAbbāsidenzeit, Wiesbaden 1965, S. 247;
Hs. Istanbul, Fātiḥ 3774, fol. 200 b.

Hunger geht vor Gebet

Man begnüge sich mit dem, was man an Nahrung vorfindet und
an Essen gerade da ist, und trachte nicht nach Genuß, verlange
nicht mehr, als man hat, und erwarte keine Zukost zum Brot,
sondern zur Wertschätzung des Brotes gehört es, daß man das
nicht tut. Es ist ja das Gebot ergangen, das Brot zu ehren; denn
alles, was den letzten Atemzug hinausschiebt und für den Gottesdienst Kraft gibt, ist ein reiches Gut, das man nicht verach-
ten darf. Ja, man soll sich nicht einmal beim Brot durch die
Salat (Gebet) stören lassen, und wenn ihr Zeitpunkt eintritt,
dann ist Spielraum genug für beides. Es sagt nämlich der

Gepriesene: »Wenn das Abendbrot da ist und zugleich die Abend-Salat, so beginnt mit dem Abendessen!« Der gottselige Ibn Umar hörte oft die Rezitation des Imam, ohne vom Abendessen aufzustehen. Aber immer wenn von Natur kein Verlangen nach dem Essen besteht und das Aufschieben des Essens ohne Nachteil ist, so ist es doch am passendsten, die Salat vorzuziehen. Was nun den Fall angeht, wenn das Essen aufgetragen ist, und es erschallt der Ruf zur Iqama (Gebetsaufforderung), und durch das Aufschieben das Essen kalt oder sonstwie gestört wird, so ist es besser, es der Salat vorzuziehen, wenn (später noch) genügend Zeit dazu ist, ob man Appetit hat oder nicht, und zwar ist dies die Ansicht der meisten Traditionen; denn des Menschen Inneres kann sich von dem Gedanken an die servierte Speise nicht losmachen, selbst wenn der Hunger nicht übergroß ist.

Der große Theologe al-Ghazali (gest. 1111) bekräftigt, daß die Ehrung des Brotes Teil des Dienstes an Gott ist.

Über die guten Sitten beim Essen und Trinken. Das ist das 11. Buch von al-Ghazālī's Hauptwerk. Übersetzung und Bearbeitung als ein Beitrag zur Geschichte unserer Tischsitten von H. Kindermann, Leiden 1964, S. 8; al-Ġazālī, Kitāb iḥyā' ᶜulūm ad-dīn, Kairo 1303 A. H., S. 3.

Der blinde Lastträger

Ich habe den blinden Packträger gesehen.
    Er torkelte, stolperte talüber und Höhen.
Er schleppt auf dem Kopfe die drückende Last,
    und wankt auch die Kraft ihm, hält nie er doch Rast.
Und zwischen Kamelen, gefühllosen Lenkern,
    muß er mit den Knien, den schlotternden, schlenkern.
Böswillig der eine, zerstreut ihm versetzte
    der andere Stöße. Der arme Verletzte
ergibt sich dem Elend. Und er, der im Leben
    nur eines bloß wollte, nur eins wollt erstreben:
Entfliehn in die Arbeit, entgehen der Schmach,
    er floh nun zur Last, – wenn auch müde und schwach.
Die schurkischen Reichen schaun höhnisch ihm nach.

Dieses in der arabischen Poesie seltene Beispiel sozialer Anteilnahme stammt von einem Schi'iten mit griechischem Vater, dem Lob- und Spottdichter Ibn ar-Rumi (gest. um 896).

A. K. J. Germanus, Ibn ar-Rūmī's Dichtkunst, in: Acta Orientalica Hungarica 6 (1956), S. 230;
Diwān Ibn ar-Rūmī, Ed. H. Naṣṣār, I–IV, Kairo 1973–1981, S. 540.

Alltagsdokumente

Bitte an einen Apotheker

Im Namen des Barmherzigen, Gütigen.
Gott behüte Dich und bringe Dir am Abend Sicherheit (vor Üblem) und Freude.
Wenn Du der Meinung bist, so bitte ich Dich, daß Du an mich jene Ostraka[1] schickst und jene
beiden Mixturen, die von der Arznei übrig sind, und Du mich ihren besten Preis wissen läßt; denn ich bin krank:
Gott erhalte Dich und lasse Dich leben, und man schrieb'(s).
Und
erkläre mir genau die Beschreibung und wie
ich sie bereiten und wie ich sie trinken soll.

Honigbestellung

Im Namen Gottes des Barmherzigen, Gütigen.
Gott erhalte Dich und behüte Dich.
Order für Farruch Ibn Charuf:
200 Xestes[2] Ambrahonig
und 100 Xestes feinsten Honig
aus Schläuchen, so Gott will.
Gott erhalte Dich und behüte Dich.

Im Namen Gottes des Barmherzigen, Gütigen.
Gott erhalte und behüte Dich.
Schreiben für Farruch Ibn Charuf:

---

1 hier Tongefäße
2 1/96 des altgriechischen Scheffels zu 52,53 l

200 Xestes Ambrahonig
und 200 Xestes feinsten Honig,
100 aus Schläuchen, 100 aus dem Behältnis,
so Gott will.
Gott erhalte Dich und behüte Dich.

Zahlungsaufforderung

(An N.N., Sohn des N.N.), Gott stärke ihn,
von Abu Ibrahim, dem Linnenhändler.
Im Namen Gottes des Barmherzigen, Gütigen.
Gott lasse Dich lange leben und stärke Dich
und erweise sich Dir wohltätig
und vollende seine Gnade an Dir (und bei Dir).
Ich habe Dir – Gott erweise sich Dir wohltätig – bereits eine Robe
zum Preise
von elfeinhalb Karat[3] zugesandt, während sich bei Dir noch zwei
Roben
zum Kaufpreis von 21 Karat befinden, und für den Schneider ein
Karat,
das macht also 22 Karat, Summa
eineindrittel Dinar und zwei Karat. So gib ihm – Gott erweise sich
Dir wohltätig – diesbezüglich (Zahlungsauftrag);
denn er ist ja der Besitzer der Ware, und es ist niemand, der die
Verantwortung für ihn übernimmt.
Gott lasse Dich lange leben und stärke Dich und erweise sich Dir
wohltätig und vollende seine Gnade an Dir.

Anweisung von Öl zum Unterhalt

Betreff des Öls 1/3 Xestes.
An Abdallah.
Im Namen Gottes des Barmherzigen, des Gütigen.
Übergib an Djirdje, den Teppichaufbereiter,
für seinen einmonatigen Unterhalt an Öl
1/3 Xestes, so Gott will.
Und man schrieb (es) am 13. Paophi[4] des Jahres 208.

---

3 1 Karat (Qirat) = 0,195 g
4 zweiter Monat des koptischen Kalenders, 10. Oktober 823

Lohnanweisung

Im Namen Gottes des Barmherzigen, des Gütigen.
Was al-Chiwali und Hrwh (?) gearbeitet haben
an Ausrotten von Halfa vor dem Kanal,
an Säen von Zuckerrohr, 1 Faddan
um ein Viertel Dinar 1/4.
Davon ist für al-Chiwali 1/8 und für Hrwh 1/8.

Aussaatbericht

Und wieder Donnerstag	dreieindrittel Faddan
Und wieder Samstag	ein Faddan Weizen
Und wieder Samstag	ein Faddan und ein halbes Sahm
Und in Bahmasul wurde gesät:	
Weizen Samstag	siebeneinhalb Faddan
Und wieder Weizen Sonntag	achteinhalb Faddan
Und wieder Weizen Montag	neun Faddan weniger ein Drittel
Und wieder Weizen Donnerstag	sechs Faddan weniger ein Viertel

Diese Papyri aus dem Ägypten des 9. Jahrhunderts gehören zu den sehr
seltenen erhaltenen Urkunden, in denen sich Alltagsleben widerspiegelt.

Grohmann, A., Texte zur Wirtschaftsgeschichte in arabischer Zeit, in:
Archiv Orientalni VII (1935), S. 439, 448, 446, 449, 471, 472 (arabischer
Text: S. 439, 447, 445 f., 449, 471, 472).

Katastrophen in Bagdad

Am 18. Schauwal 450 (8. Dezember 1058) fand zwischen dem
Gebet zum Sonnenuntergang und dem Abendgebet ein gewaltiges
Erdbeben statt, das ganz lange dauerte. Die Menschen wurden
von schrecklicher Angst erfaßt. Viele Häuser stürzten ein. Dann
kamen Nachrichten, daß das Beben von Bagdad bis Hamadhan,
Wasit, Ana und Takrit gereicht hatte. Es wurde erzählt, daß sich die
Mühlen von allein gedreht hatten und dann still gestanden hatten.

Im Schauwal 459 (August – September 1067) traf das Vieh ein Sterben. Kopf und Augen schwollen ihm an. Man konnte selbst Wildesel mit Händen fangen, aber ihr Fleisch nicht essen. Gleich danach kam es in Nischapur und den Gebieten von Chorasan zu einer starken Teuerung und schlimmen Seuche. Gleiches geschah in Damaskus, Aleppo und Harran.

Im Jahre 448 (1056) kam ein starker Sturm auf, mit dem sich eine Staubwolke erhob. Sie verdunkelte die ganze Welt, so daß die Leute auf den Märkten die Lampen anzünden mußten.

Im Scha'ban 459 (Juni 1067) wehte ein so heißer Wind, daß dadurch rund ein Dutzend Personen mit vielen Pferden getötet wurde, die von Wasit flußabwärts zogen. In Bagdad gingen die Zitronats- und Zitronenbäume ein.

Am Dienstag, dem 16. Muharram 450 (14. März 1058), fielen große Hagelkörner, und viele Erntefrüchte gingen verloren. Ein Korn wog in Sarifin über 30 Dirhem. Der Tigris stieg an diesem Tag um 15 Ellen.

Am Samstag, dem 14. Safar 450 (12. April 1058), fielen Hagelkörner so groß wie Hühnereier in Nahrawan und dessen Nachbarschaft vom Sawad-Gebiet. Sie zerstörten die Ernte und töteten einige Kurden. Ein Hagelkorn fiel einem Mann auf den Kopf und spaltete diesen. Ein anderes traf den Kopf eines Pferdes. Dieses warf seinen Reiter ab und ging durch.

Im Ramadan 465 (Mai 1073) fielen große Heuschrecken ein und fraßen alles, was sie fanden, so daß es am Ende des Monats nichts Grünes mehr gab. Was von Ukbara (bei Bagdad) herbeigeschafft wurde, wurde nur nach genauem Wiegen verkauft.

Ibn al-Ġauzī, Kitāb al-Muntazam. Beirut 1412/1992, Teil 16, S.30, 102, 6, 102, 29, 147; Übersetzung H. Preißler.

Schnee in Bagdad

In diesem Jahr (515/1121–22) fiel starker Regen. Die Regenfälle dauerten an und erfaßten den ganzen Irak. Dadurch wurden die Früchte an den Dattelpalmen und Bäumen wie die Weintrauben und auch die Ernten in den Steppen vernichtet.

Zur Mitternacht des Samstags, des 22. Januar, fiel Schnee in Bagdad. Er fiel bis zur Mittagszeit des nächsten Tages. Straßen und Gassen wurden von ihm bedeckt bis zu einer Höhe von etwa einer Elle. Die Jungen formten daraus Figuren von Löwen und Elefanten. Schnee fiel von Takrit bis in die Bathia und traf auch die Pilgerkarawane in al-Kufa. In diesem unserem Buch haben wir bereits erzählt, daß in vielen Jahren in der Zeit (der Kalifen) ar-Raschid, al-Muqtadir, al-Mu'tamid, at-Ta'i, al-Muti, al-Qadir und al-Qa'im Schnee gefallen ist. Doch soviel Schnee wie in diesem Jahr hat es nie gegeben. Der Schnee blieb 15 Tage liegen, ohne zu schmelzen. Dadurch gingen die Zitronats-, Pomeranzen- und Zitronenbäume ein. Die grüne Saat aber blieb erhalten. Schnee erlebte man in Basra nur in diesem Jahr.

Ibn al-Ġauzī, Kitāb al-Muntaẓam, Beirut 1412/1992, Teil 17, S. 196 f.; Übersetzung H. Preißler.

Die Pest

Im Monat Djumada al-achira 449 (August 1057) kam ein Schreiben von den Kaufleuten von Mawara'annahr (Transoxanien) (nach Bagdad). In diesen Gebieten war eine gewaltige, übermäßige, jede Grenze übersteigende Seuche ausgebrochen, so daß aus dieser Zone an einem einzigen Tag 18 000 Leichen beerdigt werden mußten. Bis dieser Brief geschrieben wurde, wurden 1 650 000 Tote gezählt. Wenn man diese Orte durchquerte, erblickte man nur leere Märkte und Wege und geschlossene Türen. Auch Rindvieh gab es nicht mehr.

Ebenso kam aus Aserbaidschan und den Gebieten dort die Kunde von der großen Pest. Nur wenige konnten sich retten.

In al-Ahwaz und seinen Bezirken, in Wasit, an-Nil, Matirabadh und al-Kufa brach die Pest ebenfalls aus und verbreitete sich überall, so daß für 20 bis 30 Tote ein Grab ausgehoben wurde und man sie dort hineinlegte. Das war vor allem durch die Hungersnot begründet. Die Armen brieten sich Hunde, plünderten die Gräber und brieten selbst die Leichen, um sie dann zu essen. Ein Mann hatte zwei Djarib Land. Dafür wurden ihm zehn Golddinare bezahlt. Doch er verkaufte es nicht. Dann aber veräußerte er es für fünf Ratl Brot. Er aß es und starb sofort. Die Handelsgeschäfte und die Angelegenheiten dieser Welt kamen zum Stillstand. Die Leute hatten in der Nacht und am Tage nichts anderes zu tun, als die Toten zu waschen, sie für das Grab vorzubereiten und zu beerdigen. Ein Mann saß, da spaltete sich sein Herz vom Herzblut, so daß es aus dem Mund hervorkam. Der Mann starb daran.

Alle Leute taten Buße, gaben ihre Güter zumeist als Almosen, schütteten den Wein, den sie hatten, aus, zerbrachen die Musikinstrumente und blieben in den Moscheen, um den Koran vorzutragen, besonders die Verwalter und die Ungerechten. In jedem Haus, wo Wein war, starben in einer Nacht alle Menschen. Man fand auch ein Haus, in dem 18 Leichen lagen. Man durchsuchte die Einrichtung und fand einen großen Krug Wein. Den schüttete man aus. Man kam zu einem Kranken, dessen Todeskampf sieben Tage dauerte. Er zeigte mit dem Finger auf einen Krug Wein. Man kippte diesen um, und Gott der Erhabene erlöste ihn von dem Rausch. Er verschied. Davor starb jeder, der dieses Haus betrat. Wer verbotenerweise bei einer Frau war, starb mit ihr sofort. Alle Muslime, zwischen denen Streit und Übeltat waren, ohne daß sie sich versöhnten, starben zusammen. Wer ein Haus betrat, um etwas zu stehlen, was dort von der Einrichtung übrig war, starb.

Ein Mann starb in der Moschee. Er hinterließ 50 000 Dirhem. Niemand nahm sie. So blieb das Geld neun Tage lang in der Moschee. Dann kamen nachts vier Personen in die Moschee und nahmen das Geld. Sie starben dabei. Wenn jemand einen anderen als Erben einsetzte, konnte es geschehen, daß der Erbe vor dem Erblasser starb. Die meisten Moscheen waren menschenleer. Abu Muhammad Abd al-Djabbar Ibn Muhammad, der Rechtsgelehrte, war mit 700 Gelehrten zusammen. Er starb, und von ihnen blieben nur zwölf Mann am Leben.

Ein Mann kam zu einem Toten, über dem eine Decke lag. Er nahm sie. Doch starb er, noch während er die Decke über dem Toten berührte. (Der Emir) Dubais kam in seine Länder. Er fand sie verödet ohne Bauern und Arbeiterinnen vor. Deshalb schickte er einen Boten in einige Gebiete. Doch eine Schar Menschen traf diesen, tötete ihn und aß ihn auf. Der Amid Abu Nasr sammelte die Leute von den Straßen auf, damit sie im Palast des Sultans arbeiteten. Darunter waren Haschimiten, Richter, Zeugen und Kaufleute. Für einige Wochen trugen sie die Ziegel auf dem Rücken und in der Hand.

Ibn al-Ǧauzī, Kitāb al-Muntaẓam, Beirut 1412/1992, Teil 16, S. 17 f.; Übersetzung H. Preißler.

In Erwartung der Sintflut

In diesem Jahr (489/1096) sagten die Sterndeuter eine große Flut voraus, die die Menschen wie die Sintflut Noahs treffen werde. Es wurde viel darüber gesprochen. (Der Kalif) al-Mustazhir billah befahl, den Sterndeuter Ibn Aischun herbeizubringen. Der erklärte: »Die Sintflut Noahs – Heil ihm – fand statt, als sich im Tierkreiszeichen der Fische die sieben Aszendenten trafen. Jetzt haben sich in diesem Zeichen sechs Aszendenten getroffen. Nur Saturn fehlt. Wenn er sich aber mit diesen anderen vereint, findet die Sintflut statt. Ich sage jedoch, daß sich in einer Stadt oder einem Gebiet Menschen aus vielen Ländern treffen und untergehen werden, von jedem Ort einer und eine Anzahl.« Nun wurde gemeint, daß sich nur in Bagdad so viele Menschen träfen und es vielleicht überschwemmt würde. Der Kalif befahl, die Kaimauern und die Dämme, bei denen Brüche zu befürchten waren, in Ordnung zu bringen. Die Menschen erwarteten die Überschwemmung.

Da kam die Nachricht an, daß die Pilgerkarawane im Wadi'l-Manaqib hinter Nachla eingetroffen sei. Da überraschte sie eine gewaltige Sturzflut (nach Regenfällen). Nur jene, die sich an den Bergesgipfeln festhielten, entkamen ihr. Das Wasser riß Mann und Tier mit. Daraufhin überreichte der Kalif dem Sterndeuter ein Ehrenkleid und setzte ihm ein Gehalt aus.

Ibn al-Ǧauzī, Kitāb al-Muntaẓam, Beirut 1412/1992, Teil 17, S. 31 f.; Übersetzung H. Preißler.

Entschädigung für Einnahmen aus Freudenhäusern

Im Dhu'l-Qa'da 469 (Mai-Juni 1077) traten viele Krankheiten in Bagdad, Wasit und dem Sawad auf. Es gab so viele Todesfälle, daß die Felder in der Steppe nicht abgeerntet werden konnten, denn es gab niemanden, der es tun konnte. Eine ähnliche Nachricht kam aus Syrien.

Am Mittwoch, dem 20. Dhu'l-Qa'da 469 (15. Juni 1077), wurden in Bagdad die Treffpunkte der Frevler und Häuser des Lasters aufgehoben und niedergerissen, und die Lasterhaften flohen auf Grund einer Anordnung des Kalifen an den Militärgouverneur, der diese Stätten jedoch als Lehen innehatte. Der Kalif wollte ihm dafür 1000 Dinar als Entschädigung geben. Doch der Militärgouverneur lehnte das mit der Begründung ab, ihre Einnahmen beliefen sich auf 1800 Dinar. Darüber wurde dann mit Nizam al-Mulk korrespondiert, der seinerseits den Militärgouverneur entschädigte und die Einhaltung des Verbots anordnete.

Die beiden Nachrichten hängen insofern zusammen, als man häufig bemüht war, beim Auftreten von Krankheiten und Seuchen, die als Strafen Gottes verstanden wurden, Maßnahmen zur strengeren Einhaltung der religiösen Vorschriften durchzuführen und Widersprechendes zu verbieten, um so Reue zu zeigen. Die Nachricht, daß eine der höchsten Autoritäten des Seldschukenstaates Einnahmen aus Freudenhäusern und ähnlichen Stätten erhielt und dafür entschädigt wurde, scheint einmalig zu sein.

Ibn al-Ǧauzī, Kitāb al-Muntaẓam, Beirut 1412/1992, Teil 16, S. 183 f.; Übersetzung H. Preißler.

Was aus Müll herauszuholen ist

Abu Sa'id hatte es seiner Dienerin verboten, den Kehricht aus dem Haus zu schaffen, und ihr sogar aufgetragen, den aus den Wohnungen der Mieter zu sammeln und seinen Müll mit dem ihrigen zusammenzutun. Von Zeit zu Zeit setzte er sich hin, und die Dienerin kam mit einem Korb und schüttete den Kehricht vor ihm in Haufen auseinander, die er dann einen nach dem anderen durchsuchte. Stieß er auf ein Dirhem-Stück, auf eine Börse mit Geld für die täglichen Lebensunterhaltskosten, auf einen Dinar oder ein Schmuckstück, so kann man sich den Weg, den diese Dinge nahmen, denken. Was die Wolle betraf, die er darin fand, so war es seine Absicht, sie, nachdem sie gesammelt worden war, an die Sattler zu verkaufen; ebenso machte er es mit Gewandfetzen. Kleiderlumpen wurden an Leute, die mit Tellern und Hausgeräten handelten, verkauft, Granatapfelschalen an Färber und Gerber, Flaschen an Glaser, Dattelkerne an Leute, die sich junge Gazellen hielten, Pfirsichkerne an Pflanzer und Nägel und Eisenstücke an Schmiede; Papyrusstücke waren für die Fabrik bestimmt, und Papierblätter wurden zum Verschließen von Krügen verwendet. Holzstückchen verkaufte er ebenfalls an Sattler, Knochenstücke wurden als Brennstoff genutzt, Tonscherben bei neuen Öfen verwertet und Steine für einen Bau gesammelt. Der Rest wurde umgerührt, aufgeschüttet und ausgestochert, bis nur noch nicht verwertbarer Abfall beisammen war, der dann weggeschafft wurde, um im Ofen verbrannt zu werden. Die gefundenen Pechstücke wurden an einen Pechhändler verkauft. Wenn dann noch die reine Erde übrigblieb und er daraus zum Verkauf und zum eigenen Gebrauch Ziegel machen wollte, so nahm er keine Kosten für Wasser auf sich, sondern gab allen Hausbewohnern die Weisung, nur über diesem Lehm die rituelle Reinigung vorzunehmen und sich nur darüber zu waschen. War er dann gehörig feucht, so formte er Ziegel daraus. Dabei pflegte er zu sagen: »Wer die Ökonomie nicht so versteht wie ich, der sollte sich lieber nicht damit abgeben!«

Einem seiner Mieter ging einmal einer von den Gegenständen, wie sie aus den Häusern gestohlen werden, verloren. Da sagte Abu Sa'id zu ihnen (den Mietern): »Werft heute nacht den Kehricht heraus, denn vielleicht empfindet der, der ihn genommen hat, Reue und wirft den Gegenstand in den Müll. Sein Kommen zu diesem Ort wäre wegen der vielen Leute, die dorthin gehen, nicht weiter auffällig.« Tatsächlich ereignete es sich, daß jener gestohlene Gegenstand in den Abfall geworfen wurde, den sie zuvor auf den Müll des Hausbesitzers geworfen hatten. Abu Sa'id sah ihn vor dem Bestohlenen und verlangte von ihm Miete für den Müll.

In dem in der arabischen Literatur einzigartigen »Buch der Geizigen« attackiert der universelle Prosaist al-Djahiz die Habgier jener, die den Geiz »Ökonomie« und die Knauserei »Sparsamkeit« nennen. Die Porträts berühmter Geiziger umrahmt er mit Anekdoten.

Pellat, Ch., Arabische Geisteswelt, Zürich-Stuttgart 1967, S. 403–405; al-Ǧāḥiẓ, Kitāb al-buḫalā', Ed. G. van Vloten, Leiden 1900, S. 156–157.

Aus dem Klagelied eines Hauseigentümers

Ma'bad erzählte einmal folgendes:

»Wir wohnten länger als ein Jahr im Haus von al-Kindi, bezahlten ihm die Miete, erfüllten seine Wünsche und hielten uns an die Bedingung ... Er hatte den Mietern zur Bedingung gemacht, daß er den Mist ihres Reittieres und Schafes sowie die Futterreste erhalten sollte, daß sie Knochen und Kehrricht nicht wegwerfen und ihm die Dattelkerne, Granatapfelschalen sowie für die schwangere Frau, die er in seinem Hause zu haben vorgab, einen Löffel von jeder bei ihnen gekochten Speise abgeben sollten. Um das Maß vollzumachen, lud er sich auch noch bei ihnen ein; doch sie nahmen es hin, weil er sich gut benahm und ein ungewöhnlich hübscher Kerl und ein guter Gesellschafter war.

Unter solchen Umständen wohnte auch ich bei ihm zur Miete, als mich eines Tages ein Vetter von mir mit seinem Sohn besuchte. Da erhielt ich von al-Kindi eine Mitteilung folgenden Inhalts: ›Wenn die Besucher nur eine oder zwei Nächte bleiben, will ich nichts dagegen einwenden ...‹ Ich antwortete ihm, sie würden nur etwa einen Monat bei mir bleiben, worauf er mir schrieb: ›Die Miete für das Haus, in dem du wohnst, beträgt 30 Dirhem. Ihr seid sechs Personen. Dies sind also fünf Dirhem für jeden einzelnen. Da du zwei Personen hinzugefügt hast, mußt du zehn Dirhem mehr bezahlen. Demnach beträgt deine Miete von heute an 40 Dirhem ... Die Gründe für meine Forderung sind zahlreich. Sie sind allgemein gültig und bekannt. Dazu gehört, daß sich die Grube schneller füllt und ihre Leerung viel Geld kostet. Wenn es mehr Füße im Haus gibt, werden die mit Lehm verputzten Dachflächen und der zementierte Fußboden der Zimmer mehr begangen. Auch die Treppe wird häufiger benutzt, so daß der Lehm

315

abbröckelt, der Zement sich löst und die Stufen brechen, abgesehen davon, daß sich die Balken der vielen Tritte wegen biegen und durch das Übergewicht schließlich durchbrechen. Durch das viele Ein- und Ausgehen, Öffnen und Schließen sowie Vor- und Zurückschieben der Riegel werden die Türen zerstört und die Riegelklappen herausgerissen. Wird die Zahl der Knaben groß und verdoppelt sich der Kinderschwarm, dann werden die Nägel aus den Türen gezogen. Jeder Riegel und jede Riegelklappe wird abgerissen. Jeder Hof wird verwüstet. Für das Murmelspiel mit Nüssen werden Löcher hineingegraben, und mit ihren Wagen zerstören die Kinder den Belag. Obendrein werden noch Mauern durch Pflöcke und durch die Holzträger von Wandbrettern beschädigt. Wenn die Angehörigen und Besucher, die Gäste und Tischgenossen zahlreich sind, muß man sehr viel häufiger Wasser ausgießen sowie tropfende und lecke Tongefäße zur Hand nehmen als sonst. Gar manche Wand ist unten morsch geworden und oben abgebröckelt, ist in ihrem Fundament schwach und in ihrem Verbund schwankend geworden, weil ein Krug getropft und ein Tongefäß geleckt hat und weil man zuviel Wasser aus dem Brunnen geschöpft und dabei nicht die nötige Sorgfalt geübt hat.

Je mehr Leute im Haus sind, um so mehr muß gebacken und gekocht, geschürt und geheizt werden. Das Feuer aber kennt keine Gnade und läßt nichts leben. Die Häuser erscheinen ihm nur als Brennholz, und der ganze Hausrat ist ihm ein willkommener Fraß. Wie manche Feuersbrunst hat schon die Quelle von Mieteinnahmen zerstört! Dann bürdet ihr dem Eigentümer die größten Unkosten auf …

Ferner richten sich die Mieter die Küche im Obergeschoß auf der Dachterrasse ein, obwohl im Erdgeschoß und im Hof genügend Raum ist. Es ist ihnen gleichgültig, daß hierdurch Menschen und Gegenstände gefährdet werden und daß in einer Brandnacht der intime Bereich des Hauses dem Pöbel ausgesetzt ist, der sich dabei auf tiefste Geheimnisse und wohl Verborgenes stürzt, wie einen versteckten Gast, einen Hausherrn, der das Licht der Öffentlichkeit scheut, ein verbotenes Getränk, ein verdächtiges Buch, einen Haufen Geld, den der Eigentümer trotz seiner Absicht nicht mehr rechtzeitig vor dem Brand vergraben konnte …

Weiter stellen die Mieter ihre Backöfen und die Herde für die Kochtöpfe unmittelbar auf der Dachfläche auf, wo nur die keinen Schutz bietende dünne Lehmschicht sie von dem Rohr- und Holzwerk des Fußbodens trennt, obwohl es sie nicht viel kosten würde, sie einwandfrei aufzustellen und sich vor den Schäden zu sichern, die durch sie verursacht werden können ... Viele von euch halten die Miete zurück und warten mit der Zahlung. Wenn sie dann einige Monate im Verzug sind, ziehen sie heimlich aus und lassen die Hausbesitzer hungernd zurück ...

Der Mieter bezieht das Haus, nachdem wir es gerade gefegt und gereinigt haben, damit es ihm gefällt und ihm bei der Besichtigung verlockend erscheint. Wenn er aber auszieht, läßt er es als einen Mist- und Trümmerhaufen zurück, der nur durch schmerzliche Geldausgaben in Ordnung gebracht werden kann. Er läßt keinen Schließbalken an der Tür, den er nicht stiehlt, keine Leiter, die er nicht fortträgt, keine Trümmerstücke, die er sich nicht aneignet, und keine Feilspäne, die er nicht mitnimmt.

Er unterläßt es, die Wäsche im Erdgeschoß zu walken und sie dort im Bottich mit dem Stampfer zu bearbeiten, sondern stampft sie lieber auf Balken, Trägern und Balkonen ...

(Wir haben) das Geld, das wir ausgegeben haben, als ganzes hinlegen müssen, während das, was wir an Mieten eingenommen haben, nur in kleinen Teilbeträgen eingelaufen ist. Dazu kommt noch die saumselige Zahlungsweise und die Notwendigkeit häufiger Mahnungen, ferner der Haß des Mieters wider den Vermieter, während umgekehrt der Vermieter von herzlicher Zuneigung für den Mieter erfüllt ist. Der Vermieter wünscht nämlich dem Mieter Gesundheit, wenn er Handwerker ist. Andererseits besteht der Wunsch des Mieters darin, daß Gott ihm den Vermieter auf irgendeine Weise vom Halse hält, gleich, ob einfach durch Abwesenheit oder durch dauernde Krankheit, Haft oder Tod ...

Macht der Mietpreis eine runde Summe aus, so zahlt er den größten Teil in Kleingeld. Lautet er aber auf halbe und viertel Dinare, so zahlt er ihn sogar in den allerkleinsten Münzen. Er versäumt dann nicht, dem Vermieter eine mit Quecksilber überzogene, geschwärzte oder schlechte Münze oder gar einen falschen Dinar heimtückisch unterzuschieben. Schickt der Hausbesitzer zu diesem Zwecke seine Magd als Boten zu ihm, so vergewaltigt er sie, und manchmal schwängert er sie sogar. Schickt er einen Burschen, so verleitet er ihn zu Unehrlichkeit oder teilt mit ihm bisweilen zu gleichen Teilen ...

Es kommt auch vor, daß er in Begleitung einer Frau, mit der er verbotene Freuden genießen will, zum Hausbesitzer kommt und das Mieten mit vorhergehender Besichtigung zum Vorwand nimmt, um hineinzukommen und eine Weile dortzubleiben. Wenn er dann richtig in der Wohnung ist, stillt er sein Verlangen nach der Frau und gibt anschließend den Schlüssel an den Hausbesitzer zurück. Gelegentlich mietet er neben einem Gefängnis, damit die Insassen sich zu ihm durchbohren können, oder neben einem Bankier in der Absicht, gemächlich und unbeobachtet, in aller Ruhe und ungehindert durch die Wand bei ihm einzubrechen. Es gibt den Fall, daß ein Mieter ein Verbrechen begeht, das die Zerstörung des Hauses zur Folge hat, sei es, daß er jemanden ermordet oder einen vornehmen Mann verletzt. Dann kommen die Beamten zu dem Haus, und weil der Hausbesitzer abwesend, ein Waisenkind oder hilflos ist, machen sie es ungehindert dem Erdboden gleich ...

Der beste Mieter ist immer noch der, der bei Notwendigkeit von Ausbesserungen vom Hausbesitzer bevollmächtigt ist, Auslagen zu machen, die am Monatsende verrechnet werden sollen, und der dann die Bauleistung gering hält, den Rechnungsbetrag aber steigert ... Ihr seid es auch, die Mietshäuser an andere zu einem höheren Preis untervermieten, als ihr selbst zahlen müßt. Behandelt uns gefälligst so, wie ihr eure Untermieter behandelt, und laßt uns von euch dasselbe zukommen, was ihr von ihnen verlangt ...

Ja, so verhaltet ihr euch, obwohl ihr selbst sagt, daß es zweckmäßiger sei, in einem Mietshaus als in einem Eigenheim zu wohnen, und es damit begründet, daß der Hausbesitzer sich beim Kauf verausgabt und sich festlegt, sich Sorgen auflädt und für den Kaufpreis geradestehen muß ... Wohnt er selbst anderswo, so verzehrt er sich in Sehnsucht nach seinem Haus, wohnt er aber darin, so bereitet es ihm Sorgen und stellt ihn vor Schwierigkeiten, wenn die Nachbarn ihn schlecht behandeln, er nicht die gebührende Achtung findet, wenn seine Moschee weit entfernt und sein Markt schwer erreichbar ist ... Der Mieter ist dagegen unabhängig in seiner Wahl und kann sich frei entscheiden. Denn er kann sich jedes Haus nach Belieben als Vergnügungsstätte, Geschäft oder Wohnung nehmen, ohne deshalb die geringste Demütigung oder Schädigung hinnehmen zu müssen, ohne Verachtung oder Minderung des Ansehens zu erfahren, ohne auch sich vor Neidern zu schützen oder auf Vorwände liebenswürdig eingehen zu müssen, während der Hausbesitzer bittere Brocken schlucken, den Becher des Ingrimms trinken, sich um seinen Unterhalt bemühen und Demütigungen hinnehmen muß, auch dann, wenn er ein selbstbewußter Mann ist ...

Man darf Menschen nur auf Grund ihres Verhaltens und ihrer üblichen Handlungsweise verurteilen. Ihr aber seid mit allen Untugenden, die ich geschildert habe, behaftet. Sie sprechen sämtlich wider euch und mahnen alle, euch zu mißtrauen und vor euch auf der Hut zu sein. Der Mieter ist bar jeder guten Eigenschaft, und in unserem Verhältnis zueinander gibt es keine beglückende Freundschaft.‹«

Diese Polemik stammt vielleicht von dem berühmten »Philosophen der Araber«, al-Kindi (gest. um 870), und vermittelt zugleich einen Eindruck alltäglicher häuslicher Gewohnheiten.

Weisweiler, M., Von Kalifen, Spaßmachern und klugen Haremsdamen, Düsseldorf 1963, S. 235–248;
al-Ǧāḥiẓ, Kitāb al-buḫalāʾ, Ed. G. van Vloten, Leiden 1900, S. 85–95.

Ein edler Räuber

Ich erfuhr von einem Händler aus Bagdad: »Ich zog mit Waren und Gütern aus Bagdad und wollte nach Wasit reisen. Dort herrschte al-Jazidi. Die Welt war voll Zwistigkeiten, und überall gab es Straßenräuber. Ein Wegelagerer, der die Gegend unsicher machte, fiel über das Boot her, in dem ich mich befand. Er hieß Ibn Hamdun und pflegte sich nicht weit von Bagdad aufzuhalten. Er brachte mich ins Elend, denn ich hatte meinen ganzen Besitz bei mir. Der Tod schien mir leicht, und ich beschloß, ihn auf mich zu nehmen. In Bagdad hatte ich gehört, daß Ibn Hamdun ein ritterlicher und feingebildeter Mann sei und daß er, wenn er sie überfiel, den Händlern mit Waren unter dem Wert von 1000 Dirhem nichts antäte. Wenn er aber dennoch von jemandem etwas nähme, dessen Lage schwierig sei, so gebe er ihm die Hälfte zurück und sei gewillt, ihm einen Bruchteil seines Vermögens zu überlassen. Er durchsuche auch die Frauen nicht und plündere sie nicht aus, sowie viele andere ähnliche Geschichten. Dies ermutigte mich zu probieren, ihn mir gegenüber zum Mitleid zu bewegen. Ich begab mich an den Ort, wo er seine Zusammenkünfte durchführte, sprach mit ihm und suchte ihn zu überreden, indem ich sagte: ›All mein Besitz ist von dir genommen worden; von nun an brauche ich jemand, der mir Almosen spendet!‹ Er antwortete: ›Möge Gott den Sultan verdammen, der uns dazu zwingt, solche Dinge zu tun. Er hat uns um unser Auskommen gebracht und uns gezwungen zu handeln, wie wir es tun. Du weißt selbst, daß Ibn Schiraz den Leuten ihre Habe konfisziert und sie der Armut preisgibt. Er nimmt von den Wohlhabenden und den Begüterten, und sie kommen nicht mehr aus seinem Gefängnis heraus, solange Anzeichen bestehen, daß sie noch etwas besitzen, das über Almosen hinausgeht. So verfahren auch al-Jazidi in Wasit und in Basra und Dailam in Ahwaz. Ich habe vernommen, daß sie auch Besitzurkunden von Dörfern und Grundstücken an sich bringen, und das wirkt sich auf Frauen und Kinder aus! Vergleiche uns mit Leuten wie sie!‹

Ich entgegnete: ›Möge Gott dich hoch erheben; die Untaten von Tyrannen sind keine Entschuldigung! Etwas Schmähliches wird durch sie nicht zur guten Sitte. Wenn du und ich gemeinsam vor Gott treten, Er ist hoch und erhaben, wirst du es zufrieden sein, ihm mit dieser Antwort Rede zu stehen?‹ Er schwieg lange und blickte zu Boden. Ich zweifelte nicht daran, daß er mich umbringen werde. Dann erhob er sein Haupt und fragte: ›Wieviel hat man dir genommen?‹ Ich sagte ihm die Wahrheit. ›Bringt es her!‹ Und es wurde gebracht. Es war, wie ich es beschrieben hatte: er gab mir die Hälfte davon. Ich sagte: ›Nun ist deine Schuld an mich getilgt; doch bleibt dir noch, daß du einem Wehrlosen eine Wohltat erweisest!‹ – ›Nämlich?‹ – ›Der Weg ist unsicher; kaum habe ich dich verlassen, werden mir diese Güter noch einmal geraubt. Schicke jemand mit mir, der mich zu einem sicheren Ort geleite!‹ Er tat es, und ich entrann mit dem, was er mir zurückgegeben hatte. Gott, Er ist hoch und erhaben, segnete es und ersetzte mir meinen Verlust.«

Ibn Hamdun, der mit Rinaldo Rinaldini verglichen worden ist, machte im 10. Jahrhundert mit seinen Leuten die Umgebung von Bagdad unsicher. Sein herrliches Leben war ebenso sprichwörtlich wie seine Milde den Armen und seine Ritterlichkeit den Frauen gegenüber.

At-Tanūkhī, Ende gut, alles gut, Auswahl, Übersetzung v. A. Hottinger, Zürich 1979, S. 276–278;
at-Tanūḫī, Kitāb al-faraǧ baᶜda'š-šidda, Ed. I. ᶜAbd al-Azīz, Teil II, Kairo 1904, S. 108–109.

Überlistung eines Bauerntölpels

Als ich einst in Bagdad war, bekam ich Lust auf (beste) Azadh-Datteln, doch der Knoten meines Kleids war leer und gab auch nicht die kleinste Münze her. So brach ich auf in Richtung zu den Dattelständen, um zu sehen, ob sich doch nicht irgendwelche Möglichkeiten fänden.

Es trieb mich bis nach Karch hinüber, wo ich plötzlich einen Bauerntölpel traf, der mit aller Kraft auf seinen Esel schlug und im Knoten an der Seite seines Kleides seine Barschaft trug. Ich sagte mir: »Da habe ich mein Opfer ja gefunden!«, wandte mich ihm zu und sprach: »Abu Zaid, ein langes Leben möge Gott dir geben! Wo kommst du her, wo hast du dein Quartier genommen, wann bist du denn angekommen? Auf, laß uns nicht verweilen, sondern rasch zu dir nach Hause eilen!«

Der Tölpel gab zur Antwort: »Ich bin nicht Abu Zaid, sondern Abu Ubaid.«

»Natürlich, ja!« rief ich aus. »Den Teufel möge Gott verfluchen und vertreiben die Vergeßlichkeit! Es ließ mich dich vergessen die so lange Trennungszeit. Doch sag mir, wie es deinem Vater geht! Ist er, wie zu meiner Zeit, so jung geblieben, oder ist er alt geworden, seit es mich davongetrieben?«

Drauf sprach er: »Das Gras der Frühlingsweiden hat die Spuren seines Grabes zugedeckt. Ich hoffe, daß ihn Gott im Paradies erweckt.« Da sagte ich: »Wir gehören alle Gott und kehren einst zu ihm zurück. Alle Kraft und alle Macht ist nur bei Gott, der mächtig und erhaben ist.« Und hastig griff ich mir an Hemd und Kragen, so als wenn ich sie vor lauter Gram zerreißen wollte, worauf der Tölpel mich an meiner Hüfte faßte und mich eindringlich beschwor, daß ich meine Kleider nicht zerreißen sollte.

Darauf sprach ich: »So laß uns denn zu dir nach Hause laufen, um zu essen, oder besser noch, zum Markt, um dort gebratnes Fleisch zu kaufen, denn der Weg zum Markt ist kurz bemessen, besser ist am Markt das Essen.«

Des Hungers Stachel traf ihn in die Brust und trieb ihn an zur Essenslust, worauf er großen Appetit verspürte und nicht merkte, wie ich ihn mit List verführte. So gingen wir zum Brater dann, von dessen Bratenfleisch das Fett herunterrann und dessen süßer Reisbrei in der Brühe schwamm. Zum Brater sprach ich: »Wähle etwas aus von diesem Bratenfleisch für Abu Zaid und wiege etwas für ihn ab von jener süßen Kostbarkeit. Dann nimm für ihn noch einen von den Tellern hier und schichte darauf ein paar Fladen, die so dünn sind wie Papier, und laß noch etwas Somach-Saft darüberfließen, denn Abu Zaid soll's wohl genießen.«

Der Brater nahm sein Fleischmesser, wandte sich den Kostbarkeiten seines Herdes zu und hackte sie so fein wie Antimon und Mehl im Nu. Ich setzte mich und auch der Bauerntölpel setzte sich.

Nachdem wir alles schweigend aufgegessen hatten, sprach ich zu dem Händler mit den Zuckersachen, er möge doch für Abu Zaid noch zwei Pfund Zuckermandeln herbereiten, da sie bestens durch den Hals und in die Adern gleiten. »Sie sollen«, sagte ich dem Händler, »nächtens vorbereitet und am Tage ausgebreitet, gut gefüllt, von feiner Kruste eingehüllt, vom Fett wie Perlen glänzend sein und leuchten wie der Sternenschein. Wie Gummi sollen sie vergehn noch vor dem Kauen. Möge Abu Zaid sie wohl verdauen!«

Der Händler wog die Mandeln für ihn ab. Wir setzten uns nieder und griffen eifrig zu. Als wir fertig waren, sprach ich: »Du, oh Abu Zaid, jetzt brauchen wir noch einen Schluck mit Eis gekühlten Wassers, um den Durst zu stillen und die heißen Bissen abzukühlen. Bleibe deshalb sitzen, Abu Zaid, und laß mich einen Wasserträger holen, der dir einen kühlen Trunk besorgt!«

Ich machte mich davon und setzte mich an einen Platz, von wo ich ihn zwar sehen, er mich aber nicht erspähen konnte, um mir zu betrachten, was er machen würde. Als das Warten ihm zu lang wurde, wollte er zu seinem Esel gehen, doch der Brater packte ihn am Kleid und fragte, wo der Preis denn sei für all das Essen, das er eben erst gegessen. Als der sauer drauf zur Antwort gab, er habe doch als Gast am Tisch gesessen, versetzte ihm der Brater einen Fausthieb und zwei Backenstreiche und rief aus: »Dies ist für dich! Wann habe ich dich eingeladen? Oh du, der Frechheit Bruder, 20 Dirhem zahlst du auf der Stelle!«

Da fing der Bauer an zu plärren und den Knoten seiner Barschaft mit den Zähnen aufzuzerren, wobei er sprach: »Wie oft schon sagte ich zu diesem Affen, ich sei Abu Ubaid, doch er, er blieb dabei und nannte mich Abu Zaid!«

Drauf sprach ich diese Verse:
»Nutze jedes Mittel für den Lebensunterhalt
und begnüge dich mit keiner Lage!
Nimm es mit dem Unglück auf, denn ohne Frage
wird der Mensch dereinst zu alledem zu alt.«

Die Landbevölkerung war in der klassischen arabischen Literatur selten zu finden und wenn, dann zumeist mit städtischem Hochmut behandelt. Al-Hamadhani (968–1008) begründete das literarische Maqamat-(»Stehdarbietungen«-)Genre, wo ein Redner fiktive Geschichten in Reimprosa seinen sitzenden Zuhörern zum besten gab.

Al-Hamadhânî, Vernunft ist nichts als Narretei. Die Maqâmen, aus dem Arabischen vollständig übertragen und bearbeitet von G. Rotter, Tübingen 1982, S. 65–67;
al-Hamaḏānī, Maqāmāt, Ed. M. ʿA. al-Miṣrī, Beirut 1889, S. 55–59.

Landstreichertricks

Ein alter Landstreicher traf einen jungen, der erst kurze Zeit beim Gewerbe war, und fragte ihn, wie es ihm gehe. »Gott möge die Landstreicher verfluchen«, sagte dieser, »und die Leute vom Gewerbe, die es mindern und gering hinstellen. Man merkt selbst gar nicht, wie es das Gesicht alt und die Menschen verächtlich macht. Oder hast du jemals einen erfolgreichen Landstreicher gesehen?« Da geriet der Alte in Zorn, wandte sich an den Jüngeren und sagte zu ihm: »Oh du da, mach nicht so viele Worte, denn du übertreibst. Jemand wie du kann keinen Erfolg haben, denn er ist dir von vornherein versagt, und du bist auch nicht in der Lage, ihn zu erlangen. Zudem erfordert die Landstreicherei den ganzen Mann. Warum hältst du solche Reden?« Darauf wandte er sich um und sagte (zu der Menge): »Hört, ich bitte euch! ... Wißt ihr etwa nicht, daß die Landstreicherei ein edles, angenehmes und herrliches Gewerbe ist? Wer ihm nachgeht, befindet sich in einem glücklichen Zustand, der nie endet; er wird mit der Post der ganzen Welt und der Vermessung der Erde betraut, und er ist der Nachfolger Alexanders des Großen, der in den Osten und in den Westen gelangt ist. Nirgend, wo er haltmacht, hat er Böses zu befürchten. Er geht hin, wo er will, und nimmt dabei aus jedem Ort die besten Dinge, die es dort gibt... Sein Geist ist entspannt, sein Los ist schön, und er braucht nicht um Familie, Vermögen, Haus und Grundbesitz bekümmert zu sein; überall dort, wo er einkehrt, steht sein Essen auf dem Tisch. So, wie ihr mich hier seht, betrat ich eine Stadt in Medien und blieb in ihrer Hauptmoschee stehen, bekleidet mit einer Schürze, die ich mir umgebunden hatte, um den Kopf eine Schnur aus Palmfasern und in der Hand einen Stab aus Oleanderholz. Eine ganze Welt von Menschen versammelte sich um mich, als ob ich al-Hadjdjadj Ibn Jusuf auf der Kanzel wäre. Und ich sagte: ›Oh Leute, ich bin ein Mann aus Syrien, genauer gesagt aus einem Ort, der al-Massisa heißt, und stamme von Eroberern ab und von Streitern auf dem Wege Gottes, von Läufern und von Beschützern des Islams. Mit meinem Vater habe ich an 14 Kriegszügen teilgenommen, sieben zu Wasser und sieben zu Lande; ich bin mit dem Armenier zu Felde gezogen – sprecht: 'Gott möge Abu'l-Hasan gnädig sein.' – und mit Amr Ibn Ubaidallah – sprecht: 'Gott möge sich über Abu Hafs erbarmen.' –, ich bin mit al-Battal Ibn al-Husain zu Felde gezogen und noch mit vielen anderen. Ich bin nach Konstantinopel gekommen und habe in der Moschee des Maslama Ibn Abd al-Malik gebetet. Wer meinen Namen schon gehört hat, der hat ihn eben schon vernommen; dem, der ihn noch nicht gehört hat, möchte ich ihn hiermit kundtun: Ich bin Ibn al-Ghuzajjil Ibn ar-

Rakkan al-Massisi, bekannt und berühmt in allen Grenzländern, der, der mit dem Schwerte schlägt und mit der Lanze stößt. Ich bin ein Wall des Islams, und ich habe am Tor von Tarsus den König von Byzanz zum Kampf herausgefordert... Auf meine Weise entkam ich als Flüchtling mit einer Gruppe von Kaufleuten, aber mir wurde der Weg abgeschnitten. Ich suche nun eine Zuflucht bei Gott und bei euch. Wenn es euch gut dünkt, eine Säule des Islams wieder in sein Vaterland und in seine Heimatstadt zurückzuführen, (so rechne ich auf euch).‹ Kaum hatte ich meine Rede beendet, da wurde ich von allen Seiten mit Dirhems überhäuft; mit mehr als 100 Dirhem bei mir zog ich von dannen.«

Da sprang der Jüngling auf ihn zu, küßte ihm den Kopf und rief: »Bei Gott, du bist der Lehrer des Guten. Möge es Gott dir für deine Brüder mit Gutem vergelten!«

Listen von Landstreichern und Schmarotzern, die alltäglich, vor allem bei Moscheen sowie jeglichen Festen und Gastmahlen, um die islamverdienstlichen Almosengaben fochten, waren nicht selten Themen literarischer Darstellung, so auch von al-Djahiz.

Pellat, Ch., Arabische Geisteswelt, Zürich-Stuttgart 1967, S. 410, 412; al-Baihaqī, Kitāb al-maḥāsin wa'l-masāwī, Ed. F. Schwally, Gießen 1902, S. 622–624.

Sprichwörtliches

Deinem Bruder hilf im Recht wie im Unrecht!
Frauen sind des Teufels Schlingen.
Jede Zeit trägt ihr Kleid.
Besser allein als beim Übel sitzen.
Den Standhaften trifft das Unglück einfach, den Ängstlichen
     aber doppelt.
Wollen Ameisen fliegen, kommen sie um.
Geduld ist des Listlosen List.
Manchen Bruder hast du, den deine Mutter nicht geboren hat.
Manchmal sind Schuhe schlimmer als bloße Füße.
Schweigen ist manchmal Antworten.
Die Ansicht eines Alten ist besser als der Anblick eines Jungen.

Zu Haus ist jeder Mann ein Kind.

Wer gebietet, muß auch geben.

Frag den Schreihals nicht, schau lieber nach, was er hat!

Preise nicht, was du nicht kennst!

Scherze nicht mit Hochgestellten, sie könnten dir grollen,
scherze nicht mit Untergebenen, sie könnten sich erdreisten!

Gehörtes ist nicht Gesehenes.

Sei nicht süß, du könntest verschluckt werden, sei nicht bitter, du
könntest verabscheut werden!

Gerecht ist schneller Tadel nicht.

Binde Gemsen nicht mit Straußen zusammen!

Fehde mit einem Vernünftigen ist besser als Freundschaft mit
einem Dummkopf.

Noch niemand ist durch guten Rat gestorben.

Wer eine Schönheit freit, muß viel Brautgeld zahlen.

Wer dich mag, verbietet dir, wer dich nicht mag, verführt dich.

Wer die Zeit tadelt, hat lang damit zu tun.

Wer der Zeit vertraut, wird von ihr verraten.

Wer viel redet, verliert auch viel.

Jede Dattel hat ihre Wespe.

Eine Schlange gebiert eine andere.

Wer Gutes sät, wird Dank ernten.

Nach Glauben an Gott ist freundlicher Umgang mit den
Menschen die Hälfte des Verstands.

Diese Sprichwörter und Redensarten, an denen die arabische Literatur
sehr reich ist, stammen aus einer alphabetisch angeordneten kleinen
Sammlung des Abu Ubaid al-Qasim Ibn Sallam (770–838), eines berühmten Philologen in Basra.

Amṯāl al-Imām Abī ᶜUbaid b. Sallām, in: At-Tuḥfa al-bahīya waʾṭ-ṭurfa aš-
šahīya, Istanbul 1302/1885, 1. Traktat, S. 1–16; Übersetzung H. Preißler.

Rechtenachweis

Acta Orientalia Hungarica, Jg. 6 (1956):
Germanus, A. K. L., Ibn ar-Rūmī's Dichtkunst, S. 230

Akademie Verlag, Berlin:
Documenta Islamica Inedita, Red. J.W. Fück, 1952, S. 129–131

Archiv Orientální, Jg. VII (1935):
Grohmann, A., Texte zur Wirtschaftsgeschichte Ägyptens in arabischer Zeit, S. 439, 446, 448, 449, 471, 472

Artemis Verlag, Zürich-Stuttgart:
v. Grunebaum, G.E., Der Islam im Mittelalter, 1963, S. 126–127
Rosenthal, F., Das Fortleben der Antike im Islam, 1965, S. 72
Pellat, Ch., Arabische Geisteswelt. Ausgewählte und übersetzte Texte von al-Ǧāḥiẓ (777–869), unter Zugrundelegung der arabischen Originaltexte aus dem Französischen übertragen von W. M. Müller, 1967, S. 104, 403–405, 410–413, 417, 422–430, 440

E. J. Brill, Leiden:
Kindermann, H., Über die guten Sitten beim Essen und Trinken. Das ist das 11. Buch von al-Ghazzālī's Hauptwerk, Übersetzung und Bearbeitung als ein Beitrag zur Geschichte unserer Tischsitten, 1964, S. 8, 20–23

Diederichs, Düsseldorf-Köln:
Weisweiler, M., Von Kalifen, Spaßmachern und klugen Haremsdamen, 1963, S. 72–73, 144–146, 235–248

Erdmann Verlags-GmbH, Tübingen:
Al-Hamadhânî, Vernunft ist nichts als Narretei. Die Maqâmen, aus dem Arabischen vollständig übertragen und bearbeitet von G. Rotter, 1982, S. 65–67

Eugen Diederichs Verlag, München:
Schimmel, A., Gärten der Erkenntnis. Das Buch der vierzig Sufi-Meister, 1982, S. 55

Franz Steiner GmbH, Stuttgart, vormals Wiesbaden

Wagner, E., Abū Nuwās, 1965, Veröffentlichungen der Orientalischen Kommision, Band 17, S. 74, 80, 177, 180, 247, 292, 328

Gramlich, R., Das Sendschreiben al-Qušayrīs über das Sufitum, eingeleitet, übersetzt und kommentiert, 1989, Freiburger Islamstudien, Band 12, S. 41, 102, 385, 386, 390, 439–440, 480, 496, 498, 501, 504, 506, 519

Gustav Kiepenheuer Verlag, Leipzig und Weimar:

Die Erlebnisse des syrischen Ritters Usāma ibn Munqiḏ. Unterhaltsames und Belehrendes aus der Zeit der Kreuzzüge, aus dem Arabischen übersetzt und herausgegeben von H. Preißler, 1981, S. 94–95, 101–102, 119–120, 125, 165–166, 176–177

Ibn al-Waššā', Das Buch des buntbestickten Kleides, aus dem Arabischen übersetzt und herausgegeben von D. Bellmann, 1984, Bd. 1, S. 23, 58–60, 64–65, 71, 80–81, 84, 86, 89, 90, 101–102, 116–119, 139 f.; Bd. 2, S. 60–61, 70–75, 77, 80–83, 96–97, 102–103, 111–115, 117–118

W. Heppler, Stuttgart:

Das kleine Adab-Buch des Ibn el-Moqaffa' nach der Ausgabe Cairo 1329/1911 (ed. Ahmed Zeki Pascha), aus dem Arabischen übersetzt von O. Rescher, 1915, S. 15, 17

El-Belâdorî's »kitâb futûḥ el-buldân« (Buch der Eroberung der Länder) nach de Goejes Edition (Leyden 1866) ins Deutsche übersetzt von O. Rescher, 1917–1923, S. 108–110, 214, 274–275

Das kitâb »adab ed-dunjâ wa'ddîn« (Über die richtige Lebensart in praktischen und moralischen Dingen) des Qâdi abû'l-Ḥasan el-Baçrî, genannt Mâwerdî (nach den Ausgaben Stambul 1299 und Cairo 1339 H. sowie mit Benutzung der HS. ᶜAṣir Efendi 740), aus dem Arabischen übersetzt von O. Rescher, 1932, Teil II, S. 14–16, 155–167, 175–176

Horst Erdmann Verlag für Internationalen Kulturaustausch, Tübingen und Basel:

Al-Masᶜûdî, Bis zu den Grenzen der Erde. Auszüge aus dem »Buch der Goldwäscher«, aus dem Arabischen übertragen und bearbeitet von G. Rotter, 1978, S. 184–194

Islamica, Jg. 2 (1926):

Hell, J., Al-ᶜAbbās Ibn al-Aḥnaf, der Minnesänger am Hofe Hārūn ar-Rašīd's, S. 279–280

Kommissionsverlag F. A. Brockhaus, Leipzig:
Ibn Faḍlān's Reisebericht von A. Zeki Validi Togan, 1939, S. 98–104

K. Thienemanns Verlag, Stuttgart:
Ibn Challikân, Die Söhne der Zeit. Auszüge aus dem biographischen
Lexikon »Die Großen, die dahingegangen«, aus dem Arabischen
übertragen und bearbeitet von H. Fähndrich, 1984, S. 109–128,
149–158

Manesse Verlag, Conzett + Huber, Zürich:
At-Tanūkhī, Ende gut, alles gut. Das Buch der Erleichterung nach
der Bedrängnis, Auswahl, Übersetzung aus dem Arabischen und
Nachwort von A. Hottinger, 1979, S. 217–219, 276–278

Mayer & Müller, Berlin:
Jacob, G., Ein arabischer Berichterstatter aus dem 10. oder 11. Jahrhundert über Fulda, Schleswig, Soest, Paderborn und andere deutsche Städte, 1890, S. 11–13, 18–20

Orientbuchhandlung Heinz Lafaire, Hannover:
Das Kitāb al-ḥiyal wal maḥāriġ des Abū Bakr Aḥmad ibn ᶜUmar ibn
Muhair aš-Šaibānī al-Ḥaṣṣāf, herausgegeben von J. Schacht, 1923,
S. 46–48
Das Kitāb al-ḥiyal fīl-fiqh (Buch der Rechtskniffe) des ābu Ḥātim
Maḥmud ibn al-Ḥasan al-Qazwīn, mit Übersetzung und Anmer-
kungen herausgegeben von J. Schacht, 1924, S. 11–16

Universität Erlangen-Nürnberg:
Hallak, K., Kitāb nuzhat al-aṣḥāb fī muᶜāšarat al-aḥbāb fī ᶜilm al-bāh
des Naṣr as-Samau'al al-Isra'īlī, 2. Teil, 6. Abschnitt, Edition, Übertragung und Bearbeitung des Textes auf der Grundlage der Handschrift Gotha 2045 unter Hinzuziehung der Handschriften Berlin
6381 und Istanbul (Şehid Ali Paşa) 2145, Dissertation 1973, S. 18–21
Amdja, K., Das Buch der Aufklärung über die Geheimnisse der Eheschließung, 2. Teil (Kitāb al-īḍāḥ min asrār an-nikāḥ) des aš-Šīrāzī,
Edition und Übertragung des arabischen Textes auf der Grundlage
der Handschriften der Herzoglichen Bibliothek Gotha Nr. 2040 und
Nr. 2041, Dissertation 1976, S. 5–7, 27, 32, 37, 44–45, 61–62, 78,
80–81

Verlag von Max Niemeyer, Halle (Saale):
Erlaubtes und verbotenes Gut. Das 14. Buch von al-Ġazālī's Haupt-
werk der Religionswissenschaften, überarbeitet und erläutert von
H. Bauer, 1922, S. 173–176, 194

Verlag für Orientkunde Dr. H. Vorndrau, Walldorf-Hessen:
Das Buch der Wezire und Staatssekretäre von Ibn ᶜAbdūs Al-Ǧahšiyārī. Anfänge und Umaijadenzeit, von Josef Latz, 1958, S. 67, 70,
73–74, 85–87, 121–127

Verlag Philipp Reclam jun., Leipzig:
Altarabische Prosa, herausgegeben von M. Fleischhammer, 1988,
S. 2–7, 11, 71–75, 188–191
Al–Bīrūnī, In den Gärten der Wissenschaft. Ausgewählte Texte aus
den Werken des muslimischen Universalgelehrten, übersetzt und
erläutert von G. Strohmaier, 1988, S. 88–89, 119, 165–166, 220–
221, 226

Die Welt des Orients, Jg. 13 (1982):
Heine, P., Wein und Tod. Überlegungen zu einem Motiv der arabischen Dichtung, S. 119

Wissenschaftliche Buchgesellschaft, Darmstadt:
Wagner, E., Grundzüge der klassischen arabischen Dichtung, Bd. II,
Die arabische Dichtung in der islamischen Zeit, 1988, S. 15, 16, 36–
37, 53, 138

Glossar

Adab	feine Bildung; unterhaltende Bildungsliteratur
Ahl al-Kitab	»Leute der Schrift«, d. h. Anhänger von Offenbarungsreligionen
Amil	Steuereintreiber, Gouverneur
Amir	Emir, Militärbefehlshaber, Gouverneur, Fürst
Ansar	»Helfer«, Muslime in Medina, die Muhammad nach seiner Auswanderung aus Mekka unterstützten
Atabeg	türk. »Prinzenvater«; Erzieher und Vormund junger turkstämmiger Fürsten
Chalifa	s. Kalif
Charadj	Steuern und Tribute; Bodensteuer
Charidjiten	früheste islamische Abspaltung, deren Anhänger für das Recht der freien Kalifenwahl kämpften
Chutba	Predigt beim öffentlichen Freitagsgebet in der Moschee
Daniq	Münze oder Gewicht; 1/6 Dirhem oder Dinar
Dhimmi	Angehöriger einer nichtmuslimischen religiösen Gemeinschaft, welcher bei Anerkennung muslimischer Herrschaft Schutz und bestimmte Rechte zuerkannt wurden
Dhira'	»Elle«; als klassisches Längenmaß 54,04 cm
Dhu'l-Hidjdja	12. Monat des islamischen Kalenders; Monat der Pilgerfahrt
Dhu'l-Qa'da	11. Monat des islamischen Kalenders
Dinar	von griech. denarion; Gewicht und Münze; der klassische Gold-Dinar wog 4,233 g
Dirhem, Dirham	von griech. drachme; Gewicht und Münze; der klassische Silber-Dirhem wog 2,97 g
Diwan	Register für Sold und Pensionen; später Regierungs-, Verwaltungsamt
Djarib	Hohlmaß: in frühislamischer Zeit 29,5 l; als Flächenmaß 1592 qm
Djihad	heilige Anstrengung auf dem Wege Gottes; heiliger Kampf, Krieg

Djizja	Steuern, Tribute; Kopfsteuer für Nichtmuslime
Djumada al-ula, Djumada I	5. Monat des islamischen Kalenders
Djumada al-achira, Djumada II	6. Monat des islamischen Kalenders
Emir	s. Amir
Emir der Emire, Amir al-umara	Ober-Emir, Titel für Militärführer
Faddan, Feddan	Flächenmaß; im Mittelalter 6368 qm
Fatwa	Gutachten eines Rechtsgelehrten, Mufti
Hadith	Tradition; Überlieferung von einer Handlung, Äußerung oder Entscheidung Muhammads
Hanafiten	sunnitische Rechtsschule; nach Abu Hanifa (gest. 767)
Hanbaliten	sunnitische Rechtsschule; nach Ahmad Ibn Hanbal (gest. 855)
Hidjra	Auszug, Auswanderung Muhammads von Mekka nach Medina
Idjma	Konsens von muslimischen Rechtsgelehrten
Imam	Anführer beim Gebet; Haupt der islamischen Gemeinde und des Staates (Kalif); bei den Schi'iten Führer des Islams aus der Nachkommenschaft der Ehe von Muhammads Cousin Ali mit der Prophetentochter Fatima
Imamiten	größte Gruppe der Schi'iten, die als 12. und letzten Imam Muhammad al-Muntazar (gestorben oder verschwunden 874) anerkennt
Iqta, Pl. Iqta'at	Verleihung, Zuteilung, »Lehen«; vor allem Übertragung von Grund und Boden zu unterschiedlichen Bedingungen an hohe zivile und militärische Würdenträger
Isma'iliten	Gruppe der Schi'iten, die als 7. Imam Isma'il (gest. 760) bzw. dessen Sohn Muhammad anerkennt; Basis der Qarmaten und der Fatimidenkalifen
Kadi, Qadi	muslimischer Richter
Kalif, Chalifa	»Stellvertreter, Nachfolger« Muhammads; Haupt der islamischen Gemeinschaft und des Staates
Karat	s. Qirat
Katib, Pl. Kuttab	Schreiber, Sekretär, Verwaltungsbeamter
Kibla	Gebetsrichtung nach Mekka
Madrasa	islamische Hochschule zur Ausbildung von Theologen, Juristen und Verwaltungsbeamten
Mahdi	der »Gottgeleitete«, Messias, der zur Erde zurück-

	kommen wird, um ein Reich der Gerechtigkeit zu errichten
Malikiten	sunnitische Rechtsschule; nach Malik Ibn Anas (gest. 793)
Mamluken	weiße Sklaven in Militär und Hofdienst
Mithqal	als Münzgewicht 4,233 g, als klassisches Warengewicht 4,464 g
Mudd	Hohlmaß; in der klassischen Zeit 1,05 l
Mufti	Rechtsspezialist, der Gutachten (Fatwas) abgibt
Muhadjirun	»Auswanderer« mit Muhammad von Mekka nach Medina
Muharram	1. Monat des islamischen Kalenders
Parasange	Längenmaß, ca. 6 km
Qafiz	Hohlmaß; in der klassischen Zeit 60 l (großer Qafiz) oder 30 l (kleiner Qafiz)
Qirat, Karat	als Münzgewicht im mittelalterlichen Irak 0,212 g Gold oder 0,247 g Silber; als Warengewicht 0,19–0,22 g
Qist	von griech. xestes; Hohlmaß; in der klassischen Zeit 2,1–2,4 l
Rabi al-auwal, Rabi I	3. Monat des islamischen Kalenders
Rabi ath-thani, Rabi II	4. Monat des islamischen Kalenders
Radjab	7. Monat des islamischen Kalenders
Ramadan	9. Monat des islamischen Kalenders; islamischer Fastenmonat
Ratl	Gewicht; als kanonisches Maß in Badgad 406,25 g, in Syrien (11. Jh) 1,5 kg
Ribat	befestigter islamischer Konvent, vor allem in Grenzregionen
Safar	2. Monat des islamischen Kalenders
Salat	islamisches Gebet
Scha'ban	8. Monat des islamischen Kalenders
Schafi'iten	sunnitische Rechtsschule; nach asch-Schafi'i (gest. 820)
Scharif, Scherif	Wohlgeborener; Bezeichnung für einen Nachkommen Muhammads
Schari'a	das heilige Gesetz des Islams
Schauwal	10. Monat des islamischen Kalenders
Schi'iten	Anhänger der Richtung des Islams, welche die Nachfahren des Cousins und Schwiegersohnes Muhammads, Ali, als rechtmäßige Imame ansieht

Sufi	muslimischer Mystiker
Sultan	Autorität; Herrscher
Sunna	»Brauch« Muhammads und der Prophetengefährten
Sunniten	Mehrheit der Muslime, Anhänger der Sunna; anerkennen die ersten »rechtgeleiteten«, die Umaijaden- und die Abbasiden-Kalifen
Wali	Beauftragter; Gouverneur
Wesir, Wazir	hoher Beamter; Vertrauter des Kalifen, oft Haupt der zivilen Staatsverwaltung
Zakat	islamische Almosensteuer

Register

Aban Ibn Sa'id, gest. 634,
  Mekkaner 115
al-Abbas Ibn al-Ahnaf, gest.
  nach 908, Dichter 290
Abbasiden, Kalifendynastie
  750–1258 13, 30, 63
Abd al-Hamid al-Katib, gest.
  750, Sekretär der
  Umaijaden 102 f.
Abd al-Malik, reg. 685–705,
  Umaijadenkalif 75 ff.
Abdallah Ibn Ali, gest. 764,
  Abbaside 29
Abdallah Ibn Umar, 613–692,
  Sohn Umars 116
Abessinien, Abessinier 16,
  247 f.
Abu Abdallah asch-Schi'i, gest.
  911, fatimidischer Propa-
  gandist 62
Abu Bakr, reg. 632–634, erster
  Kalif 13,19 f., 22 ff., 114
Abu Hamza al-Baghdadi, gest.
  882?, Mystiker 170
Abu Hanifa, um 699–767,
  Rechtsgelehrter 37 f., 185
Abu Huraira, gest. 678/79,
  Prophetengefährte 74
Abu Jusuf, 731–798, Rechtsge-
  lehrter, Oberrichter 54
Abu Michnaf, gest. 774, Tradi-
  tionarier 23, 25
Abu Mihdjan, gest. nach 637,
  Dichter 265

Abu Muslim, gest. 755, Führer
  der abbasidischen
  Opposition 27 ff.
Abu Nasr as-Samau'al al-Isra'ili,
  1125–1180, Mediziner 299
Abu Nuwas, 757 – um 815,
  Dichter 266, 289 f., 299
Abu Ubaid Ibn Sallam, 770–
  838, Philologe 326
Abu Ubaida Ibn al-Djarrah,
  gest. 639, Prophetengefährte,
  Feldherr 19 f., 23
Abu'l-Wafa Ibn Aqil, 1040–
  1119, Theologe 41
Adud ad-Daula, reg. 949–983,
  Bujidenemir 63 ff., 134 f.
Afamija, Apamea, Ort in
  Nordsyrien 216 f.
Ägypten 15 f., 29, 36, 60, 83
A'ischa, 613–678, Ehefrau
  Muhammads, Tochter von
  Abu Bakr 79, 144
Aleppo s. Halab
Alexandria 36
Ali, reg. 656–661, vierter Kalif,
  Stammvater der Schi'iten
  19, 154 f., 186, 204 f., 207 f.,
  275 ff.
Ali Ibn Rabban at-Tabari, Mitte
  des 9. Jh., Gelehrter 113, 134
Alp Arslan, reg. 1063–1072,
  Seldschukensultan 70
al-Amin, reg. 805–813, Abbasi-
  denkalif 289

Amr Ibn al-As, gest. 658,
Prophetengefährte,
Feldherr 23, 39
al-Andalus, islamisches
Spanien 15, 17, 48
Antakija, Antiochia 60, 230 f.
al-Araba, Tal in Jordanien 25
Aristoteles, 384–322 v. Chr.
104, 124, 128
al-Asch'ari, 873–935,
Theologe 195, 201
Avicenna s. Ibn Sina
al-Azdi, 11. Jh., Literat 288

Badr al-Charschani, gest. 942,
abbasidischer Kämmerer 34
Bagdad, Madinat as-Salam 33,
38, 41 ff., 50, 64, 85, 134 f.,
188, 220, 224 f., 308 ff.
al-Baghdadi, Abd al-Qahir Ibn
Tahier, gest. 1038,
Theologe 186
Ba'idju Nu'an, 13. Jh., mongoli-
scher Heerführer 44
al-Baladhuri, gest. 892, Histori-
ker 25, 27, 76, 78
Banu Haschim, Haschimiten,
Sippe Muhammads 27, 37
Banu Kalb, südarabische
Stämme 26
Banu Quraisch, Quraischiten,
führender Stamm in Mekka
zur Zeit Muhammads 18
Banu Sa'ida, Sippe in Medina 18
Banu Udhra, südarabischer
Stamm 295
Baschir Ibn Sa'd, gest. 633,
Prophetengefährte 20
Basra 38, 76
Bedjkem, 10. Jh., Ober-Emir
32 f., 65

Bidja, Bedja, Nomaden-
stämme in Nubien 16, 247
al-Biruni, 973–1048, Universal-
gelehrter 109, 140 f., 235, 242 f.
al-Buchari, 810–870, Traditionsgelehrter 117 f.
Bujiden, iranische Emirdyna-
stie, in Bagdad 945–1055
14, 42, 67
Byzanz, Byzantinisches Reich
13, 17, 83

al-Chaizuran, gest. 789,
Kalifenmutter 55 f.
Chalid Ibn Sa'id Ibn al-As, gest.
635, Prophetengefährte 23
Chalid Ibn al-Walid, 7. Jh.,
Feldherr 24, 26
Chalid Ibn Jazid Ibn Mu'awija,
gest. um 704, Umaijade 77 f.
al-Chalil Ibn Ahmad, gest. 791,
Grammatiker 130
Charluch, Qarluq, türkische
Stammesgruppe in Zentral-
asien 17
al-Chatib al-Baghdadi, 1002–
1071, Traditionsgelehrter,
Biograph 28, 117 f.
Chazaren, turkstämmige Konfö-
deration 83, 239 ff.
China, Chinesisches Reich 16 f.,
83, 242 f., 245
Chorasan, Region im nordöstli-
chen Iran 15, 17, 27 ff., 35
Chuzistan, Provinz im Südwe-
sten Irans 15, 66
al-Chwarizmi, gest. um 976,
Gelehrter 109, 112, 125

Dailam, südkaspische Region
und ihre Bewohner 15

Damaskus 29, 38, 60, 227, 229
adh-Dhahabi, 1274–1348, Traditionswissenschaftler und Historiker 44 f.
Dhu'n-Nun al-Misri, gest. 859, Mystiker 173 ff.
al-Djahiz, um 777–869, Literat 84, 105, 279, 281, 284 f., 315, 319, 325
al-Djahschijari, gest. 942, Sekretär und Literat 73 ff., 102
Djamil Ibn Abdallah Ibn Ma'mar, gest. 701, Dichter 293 ff.
Djauhar as-Saqlabi, gest. 992, fatimidischer Feldherr 40
Djibal, Medien, iranische Region 15, 17
Djibra'il (Gabriel) Ibn Bachtischu, gest. 828, Mediziner 131 f.
Djidda, Hafen am Roten Meer 36
Djundisabur, Stadt in Chuzistan 131
al-Djuwaini, gest. 1085, Theologe 202
Dubais, gest. 1135, arabischer Emir 311

Fachr al-Mulk, gest. 1106, Statthalter in Chorasan 165
Faijum, Gebiet in Mittelägypten 29
al-Farabi, nach 870–950, Philosoph und Musiktheoretiker 127 ff.
Fars, Persien, Gebiet in Iran 15, 17, 35, 64, 84

Fatimiden, Kalifendynastie in Nordafrika 909–1171 48, 63
Ferghana, Tal des mittleren Syr Darja 17
Fulda 236
al-Fustat, Altkairo 38 ff., 58

Ghaza, Gaza, Ort in Palästina 24
al-Ghazali, 1058–1111, Theologe 87, 143, 154, 181, 201 ff., 251, 253, 305

al-Hadi, reg. 785–786, Abbasidenkalif 54 f.
al-Hadjdjadj, reg. 694–714, umaijadischer Gouverneur 76, 324
Hafsa, 605–655, Tochter Umars und Ehefrau Muhammads 114
Halab, Aleppo 58, 60, 129
al-Halladj, 858–922, Mystiker 176 ff.
al-Hamadhani, 968–1008, Literat 323
al-Harawi, gest. 1215, Reisender 123, 156
Harran, Stadt in Mesopotamien 28, 66
Harun ar-Raschid, reg. 786–809, Abbasidenkalif 54 ff.
al-Hasan, gest. 669/70, Sohn Alis, schi'itischer Imam 205
al-Hasan al-Basri, 642–728, Theologe 111, 192
Hidjaz, Region im Nordwesten der Arabischen Halbinsel 22, 25, 60, 147
Hilal as-Sabi, 969–1056, Historiker 163 ff., 221

Hischam Ibn al-Hakam, gest.
zwischen 795 und 815,
Gelehrter 190, 193
Hudhaifa Ibn al-Jaman, gest.
656, Feldherr Umars 114
Hülägü, reg. 1256–1265, mongolischer Herrscher, Enkel
von Dschingis Chan 44
Humaid al-Arqat, schrieb an
der Wende vom 7. zum 8. Jhr.,
Dichter 267
Hunain Ibn Ishaq, 809–873, Arzt
und Übersetzer 108, 130 ff.
al-Husain, 625–680, Sohn Alis,
schi'itischer Imam 154, 205
al-Husri al-Basri, gest. 982,
Mystiker 170

Ibn Abi Du'ad, 9. Jh., Kadi
195, 197 ff.
Ibn Abi Usaibi'a, nach 1194–
1270, Arzt, Mediziner-Bio-
graph 137 f.
Ibn al-Alqami, gest. 1258, abba-
sidischer Wesir 44
Ibn al-A'rabi, 1165–1240,
Mystiker 256
Ibn al-Athir, gest. 1233, Univer-
salhistoriker 35, 224
Ibn Batta, gest. 997,
Gelehrter 94
Ibn Challikan, 1211–1282,
Biograph 30, 60, 158, 203
Ibn al-Djauzi, 1116–1201,
Gelehrter und Prediger 43,
52, 67, 70, 106, 149, 163, 166,
170, 200, 212, 214, 220, 309 ff.
Ibn Djubair, 1145–1217, Reisen-
der aus Spanien 147, 168, 233
Ibn Fadlan, 10. Jh., Kalifenver-
trauter, Gesandter 241

Ibn Farighun, Mitte des 10. Jh.,
Historiker 121
Ibn al-Furat, 855–924, abbasidi-
scher Wesir 221
Ibn Hamdun, 10. Jh., Räuber
319 ff.
Ibn Hanbal, Ahmad, 780–855,
Traditions- und Rechtsgelehr-
ter 34 f., 181, 195 ff.
Ibn Hischam, gest. 833,
Biograph 122
Ibn Ishaq, gest. 768,
Biograph 122
Ibn Mas'ud, gest. 653, Prophe-
tengefährte 115
Ibn al-Mu'allim, 944 oder 950–
1022, schi'itischer
Gelehrter 214
Ibn al-Muqaffa, gest. 757,
Prosaist 103, 303
Ibn Muqla, 885/86–940, abbasi-
discher Wesir 64
Ibn al-Musaijab, Sa'id, 815–
884, Rechtsgelehrter 111
Ibn an-Nadim, gest. 995,
Gelehrter, Bibliograph 124,
135
Ibn Nubata, 946–984, Dichter
und Prediger 160
Ibn al-Qalanisi, gest. 1160,
Damaszener Historiker
226
Ibn Qutaiba, 828–899,
Literat 110, 120, 145, 150
Ibn ar-Rumi, gest. um 896,
Dichter 306
Ibn Sina, Avicenna, gest. 1037,
Philosoph 109, 203
Ibn al-Waschscha, gest. 936,
Grammatiker und Literat
263 f., 297

Ibrahim, 8. Jh., Abbaside 27 f.
Ibrahim al-Chauwas, gest. 904,
  Mystiker 174 f.
Ibrahim Ibn Adham, gest. um
  778, Asket 144
Ibrahim Ibn Ya'qub at-Turtu-
  schi, 10. Jh., andalusischer
  Gesandter 238
Ichschididen, turkstämmige
  Dynastie in Ägypten 935–
  969 60
Ifriqija, nordafrikanische
  Provinz 63
Indien 15, 83, 241, 245
Irak 15, 17, 66
Iran 13
Irbil, Ort im oberen Mesopota-
  mien 29, 156 ff.
Irland 237
al-Isfahani, Abu'l-Faradj, 897–
  967, Literat 289
Isma'il Ibn Ishaq al-Azdi, 815–
  895, Kadi 217
al-Istachri, schrieb um 950,
  Geograph 17
Itil, Wolga 240

Jahja Ibn Chalid al-Barmaki,
  gest. 805, Wesir 54 f., 57
Jaman Ibn Ribab, gest. Anfang
  des 9. Jh., charidjitischer
  Gelehrter 191
al-Jasa Ibn Midrar, gest. 909,
  Fürst in Marokko 62
Jemen 17, 22, 83, 147, 247f.
Jerusalem 58, 224, 233 f.
Juhanna Ibn Masawaih, gest. 857,
  Arzt und Übersetzer 130 ff.
Jusuf Ibn Taschfin, 1019–1106,
  Herrscher der Almohaden in
  Nordafrika 202

Kabul 15
Kafur, Abu'l-Misk, gest. 967,
  Regent in Ägypten 58 ff.
Kairo 40
Karbala, schi'itischer
  Wallfahrtsort im Irak 154
Karch, Stadtteil von Bagdad
  42 f.
Kaschmir 16
al-Kindi, um 796–873, Philo-
  soph 127, 319
Kirman, Ort und Provinz in
  Iran 15, 17, 64, 84
al-Kökbüri, 1154–1233, turkme-
  nischer Fürst in Irbil 156 ff.
Korea 244
Kufa 29, 62, 76, 154

al-Mada'ini, gest. um 840,
  Literat, Historiker 28, 30
Madjnun Laila, gest. um 700,
  legendärer Liebender
  291 ff.
Maghreb, Nordafrika 15, 17,
  38, 62 f., 83
al-Mahdi, reg. 775–785,
  Abbasidenkalif 36, 56
al-Mahdija, fatimidische Hauptstadt in Ifriqija 62
Mahmud v. Ghazna, reg. 998–
  1030, Ghaznawide 97
Mainz 237
al-Malati, gest. 987, Häresiograph 188
Malik Ibn Anas, um 712–795,
  Rechtsgelehrter 112
al-Malik an-Nasir Salah ad-Din
  Jusuf, 1230–1261, Aijubiden-
  fürst 44
Malikschah, reg. 1072–1092,
  Seldschukensultan 67 ff.

al-Ma'mun, reg. 813–833,
  Abbasidenkalif   55 f., 79,
  122 ff., 195, 200, 222 f.
al-Mansur, reg. 754–775,
  Abbasidenkalif   31, 37
Mansura, Hauptstadt von
  Sind   15, 17
Maradjil, Frau Harun
  ar-Raschids   55
Marw, Merv, Ort in Chorasan
  27, 83
Marwan (II.) Ibn Muhammad,
  reg. 744–750,
  Umaijadenkalif   27 ff.
al-Massisa, Ort in Kilikien   58,
  60
al-Mas'udi, gest. 956, Histori-
  ker, Kulturgeograph   57, 248
al-Mawardi, gest. 1058, Jurist,
  Oberrichter in Bagdad   48 f.,
  82, 302
Medina, al-Madina, vorisla-
  misch: Yathrib   147
Mekka   15, 22, 35 ff., 57
Mesopotamien   15, 17
Mosul   29, 66, 84, 221 f.
Mu'awija, reg. 661–680, Umai-
  jadenkalif   23, 75, 256
Mughira Ibn Sa'd, 8. Jh.,
  schi'itischer Denker   190
Muhammad, um 570–632,
  Begründer des Islams   18 f.,
  53, 73, 79 ff., 110, 113, 118,
  121 f., 163 ff., 184, 217,
  275 ff.
Muhammad Ibn Ahmad al-
  Ifriqi, Ende des 10. Jh.,
  Dichter   145 f.
Muhammad Ibn Isma'il, gest.
  vor 809, schi'itischer Imam
  209

Muhammad Ibn Karram, gest.
  869, Mystiker und Prediger
  191
Muhammad Ibn Sirin, 653–728,
  Religionsgelehrter   111
Mu'izz ad-Daula, 915/16–967,
  Bujidenemir   41
Multan, Stadt im Pandjab   15
al-Muqaddasi, um 945 – nach
  1000, Geograph, Landes-
  kundler   38, 183
Muqatil Ibn Sulaiman, gest.
  767, Theologe   191
al-Muqtadir, reg. 908–932,
  Abbasidenkalif   127, 138,
  220
al-Musta'sim, reg. 1242–1258,
  Abbasidenkalif   44
al-Mustazhir, reg. 1094–1118,
  Abbasidenkalif   312
Mutahhir Ibn Tahir al-Maqdisi,
  schrieb um 966, Theologe
  191 ff., 208
al-Mu'tamid, reg. 870–892,
  Abbasidenkalif   310
al-Mutanabbi, 915–965,
  Dichter   58 ff.
al-Mu'tasim, reg. 833–842,
  Abbasidenkalif   195 ff.
al-Mutawakkil, reg. 847–861,
  Abbasidenkalif   130 ff., 189,
  218
al-Muti, reg. 946–974, Abbasidenkalif   50, 310
Muti Ibn Ijas, gest. 785,
  Dichter   288

Nachla, Region östlich von
  Mekka   312
Nadjaf, schi'itische Wallfahrts-
  stätte im Irak   154

Nadjd, Hochland Zentral-
arabiens 22
an-Naschi, 885–977, schi'itischer Dichter 207
Nasr Ibn Saijar, gest. 748, umaijadischer Gouverneur 28 f.
an-Nawawi, 1233–1278, Rechtsgelehrter und Mystiker 106,
117, 272
Nischapur, Ort in Chorasan
29, 38, 202 f.
Nizam al-Mulk, 1018–1092,
Wesir von Seldschuken-
sultanen 67 ff., 96 f., 99,
202
Nubien, Nubier 16, 246 f.

Oman 66, 84, 245
Onudjur, gest. 960,
Ichschidide 58
Oxus, Amu Darja 17

Palästina 24
Persien 15, 26

al-Qadir, reg. 991–1031,
Abbasidenkalif 310
al-Qa'im, reg. 1031–1075,
Abbasidenkalif 310
Qairawan, Kairouan, Ort in
Ifriqija 36, 62
Qais Ibn Makschuh, 7. Jh.,
Militärführer 27
al-Qazwini, Mahmud Ibn al-
Hasan, gest. 1048, Jurist 89
al-Qazwini, Zakarija Ibn
Muhammad, gest. 1283,
Geograph 238
al-Qifti, 1172–1248, Biograph
129, 133, 139
Qulzum, Suez 16 f.

al-Quschairi, 986–1072,
Theologe 170 ff., 179

Rabi'a al-Adawija, gest. 801,
Asketin-Mystikerin 168 ff.
ar-Radi, reg. 934–940, Abbasi-
denkalif 31 ff., 129
Radij ad-Din al-Qazwini, 1118–
1194, Prediger 166 f.
ar-Razi, Arzt und
Philosoph 109, 134 ff.
Rouen 237
Rustam, 7. Jh., sassanidischer
Feldherr 27

Sabur Ibn Ardaschir, (Schapur)
204–272, Sassanidenherr-
scher 63
Sa'd Ibn Ubada, gest. um 636/
37, Prophetengefährte 18
as-Saffah, reg. 750–754,
Abbasidenkalif 28 ff.
Salah ad-Din, Saladin, reg.
1171–1193, Begründer der
Aijubidenherrschaft in
Ägypten 62, 233 ff.
as-Sari as-Saqati, gest. 865?,
Mystiker 170
Sawad, südirakische Ackerbau-
region 313
asch-Schabuschti, gest. 1008,
Bibliothekar in Ägypten 223
asch-Schahrastani, 1075–1153,
Theologe und
Häresiograph 206, 217
asch-Schaibani, gest. 874,
Rechtsgelehrter 90
Schaizar, Ort in Nordsyrien
231
asch-Schaizari, gest. 1093,
Arzt 270, 287

asch-Schaizari, gest. 1193,
   Rechtsgelehrter   93
Seldschuken, turkstämmige
   Sultandynastie in Iran und
   Irak 1038–1194   14
Sidjilmasa, Ort in Marokko   62
Sidjistan, Sistan, Gebiet
   zwischen Iran und Afghani-
   stan   15
as-Sidjistani, Abu Dawud, 817–
   888, Überlieferer   116 f.
Sinan Ibn Thabit, gest. 943,
   Kalifenleibarzt   138 f.
Sind, Gebiet am Unterlauf und
   Delta des Indus   15 f.
as-Suli, gest. 946/47, Literat   33
Syrien   15, 17, 35 f., 40, 60, 224

at-Tabari, 839–923, Historiker
   und Theologe   20 ff., 26, 116,
   190, 219
at-Tabarsi, gest. 1153, schi'itischer Gelehrter   278
at-Ta'i, reg. 974–1008, Abbasidenkalif   310
at-Ta'if, Ort in Arabien   22
at-Tanuchi, 939–994, Richter,
   Literat   56, 86, 321
Tarsus, Ort an der syrisch-klein-
   asiatischen Grenze   58, 60
ath-Tha'alibi, 961–1038,
   Lexikograph und Literat
   119, 146
Thabit Ibn Sinan, gest. 974,
   Arzt und Historiker   138
Tibet   16
Tocharistan, Gebiet am
   Oberlauf des Amu-Darja   15
Transoxanien, Mawarannahr,
   Region jenseits des Oxus,
   Amu-Darja   15, 310

Tughuzghuz, Turkstämme   17
Tunis   62
Tus, Region in Chorasan   56

Ubaidallah, (al-Mahdi), reg.
   910–934, Fatimidenkalif
   61 ff.
Ubaidallah Ibn Abdallah Ibn
   Tahir, 838–912/13, Literat und
   Emir   85
Ubaij Ibn Ka'b, gest. 641,
   Prophetengefährte   115
Umaijaden, Kalifendynastie
   661–750   13, 29 f., 48
Umar, reg. 634–644,
   zweiter Kalif   19 ff., 23, 73 f.,
   93, 114
Umar (II.) Ibn Abd al-Aziz,
   reg. 717–720,
   Umaijadenkalif   52 ff.
Usama Ibn Munqidh, 1095–
   1188, Ritter, Autobiograph
   226 ff.
Uthman, reg. 644–656, dritter
   Kalif   114 ff.
Utrecht   236

Wahb Ibn Munabbih, gest. um
   728, Geschichtsschreiber
   110
al-Waqidi, 747/48–822/23,
   Geschichtsschreiber   24
Wasit, Stadt im südlichen Irak
   32, 310, 313

Yaqut, um 1179–1229, Geo-
   graph   27, 151, 217, 241

Zaid Ibn Thabit, 611–665,
   Schreiber Muhammads
   114 ff.

Lust an der Geschichte

Lust an der Geschichte
Ein Lesebuch.
Hrsg. von Ulrich Wank.
448 Seiten. Serie Piper 1350

Amerika
Die Entdeckung
und Entstehung
einer neuen Welt.
Ein Lesebuch. Hrsg. von
Wolfgang Behringer.
468 Seiten. Serie Piper 472

Die Eroberung Perus
Ein Lesebuch.
Hrsg. von Liselotte und
Theodor Engl.
446 Seiten. Serie Piper 1318

**Die Französische
Revolution 1789–99**
Ein Lesebuch.
Hrsg. von Ulrich
Friedrich Müller
363 Seiten. Serie Piper 933

Leben im Alten Rom
Ein Lesebuch.
Hrsg. von Rolf Rilinger.
410 Seiten. Serie Piper 1005

**Leben im
antiken Griechenland**
Ein Lesebuch.
Hrsg. von Rolf Rilinger.
516 Seiten. Serie Piper 850

Leben im Mittelalter
Ein Lesebuch.
Herausgegeben, eingeleitet
und übersetzt von Ernst Pitz.
442 Seiten. Serie Piper 1166

Leben in Byzanz
Ein Lesebuch.
Hrsg. von Hans G. Beck.
Serie Piper 1475

PIPER

Brigitte Hamann

Die Habsburger

Ein biographisches Lexikon.
Herausgegeben von Brigitte Hamann.
435 Seiten mit zahlreichen farbigen und
schwarzweißen Abbildungen. Leinen

Von Rudolf von Habsburg über Kaiserin Leopoldine von Brasilien, Marie
Antoinette von Frankreich bis Kaiser Franz Joseph – das vollständige
Lexikon des berühmten europäischen Adelsgeschlechts in 400
Lebensbildern ist gleichzeitig ein historisches Lesebuch zu 600 Jahren
europäischer- und Weltgeschichte.

Weitere Titel der Autorin:

Elisabeth

Kaiserin wider Willen. 660 Seiten mit 57 Fotos. Serie Piper 990

Rudolf

Kronprinz und Rebell. 536 Seiten mit 16 Tafeln. Serie Piper 800

Kronprinz Rudolf
Majestät, ich warne Sie...

Geheime und private Schriften. Herausgegeben von Brigitte Hamann.
448 Seiten. Serie Piper 824

Bertha von Suttner

Ein Leben für den Frieden. 552 Seiten mit 29 Faksimiles im Text
und 23 Fotos auf Tafeln. Serie Piper 922

Piper

John Bowle

Geschichte Europas
Von der Vorgeschichte bis ins 20. Jahrhundert
Aus dem Englischen von Hainer Kober. 720 Seiten. Serie Piper 424

Dieses Werk des Oxforder Historikers ist eine umfassende, ungemein spannend erzählte Darstellung der Geschichte Europas in einem Band, für die es auf dem deutschen Markt kein zweites Beispiel gibt. Gestützt auf eine Fülle von Quellenmaterial und reiche Literaturkenntnis gelang Bowle eine meisterhafte Beschreibung der miteinander verwobenen Strömungen der verschiedenen Kulturen Europas. Wir erleben die stete Wechselwirkung von Politik und Kultur. So entfaltet sich vor unseren Augen das ganze Spektrum der europäischen Geschichte von prähistorischer Zeit bis hin zur neuzeitlichen Entwicklung von Nationalstaat und Demokratie nach der industriellen Revolution. Bowle endet seine Darstellung mit dem Jahr 1939.

»Bowles Fähigkeit, anschaulich und engagiert Tatsachen und Zusammenhänge zu verdeutlichen, der trockene Witz seiner historischen Porträtkunst, die Entschiedenheit des Urteils, aber auch die keineswegs nur den Deutschen geltende Skepsis machen sein Werk in einer Zeit ›maschinenseliger Neobarbarei‹ vor allem als Einführung junger Menschen in die Geschichte so wichtig.
Denn seine ›Geschichte Europas‹ ist nicht nur beschauliche Lust an Altem und Anekdotischem, ein Karneval der Kuriositäten, ein Führer zu großen Kunstwerken, eine Entdeckungsreise zu fernen und fremden Kontinenten der Zeit, sondern ebenso und vor allem ein Memento der Macht: Erinnerung an Versäumtes, Abrechnung mit blinden Gewalten und verblendeten Gewalthabern, Mahnung für die Zukunft, die einem Kontinent gilt, der einst der Welt die Gesetze gab und jetzt nur noch die Klinken- und Schuhputzer der Supermächte zu stellen scheint.«
Der Spiegel

PIPER